Einfach HOCHdruck

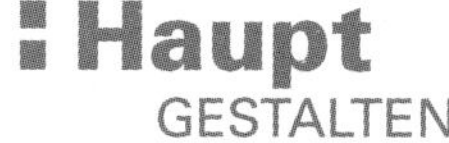

1. Auflage: 2017

ISBN 978-3-258-60162-5

Aus dem Englischen übersetzt von Sybille Heppner-Waldschütz, D-Königs Wusterhausen
Redaktion der deutschsprachigen Ausgabe: Dörte Fuchs, D-Freiburg
Umschlag und Satz der deutschsprachigen Ausgabe: Die Werkstatt Medien-Produktion GmbH, D-Göttingen

Die englischsprachige Originalausgabe erschien 2016 unter dem Titel *BlockPrint* bei
Rockport Publishers, einem Imprint der Quarto Publishing plc

Konzept, Gestaltung und Produktion: Quarto Publishing plc
100 Cummings Center, Suite 265-D, Beverly, MA 01915, USA
www.QuartoKnows.com

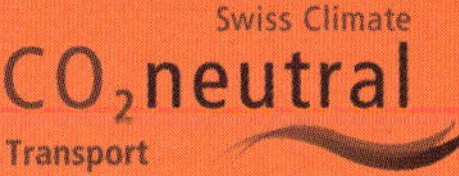

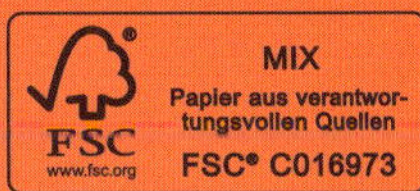

Printed in China

Um lange Transportwege zu vermeiden, hätten wir dieses Buch gerne in Europa gedruckt.
Bei Lizenzausgaben wie diesem Buch entscheidet jedoch der Originalverlag über den Druckort.
Der Haupt Verlag kompensiert mit einem freiwilligen Beitrag zum Klimaschutz die durch den
Transport verursachten CO2-Emissionen. Wir verwenden FSC®-Papier. FSC® sichert die Nutzung
der Wälder gemäß sozialen, ökonomischen und ökologischen Kriterien.

Diese Publikation ist in der Deutschen Nationalbibliografie verzeichnet.
Mehr Informationen dazu finden Sie unter http://dnb.dnb.de.

Wir verlegen mit Freude und großem Engagement unsere Bücher. Daher freuen
wir uns immer über Anregungen zum Programm und schätzen Hinweise auf Fehler
im Buch, sollten uns welche unterlaufen sein. Falls Sie regelmäßig Informationen
über die aktuellen Titel im Bereich Gestalten erhalten möchten, folgen Sie uns über
Social Media oder bleiben Sie via Newsletter auf dem neuesten Stand!

www.haupt.ch

Projekte mit Linolschnitt, Gummiplatten und Stempeln

ANDREA LAUREN

Einfach HOCHdruck

Haupt Verlag

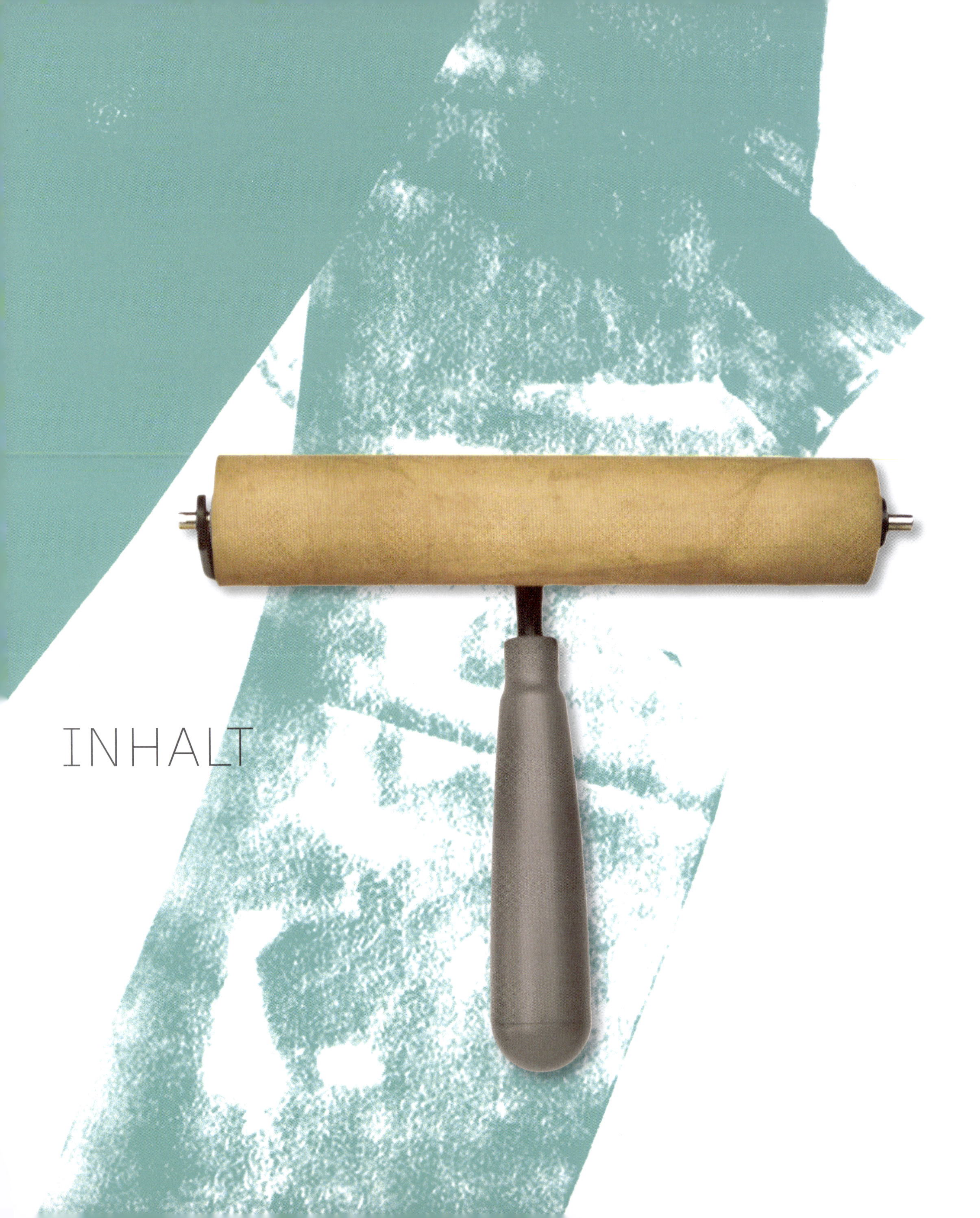

INHALT

EINLEITUNG

Zuerst nimmt man den berauschenden Geruch der Farbe wahr. Und dann ist da diese Spannung, die sich aufbaut, während man sich darauf vorbereitet, den ersten Schnitt in eine frische Druckplatte zu machen. Und das ist erst der Anfang, Sie werden schon sehen ... Die Freude, die man verspürt, wenn man den ersten Abzug in den Händen hält, ist pure Magie und kann zu einer lebenslangen Leidenschaft für das Gestalten und Drucken von Grafiken führen – wie bei mir.

Der Hochdruck ist eines der vielseitigsten künstlerischen Verfahren. Es eignet sich für Künstlerinnen und Künstler aller Fertigkeitsstufen und für Entwürfe in so gut wie jedem Stil. Zudem zählt der Hochdruck zu den flexibelsten Kunstformen. Von den Holzschnitten der japanischen Ukiyo-e-Künstler und der alten Meister bis zu den Linolschnitten Picassos und Matisses zu Beginn des 20. Jahrhunderts: Immer passte er sich mühelos an neue Materialien und Techniken an. Heute drucken Künstlerinnen und Künstler auch mit Gummi, Moosgummi und handelsüblichen Motivstempeln.

In diesem Buch finden Sie neben einer ganzen Reihe von Techniken inspirierende Projekte für Einsteiger wie für erfahrene Druckkünstlerinnen und -künstler. Die Anleitungen vermitteln Ihnen Schritt für Schritt die Grundlagen des Einfarbendrucks, zeigen, wie das genaue Übereinandersetzen der Druckformen beim Mehrfarbendruck gelingt, und stellen verschiedene Möglichkeiten der Kombination von Materialien und Techniken vor.

Aufbauend auf der langen Tradition dieser künstlerischen Verfahren, kombiniert *Einfach Hochdruck* klassische Elemente und Techniken mit allem, was es an Neuem gibt, sodass Sie schon bald mit viel Freude und Erfolg eigene Kunstwerke drucken werden.

ANDREA LAUREN

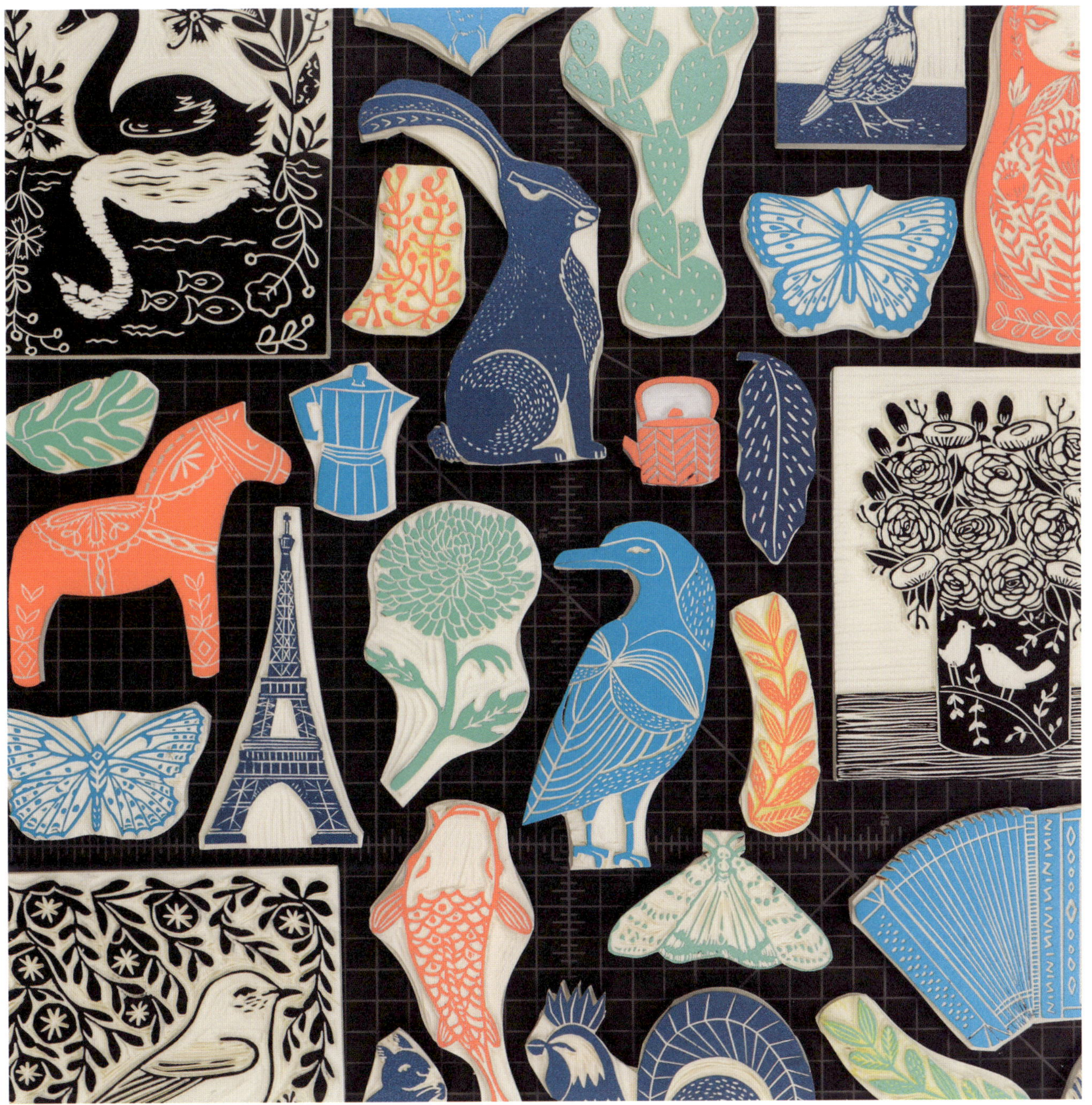

DRUCKSTÖCKE
AUS DEM ATELIER
DER AUTORIN

MATERIALIEN

Sämtliche Materialien, die Sie benötigen, um mit dem Drucken zu beginnen – also Platten, Farbe und Papier –, sind im stationären Fachhandel für Künstlerbedarf sowie online erhältlich. Wie auf den folgenden Seiten ausgeführt, richtet sich die Auswahl der Druckplatten nach Ihrer Vorerfahrung, Ihren Werkzeugen und der Art der verwendeten Druckfarbe. Alle für die Projekte in diesem Buch empfohlenen Farben lassen sich mit Wasser und Seife abwaschen. Was das Papier betrifft, rate ich zu japanischen Druckpapieren. Sie sind dünn, aber sehr stabil und speziell für den Handdruck konzipiert.

DRUCKPLATTEN

Es gibt verschiedene Arten von Linol- und Gummiplatten im Handel, und bis zu einem gewissen Grad sind sie austauschbar. In manchen Fällen jedoch ist ein bestimmter Plattentyp besser geeignet als andere. Jede Plattenart muss anders gehandhabt werden, und nicht jedes Schneidwerkzeug eignet sich gleichermaßen für jeden Plattentyp. Und wenn Sie für ein Projekt mehrere Druckplatten gleichzeitig verwenden und zum Drucken passgenau platzieren müssen, sollten die Platten unbedingt gleich dick sein.

HINWEIS

Wärmen Sie Linolplatten vor dem Schneiden immer ein wenig an – entweder mit einem Föhn oder indem Sie sich ein paar Minuten daraufsetzen. So wird die Oberfläche weicher und geschmeidiger.

Linolplatten

Standard- oder Naturlinoleum ist braun (gelegentlich auch grau) und von besonders schwerer, strapazierfähiger Qualität, die in England auch als *battleship linoleum* bezeichnet wird, weil die Kriegsschiffe der Royal Navy damit ausgestattet waren. Für die in diesem Buch vorgestellten Drucktechniken benötigen Sie hauptsächlich solches Linoleum. Diese Platten sind biegsam und nicht auf festeres Material aufgeklebt, sondern haben einen Juterücken und lassen sich mit dem Cutter zuschneiden. Linolschnittbesteck mit austauschbaren Klingen für Anfänger eignet sich nicht zum Beschneiden von schwerem Linoleum, da dieses Material unter anderem gemahlenen Kalkstein enthält, das die Klingen rasch stumpf werden lässt. Wenn Sie vorhaben, häufiger mit dieser Linolqualität zu arbeiten, brauchen Sie hochwertigere Klingen, die Sie mithilfe eines Schärfwerkzeugs stets scharf halten müssen.

—

Ein anderer wichtiger Punkt ist die Frische des Linoleums, weil Linoleum mit der Zeit austrocknet und sich dann zunehmend schlechter bearbeiten lässt. Da die Frische von Linoleum schwer zu beurteilen ist, lohnt es sich, die Platten bei einem Händler zu kaufen, der größere Mengen davon umsetzt.

Vinylplatten

Vinyl ist ein neues Druckplattenmaterial, das etwas fester ist als Gummi. Wie Gummi lässt sich auch Vinyl gut beschneiden, und wie bei Linoleum bleiben auch feine Linien darin erhalten. Im Gegensatz zu Linoleum trocknet es weder aus, noch zerbröselt es, und es führt auch nicht so rasch zu stumpfen Klingen. Vinylplatten eignen sich für wasserlösliche Druckfarben, Druckfarben auf Sojabasis und Safe-Wash-Druckfarben.

Feste Gummiplatten

Zum Drucken geeignete Gummiplatten gibt es in verschiedenen Dicken. Mit jeder Variante arbeitet es sich ein wenig anders, und vermutlich entwickeln Sie parallel zu Ihrer persönlichen Schnitttechnik bestimmte Vorlieben. Gummiplatten sind leicht zu beschneiden und auch für Anfänger-Linolschnittbestecke geeignet. Auch beim Bearbeiten von Gummi sollten die Schneidwerkzeuge scharf sein. Gummiplatten lassen sich mit einem Cutter problemlos auf individuelle Formate zuschneiden und sind *ausschließlich* zur Verwendung mit wasserlöslichen Druckfarben bestimmt. Bewahren Sie Gummiplatten flach liegend auf. Falls Sie sie stapeln müssen, legen Sie jeweils einen Bogen Karton dazwischen, damit sie nicht zusammenkleben.

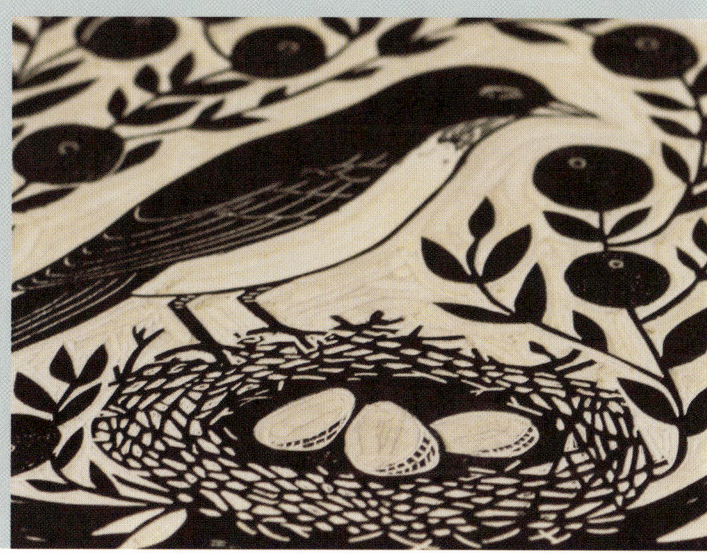

STEMPEL, MOOSGUMMI- UND ACRYLGLASPLATTEN

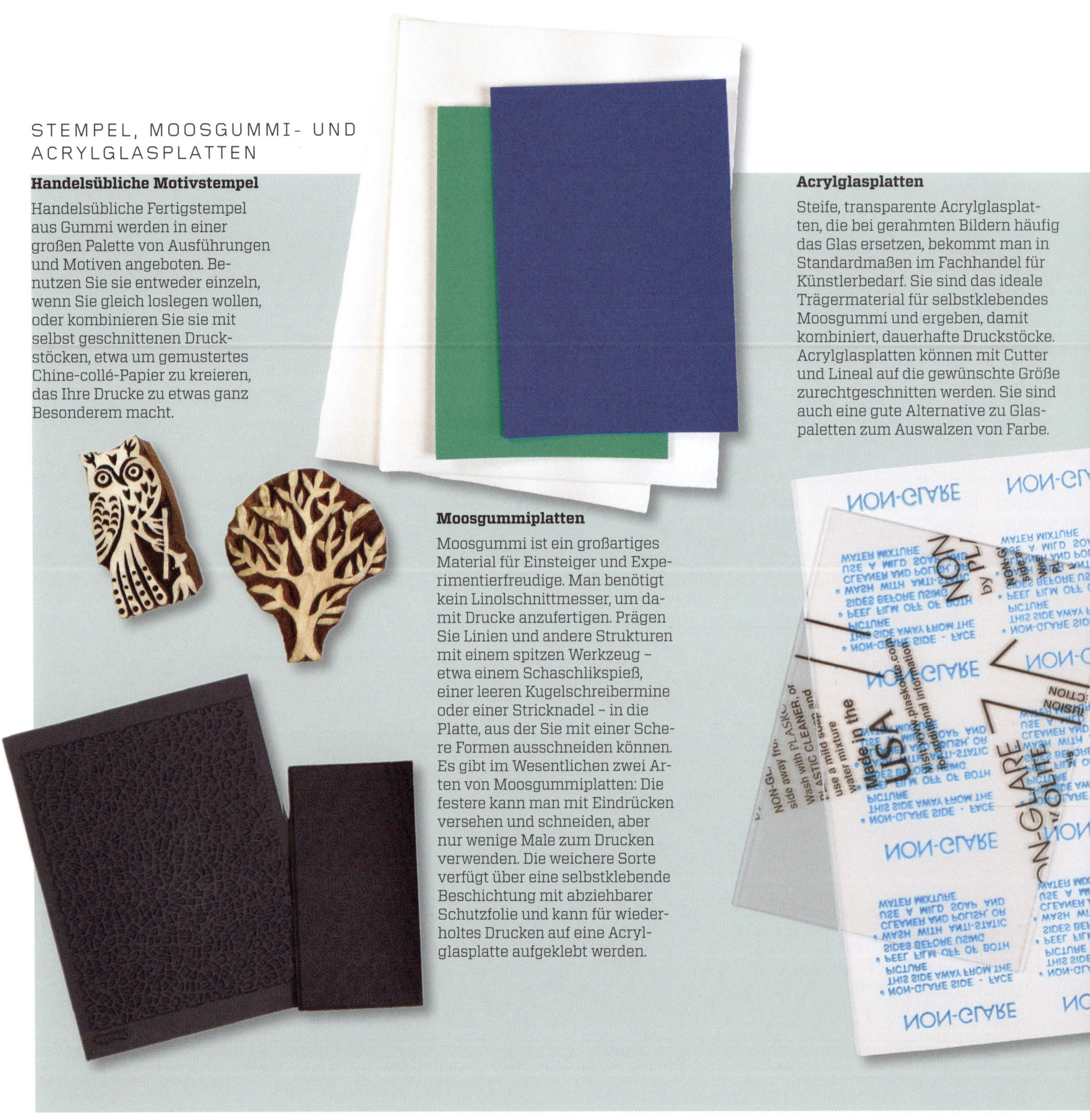

Handelsübliche Motivstempel

Handelsübliche Fertigstempel aus Gummi werden in einer großen Palette von Ausführungen und Motiven angeboten. Benutzen Sie sie entweder einzeln, wenn Sie gleich loslegen wollen, oder kombinieren Sie sie mit selbst geschnittenen Druckstöcken, etwa um gemustertes Chine-collé-Papier zu kreieren, das Ihre Drucke zu etwas ganz Besonderem macht.

Moosgummiplatten

Moosgummi ist ein großartiges Material für Einsteiger und Experimentierfreudige. Man benötigt kein Linolschnittmesser, um damit Drucke anzufertigen. Prägen Sie Linien und andere Strukturen mit einem spitzen Werkzeug – etwa einem Schaschlikspieß, einer leeren Kugelschreibermine oder einer Stricknadel – in die Platte, aus der Sie mit einer Schere Formen ausschneiden können. Es gibt im Wesentlichen zwei Arten von Moosgummiplatten: Die festere kann man mit Eindrücken versehen und schneiden, aber nur wenige Male zum Drucken verwenden. Die weichere Sorte verfügt über eine selbstklebende Beschichtung mit abziehbarer Schutzfolie und kann für wiederholtes Drucken auf eine Acrylglasplatte aufgeklebt werden.

Acrylglasplatten

Steife, transparente Acrylglasplatten, die bei gerahmten Bildern häufig das Glas ersetzen, bekommt man in Standardmaßen im Fachhandel für Künstlerbedarf. Sie sind das ideale Trägermaterial für selbstklebendes Moosgummi und ergeben, damit kombiniert, dauerhafte Druckstöcke. Acrylglasplatten können mit Cutter und Lineal auf die gewünschte Größe zurechtgeschnitten werden. Sie sind auch eine gute Alternative zu Glaspaletten zum Auswalzen von Farbe.

HINWEIS

Wasserlösliche Farben sind nicht gleichzusetzen mit Farben, die sich mit Wasser und Seife beseitigen lassen. Acrylfarbe beispielsweise ist auswaschbar, trocknet jedoch die Farbwalzen aus und ruiniert die Druckstöcke.

Traditionelle Druckfarben auf Ölbasis sind zwar schön, aber für die Verwendung im heimischen „Atelier" nicht ganz unproblematisch. Sie lassen sich meist nur unter Einsatz chemischer Mittel wieder entfernen und sollten nur in gut belüfteten Räumen verwendet werden.

Alle Projekte in diesem Buch kommen ohne diese Farben aus.

FARBEN

Wasserlösliche Druckfarben

Weil sie sich leicht mit Wasser und Seife abwaschen lassen, sind wasserlösliche Druckfarben wie geschaffen für Einsteiger und zum Drucken zu Hause. Sie sind in verschiedenen Farben sowie in Metallic-Varianten erhältlich. Da sie rasch trocknen (Drucker sprechen von einer kurzen „offenen Zeit"), ist entsprechend zügiges Arbeiten erforderlich.

Druckfarben auf Sojabasis

Diese Farben imitieren, was ihre optische Wirkung betrifft, traditionelle Druckfarben auf Ölbasis, können aber problemlos mit Wasser und Seife entfernt werden. Druckfarben auf Sojabasis zeichnen sich durch eine lange offene Zeit, satte Farben, tiefe Schwarztöne und Dauerhaftigkeit aus und stellen deshalb eine begrüßenswerte Alternative zu wasserlöslichen Farben dar.

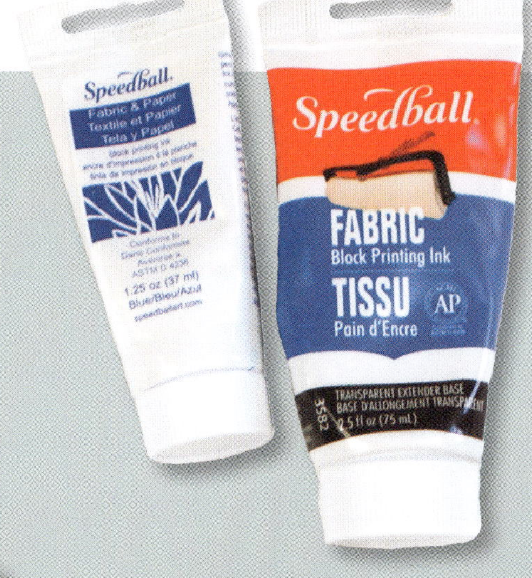

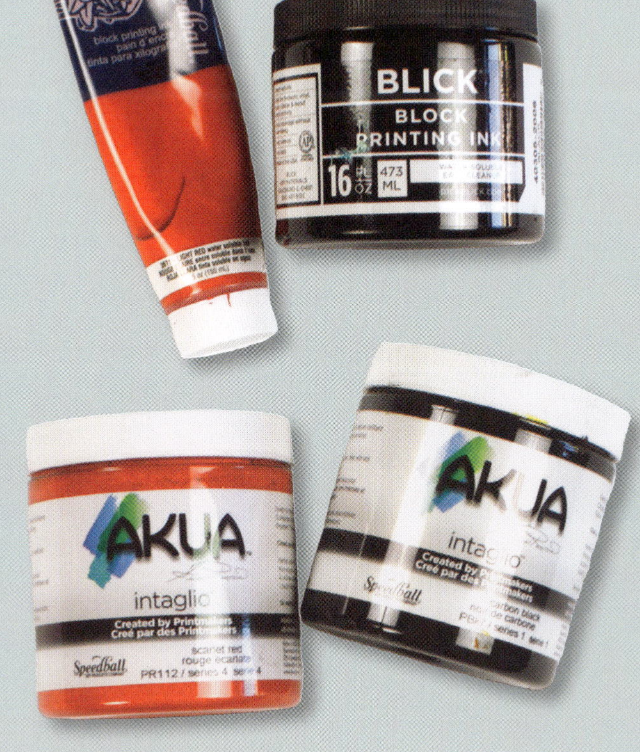

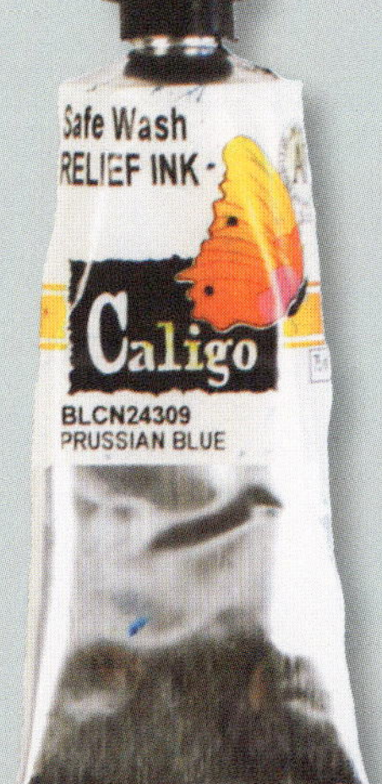

Safe-Wash-Druckfarben

Auch bei den mit Pflanzenöl produzierten Safe-Wash-Farben handelt es sich um ungiftige Alternativen zu den traditionellen Druckfarben auf Ölbasis. Wie die auf Sojabasis hergestellten Farben beeindrucken sie durch ihre Farbintensität und Lichtechtheit.

Stoffdruckfarben und Malmittel

Einige Stoffdruckfarben eignen sich auch zum Bedrucken von Papier. Verwenden Sie sie entsprechend der Gebrauchsanweisung des Herstellers.

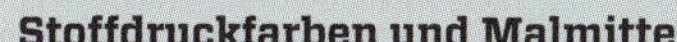

—

Es gibt einige Spezialprodukte, die für besondere Zwecke mit Druckfarbe kombiniert werden können. Malmittel wie Verdünnungsmittel und Trocknungsverzögerer mischt man zu Farben hinzu, um deren offene Zeit, das heißt die Trockenzeit, zu verlängern. Transparenzsteigernde Malmittel beeinflussen die Deckkraft von Druckfarben. Malmittel sind überall erhältlich, wo es Druckfarben gibt.

PAPIER

Druckpapiere teilen sich in zwei Hauptgruppen: westliche Papiere aus Baumwolle und Japanpapiere *(washi)* aus Pflanzenfasern wie Maulbeerbaum-, Gampi- und Mitsumatafasern. Westliche Druckpapiere sind dicker und eignen sich besonders für das Drucken mit der Druckpresse. In diesem Buch liegt der Schwerpunkt jedoch auf dem Handdruck, für den ich die Verwendung von Washi-Papier empfehle.

Washi-Papier

Japanpapier ist dünn, aber reißfest und stabil und wurde im Rahmen der traditionellen japanischen Kunst des Farbholzschnitts entwickelt. Kaufen Sie sich für Ihre ersten Versuche ein erschwingliches, auf Standardmaße zugeschnittenes Papier aus Maulbeerfasern. Washi-Papier ist in einigen natürlichen Farbtönen, aber auch in Schwarz sowie in leuchtenden Rot- und Gelbtönen erhältlich, die sich wunderbar für Chine collé oder das Bedrucken mit weißer Farbe eignen. Wenn Sie etwas Druckerfahrung gesammelt haben, möchten Sie sicher auch mit anderen japanischen Druckpapieren experimentieren.

Japanisches Buntpapier

Dekorative Druckpapiere eignen sich besonders für Chine-collé-Drucke – eine Technik, bei der Japanpapier auf stärkeres Trägerpapier geklebt oder gewalzt wird. Die Abbildung zeigt eine Auswahl japanischer Chiyogami-Papiere. Sie sind säurefrei und mit hinreißenden Designs und Metalliceffekten erhältlich.

HINWEIS

Zeichenpapier, Karton, Aquarell- und Glanzpapier sind für den Handdruck mit Druckstöcken nicht geeignet.

Weitere unentbehrliche Papiere und Folien

ROTATIONSPAPIER

Rotationspapier (Zeitungsdruckpapier), das in breiten Rollen oder Paketen mit großen Bögen erhältlich ist, ist im Druckatelier unentbehrlich. Man benötigt es für Probedrucke und zum Abdecken der Arbeitsfläche.

OVERHEADFOLIE

Beim Drucken mit mehreren Druckstöcken und Farben müssen die Druckstöcke exakt ausgerichtet sein, damit alle Bildteile an der richtigen Stelle abgedruckt werden. Mit transparenter Acetatfolie, die auch unter der Bezeichnung „Transparentfolie“ oder „Overheadfolie“ in Packungen mit losen Bögen angeboten wird, ist das kein Problem.

TRANSPARENTPAPIER

Transparentpapier benötigen Sie zum Übertragen der Originalzeichnung auf den Druckstock. Es ermöglicht Ihnen, die Zeichnung genau auszurichten und Bleistiftlinien auf einfache Weise zu übertragen.

ATEGAMI-PAPIER

Dieses dünne, glänzende, wasserabweisende Papier ähnelt dem Wachspapier, das Sie vielleicht in der Küche verwenden, und dient beim Handdrucken dazu, das Druckpapier zu schützen. Hat man das Druckpapier auf den eingefärbten Druckstock aufgelegt, kann man es mit einem Bogen Ategami-Papier abdecken, das dann beim Abreiben des Druckpapiers mit dem Baren zum Übertragen der Farbe als Schutzschicht fungiert. Ategami-Papier kann sehr oft wiederverwendet werden.

KLEBSTOFFE

Benutzen Sie für Chine-collé-Drucke einen säurefreien Klebstoff, den Sie mit einem Borstenpinsel auftragen. PVA-Bastelleim, japanischer Algenleim (Fu-Nori) und Kleister sind archivalische, reversible Klebstoffe, die speziell für Papier entwickelt wurden. Anders als bei den meisten Bastelklebern besteht bei diesen Klebstoffen nicht die Gefahr, dass sich Falten, Beulen oder harte Schichten bilden.

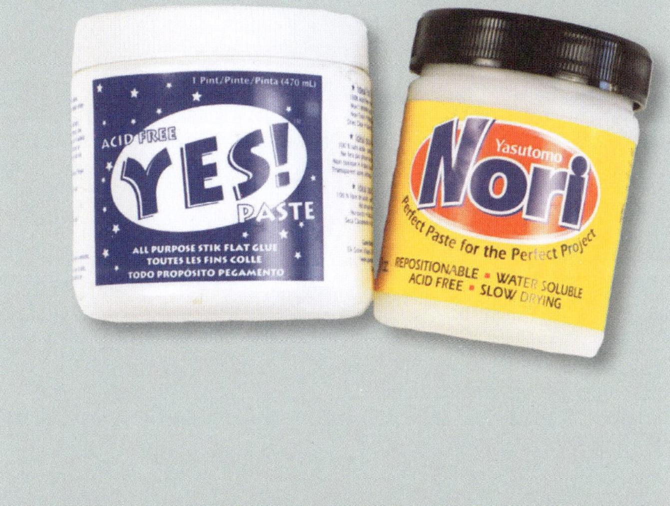

WERKZEUGE

Die Werkzeuge, die Einsteigerinnen und Einsteiger zum Drucken benötigen, sind recht erschwinglich. Eine Grundausstattung an Linolschnittmessern und Farbwalzen ist alles, was Sie brauchen, um schon nach kürzester Zeit erste Drucke anfertigen zu können. Mit zunehmender Erfahrung werden Sie weitere Werkzeuge nützlich und hilfreich finden.

SCHNEIDWERKZEUGE

Linolschnittmesser

Bei Linolschnittmessern gibt es zahlreiche Marken und Modelle. Für die Bearbeitung von Linol- und Gummiplatten werden meist u- und v-förmige Klingen verschiedener Größe benutzt, sogenannte Hohleisen und Geißfüße. Mit einer Auswahl von zwei bis vier Messern (vom Konturmesser für feine Linien bis zum breiten Hohleisen zum leichten Abtragen des Materials) können Sie fast jedes Motiv in Linol- und Gummiplatten schneiden.

—

Ein Linolschnittbesteck mit fünf bis sechs verschieden großen auswechselbaren Klingen ist für Anfänger ideal. Da festes Linoleum die Klingen schneller stumpf werden lässt als Gummi, sollten Sie sich die besten Linolschnittmesser leisten, die Ihr Budget hergibt. Die Griffe sind je nach Marke unterschiedlich geformt. Entscheiden Sie sich für das Modell, das Ihnen am besten in der Hand liegt.

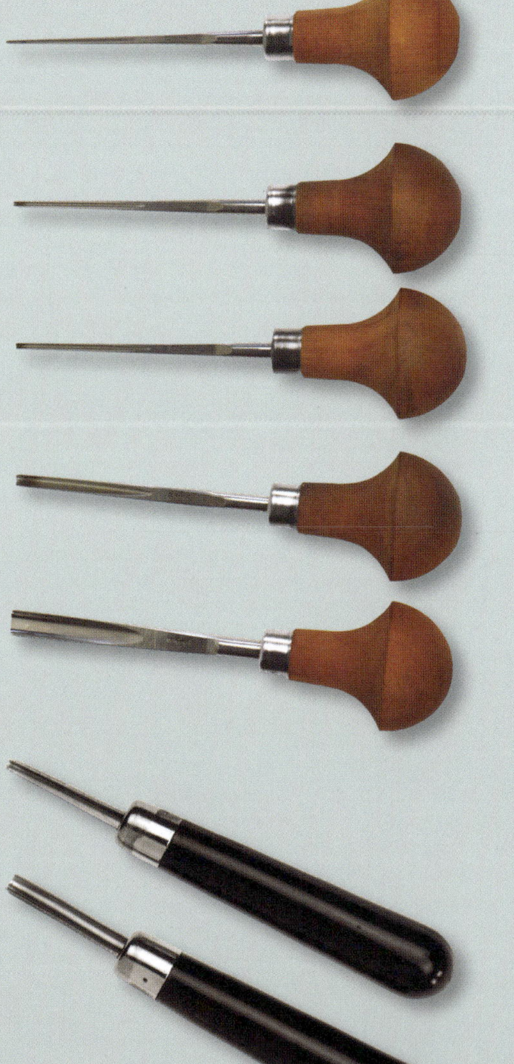

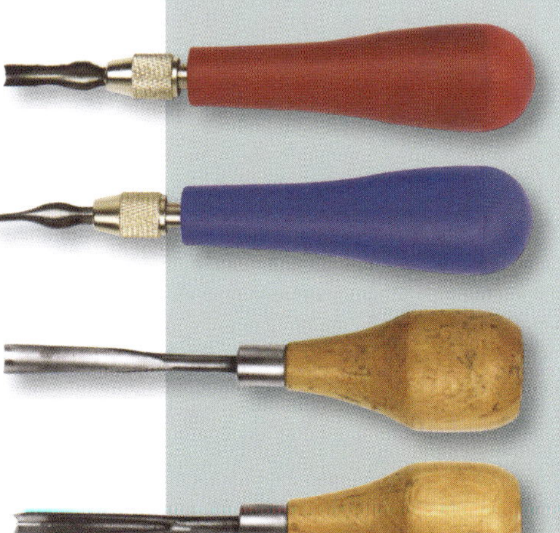

Werkzeuge zum Bearbeiten von Moosgummi

Benutzen Sie zum Ausschneiden von Formen aus Moosgummiplatten eine scharfe Schere. Zum Einritzen oder -prägen von Linien und anderen Strukturen bieten sich diverse Werkzeuge an. Spezialwerkzeuge wie Radiernadeln und Stichel, mit denen man feine, detailreiche Linienzeichnungen anfertigen kann, lassen sich ohne Weiteres durch Gegenstände ersetzen, die sich in den meisten Haushalten finden: Stricknadeln, leere Kugelschreiberminen, Zahnstocher, Schaschlikspieße.

Cutter

Dieses nützliche Werkzeug mit auswechselbarer Klinge eignet sich bestens, um große Formen aus Gummiplatten auszuschneiden und Linoleum mit Juterücken auf die gewünschten Maße zuzuschneiden. Die abgerundete Klinge empfiehlt sich besonders zum Zerschneiden von Gummiplatten, die spitze Standardklinge ist perfekt für Linoleum.

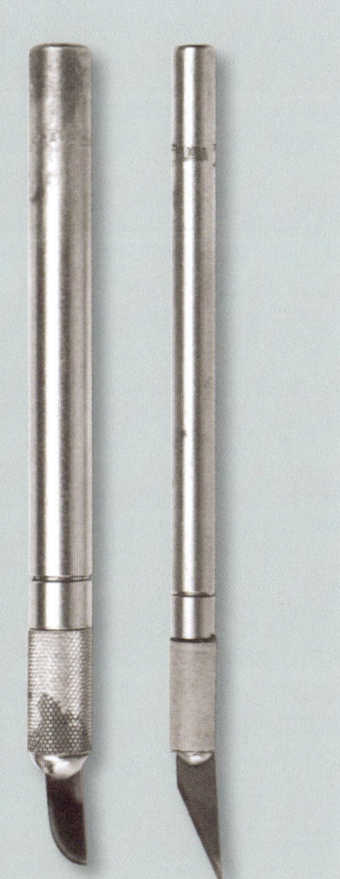

SCHÄRF-WERKZEUGE

Mit regelmäßig geschärften Linolschnittmessern wird das Schneiden zum Vergnügen. Ein Kombi-Schleifset wie der SlipStrop von Flexcut verfügt über eine Holzfläche zum Entgraten von Schneiden, einen Polierverbundstoff und ein Abziehleder. Damit werden Ihre Klingen wieder blitzblank und rasiermesserscharf.

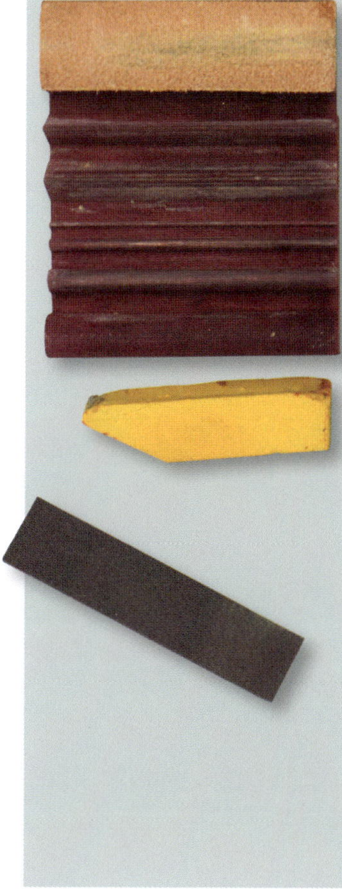

WERKZEUGE FÜR DEN FARBAUFTRAG

Farbwalzen

Farbwalzen für das Auftragen von Farben auf Druckstöcke gibt es in vielen Breiten und Materialien. Weichgummiwalzen sind besonders praktisch für den Hochdruck, da die leichte Nachgiebigkeit des Gummis es ermöglicht, die Farbe gleichmäßig aufzutragen, ohne die feineren Vertiefungen ungewollt mit einzufärben.

—

Wenn man viel druckt, ist es praktisch, über mehrere Farbwalzen unterschiedlicher Breite zu verfügen. Für die meisten kleinformatigen Projekte reicht jedoch eine 10 cm breite Walze aus. Bei größeren Druckstöcken lässt sich die Farbe am besten mit einer Walze aufbringen, die mindestens so breit ist wie die kürzeste Seite des Druckstocks.

—

Farbwalzen gehören zu den Werkzeugen, die für das Gelingen eines Drucks entscheidend sind, deshalb sollten Sie sorgfältig mit ihnen umgehen. Reinigen Sie sie gründlich, bevor die Farbe antrocknet, und bewahren Sie sie stehend und mit der Rolle nach oben auf.

Palette

Zum Auswalzen und Anmischen von Farben ist eine glatte, porenfreie Unterlage unerlässlich. Eine Platte aus Sicherheitsglas mit abgeschrägten Kanten ist eine gute Wahl, alternativ können Sie auch Plexi- oder Spiegelglas oder Glas aus einem Bilderrahmen verwenden. Falls Sie sich für Letzteres entscheiden, sollten Sie die Kanten mit Kreppband umkleben.

WERKZEUGE

REIBWERKZEUGE

Baren

Nach dem Auflegen des Druckpapiers auf den mit Farbe eingewalzten Druckstock wird das Papier gleichmäßig mit einem Handreiber abgerieben, um ein perfektes Druckergebnis zu erzielen. Der japanische Baren wurde speziell für den Handdruck entwickelt. Das traditionelle Modell besteht aus einer Holzplatte mit einer spiralförmig darauf angebrachten Kordel, die mit einem glatten Bambusblatt abgedeckt ist.

—

Es gibt auch moderne Baren aus Kunststoff (mit glatter oder genoppter Oberfläche) oder Metall – Letztere oft mit frei rollenden Kugelelementen auf der Unterseite.

Wenn der zu druckende Bereich besonders klein ist, etwa bei Schmuckfarben-Details, gibt es kein besseres Reibwerkzeug als Ihre Fingerspitzen, vor allem, wenn Sie mit Gummiplatten arbeiten.

Falzbein

Mit diesem glatten, stumpfkantigen Handwerkzeug übertragen Sie Bleistiftzeichnungen auf Druckstöcke, indem Sie die Rückseite des Blatts damit abreiben. Auch bei Linolschnitten mit sehr feinen Linien kann man das Falzbein als Reiber verwenden.

Löffel

Dank ihrer gewölbten Unterseite sind Holz- und Metalllöffel, auch Sushilöffel, ebenfalls exzellente Reibwerkzeuge. Probieren Sie einfach verschiedene Löffel aus, um herauszufinden, mit welchem Sie am besten zurechtkommen. Auch flache hölzerne Schubladengriffe können zu Reibern umfunktioniert werden.

WEITERE WERKZEUGE

Borstenpinsel

Entfernen Sie etwaige nach dem Ausheben feiner Linien im Druckstock verbliebene Krümel mit einem Borstenpinsel, damit sie nicht beim Aufbringen der Farbe an der Walze festkleben und beim Drucken Spuren auf dem Papier hinterlassen. Auch zum Auftragen von Ausziehtusche auf noch ungeschnittene Linolplatten haben sich Borstenpinsel bewährt.

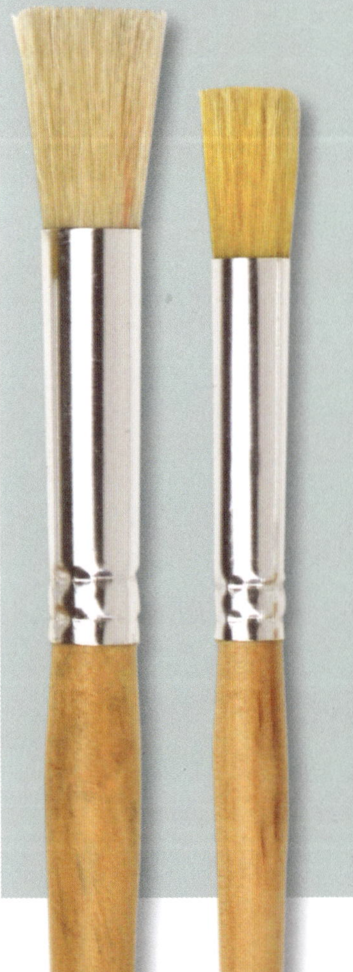

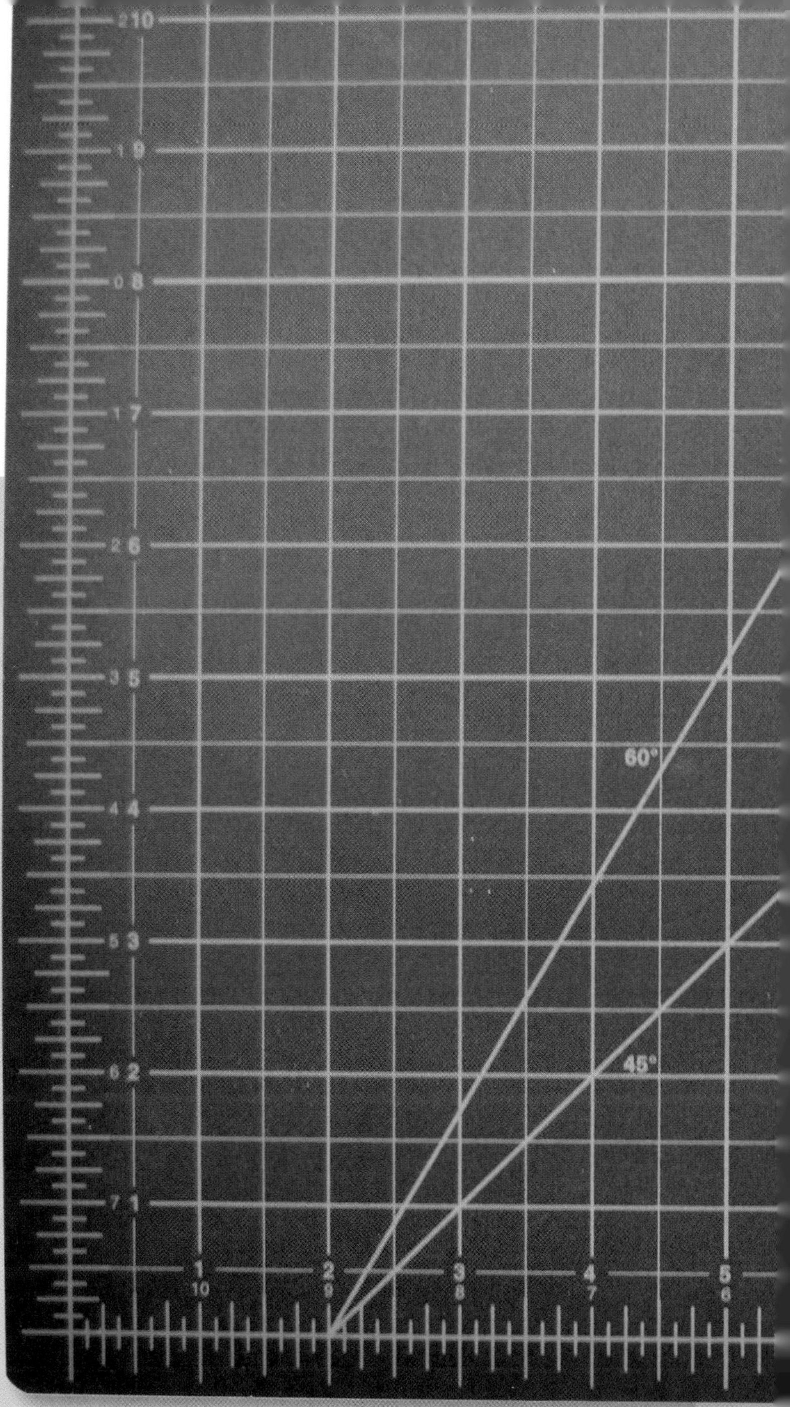

Metalllineale

Stahl- oder Aluminiumlineale empfehlen sich zum Zuschneiden von Linoleum, weil sie als stabile Führungsschiene dienen können. Zudem kann man mit ihrer Hilfe Druckpapier mit reizvollen gerissenen Kanten versehen.

Acryllineale

Beim Schneiden gerader Linien in Gummi- und Moosgummiplatten sind transparente Acryllineale das Hilfsmittel der Wahl, weil man erkennt, worauf man zuschneidet. Auch zum exakten Platzieren von Druckpapier auf einer Schneidematte, einer Ausrichtungshilfe oder einer Vorlage sind sie unverzichtbar.

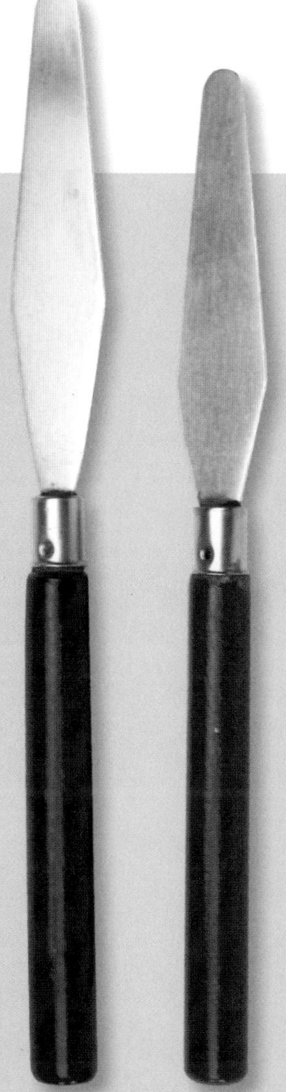

Palettenmesser

Ob biegsam oder steif, ob aus Kunststoff oder aus Metall: Palettenmesser sind nützlich, um Farben zu mischen und kleine Mengen Farbe zum Auswalzen auf die Palette zu geben.

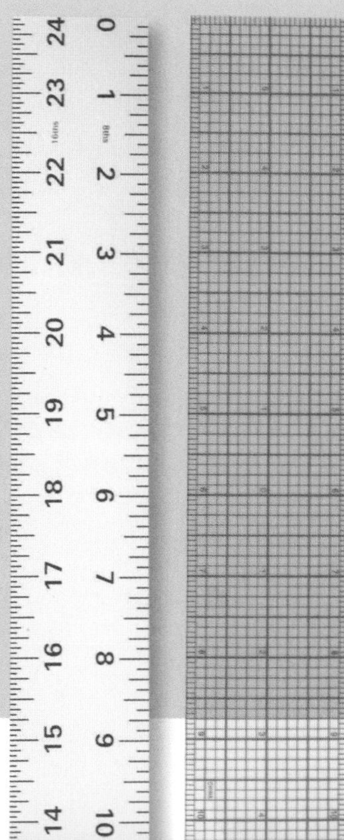

Schneidematte

Schützen Sie Ihre Arbeitsfläche beim Schneiden mit dem Cutter oder Linolschnittmesser durch eine Schneidematte. Beim Ausrichten kleiner Drucke oder Probedrucke während des Druckprozesses leisten gerasterte Schneidematten gute Dienste.

Weiche Bleistifte

Zeichnen Sie Ihre Entwürfe mit einem weichen Bleistift. Bei Bleistiften der Härtegrade 2B, 4B und 6B gelangt so viel Grafit auf das Blatt, dass sich der Entwurf leicht auf die Druckplatte übertragen lässt.

GRUNDTECHNIKEN

Die hier vorgestellten Techniken sind die Grundlage für das Drucken mit Druckstöcken. Am besten legen Sie ein Lesezeichen zwischen die Seiten, damit Sie hier immer wieder rasch nachlesen können, während Sie die Projekte in diesem Buch nacharbeiten.

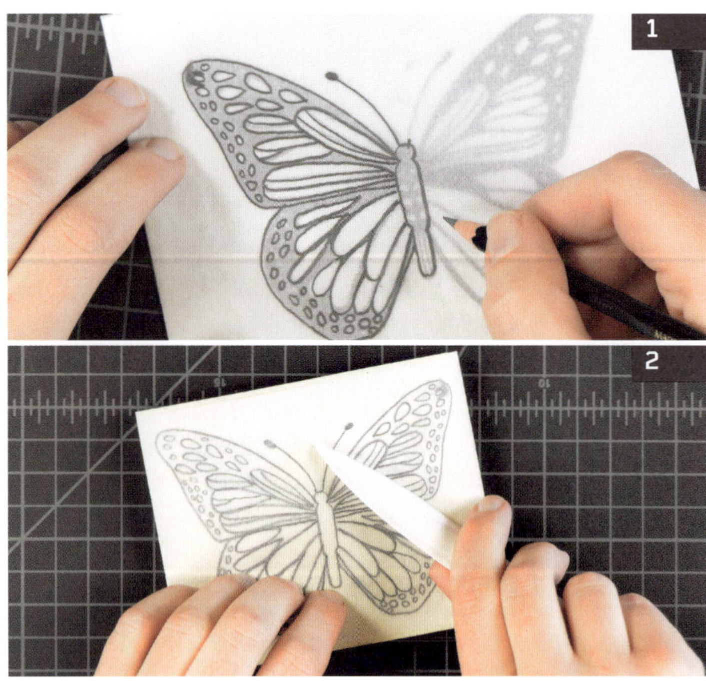

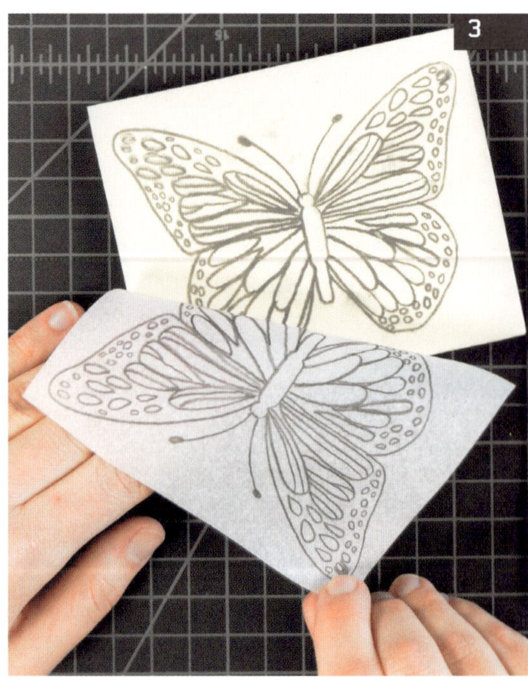

Eine Zeichnung übertragen

Wenn Sie den Entwurf für Ihren Druck gezeichnet haben, können Sie ihn auf die Oberfläche eines Druckstocks übertragen. Nachfolgend werden zwei bewährte Methoden beschrieben. Die Übertragung mit Transparentpapier und eignet sich perfekt für kleine Bilder und für Gummiplatten. Für größere Bilder mit vielen feinen Details oder für Platten aus schwerem Linoleum ist die Übertragung mit Durchschlagpapier vorzuziehen.

Denken Sie daran, dass Ihre Zeichnung bei der Transparentpapier-Methode *auf dem Druckstock*, bei der Durchschlagpapier-Methode *auf dem bedruckten Papier* seitenverkehrt erscheint. Dies ist zu berücksichtigen, falls Ihr Motiv Schrift beinhaltet oder die Bildrichtung eine Rolle spielt – etwa bei einer Landkarte oder bei einer Figur, die Sport treibt oder ein Instrument spielt. Wenn Sie lieber spontan arbeiten, können Sie Ihr Motiv auch mit Bleistift oder Permanentmarker direkt auf den Druckstock zeichnen. Dabei müssen Sie sich allerdings darüber im Klaren sein, dass das Ausradieren und Korrigieren auf dem Druckstock problematisch sein kann.

Transparentpapier-Methode

MATERIAL UND WERKZEUG

Transparentpapier
Weicher Bleistift
Kreppband
Feste Gummiplatte
Schere
Falzbein
Permanentmarker in mehreren Stärken (optional)

1 / Zeichnen Sie Ihr Motiv mit weichem Bleistift auf einen Bogen Transparentpapier. Wie detailliert Sie die Zeichnung gestalten, liegt bei Ihnen. Sie können zum Beispiel nur die Konturen zeichnen und als grobe Orientierungshilfe nutzen, aber auch schon Bereiche schattieren, die später abgetragen werden sollen.

2 / Schneiden Sie das Transparentpapier auf die Maße des Druckstocks zu, und legen Sie es mit der Zeichnung nach unten auf den Druckstock. Größere Zeichnungen werden mit Kreppband befestigt. Dann mit dem Falzbein über die Rückseite des Transparentpapiers reiben, dabei von der Mitte nach außen arbeiten.

3 / Heben Sie eine Ecke des Transparentpapiers an, um zu prüfen, ob die Zeichnung korrekt übertragen wurde. Stellen, die zu blass erscheinen, mit dem Falzbein nachreiben. Dann das Transparentpapier (und ggf. das Kreppband) entfernen. Falls gewünscht, können Sie die Bleistiftlinien mit einem Permanentmarker nachziehen. Jetzt kann der Druckstock geschnitten werden.

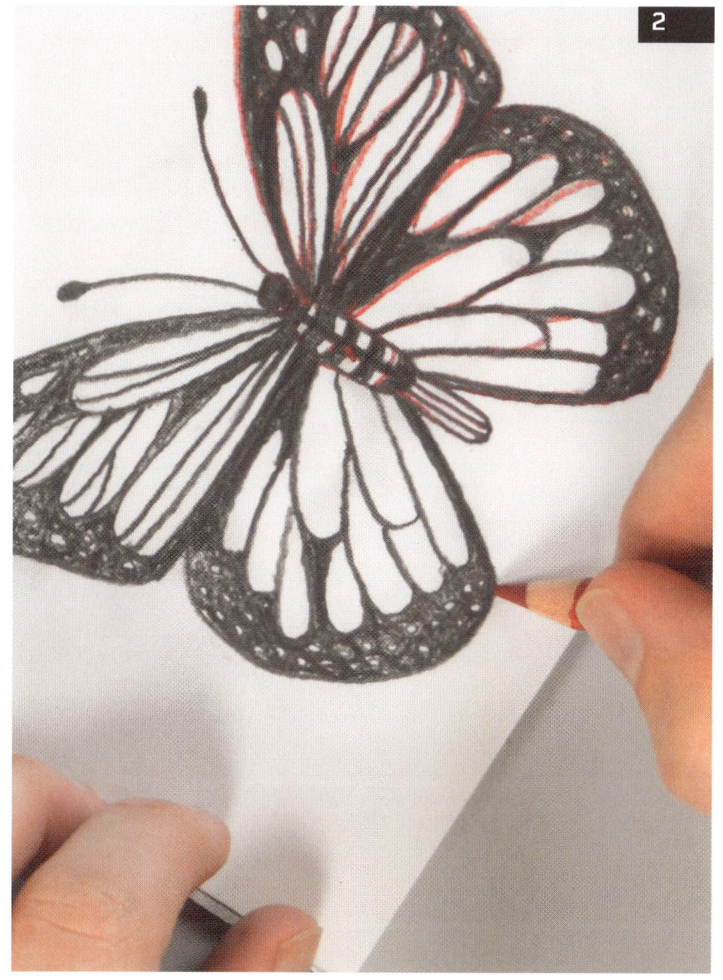

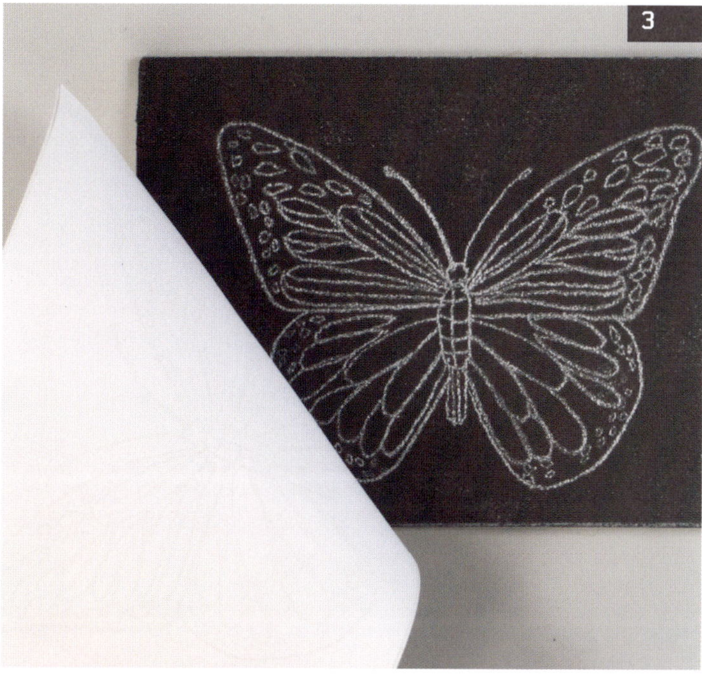

Durchschlagpapier-Methode

MATERIAL UND WERKZEUG

Schweres Linoleum
Ausziehtusche
Borstenpinsel
Durchschlagpapier
Kreppband
Buntstift

Bei dieser Methode legt man ein Blatt Durchschlagpapier zwischen Druckstock und Zeichnung. Durchschlagpapier ist in verschiedenen Farben erhältlich, auch in Weiß. Bei dunklem Linoleum empfiehlt es sich, die Oberfläche der Platte zunächst mit Ausziehtusche einzupinseln und zum Übertragen des Entwurfs weißes Durchschlagpapier zu benutzen, sodass die auf den Druckstock übertragene Zeichnung stark mit dem Untergrund kontrastiert. Schneiden Sie anschließend Partien aus dem mit Tusche bestrichenen Linoleum heraus, vermitteln die darunterliegenden helleren Bereiche Ihnen eine recht gute Vorstellung vom Aussehen des fertigen Drucks.

1 / Pinseln Sie die Oberfläche der Linolplatte mit Ausziehtusche ein. Lassen Sie die Tusche trocknen.

2 / Schneiden Sie das Durchschlagpapier und das Blatt mit Ihrer Zeichnung auf die Maße der Linolplatte zu. Legen Sie das Durchschlagpapier mit der beschichteten Seite (Farbseite) nach unten auf den Druckstock und anschließend das Blatt mit Ihrem Motiv so auf das Durchschlagpapier, dass die Bleistiftseite nach oben zeigt. Beide Lagen mit Kreppband auf den Druckstock kleben und die Zeichnung sorgfältig mit einem Buntstift nachfahren – so sehen Sie, welche Bereiche Sie schon übertragen haben und welche noch nicht.

3 / Überprüfen Sie, ob die Übertragung der Zeichnung gelungen ist, indem Sie eine Ecke des Durchschlagpapiers anheben. Wenn ja, nehmen Sie Durchschlagpapier und Zeichnung ab. Nun können Sie Ihren Druckstock schneiden.

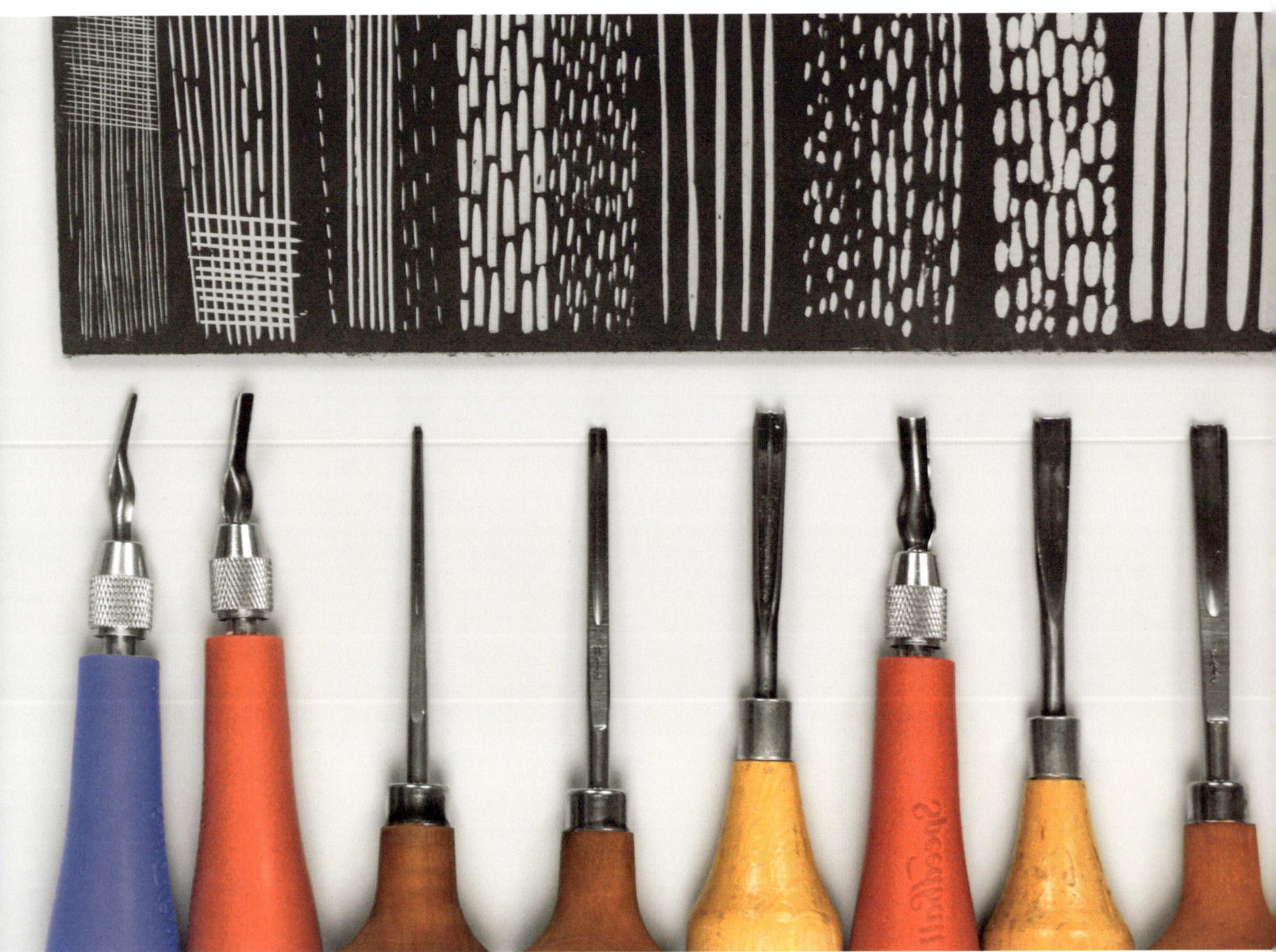

Schneiden

Betrachten Sie Ihre Linolschnittmesser als Pinsel – Ihre wichtigsten Ausdrucksmittel beim Drucken mit Druckstöcken. Experimentieren Sie für unterschiedliche Effekte mit verschieden großen und verschieden geformten Messern. Am besten stellen Sie sich aus kleineren Platten oder Reststücken eine kleine „Bibliothek" mit Grundmustern und Strukturen zusammen, die Ihnen hilft, Ihre Drucke möglichst interessant und individuell zu gestalten. Experimentieren Sie mit Kreuzschraffuren, Positiv- und Negativflächen und -mustern, geschwungenen und gezackten Linien und weiteren reizvollen Kontrasten.

Linolschnittmesser bestehen aus zwei Teilen: Klinge und Griff. Bei den Projekten in diesem Buch kommen meist Hohleisen (u-förmige Kingen) oder Geißfüße (v-förmige Klingen) zum Einsatz. (Es gibt auch noch andere Klingenformen, die aber eher für Holzschnitte verwendet werden.)

Die Form der Griffe variiert je nach Marke. Entscheiden Sie sich für Messer, deren Griffe Ihnen gut in der Hand liegen. Unabhängig vom gewählten Modell sollten Sie das Messer fest und zugleich entspannt halten, sodass die Kraft beim Schnitzen aus Ihrem Arm kommt, nicht aus den Fingern oder der Handfläche.

TIPPS FÜR DAS SCHNEIDEN

Schneiden Sie stets vom Körper weg.

—

Schneiden Sie immer von der Hand weg, die den Druckstock hält – wichtig, falls Sie mit dem Messer abrutschen.

—

Damit Sie die Arbeit des Schneidens Ihren Messern überlassen können, müssen diese wirklich scharf sein.

—

Ist das Schneiden auch nur ansatzweise mühsam, muss die Klinge nachgeschärft werden. Beachten Sie dabei die Gebrauchsanweisung für Ihr Schärfwerkzeug.

—

Beim Schneiden muss die Klinge nicht tief in den Druckstock gedrückt werden. Man trägt nur eine flache Schicht von der Oberfläche ab.

—

Zum Schneiden von Kreisen und gebogenen Linien drehen Sie den Druckstock, während die Klinge schneidet.

—

Arbeiten Sie langsam. Lassen Sie sich Zeit.

—

Üben Sie das Schneiden von Winkeln, Kreisen und geraden Linien, um die für Sie passende Technik zu entwickeln.

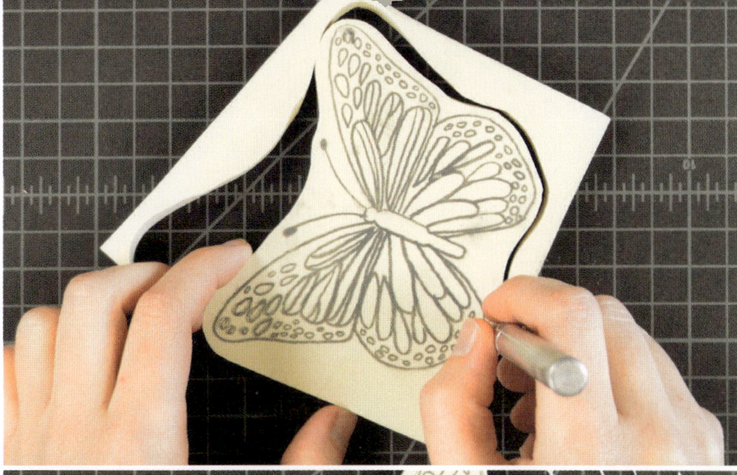

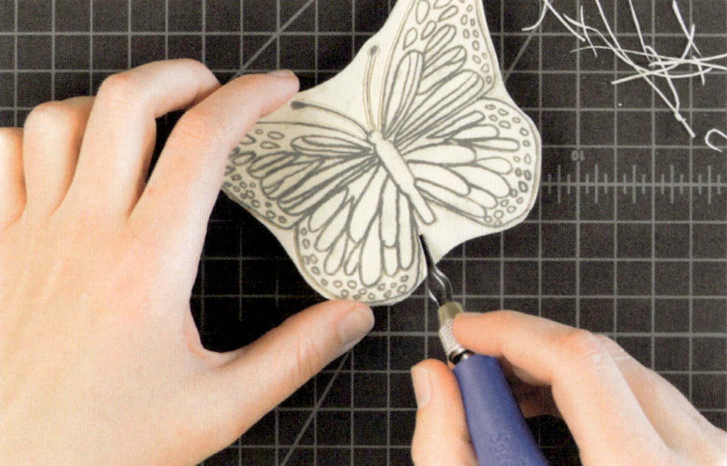

Bei festen Gummiplatten wird das überschüssige Material außerhalb des Motivs weggeschnitten.

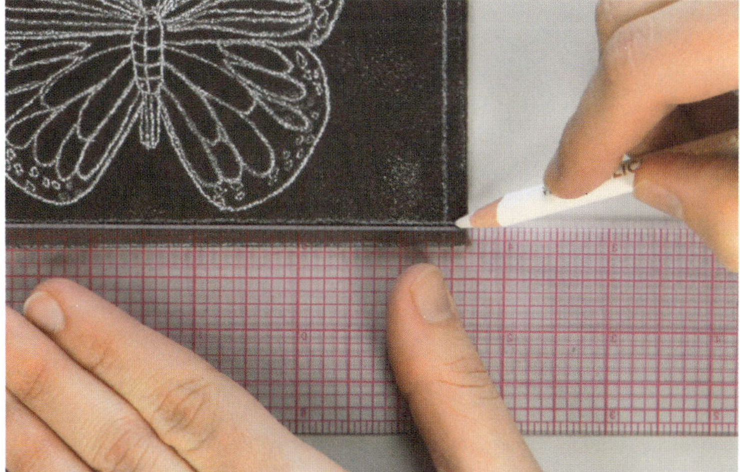

Bei Druckstöcken aus Linolplatten kann es reizvoll sein, dem Motiv einen Rahmen zu geben.

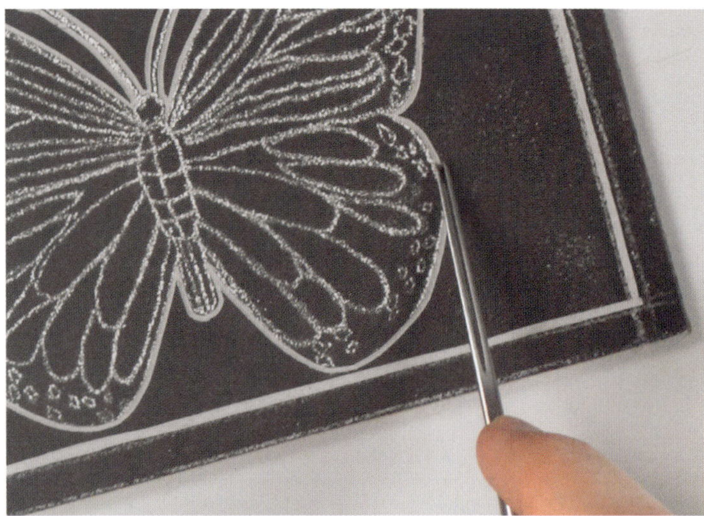

Schneiden Sie zunächst mit dem Konturmesser die Umrisslinien des übertragenen Motivs heraus.

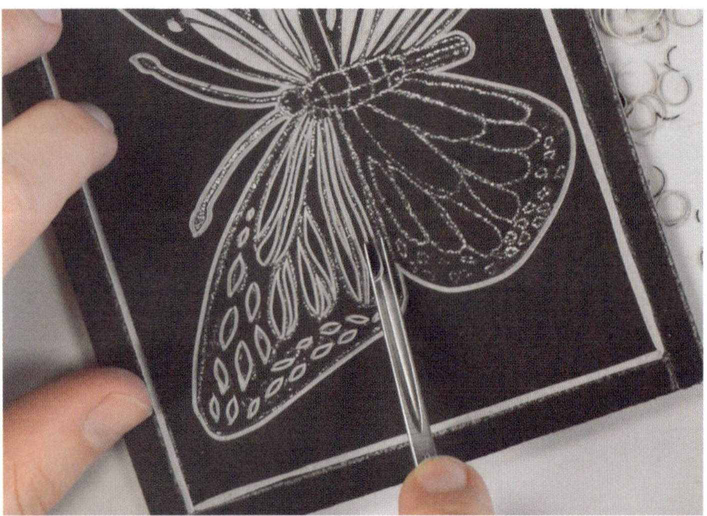

Mit dem Hohleisen können Sie rasch größere Bereiche des Linoleums abtragen. Falls Sie ein Linolschnittbesteck mit auswechselbaren Klingen besitzen, lohnt die Investition in ein paar zusätzliche Griffe, damit Sie die Klingen, die Sie am häufigsten benutzen, stecken lassen können.

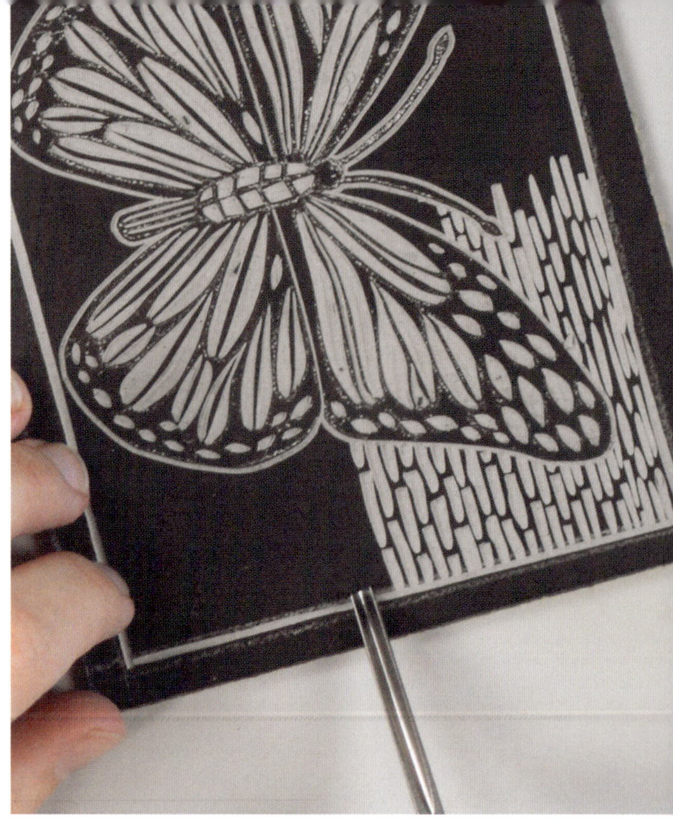

Bei umrahmten Linolschnitten ist es eine Überlegung wert, den Hintergrund durch ein Muster oder eine Struktur lebendiger und detailreicher zu gestalten. Kombinieren Sie Negativ- und Positivflächen, und greifen Sie auf Ihre sicherlich stetig wachsende Sammlung ausdrucksstarker Muster und Strukturen zurück.

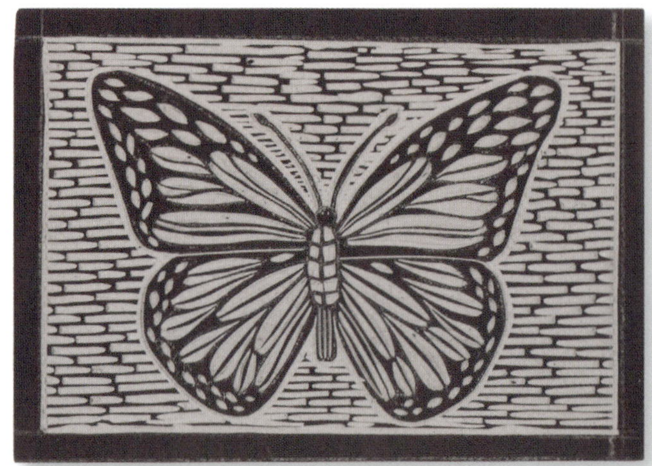

DER FERTIGE DRUCKSTOCK

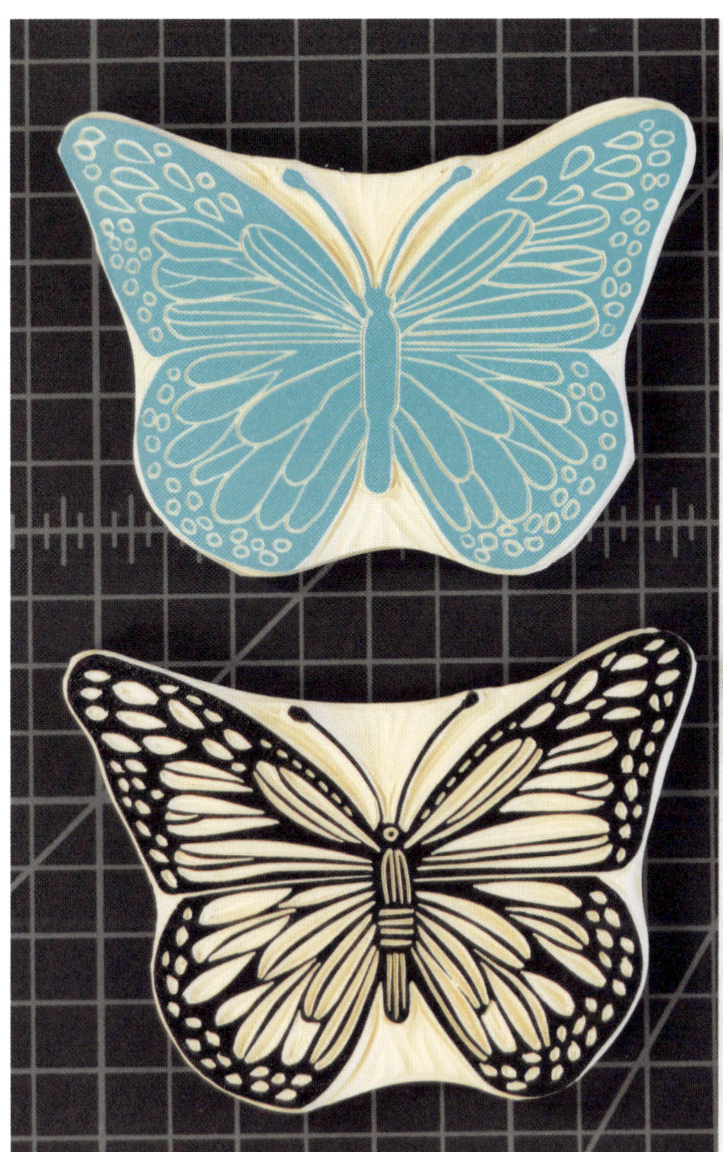

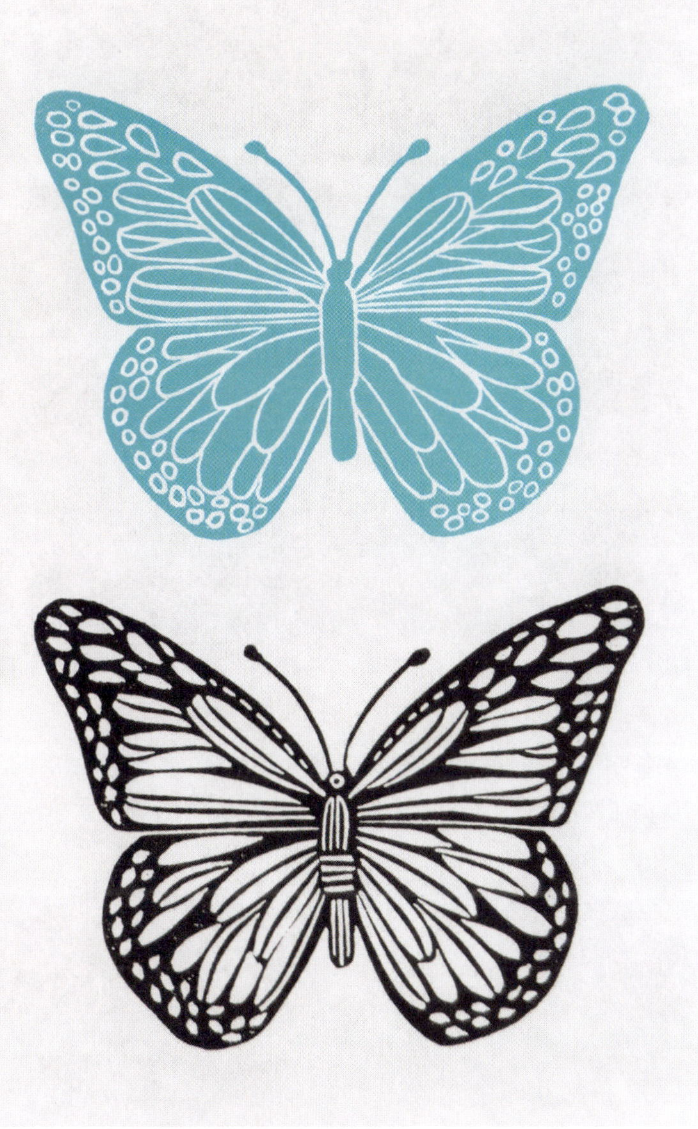

Positiv-negativ-Kontrast

Positiv-negativ-Kontraste sind zentral beim Entwerfen von Druckmotiven. Kennzeichnend für den Hochdruck in all seinen Varianten – vom einfachsten einfarbigen Stempeldruck bis zum komplexen Mehrfarbendruck – ist das Zusammenspiel von herausgeschnittenen und stehen gelassenen Bereichen (auch Weiß- und Schwarzlinienschnitt genannt). Beachten Sie, dass die abgetragenen Bereiche später im Druck die Farbe des Druckpapiers haben.

POSITIV UND NEGATIV

Für ein Negativbild [oben] schneiden Sie die übertragenen Bleistiftkonturen aus dem Druckstock heraus. Sie haben beim fertigen Druck die Farbe des Druckpapiers.

Für ein Positivbild [unten] schneiden Sie alle Flächen *mit Ausnahme* der übertragenen Bleistiftlinien aus dem Druckstock. Ich habe hier denselben Entwurf auf zwei feste Gummiplatten übertragen und das Motiv in beiden Varianten geschnitten.

HINWEIS

Für Einsteiger sind wasserlösliche Druckfarben ideal, da sie problemlos erhältlich, leicht abwaschbar und erschwinglich sind.

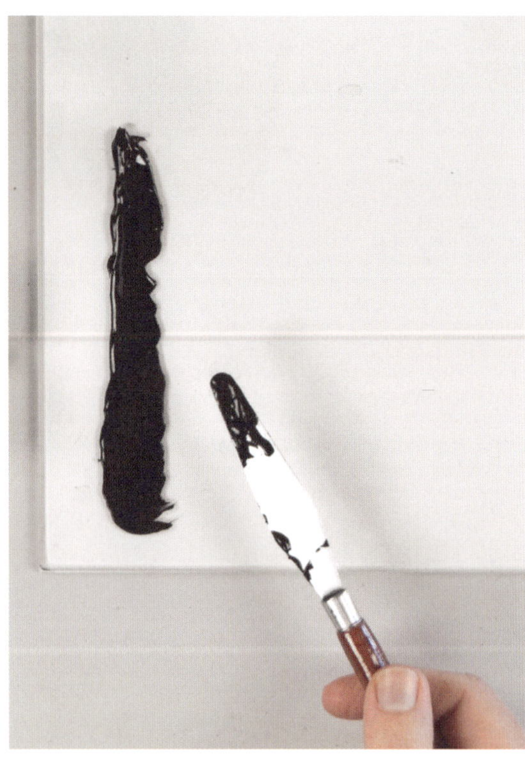

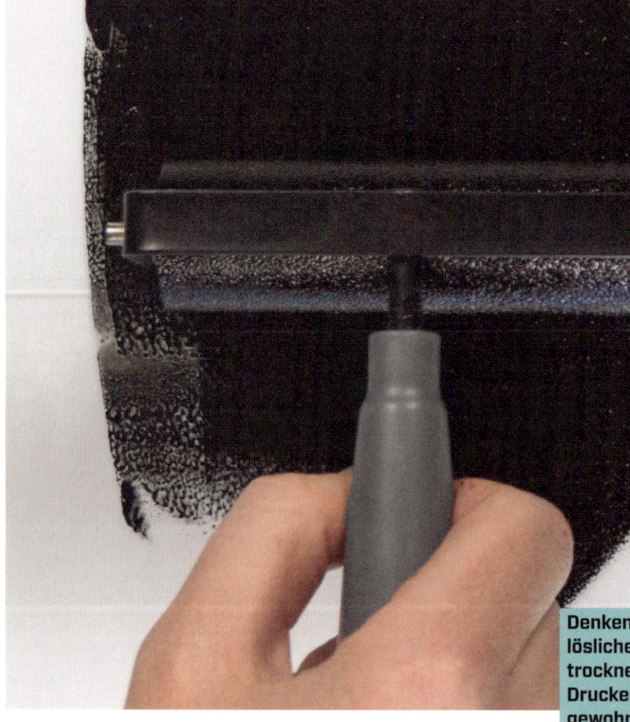

Denken Sie daran, dass wasserlösliche Farben relativ schnell trocknen. Wenn Sie noch wenig Druckerfahrung haben und nicht gewohnt sind, effizient zu arbeiten, gibt es zwei Möglichkeiten, trotzdem mit der kurzen Trockenzeit der Farbe zurechtzukommen:

Die erste Möglichkeit besteht darin, immer nur zwei bis fünf Abzüge in Folge zu drucken und Palette, Walze und Druckstock jeweils zwischen zwei Druckdurchgängen abzuwaschen und trocknen zu lassen.

Die zweite Möglichkeit ist, der Farbe einen Trocknungsverzögerer zuzusetzen, um ihre offene Zeit auf der Palette zu verlängern.

Druckfarben auf Soja- oder Pflanzenölbasis haben eine deutlich längere offene Zeit und stellen damit weniger Anforderungen an die Arbeitsgeschwindigkeit.

Farbe auftragen

Bevor Sie mit dem Drucken beginnen, sollten Sie dafür sorgen, dass sich alle benötigten Materialien und Werkzeuge – Farben, Palette, Palettenmesser und Farbwalze – in Reichweite befinden. Das Druckpapier sollte auf das benötigte Maß zugeschnitten sein. Farben haben je nach Typ eine unterschiedliche „offene Zeit", das heißt, sie trocknen unterschiedlich schnell – darauf müssen Sie Ihr Arbeitstempo abstimmen.

Drücken Sie etwas Farbe aus der Farbtube (oder nehmen Sie sie mit dem Palettenmesser aus der Dose). Der Klecks sollte einen Durchmesser von etwa 5 cm haben. Streichen Sie die Farbe auf einen Randbereich der Palette.

Wählen Sie eine Farbwalze, die etwas breiter ist als eine Seite Ihres Druckstocks. Nehmen Sie ein wenig von der Farbe mit der Walze auf, oder verstreichen Sie einen Klecks mit dem Palettenmesser in der Mitte der Palette. Dann rollen Sie die Walze immer wieder mit kurzen Bewegungen vor und zurück durch die Farbe, bis sie vollständig mit Farbe bedeckt ist.

Nun die Walze mit fließenden Bewegungen und minimalem Druck über einen größeren Bereich der Palette rollen: vor- und rückwärts, diagonal und quer, sodass ein gleichmäßiges Rechteck aus Farbe entsteht. Dabei ist ein leises, zischendes Geräusch zu hören, und die leichte Klebrigkeit der Farbe sollte auch beim Auswalzen spürbar sein. Optisch erinnert die ausgewalzte Farbe an Orangenschale. Durch Übung und Erfahrung lernen Sie einzuschätzen, ob Sie zu viel oder zu wenig Farbe genommen haben.

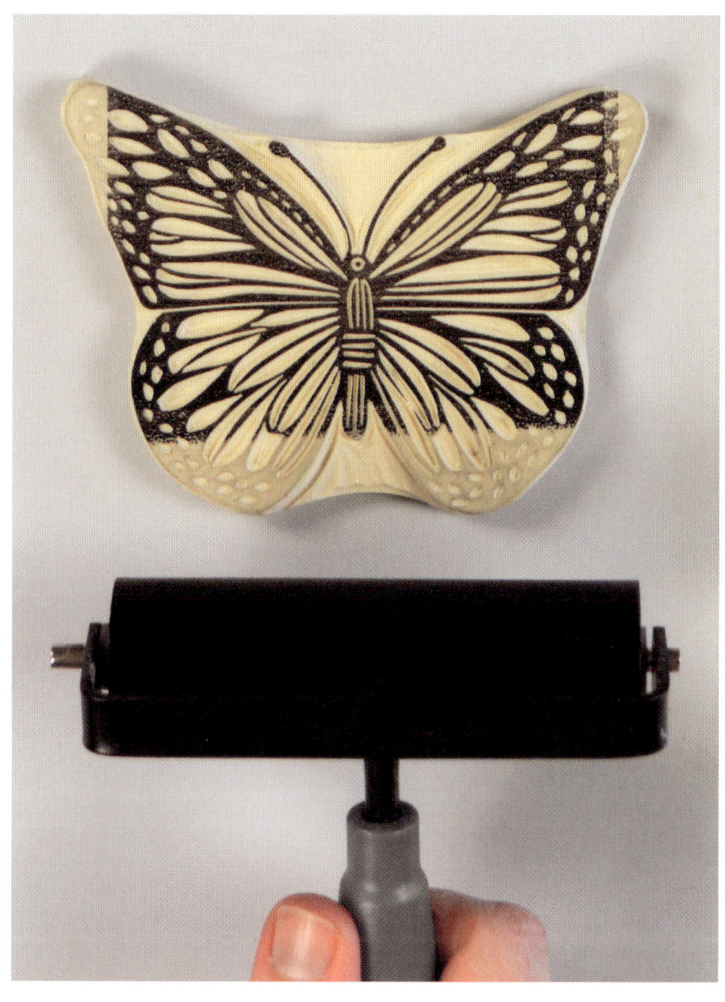

Jetzt kann der Druckstock mit Farbe eingewalzt werden. Überzeugen Sie sich, dass Sie sämtlichen Staub und alle vom Schneiden verbliebenen Krümel entfernt haben, da sie von der Walze aufgenommen werden können und dann beim Drucken unerwünschte Flecken erzeugen. Walzen Sie die Farbe in glatten, gleichmäßigen Schichten auf den Druckstock auf, und achten Sie darauf, dass wirklich alle druckenden Flächen eingefärbt werden. Rollen Sie auch hier wieder in verschiedene Richtungen, und nehmen Sie, wenn nötig, mit der Walze noch etwas frische Farbe von der Palette auf. Wenn der Druckstock von Farbe glänzt, kann der Probeabzug (Probedruck) erfolgen.

Versuchen Sie die Farbe so gleichmäßig wie möglich aufzuwalzen. Dabei ist es besser, mehrere dünne Schichten aufzubringen, statt zu viel Farbe auf einmal zu nehmen. Die Beispiele rechts zeigen Drucke, die mit einer zu geringen, der richtigen und einer zu großen Menge Farbe gedruckt wurden. Mit der Zeit werden Sie ein sicheres Gespür dafür entwickeln, wie viel Farbe Sie aufwalzen müssen.

HINWEIS

Auch wenn Ihre Walze schmaler ist als Ihr Druckstock, können Sie die Farbe gleichmäßig aufwalzen. Üben Sie, die von den Walzenrändern verursachten Spuren durch dünne, sorgfältig aufgewalzte Farbschichten „auszubügeln".

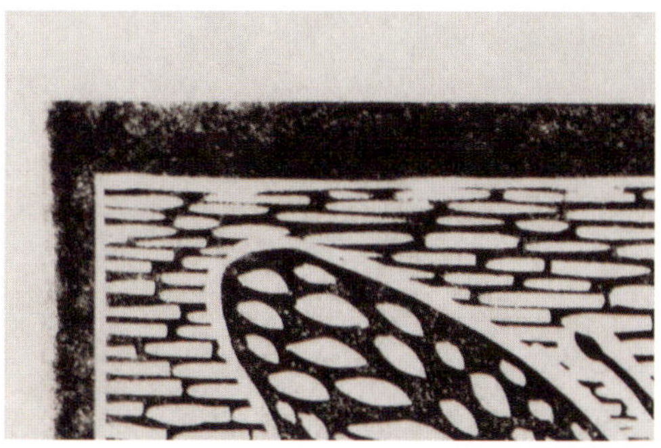

Druck mit zu wenig Farbe. Beachten Sie die hellen Flecken.

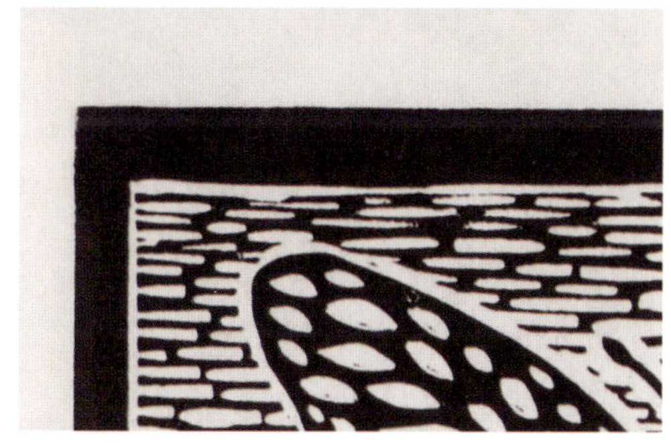

Druck mit der optimalen Farbmenge. Der Farbauftrag ist gleichmäßig und satt, und alle Weißlinien sind frei von Farbe.

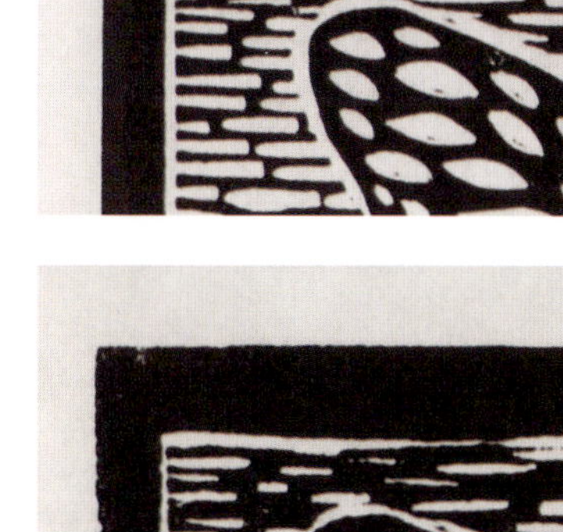

Wird zu viel Farbe aufgewalzt, setzt sie die feineren ausgehobenen Linien des Druckstocks zu. Reinigen Sie den Druckstock, und lassen Sie ihn trocknen, bevor Sie ihn von Neuem einwalzen.

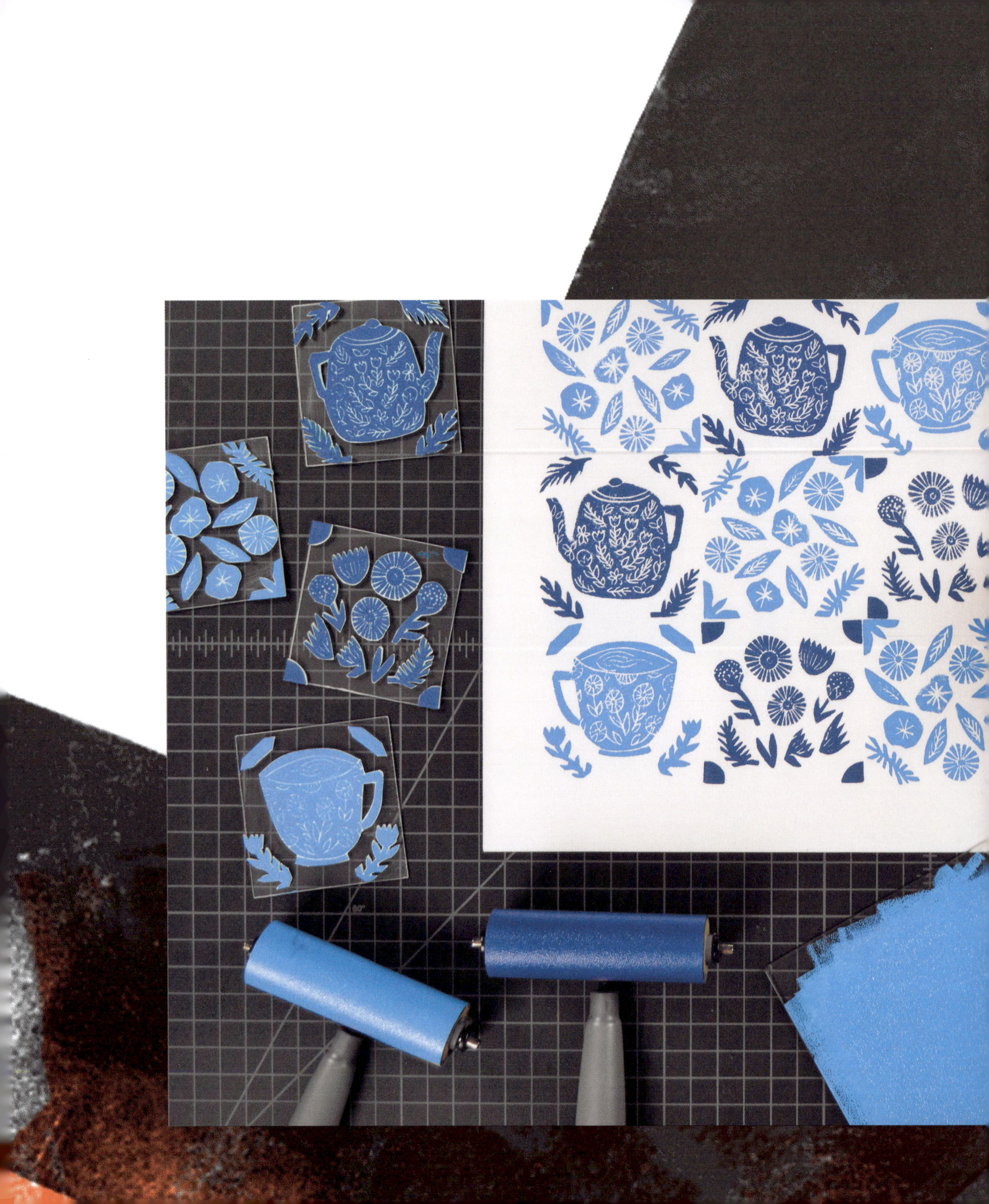

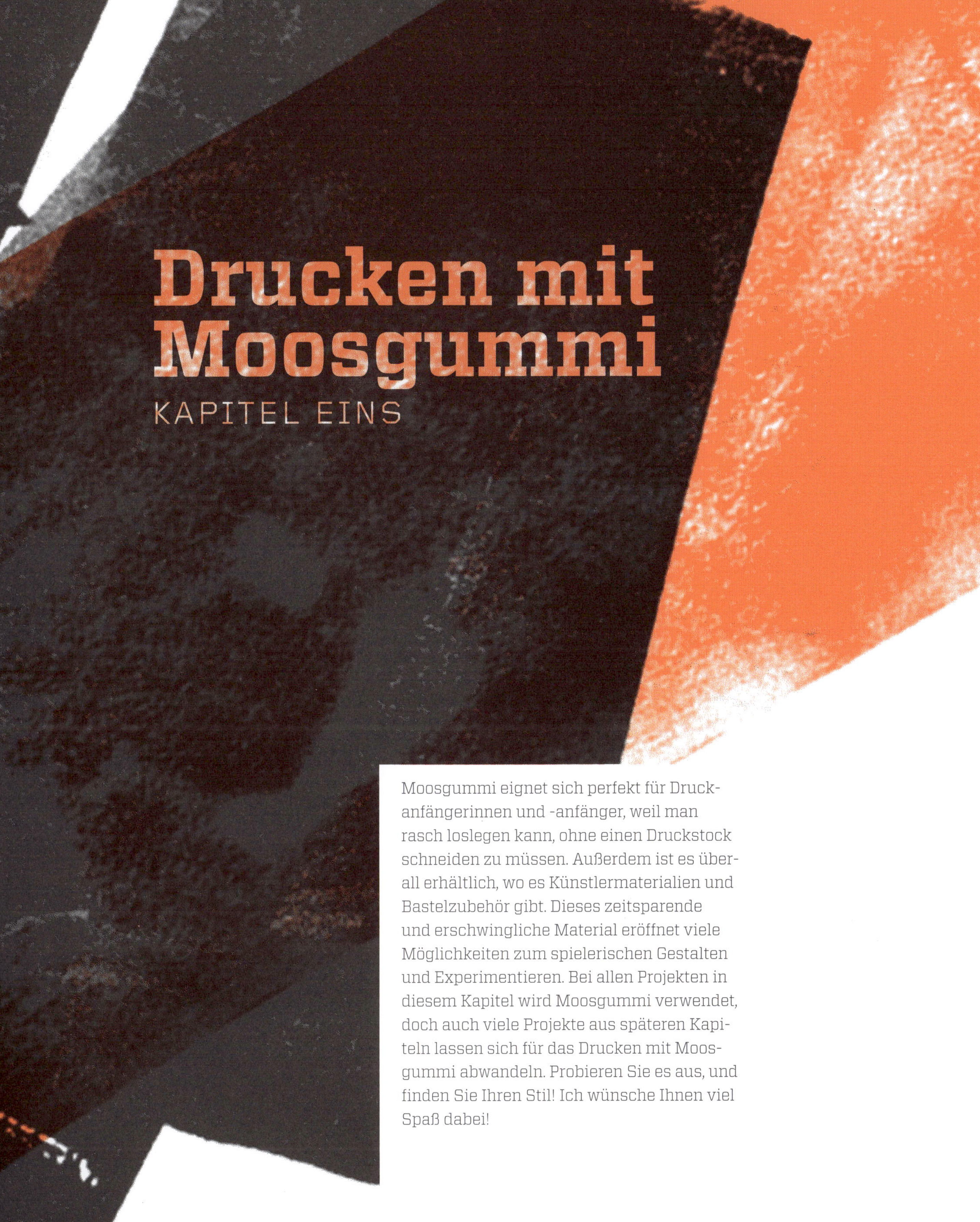

Drucken mit Moosgummi

KAPITEL EINS

Moosgummi eignet sich perfekt für Druckanfängerinnen und -anfänger, weil man rasch loslegen kann, ohne einen Druckstock schneiden zu müssen. Außerdem ist es überall erhältlich, wo es Künstlermaterialien und Bastelzubehör gibt. Dieses zeitsparende und erschwingliche Material eröffnet viele Möglichkeiten zum spielerischen Gestalten und Experimentieren. Bei allen Projekten in diesem Kapitel wird Moosgummi verwendet, doch auch viele Projekte aus späteren Kapiteln lassen sich für das Drucken mit Moosgummi abwandeln. Probieren Sie es aus, und finden Sie Ihren Stil! Ich wünsche Ihnen viel Spaß dabei!

Das kunstvolle Imitieren der Anordnung und Musterrapporte von Keramikkacheln hat einen festen Platz in der Tradition des Druckens mit Druckstöcken. Dieses Projekt ist von Delfter Fayencen inspiriert. Die leuchtenden Blautöne und komplexen Muster lassen sich gut in eine Moosgummi-Drucktechnik übersetzen. Das Experimentieren mit gleich großen quadratischen Druckplatten gibt Ihnen Gelegenheit, sich intensiv mit Kompositionsprinzipien auseinanderzusetzen. Durch Drehen und Umlegen der Druckplatten ergeben sich erstaunlich viele Gestaltungsmöglichkeiten. Für dieses Projekt habe ich zwei größere Motive – Teekanne und Tasse – mit floralen Elementen kombiniert. Im Wechsel eingesetzte Blautöne sorgen für Abwechslung.

MOOSGUMMIKACHELN: DELFTER FAYENCE

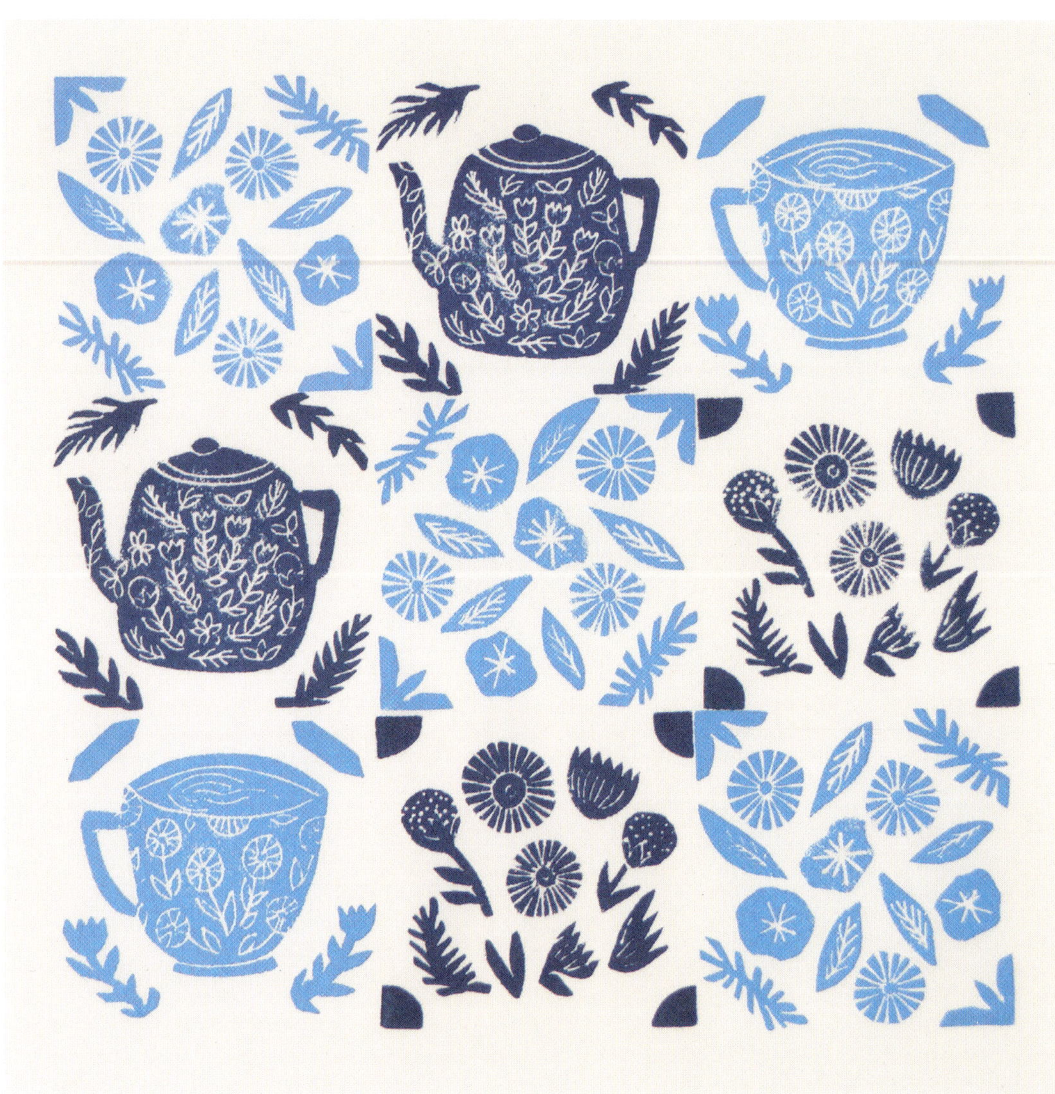

MATERIAL UND WERKZEUG

- Weicher Bleistift
- Millimeter- oder Zeichenpapier
- Transparentes Acryllineal
- Moosgummiplatten mit selbstklebender Rückseite
- Schere
- Cutter
- Schneidematte mit Raster (optional)
- Spitzes Prägewerkzeug
- Transparente Acrylglasplatten (eine pro Kachelentwurf, auf die gewünschten Maße zugeschnitten)
- Wasserlösliche Druckfarben
- Palettenmesser
- Palette
- Farbwalzen
- Rotations- oder Schmierpapier
- Druckpapier

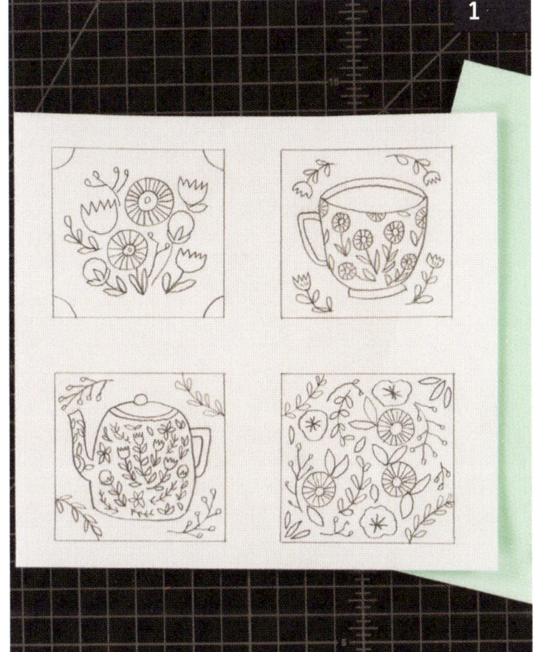

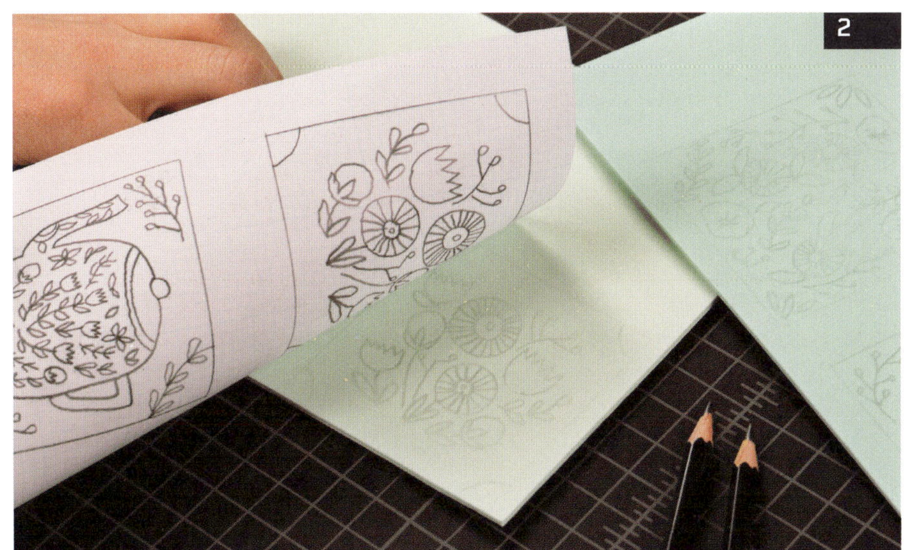

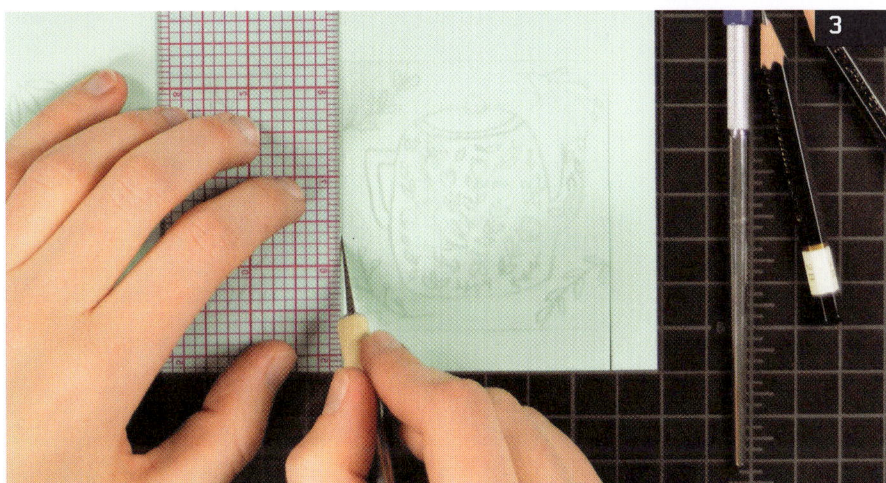

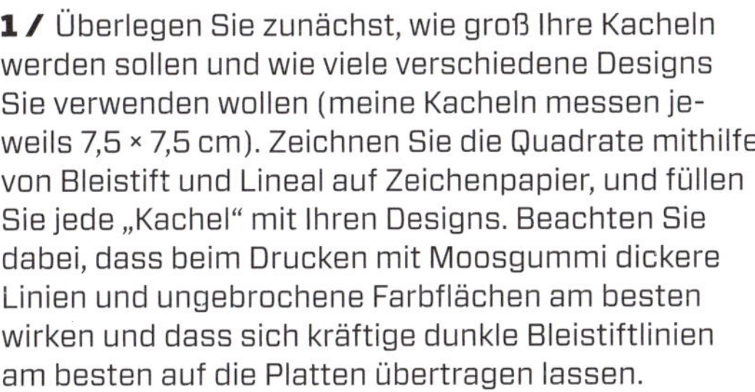

1 / Überlegen Sie zunächst, wie groß Ihre Kacheln werden sollen und wie viele verschiedene Designs Sie verwenden wollen (meine Kacheln messen jeweils 7,5 × 7,5 cm). Zeichnen Sie die Quadrate mithilfe von Bleistift und Lineal auf Zeichenpapier, und füllen Sie jede „Kachel“ mit Ihren Designs. Beachten Sie dabei, dass beim Drucken mit Moosgummi dickere Linien und ungebrochene Farbflächen am besten wirken und dass sich kräftige dunkle Bleistiftlinien am besten auf die Platten übertragen lassen.

2 / Übertragen Sie nacheinander alle Zeichnungen auf das Moosgummi, indem Sie das Blatt umgedreht auf die Moosgummiplatte legen und mit den Fingern über die Rückseite des Papiers reiben. Dabei Kratzer und Dellen in der Platte vermeiden, da diese im Druckbild zu sehen sind. Überprüfen Sie, ob die Zeichnung korrekt übertragen wurde, indem Sie das Blatt an einer Ecke anheben, ohne es zu verschieben. Falls nötig, weiter reiben.

3 / Die Kacheln mit der Schere oder mit Lineal und Cutter aus den Moosgummiplatten herausschneiden. Wenn Sie einen Cutter verwenden, sollten Sie Ihre Arbeitsfläche durch eine Schneidematte schützen.

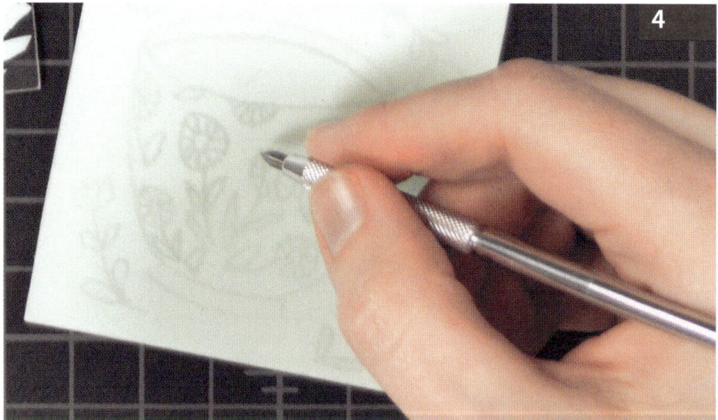

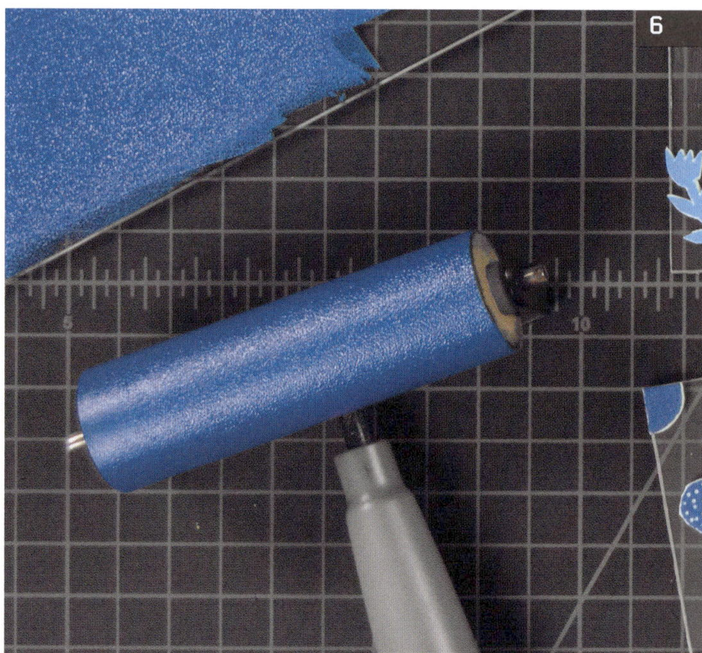

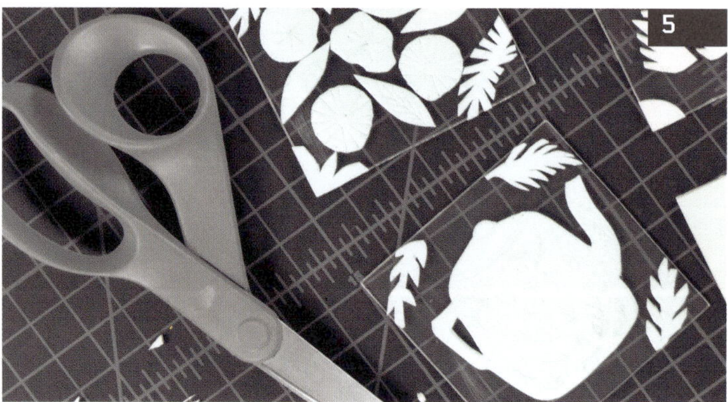

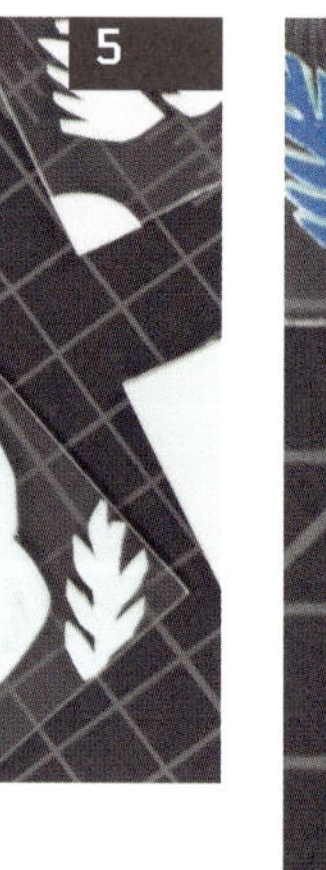

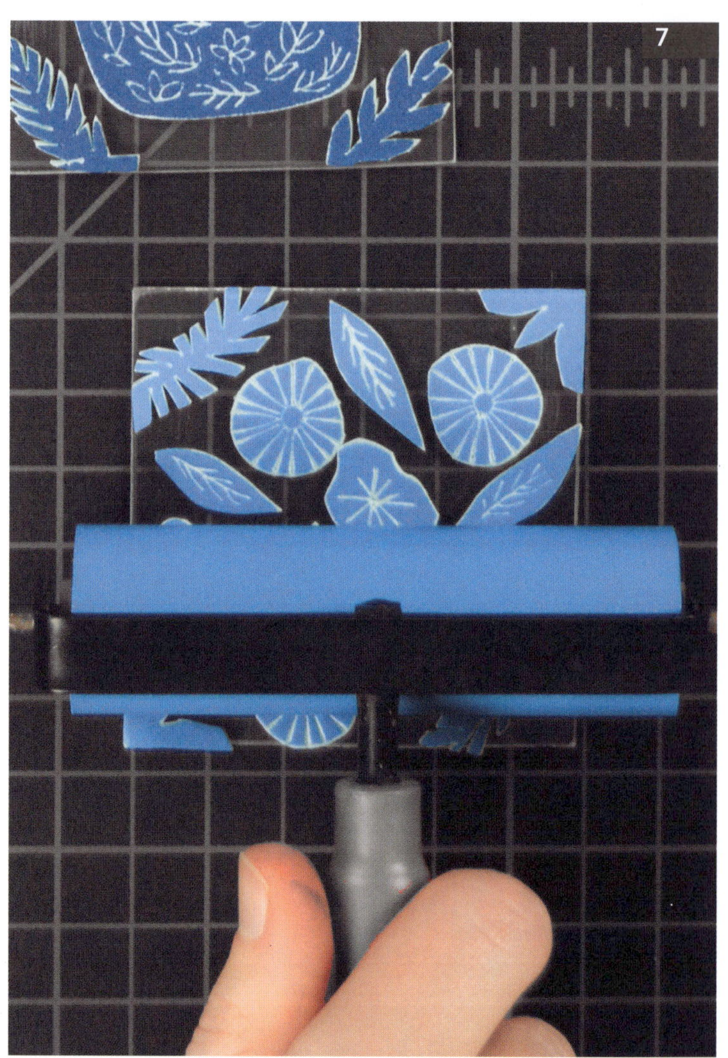

4 / Prägen Sie nun die Details Ihrer Motive in die Moosgummikacheln, indem Sie die Bleistiftlinien mit einem spitzen Werkzeug nachziehen. Mittelstarker Druck genügt.

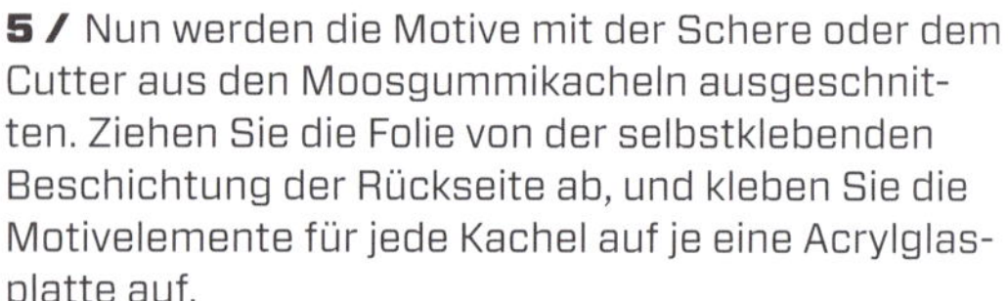

5 / Nun werden die Motive mit der Schere oder dem Cutter aus den Moosgummikacheln ausgeschnitten. Ziehen Sie die Folie von der selbstklebenden Beschichtung der Rückseite ab, und kleben Sie die Motivelemente für jede Kachel auf je eine Acrylglasplatte auf.

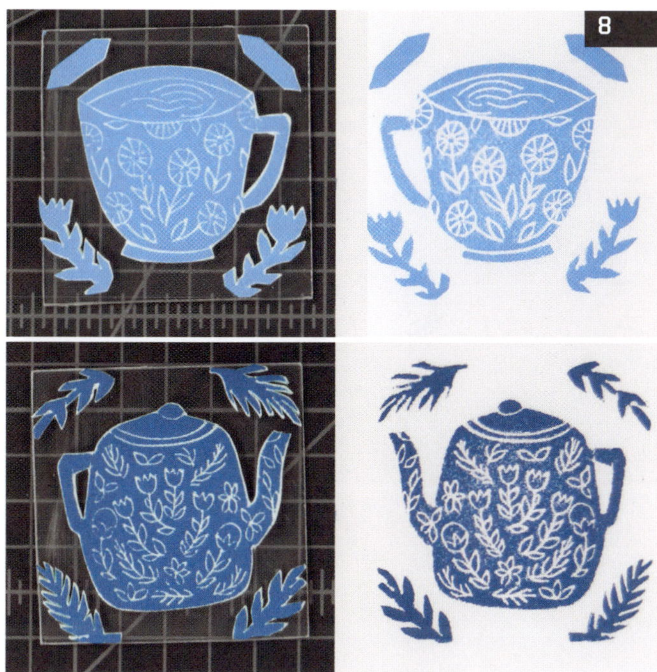

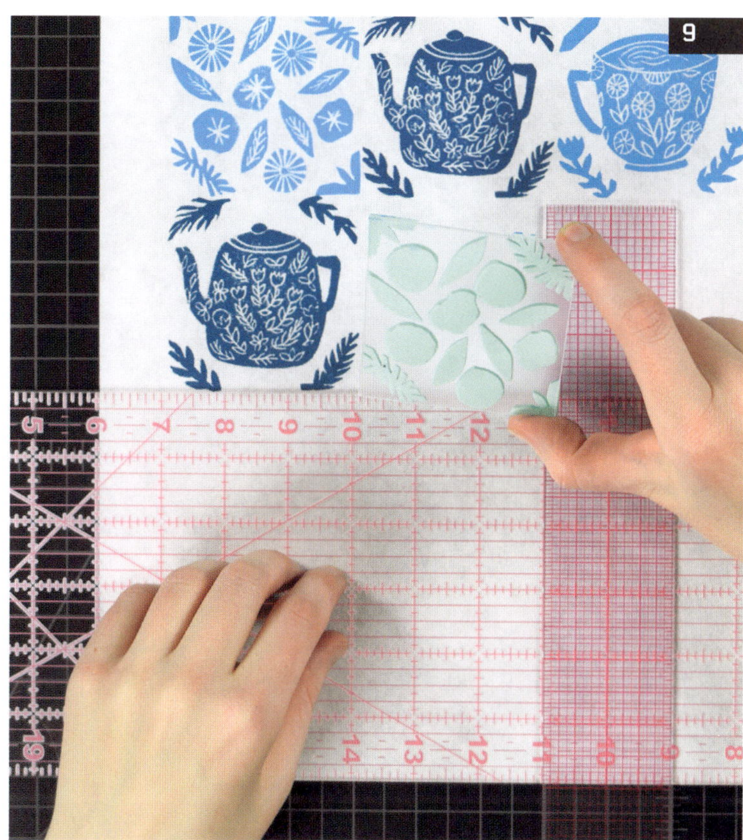

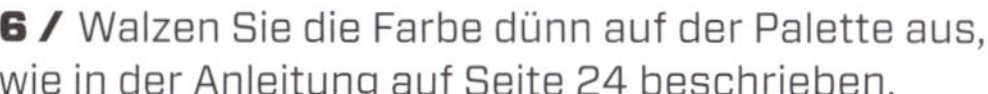

6 / Walzen Sie die Farbe dünn auf der Palette aus, wie in der Anleitung auf Seite 24 beschrieben.

7 / Tragen Sie die Farbe mit der Walze in dünnen, gleichmäßigen Schichten auf Ihre Druckblöcke auf (wenn gewünscht, für jede Kachel eine andere Farbe verwenden).

8 / Machen Sie ein paar Probeabzüge auf Schmierpapier: Fassen Sie eine Kachel am Rand, drehen Sie sie vorsichtig um, sodass die eingewalzte Seite nach unten zeigt, und legen Sie sie senkrecht auf das Papier. Dann mit der Hand oder einem Buch gleichmäßigen Druck auf die Rückseite der Kachel ausüben, die Kachel vorsichtig senkrecht abheben und beiseitelegen. Mit solchen Probeabzügen können Sie üben, die richtige Farbmenge aufzuwalzen und das richtige Maß an Druck auf die Kachel zu bringen.

9 / Entscheiden Sie anhand Ihrer Probeabzüge, welche Anordnung Ihre Kacheln haben sollen und wie oft Sie sie auf das Papier drucken wollen (abhängig von den Abmessungen Ihres Druckpapiers). Um sicherzustellen, dass die Kacheln beim Drucken exakt an den Kanten des Druckpapiers und aneinander ausgerichtet sind, legt man das Druckpapier auf eine gerasterte Schneidematte und positioniert jeden Druckstock mithilfe des Acryllineals. Drucken Sie eine Kachel nach der anderen ab, bis Ihr Druck vollständig ist.

10 / Lassen Sie Ihren Druck trocknen. Nach dem Trocknen können Sie ihn rahmen oder auf andere Weise präsentieren, damit sich auch andere daran erfreuen können!

Durch Aufkleben von Moosgummielementen auf transparente Acrylglasplatten lassen sich auch Mehrfarbendrucke problemlos realisieren. Bei diesem Projekt verteilen sich die beiden Farben der Zitrusfrüchte über das ganze Bild, doch da das Acrylglas durchsichtig ist, brauchen Sie sich nur Ihre Zeichnung anzusehen, um beim Drucken die Farben korrekt platzieren zu können. Es gibt viele künstlerische Einsatzmöglichkeiten für dieses einfache Material.

EINFACHE AUSGESCHNITTENE FORMEN: ORANGEN UND ZITRONEN

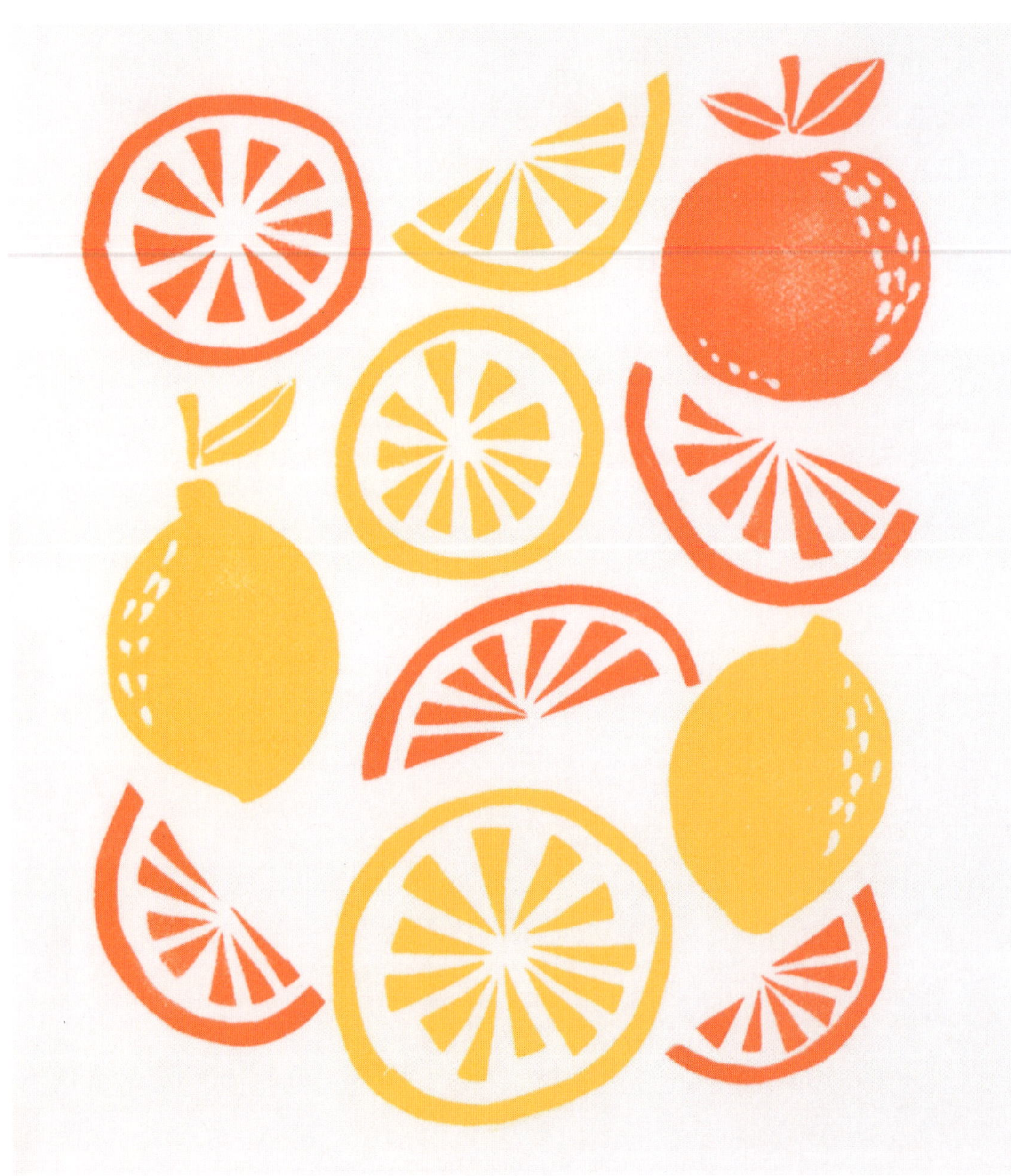

MATERIAL UND WERKZEUG

- Zeichenpapier
- Weicher Bleistift
- Transparentpapier
- 2 Moosgummiplatten mit selbstklebender Rückseite
- 2 transparente Acrylglasplatten, auf die gewünschten Maße zugeschnitten
- Falzbein
- 2 Buntstifte
- Transparentes Acryllineal
- Schere
- Spitzes Prägewerkzeug
- (Passepartout-)Karton
- Kreppband
- Wasserlösliche Druckfarben
- Farbwalze
- Palette
- Mehrere Palettenmesser
- Druckpapier
- Baren oder Holzlöffel

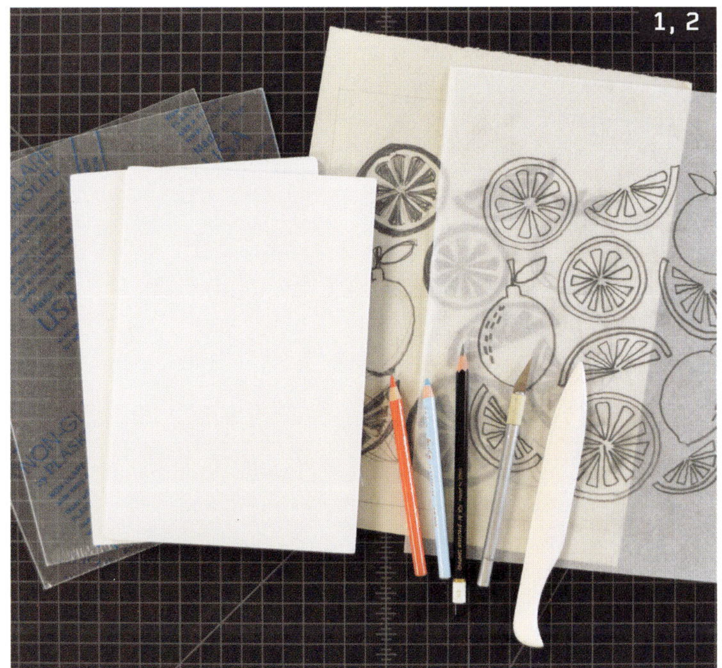

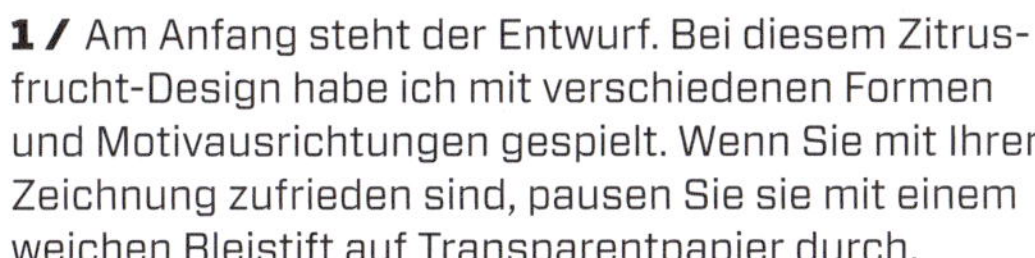

1 / Am Anfang steht der Entwurf. Bei diesem Zitrusfrucht-Design habe ich mit verschiedenen Formen und Motivausrichtungen gespielt. Wenn Sie mit Ihrer Zeichnung zufrieden sind, pausen Sie sie mit einem weichen Bleistift auf Transparentpapier durch.

2 / Legen Sie Moosgummi- und Acrylglasplatten, Falzbein, Kreppband, Bleistift und Buntstifte, die durchgepauste Zeichnung und Ihren Originalentwurf bereit. Ich habe die Erfahrung gemacht, dass ich das Drucken mehr genieße, wenn mein Arbeitsplatz aufgeräumt ist und sämtliche benötigten Werkzeuge und Materialien bereitliegen.

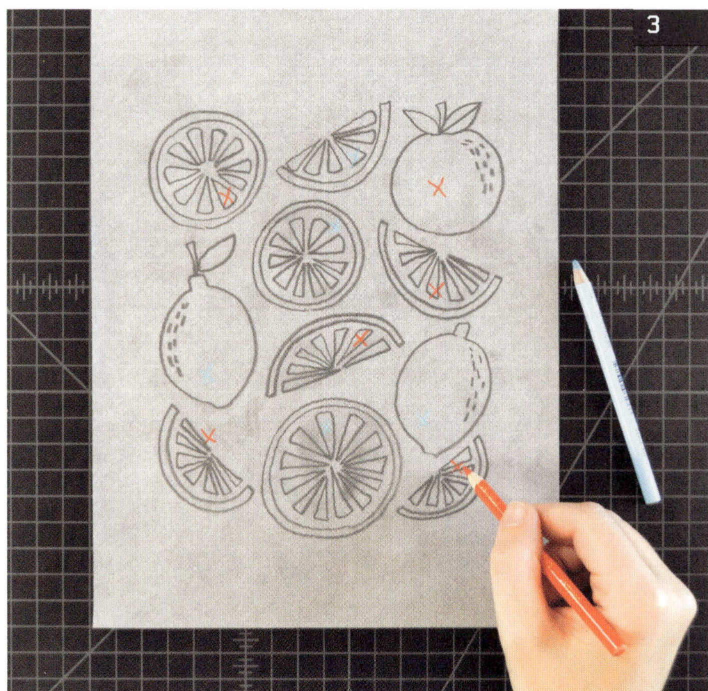

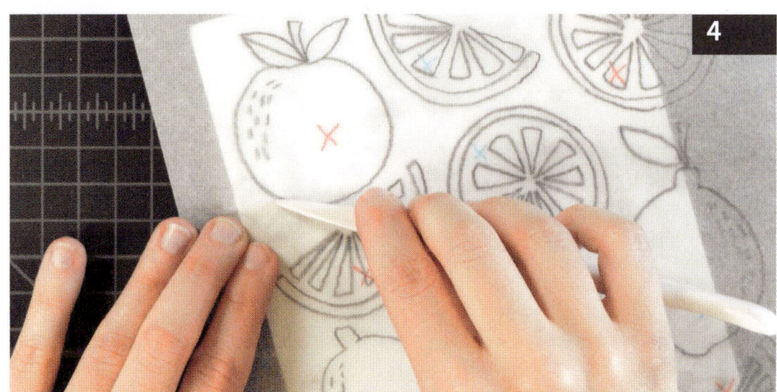

3 / Bei diesem Projekt wird mit je zwei Moosgummi- und Acrylglasplatten ein Zweifarbendruck hergestellt. Kennzeichnen Sie auf der durchgepausten Zeichnung mit Buntstiften, welche Formen in der entsprechenden Farbe gedruckt werden sollen.

4 / Legen Sie das Transparentpapier mit der Zeichnung nach unten auf die erste Moosgummiplatte. Reiben Sie mit dem Falzbein auf der Rückseite des Papiers nur über diejenigen Formen, die in der ersten Farbe gedruckt werden sollen. Für die zweite Moosgummiplatte den Vorgang wiederholen, dabei nur die Formen berücksichtigen, die in der zweiten Farbe gedruckt werden sollen. Vorsichtig reiben, um keine unerwünschten Rillen oder Kerben zu erzeugen.

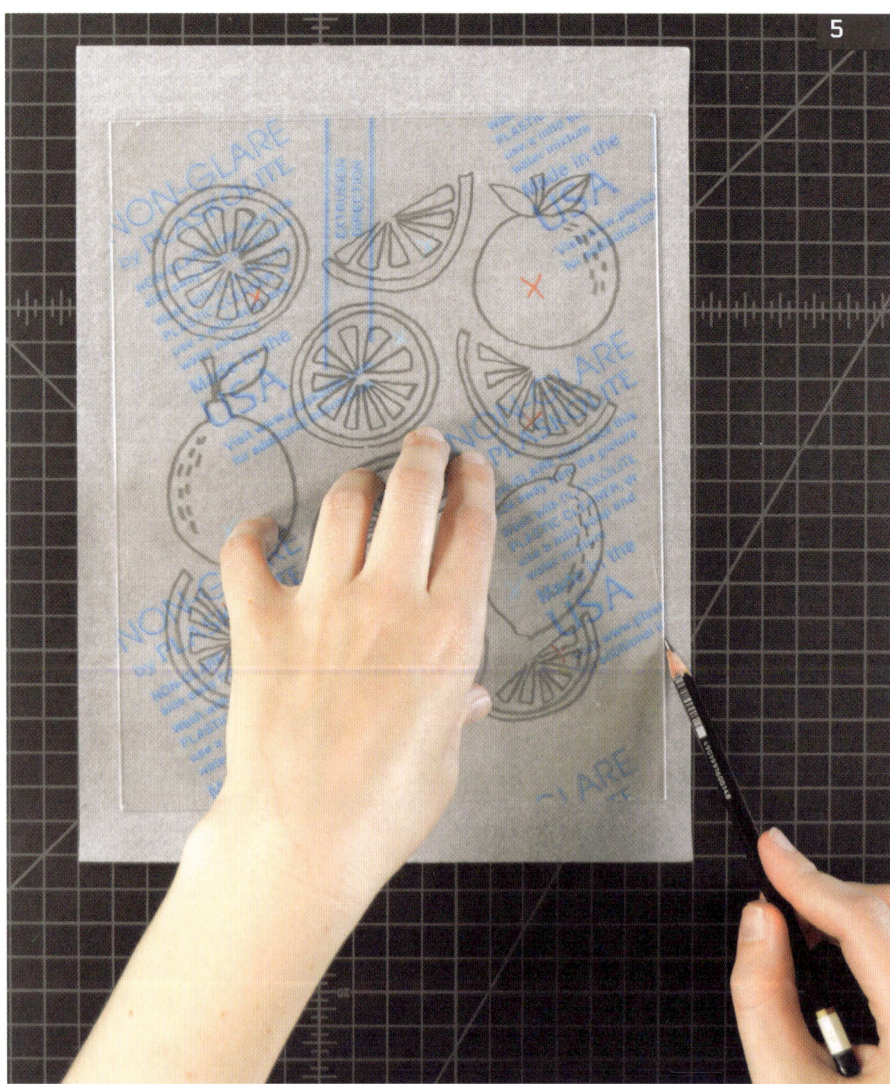

5 / Das Transparentpapier mit der Zeichnung nach oben auf die Arbeitsfläche legen und eine der Acrylglasplatten so darauf platzieren, dass sich die Zeichnung in der Mitte befindet. Fahren Sie mit dem Bleistift an den Kanten der Acrylglasplatte entlang, um die Zeichnung zu umrahmen. Nehmen Sie die Acrylglasplatte ab, wenden Sie das Transparentpapier, und richten Sie die Platte wieder so auf dem Papier aus, dass ihre Kanten exakt an der gezeichneten Umrahmung liegen.

6 / Entscheiden Sie, mit welcher Farbe Sie beginnen wollen. Nehmen Sie die Moosgummiplatte mit den übertragenen Formen für diese Farbe zur Hand. Die Formen mit der Schere ausschneiden.

7 / Jetzt werden die ausgeschnittenen Formen deckungsgleich mit ihren durchgepausten Gegenstücken auf der Acrylglasplatte befestigt. Ziehen Sie dazu die Folie von der beschichteten Rückseite ab, und kleben Sie die Formen auf die Platte, ohne die Platte zu verschieben.

8 / Die erste Acrylglasplatte zur Seite legen. Nun die zweite Acrylglasplatte innerhalb der gezeichneten Umrahmung auf dem Transparentpapier platzieren und die Schritte 6 und 7 für die zweite Farbe wiederholen.

9 / Als Nächstes werden mit einem spitzen Werkzeug Linien und andere Details in die Moosgummiformen geprägt. Ich habe in die Orangen Punkte und kurze Striche hineingedrückt, um die großen, flächigen Früchte plastischer wirken zu lassen.

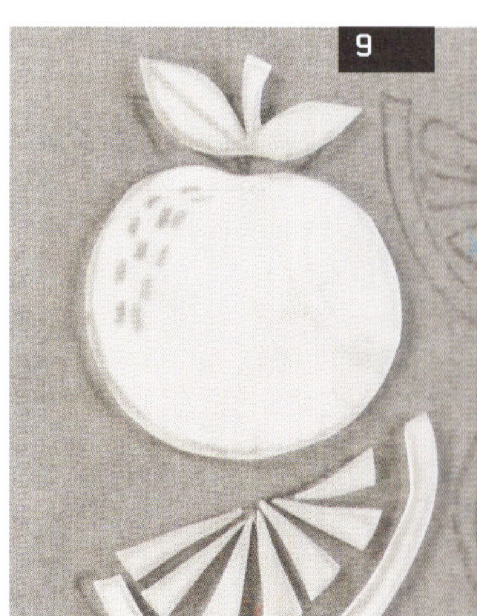

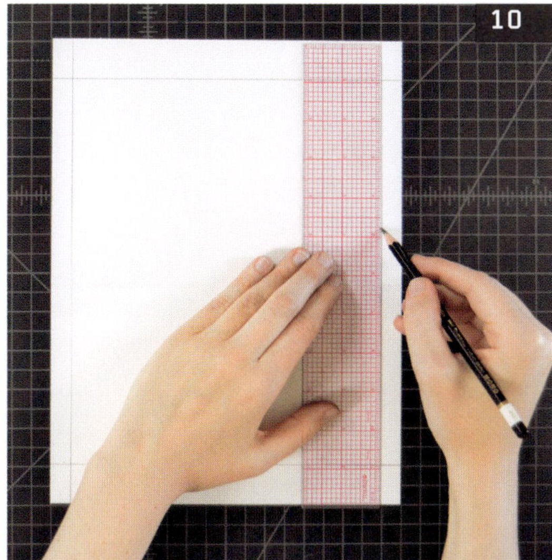

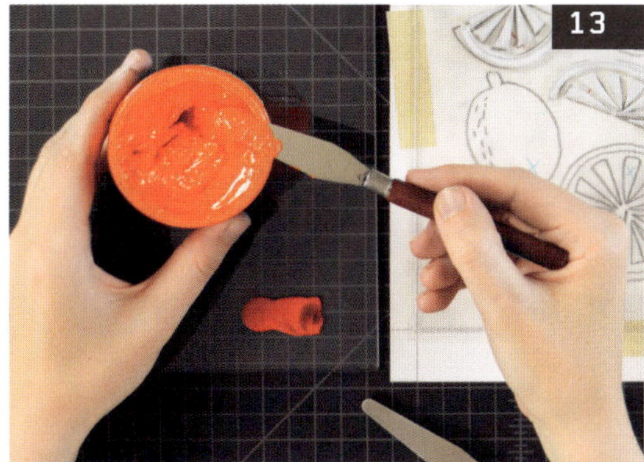

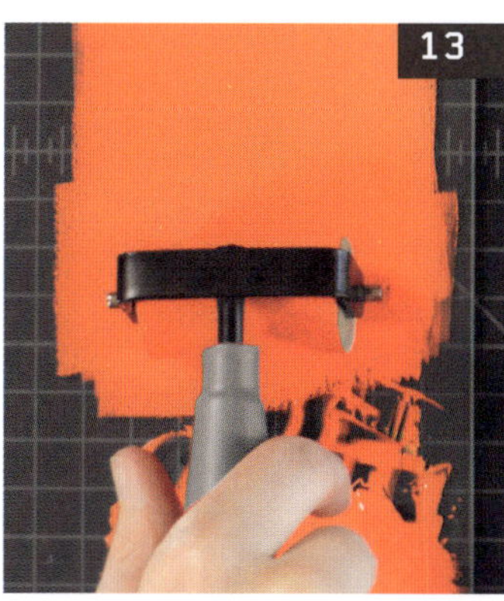

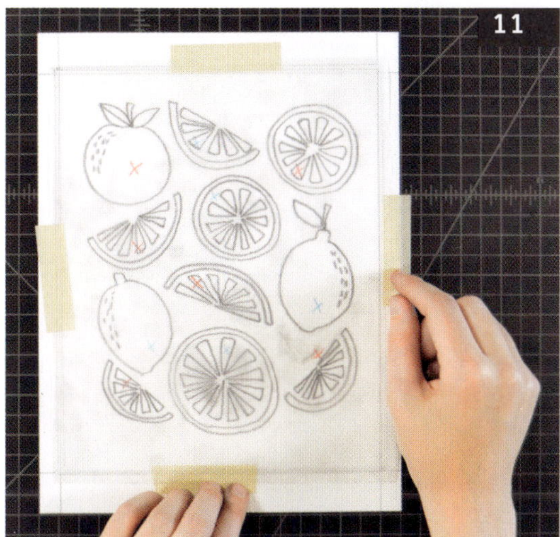

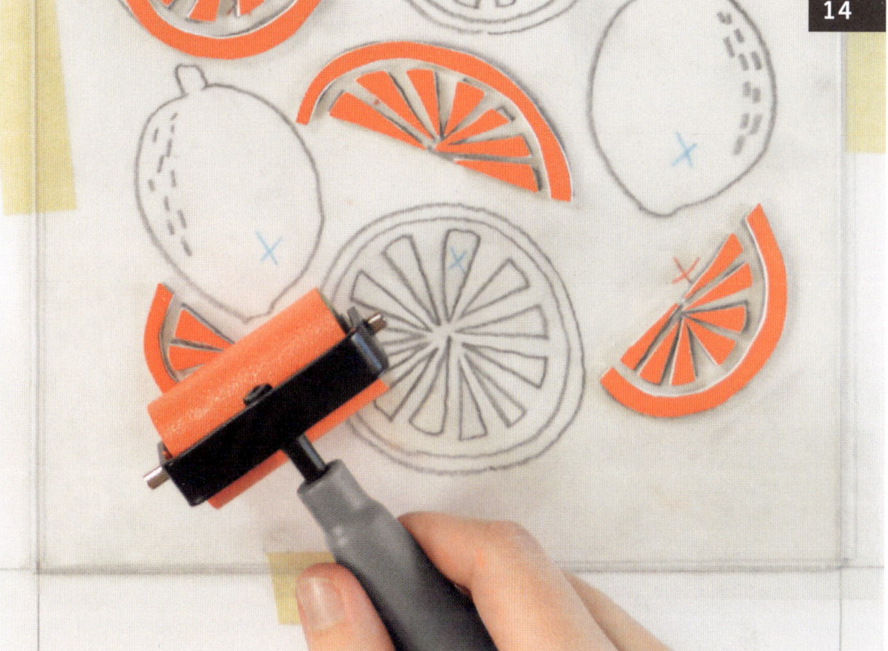

10 / Jetzt können Sie zu drucken beginnen. Fertigen Sie sich dazu eine Ausrichtungshilfe an, indem Sie ein Stück Karton auf die Maße Ihres Druckpapiers zuschneiden. Zeichnen Sie auf der Ausrichtungshilfe mit Lineal und Bleistift einen Rahmen an, dessen Größe den Abmessungen der Acrylglasplatte entspricht. Dazu die Acrylglasplatte mittig auf die Ausrichtungshilfe legen und mit dem Bleistift ringsherum an den Plattenkanten entlangfahren.

11 / Legen Sie nun das Transparentpapier mit der Zeichnung nach unten so auf die Ausrichtungshilfe, dass sich die gezeichneten Rahmen von Transparentpapier und Ausrichtungshilfe exakt decken. Kleben Sie das Transparentpapier mit Kreppband auf die Ausrichtungshilfe – das erleichtert Ihnen das korrekte Platzieren der Acrylglasplatte beim Drucken.

12 / Bereiten Sie Ihren Druckarbeitsplatz vor, indem Sie sich Farben, Farbwalze, Palette, Palettenmesser und Acrylglasplatten sowie Ihr Druckpapier in Reichweite legen.

13 / Wählen Sie die Farbe für die erste Acrylglasplatte aus, und geben Sie mit einem Palettenmesser ein wenig davon auf die Palette. Dann mit der Farbwalze etwas Farbe aufnehmen und gleichmäßig auswalzen, bis ihre Konsistenz optisch an eine Orangenschale erinnert (eine Anleitung finden Sie auf Seite 24).

14 / Walzen Sie die Moosgummiformen auf der ersten Acrylglasplatte mit Farbe ein. Falls die Walze die Platte berührt, wischen Sie Farbspuren möglichst rasch ab. Nehmen Sie nach Bedarf weitere Farbe mit der Walze auf, bis die Moosgummiformen mit dünnen, gleichmäßigen Farbschichten eingewalzt sind.

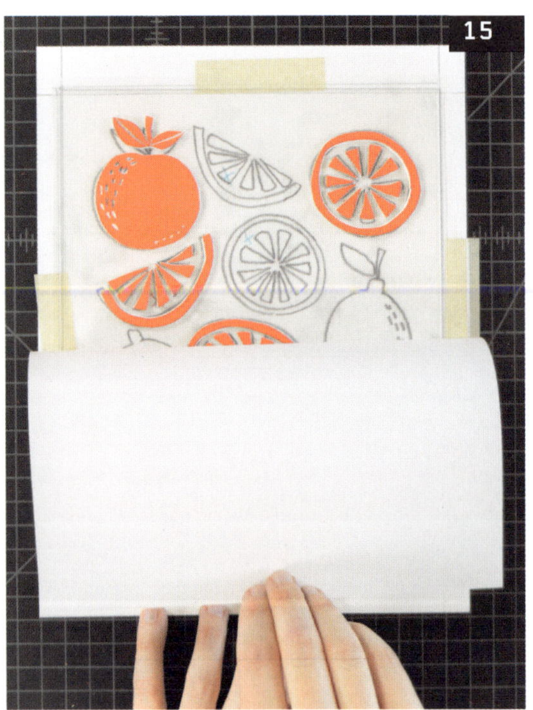

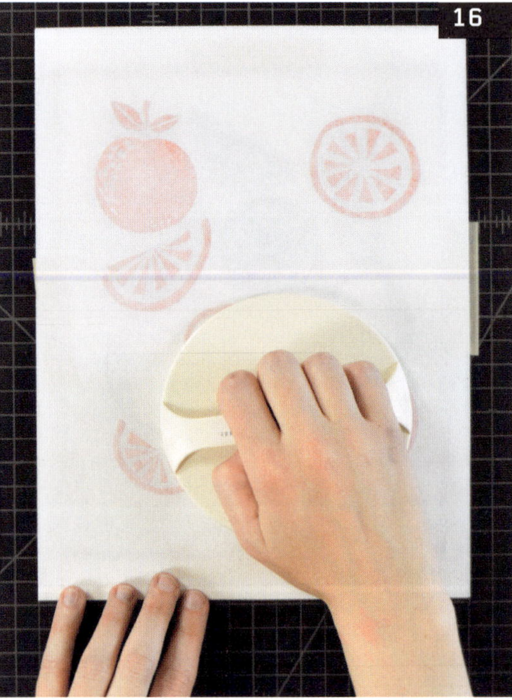

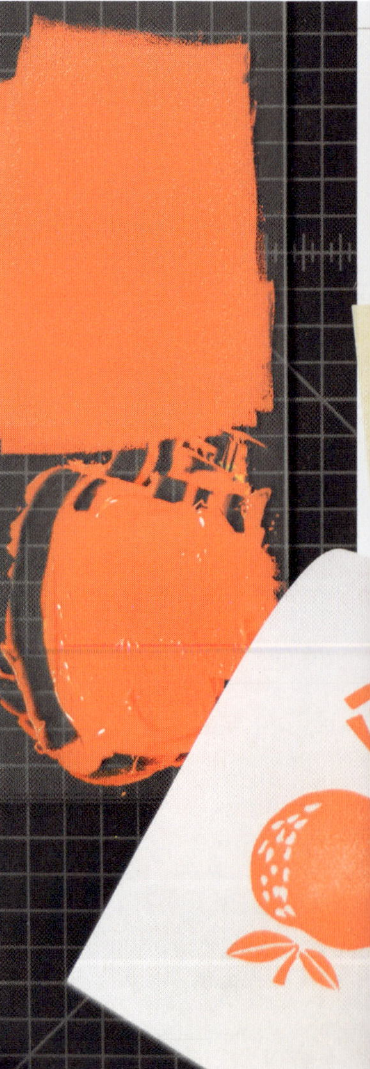

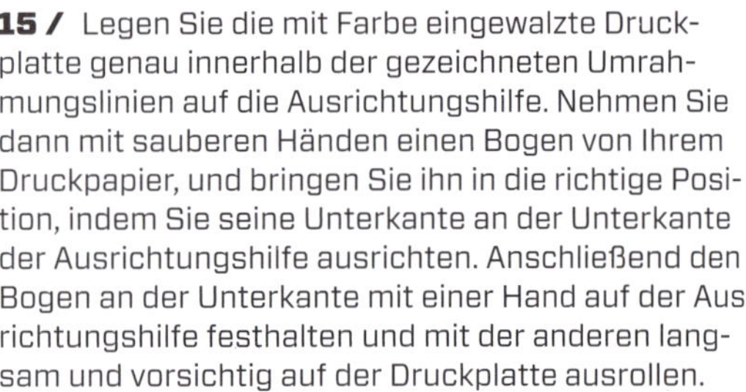

15 / Legen Sie die mit Farbe eingewalzte Druckplatte genau innerhalb der gezeichneten Umrahmungslinien auf die Ausrichtungshilfe. Nehmen Sie dann mit sauberen Händen einen Bogen von Ihrem Druckpapier, und bringen Sie ihn in die richtige Position, indem Sie seine Unterkante an der Unterkante der Ausrichtungshilfe ausrichten. Anschließend den Bogen an der Unterkante mit einer Hand auf der Ausrichtungshilfe festhalten und mit der anderen langsam und vorsichtig auf der Druckplatte ausrollen.

16 / Reiben Sie mit den Fingern, dem Baren oder dem Holzlöffel systematisch die Rückseite des Druckpapiers ab, um die Farbe auf das Papier zu übertragen.

17 / Heben Sie eine Ecke des Drucks an, um zu prüfen, ob die Farbe gleichmäßig übertragen wurde. Sind Sie mit der Sättigung der Farbe zufrieden, ziehen Sie das Papier ab und legen es zum Trocknen beiseite, während Sie die zweite Acrylglasplatte für den Druck vorbereiten.

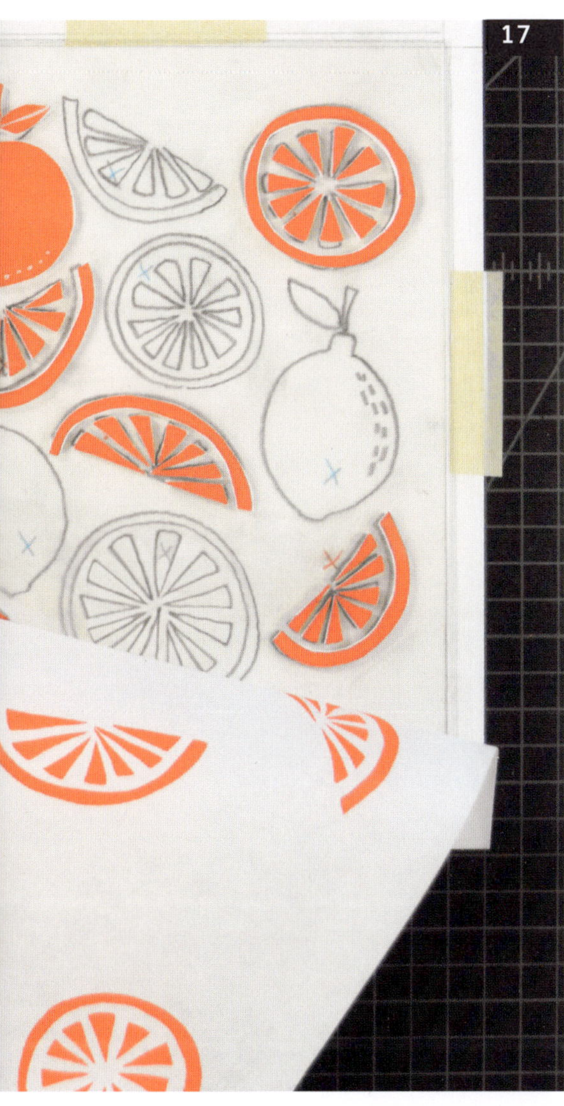

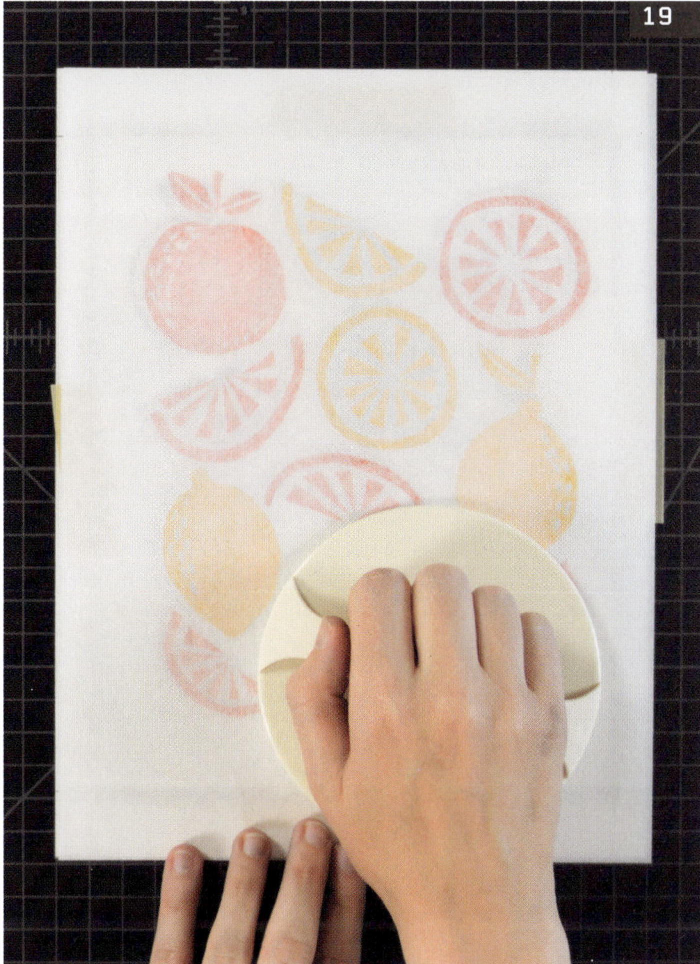

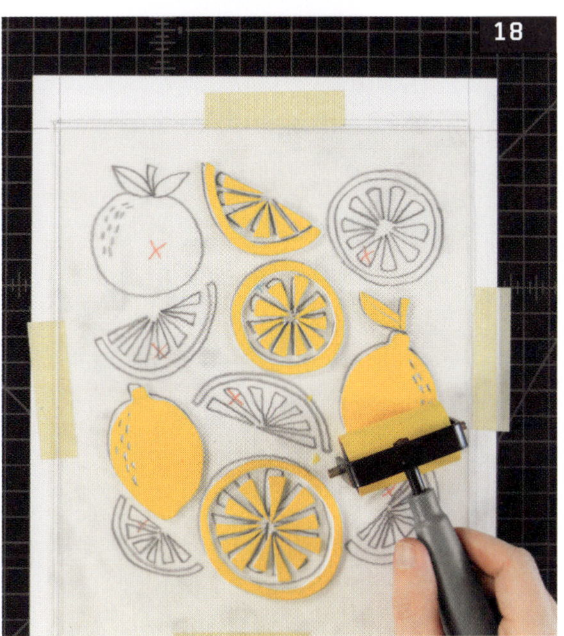

18 / Die Palette und die Walze abwaschen und trocknen lassen. Rollen Sie dann die zweite Farbe aus, bis die Walze dünn und gleichmäßig mit Farbe überzogen ist. Legen Sie die zweite Acrylglasplatte so auf die Ausrichtungshilfe, dass die Kanten genau an den gezeichneten Umrahmungslinien liegen, und walzen Sie die Moosgummielemente in dünnen, gleichmäßigen Schichten mit Farbe ein.

19 / Bedrucken Sie das Druckpapier mit der zweiten Acrylglasplatte, wie in Schritt 15 und 16 beschrieben. Heben Sie vorsichtig eine Ecke des Druckpapiers an, um sich zu überzeugen, dass die Farbe gleichmäßig übertragen wurde. Wenn Sie mit dem Ergebnis zufrieden sind, ziehen Sie den Druck von der Platte ab und legen ihn zum Trocknen beiseite. Erfreuen Sie sich an Ihrem schönen Moosgummidruck!

Mehrfarbendrucke zu gestalten ist gar nicht schwer, wenn man dazu Acrylglasplatten mit aufgeklebten Moosgummielementen verwendet. Man fertigt eine einzige Zeichnung an und stellt damit für jeden Farbbereich eine eigene Druckplatte her. Da die Farben übereinandergedruckt werden, beginnt man mit der hellsten Farbe und arbeitet sich schrittweise bis zur dunkelsten vor. Bei diesem Motiv wurde die Vase gleich zweimal gedruckt: das erste Mal in Blau und das zweite Mal in Schwarz.

MEHRFARBENDRUCK: TOPFPALME

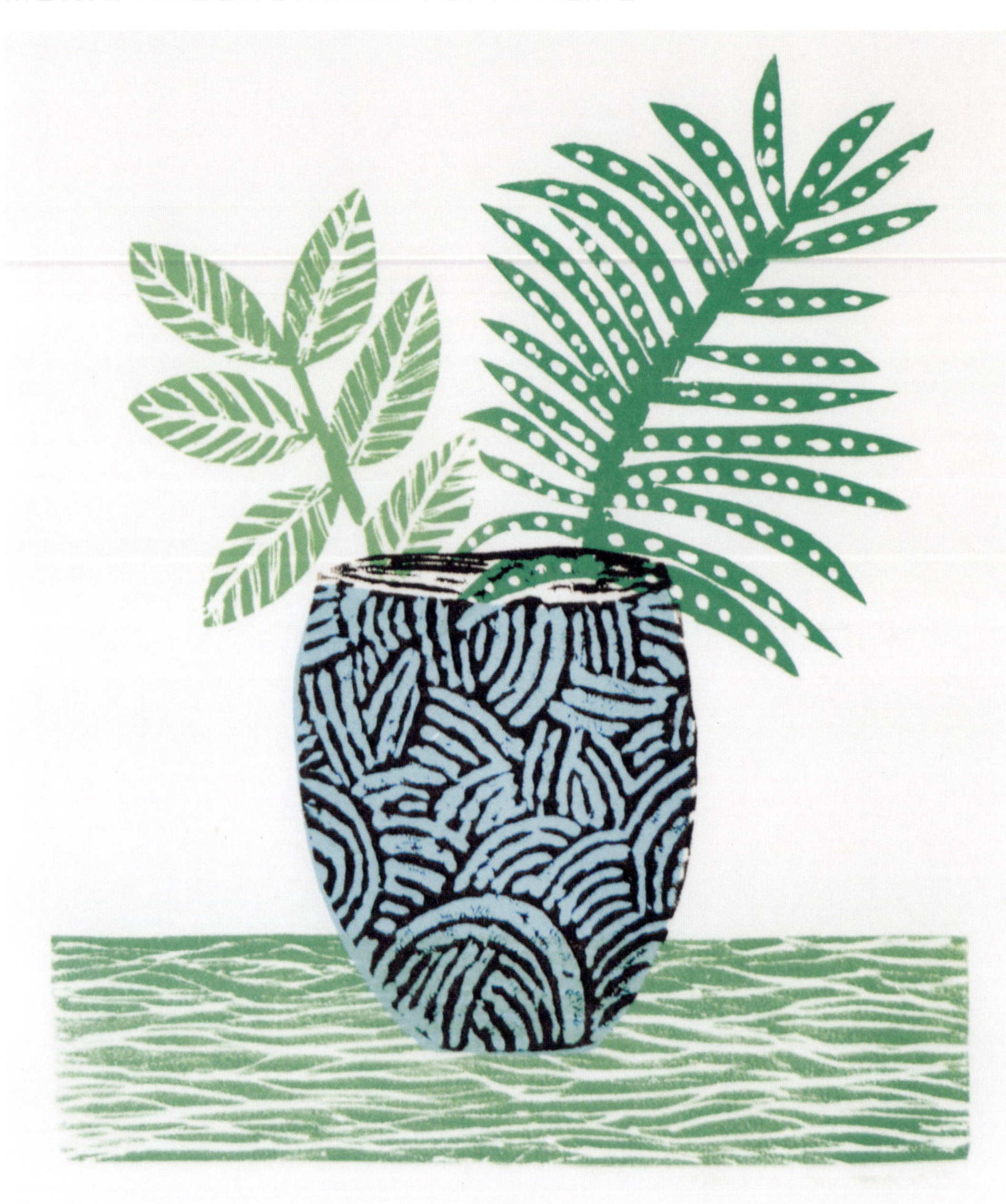

MATERIAL UND WERKZEUG

- 3 transparente Acrylglasplatten, auf die gewünschten Maße zugeschnitten
- Transparentpapier
- Weicher Bleistift
- 3–5 Moosgummiplatten mit selbstklebender Rückseite
- Falzbein
- Schere
- Spitzes Prägewerkzeug
- (Passepartout-)Karton
- Kreppband
- Wasserlösliche Druckfarben
- Palette
- Farbwalzen
- Mehrere Palettenmesser
- Baren oder Holzlöffel
- Washi-Papier

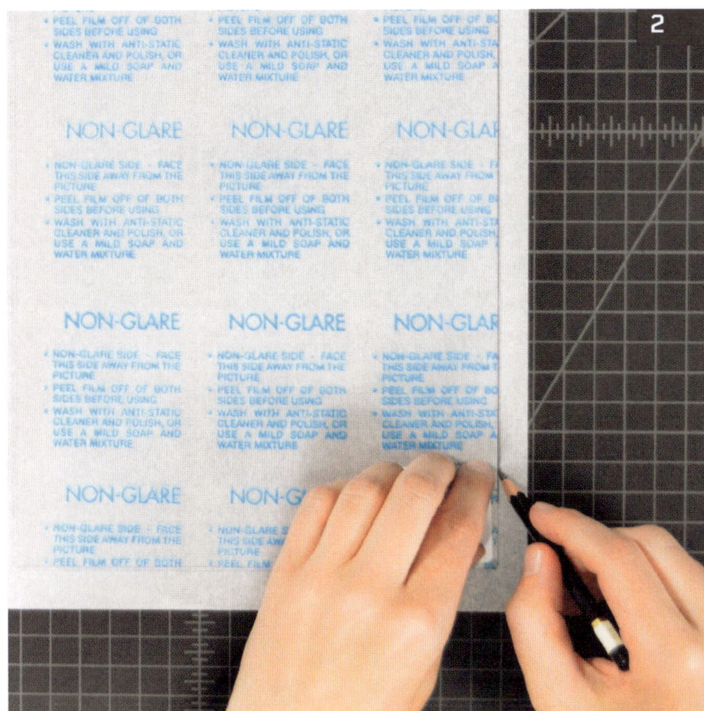

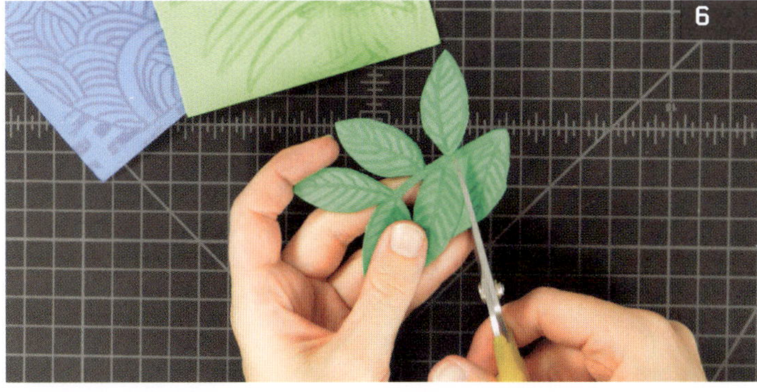

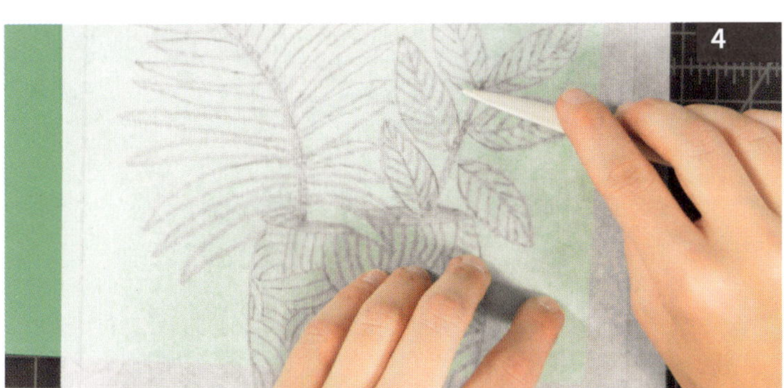

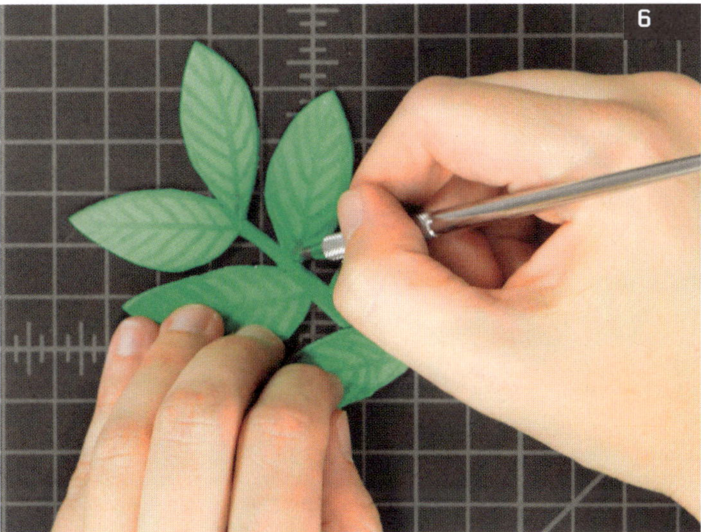

1 / Legen Sie alles, was Sie zum Erstellen der Druckplatten benötigen, bereit: Acrylglasplatten, Transparentpapier, Bleistift, Moosgummiplatten, Schere, Prägewerkzeug und Falzbein.

2 / Eine der Acrylglasplatten mittig auf einen Bogen Transparentpapier legen. Mit dem Bleistift ringsherum an den Kanten der Platte entlangfahren, dabei die Platte festhalten. Die Platte abheben und zur Seite legen.

3 / Zeichnen Sie mit dem Bleistift innerhalb des gezeichneten Rahmens einen Entwurf auf das Transparentpapier. Ich lege meine Motive gern so groß an wie meine Druckplatte, weil sich dann die Druckplatten später problemlos passgenau ausrichten lassen.

4 / Entscheiden Sie sich, welchen Teil des Motivs Sie zuerst übertragen wollen. Legen Sie eine Moosgummiplatte auf Ihre Arbeitsfläche. Dann das Transparentpapier mit der Zeichnung nach unten so auf die Platte legen, dass der Bereich, den Sie übertragen wollen, genügend Platz hat. Halten Sie mit einer Hand das Transparentpapier fest, während Sie zum Übertragen des ausgewählten Elements mit dem Falzbein über den entsprechenden Bereich Ihrer Zeichnung reiben. Dabei von der Mitte nach außen arbeiten, damit das Papier nicht verrutscht oder knittert. Heben Sie das Papier an einer Ecke an, um zu prüfen, ob die Bleistiftlinien korrekt übertragen wurden.

5 / Wiederholen Sie Schritt 4 für alle Bereiche, die farbig gedruckt werden sollen, wobei Sie jedes Element auf ein separates Moosgummistück übertragen. Weil die Vase in meinem Entwurf zwei Farben hat, habe ich sie gleich zweimal übertragen – einmal für die blaue und einmal für die schwarze Farbe.

6 / Schneiden Sie die Elemente mit der Schere aus den Moosgummiplatten aus, und legen Sie sie auf die Arbeitsfläche. Nun werden mit einem spitzen Werkzeug Linien und Punkte für die Blattadern und -strukturen, die Holzmaserung und das Vasenmuster in die Moosgummielemente geprägt. Berücksichtigen Sie dabei, dass im fertigen Druck sämtliche Vertiefungen die Farbe des Papiers haben. (Deshalb habe ich für diesen Druck kein Muster in die für die blaue Farbe der Vase vorgesehene Form geprägt.)

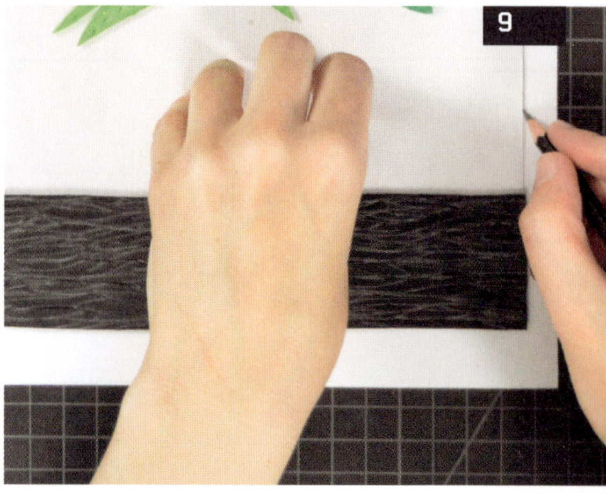

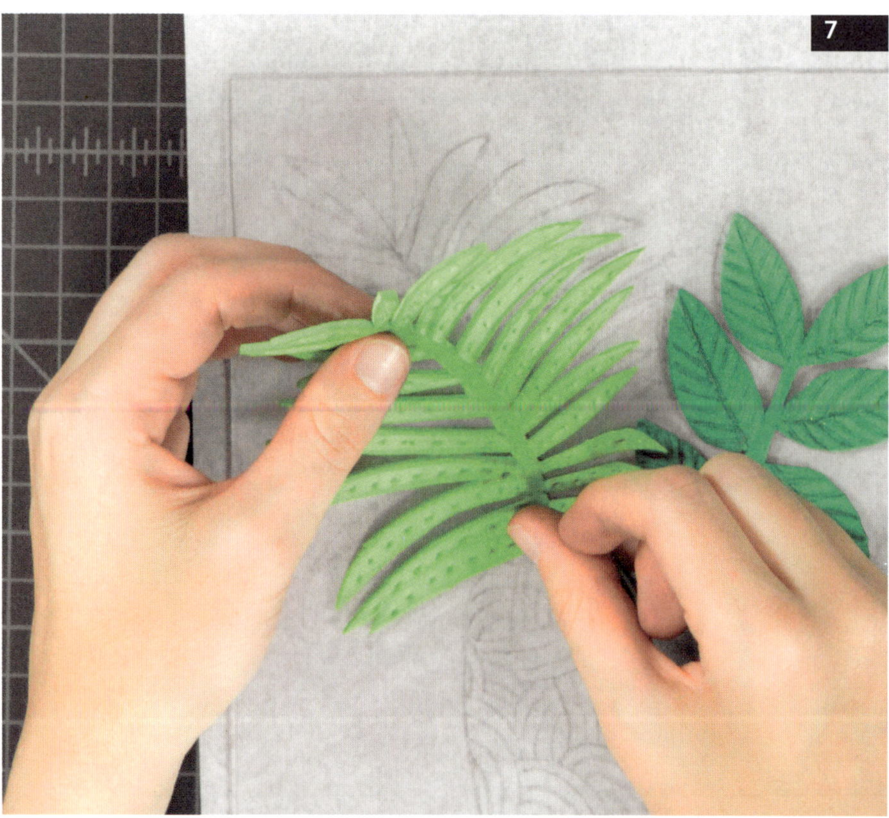

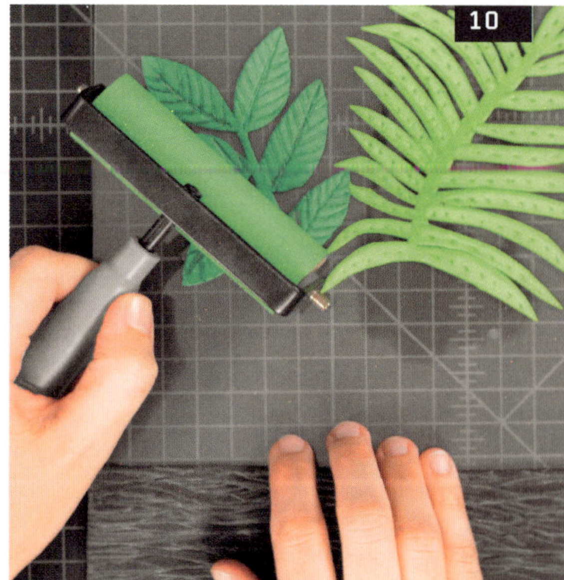

7 / Jetzt können Sie die Druckplatten anfertigen. Legen Sie dazu das Transparentpapier mit der Zeichnung nach unten auf die Arbeitsfläche, dann eine der Acrylglasplatten genau in den in Schritt 2 gezeichneten Rahmen auf das Transparentpapier. Entscheiden Sie sich, welche(s) Moosgummielement(e) Sie zuerst drucken wollen. Ich habe mit den beiden Pflanzen in zwei Grüntönen und der Tischplatte begonnen, und zwar auf derselben Druckplatte, da sich die Elemente nicht überlappen. Ziehen Sie die Folie von der Beschichtung ab, richten Sie die Elemente passgenau an der Zeichnung auf der Acrylglaspatte aus, und kleben Sie sie auf.

8 / Legen Sie sich Ihre Druckmaterialien zurecht: Farben, Palette, Walzen, Palettenmesser, Baren oder Holzlöffel, Karton, Kreppband und Washi-Papier. Da wasserlösliche Druckfarben rasch trocknen, sollte das Washi-Papier bereits auf das gewünschte Maß zugeschnitten sein.

9 / Fertigen Sie eine Ausrichtungshilfe an, indem Sie ein Stück Karton auf die Abmessungen Ihres Washi-Papiers zuschneiden und mit Kreppband auf die Arbeitsfläche kleben. Legen Sie die erste Ihrer vorbereiteten Druckplatten mittig auf die Ausrichtungshilfe, fahren Sie mit dem Bleistift ringsum entlang, und nehmen Sie die Platte ab. (Bei jedem Druckvorgang wird die jeweils eingefärbte Druckplatte innerhalb dieser Kontur aufgelegt.)

10 / Geben Sie ein wenig Farbe auf die Palette. Da ich mit zwei Grüntönen gleichzeitig gedruckt habe (für die Blätter und die Tischplatte), habe ich die Farbtöne mit zwei Walzen auf derselben Palette ausgewalzt (eine Anleitung finden Sie auf Seite 24). Wenn die Walzen mit Farbe bedeckt sind, werden die Moosgummiformen dünn und gleichmäßig eingewalzt. Das Moosgummi sollte nicht mehr durchschimmern.

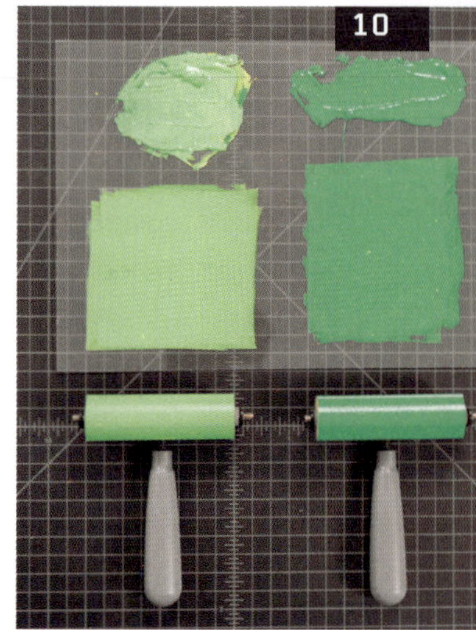

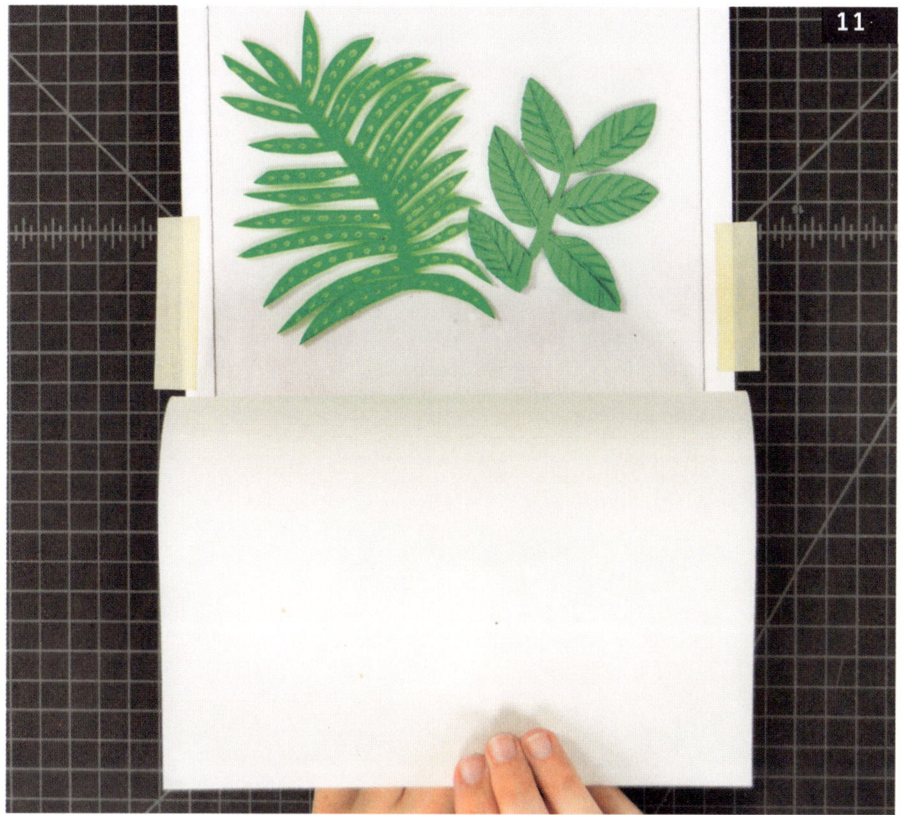

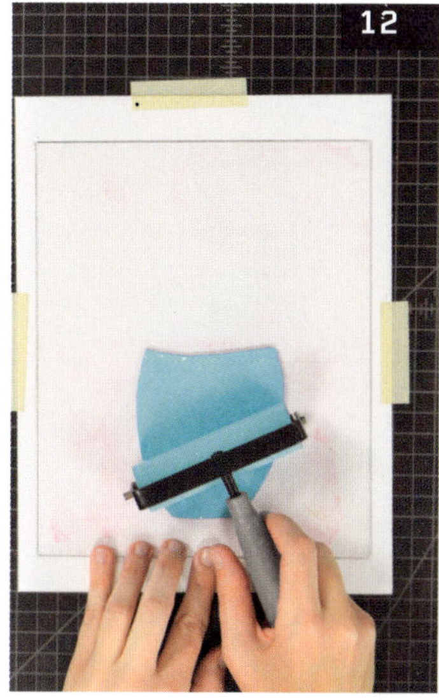

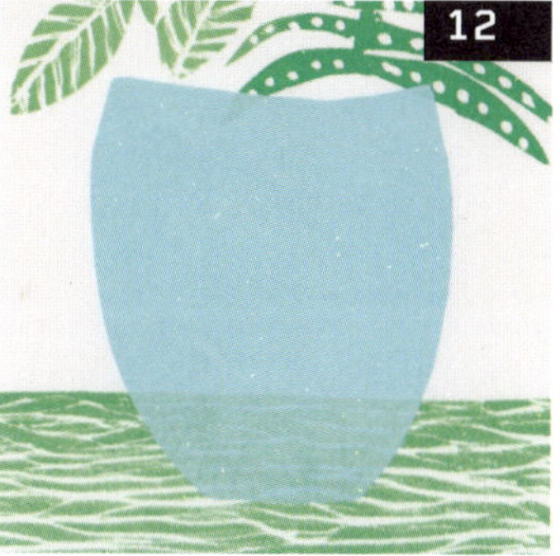

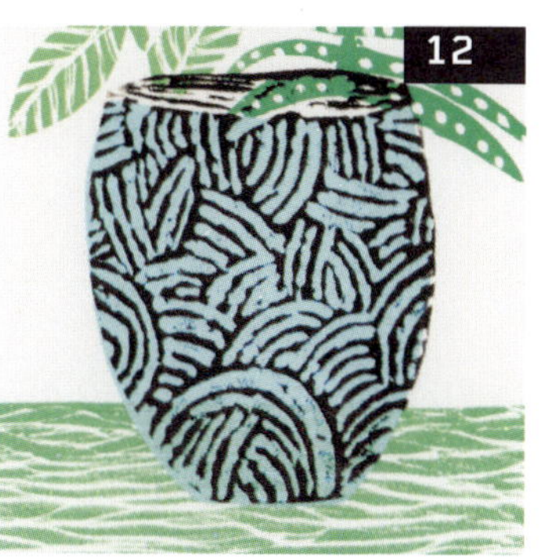

11 / Die eingefärbte Druckplatte innerhalb der gezeichneten Kontur auf die Ausrichtungshilfe legen. Dann die Unterkante des Washi-Papiers an der Unterkante der Ausrichtungshilfe ausrichten, das Blatt mit einer Hand an der Unterkante festhalten und mit der anderen Hand vorsichtig und in einer einzigen, fließenden Bewegung auf dem eingewalzten Moosgummi ausrollen. Reiben Sie die Rückseite des Papiers mit der Hand, dem Baren oder dem Holzlöffel ab.

Heben Sie eine Ecke des Drucks an, um zu prüfen, ob die Farbe korrekt übertragen wurde. Wenn Sie zufrieden sind, das Washi-Papier abheben und beiseitelegen, wenn nicht, das Papier erneut auf die Druckplatte legen und mit etwas stärkerem Druck nachreiben. Dabei schnell arbeiten, damit das Druckpapier nicht auf der Druckplatte festtrocknet.

12 / Palette und Farbwalzen reinigen und trocknen lassen. Ist die Farbe auf Ihrem Druck vollkommen durchgetrocknet, Schritt 11 mit der nächsten Druckplatte und Farbe wiederholen, dabei Schwarz für den letzten Durchgang reservieren. Wenn Sie bei jedem Druckvorgang die Kanten von Druckpapier und Ausrichtungshilfe passgenau aufeinanderlegen, werden die Farben perfekt platziert.

13 / Legen Sie den fertigen Druck für einige Stunden flach zum Trocknen aus. Säubern Sie die Druckplatten, und bewahren Sie sie liegend auf. Sie können mehrmals verwendet werden.

Unter einem Buntglasdruck versteht man einen Mehrfarbendruck, bei dem eine Kontrastplatte (englisch: *key plate*) zum Einsatz kommt. Die schwarz druckenden Linien dieser Platte trennen die einzelnen Farbflächen voneinander und sorgen so für einen Buntglasfenstereffekt. Mit dieser Methode entstehen Drucke von großer Leuchtkraft. Die einzelnen Farben lassen sich mit einer „Trapping“ genannten Technik passgenau platzieren. Noch leichter wird es durch die Verwendung von Acrylglasplatten mit denselben Abmessungen wie das Druckpapier, weil jede Acrylglasplatte zugleich als Ausrichtungshilfe dienen kann.

BUNTGLASDRUCK: TUKAN

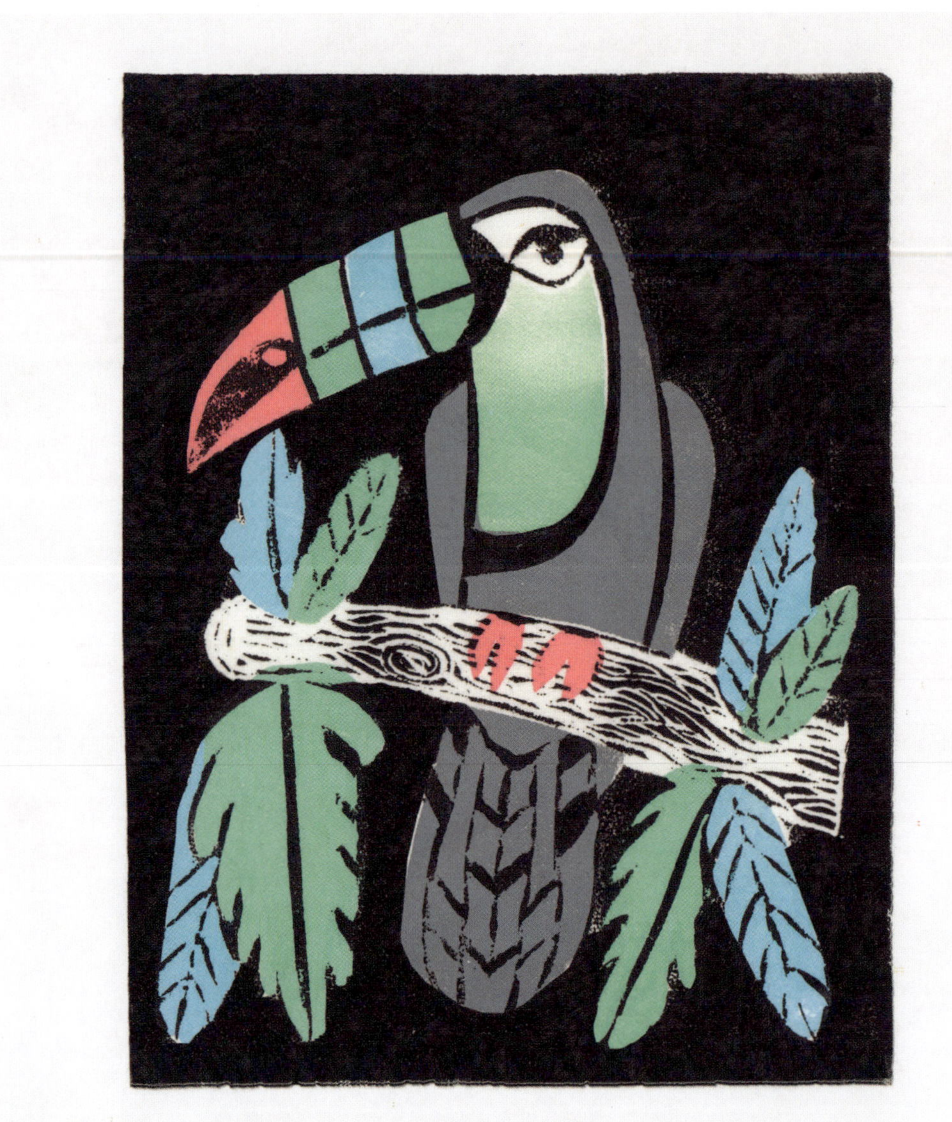

MATERIAL UND WERKZEUG

- Zeichenpapier
- Weicher Bleistift
- Transparentpapier
- 1 Moosgummiplatte ohne selbstklebende Rückseite
- Falzbein
- Transparentes Acryllineal
- Cutter
- 3 Moosgummiplatten mit selbstklebender Rückseite
- Spitzes Prägewerkzeug
- Schere
- 4 gleich große transparente Acrylglasplatten
- Doppelseitiges Klebeband
- Wasserlösliche Druckfarben
- Farbwalzen
- Palette
- Mehrere Palettenmesser
- Baren oder Holzlöffel
- Washi-Papier

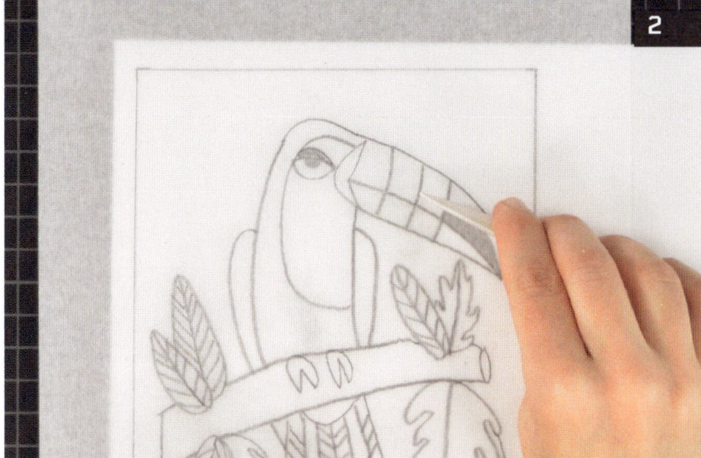

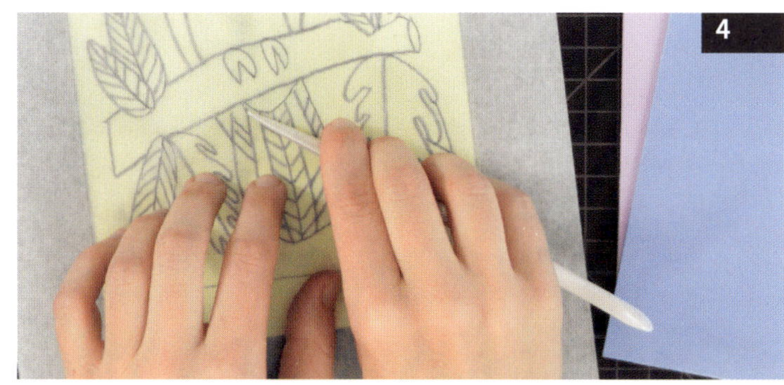

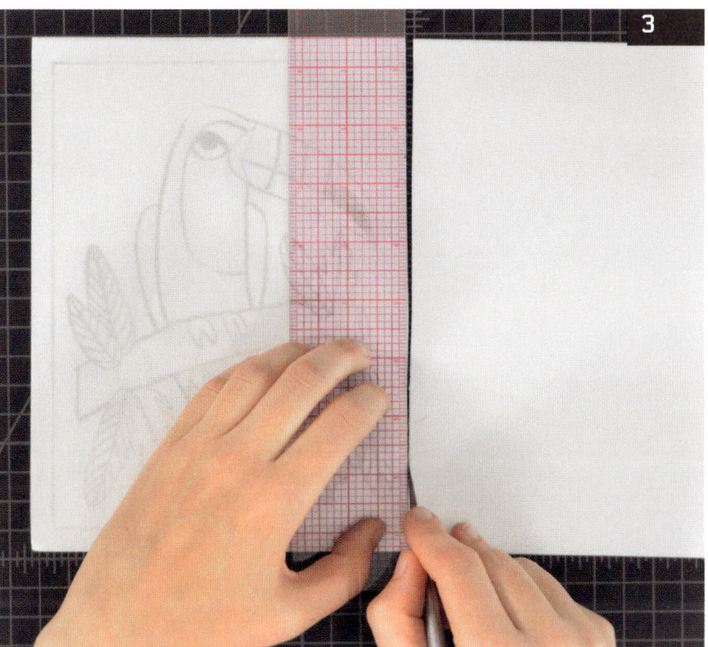

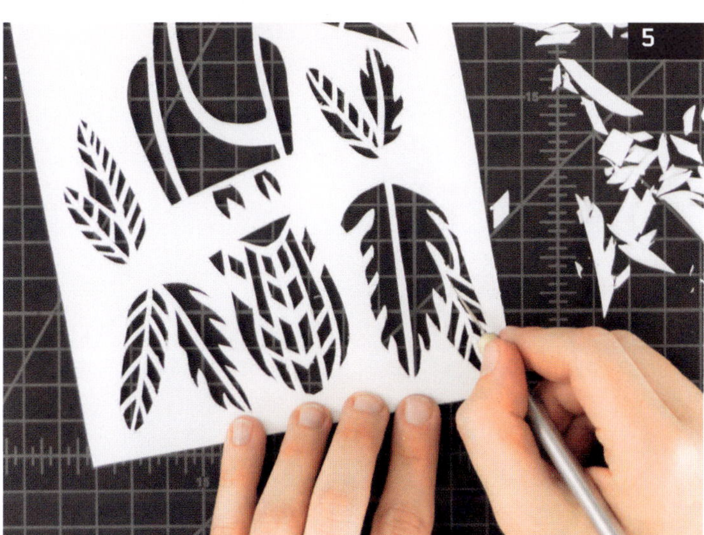

1 / Wählen Sie ein Motiv, das sich – wie dieser Tukan – für große Farbflächen in leuchtenden Tönen eignet. Zeichnen Sie Ihren Entwurf einschließlich Umrahmungslinien mit Bleistift auf Zeichenpapier. Legen Sie die Zeichnung auf Ihre Arbeitsfläche, und schneiden Sie einen Bogen Transparentpapier auf die Maße der Acrylglasplatten zu. Legen Sie das Transparentpapier so auf die Zeichnung, dass diese sich in der Mitte des Papiers befindet, und pausen Sie die Zeichnung mit dem weichen Bleistift ab.

2 / Legen Sie die unbeschichtete Moosgummiplatte auf die Arbeitsfläche und das Transparentpapier mit der durchgepausten Zeichnung nach unten auf das Moosgummi. Zum Übertragen der Bleistiftlinien mit dem Falzbein über die Rückseite des Transparentpapiers reiben, ohne Kerben zu erzeugen, da diese später auf Ihrem Druck zu sehen wären.

3 / Legen Sie das Transparentpapier beiseite, und schneiden Sie das Bildmotiv mithilfe von Lineal und Cutter entlang der Umrahmungslinien aus der Moosgummiplatte heraus. Da die Schnittkanten im Druck als Bildränder erscheinen werden, sollte das Lineal exakt an der Rahmenkontur angelegt und jede Kante ohne Absetzen geschnitten werden.

4 / Übertragen Sie Ihren Entwurf nun auch auf jede der drei beschichteten Moosgummiplatten, und legen Sie die Platten beiseite.

5 / Für die Kontrastplatte die unbeschichtete Moosgummiplatte mit der zuerst übertragenen Zeichnung auf Ihre Arbeitsfläche legen. Mit dem Cutter die Formen so aus der Platte herausschneiden, dass die Bleistiftlinien stehen bleiben. Diese Stege ergeben später die schwarzen Einfassungen der „Buntglas"-Flächen und müssen miteinander verbunden sein. Am besten beginnen Sie in einer Ecke des Bildes und arbeiten sich dann methodisch vor, ohne dabei die Bleistiftlinien mehr als nötig zu berühren.

6 / Fügen Sie Ihrem Motiv mithilfe eines spitzen Werkzeugs Details hinzu. Ich habe den Ast mit Linien versehen, um eine Rindenoptik zu erzeugen. Experimentieren Sie mit Wellenlinien, Kreuzschraffuren usw. Solche Strukturen bleiben in unbeschichtetem Moosgummi gut erhalten.

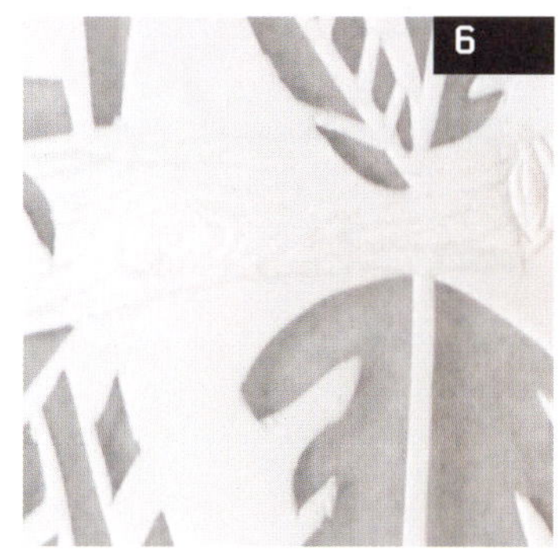

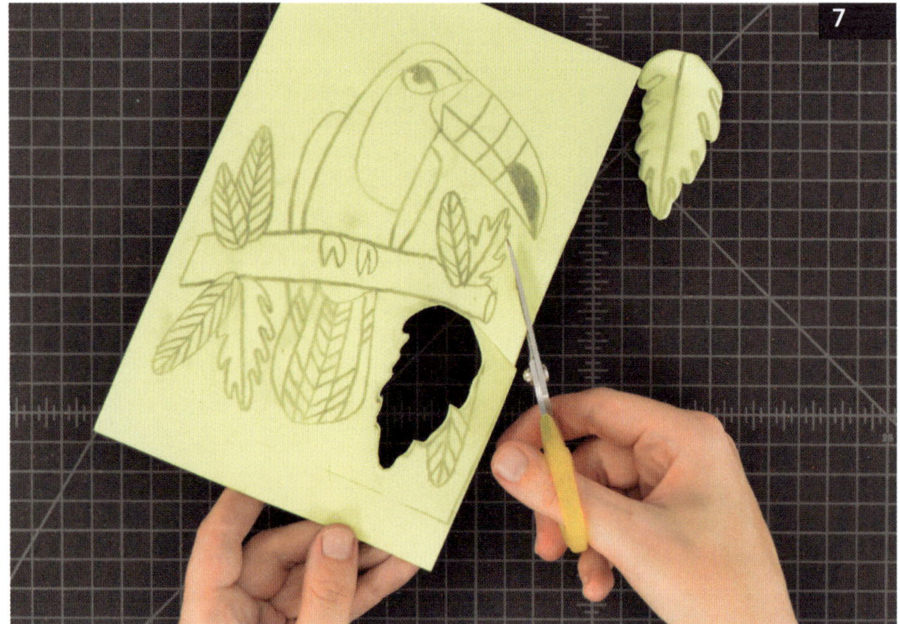

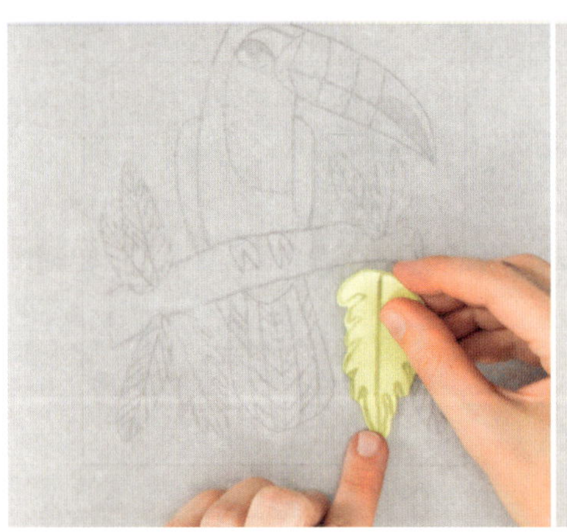

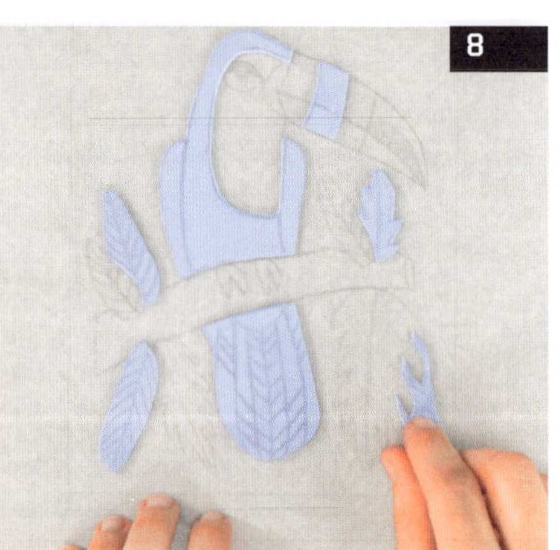

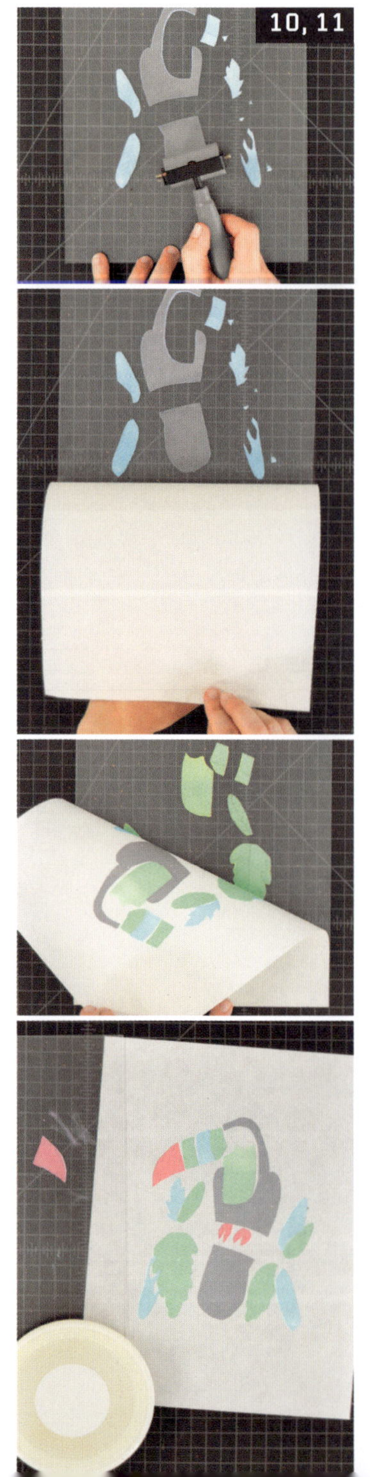

7 / Wenden Sie sich als Nächstes den beschichteten Moosgummiplatten zu, um die „Buntglas"-Flächen vorzubereiten: Schneiden Sie die großen Elemente mit der Schere direkt außerhalb der übertragenen Bleistiftlinien aus, ebenso alle anderen Teile, die in derselben Farbe wie diese Formen gedruckt werden sollen.

8 / Eine Acrylglasplatte für Schritt 9 zur Seite legen. Das Transparentpapier mit der Zeichnung nach unten auf die Arbeitsfläche legen und eine der verbliebenen Acrylglasplatten passgenau auf dem Transparentpapier platzieren. Entscheiden Sie sich, welche Farbe Sie zuerst drucken wollen, und wählen Sie die Moosgummielemente aus, die in dieser Farbe drucken sollen. Die Folie von der Beschichtung abziehen und die Elemente mithilfe der Zeichnung auf dem Transparentpapier auf die entsprechende Stelle der Acrylglasplatte kleben. Diesen Vorgang für die übrigen Acrylglasplatten (mit Ausnahme der beiseitegelegten) wiederholen, dabei auf jede Platte ein bis zwei Farben kleben.

9 / Fertigen Sie nun die Kontrastplatte an. Dazu die verbliebene Acrylglasplatte passgenau auf dem Transparentpapier ausrichten. Dann die vorbereitete unbeschichtete Moosgummiplatte so auf der Acrylglasplatte platzieren, dass sich ihre Kanten mit den Umrahmungslinien der Zeichnung decken. Die Moosgummiplatte wenden, auf der Rückseite mit kleinen Stücken doppelseitigen Klebebands versehen und erneut wenden. Eine Kante der Moosgummiplatte an der korrespondierenden Umrahmungslinie der Zeichnung ausrichten und die Moosgummiplatte vorsichtig auf die Acrylglasplatte legen. Vergewissern Sie sich, dass sich sämtliche Stege exakt mit den Linien der Zeichnung decken, und drücken Sie das Moosgummi fest an.

HINWEIS

DIE VORZÜGE DES TRAPPINGS

Durch Trapping gewinnt man beim Drucken etwas Spielraum, weil sich die Farbflächen geringfügig überlappen dürfen. Druckpapier dehnt sich durch das Aufbringen von Farbe aus oder zieht sich zusammen. Diese minimalen Größenveränderungen des Papiers wirken sich auf die Platzierung der druckenden Plattenbereiche aus, gleichgültig, wie sorgfältig man plant. Trapping ermöglicht dem Drucker, diese kleinen Abweichungen zu kompensieren.

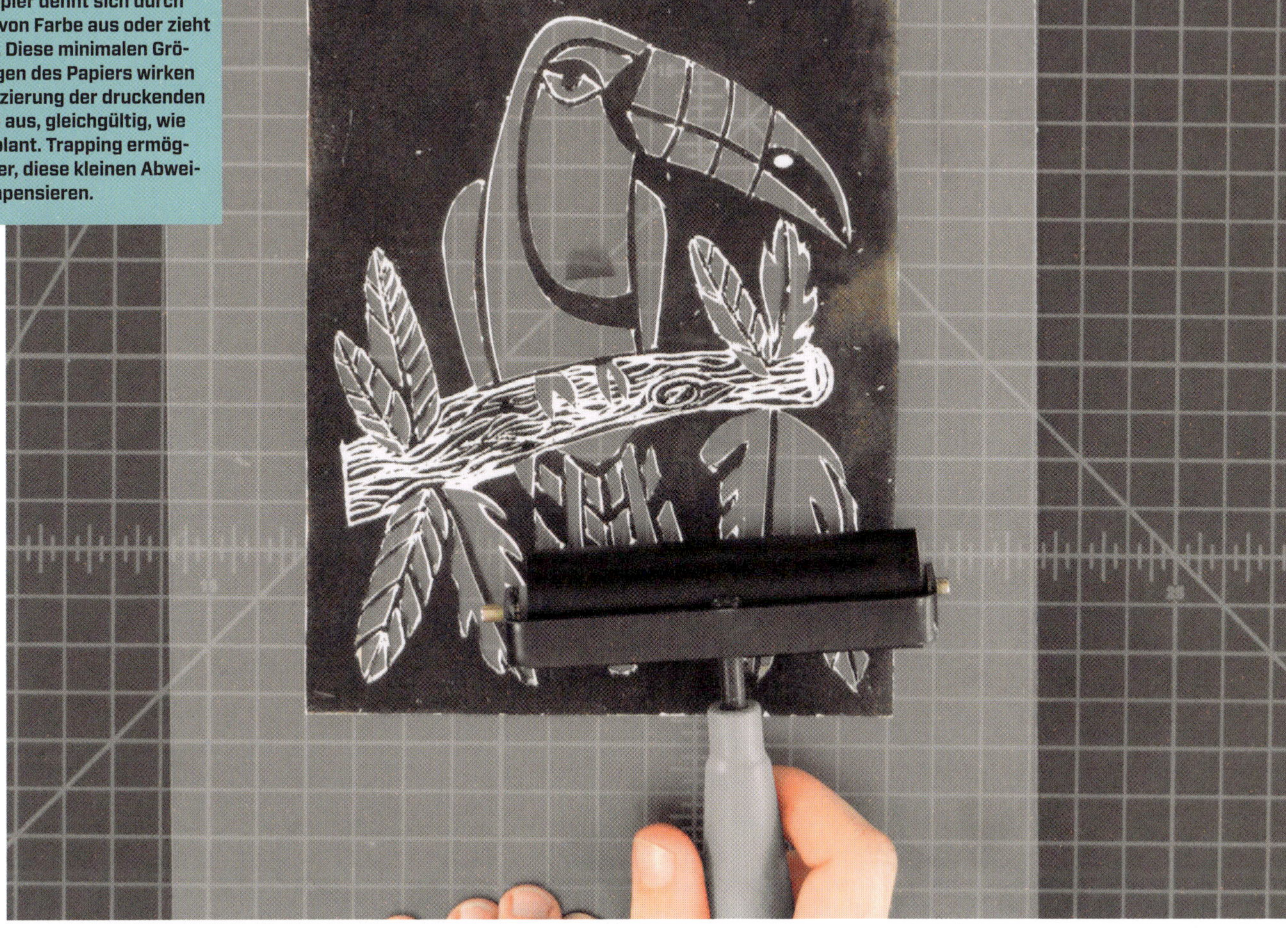

10 / Legen Sie Ihre Druckwerkzeuge und -materialien bereit. Drucken Sie nun alle Farben außer Schwarz – das kommt zum Schluss an die Reihe. Für Drucke mit kleinen Moosgummielementen sind kleine Farbwalzen am besten geeignet. Ich habe die erste Druckplatte mit zwei Farben gedruckt. Dazu die beiden Farben jeweils mit einer eigenen Farbwalze auf derselben Palette auswalzen (eine Anleitung finden Sie auf Seite 24) und in dünnen, gleichmäßigen Schichten auf die dafür vorgesehenen Moosgummiteile aufwalzen. Die Unterkante des Washi-Papiers an der Unterkante der Acrylglasplatte ausrichten und das Papier vorsichtig auf der Druckplatte ausrollen.

11 / Nun die Rückseite des Papiers mit dem Baren oder Holzlöffel abreiben, um die Farbe gleichmäßig auf das Papier zu übertragen. Dann die übrigen Druckplatten nacheinander für jeweils einen der restlichen Farbtöne einfärben und damit drucken, wie in Schritt 10 und 11 beschrieben. Ihr Bild beginnt Gestalt anzunehmen.

12 / Jetzt kommt Ihre Kontrastplatte zum Einsatz. Unbeschichtetes Moosgummi ist dünner als beschichtetes – passen Sie, wenn nötig, Ihre Technik zum Aufwalzen der Farbe entsprechend an, zum Beispiel, indem Sie den Druck verringern. Falls dennoch Farbe auf die Acrylglasplatte gelangt, wischen Sie sie rasch ab. Drucken Sie, wie in Schritt 10 und 11 beschrieben. Möglicherweise müssen Sie den Baren beim Abreiben des Papiers etwas stärker aufdrücken als gewohnt. Ziehen Sie dann das Papier von der Druckplatte ab. Fertig! Es ist wirklich erstaunlich, welche Kunstwerke man mit Moosgummi kreieren kann!

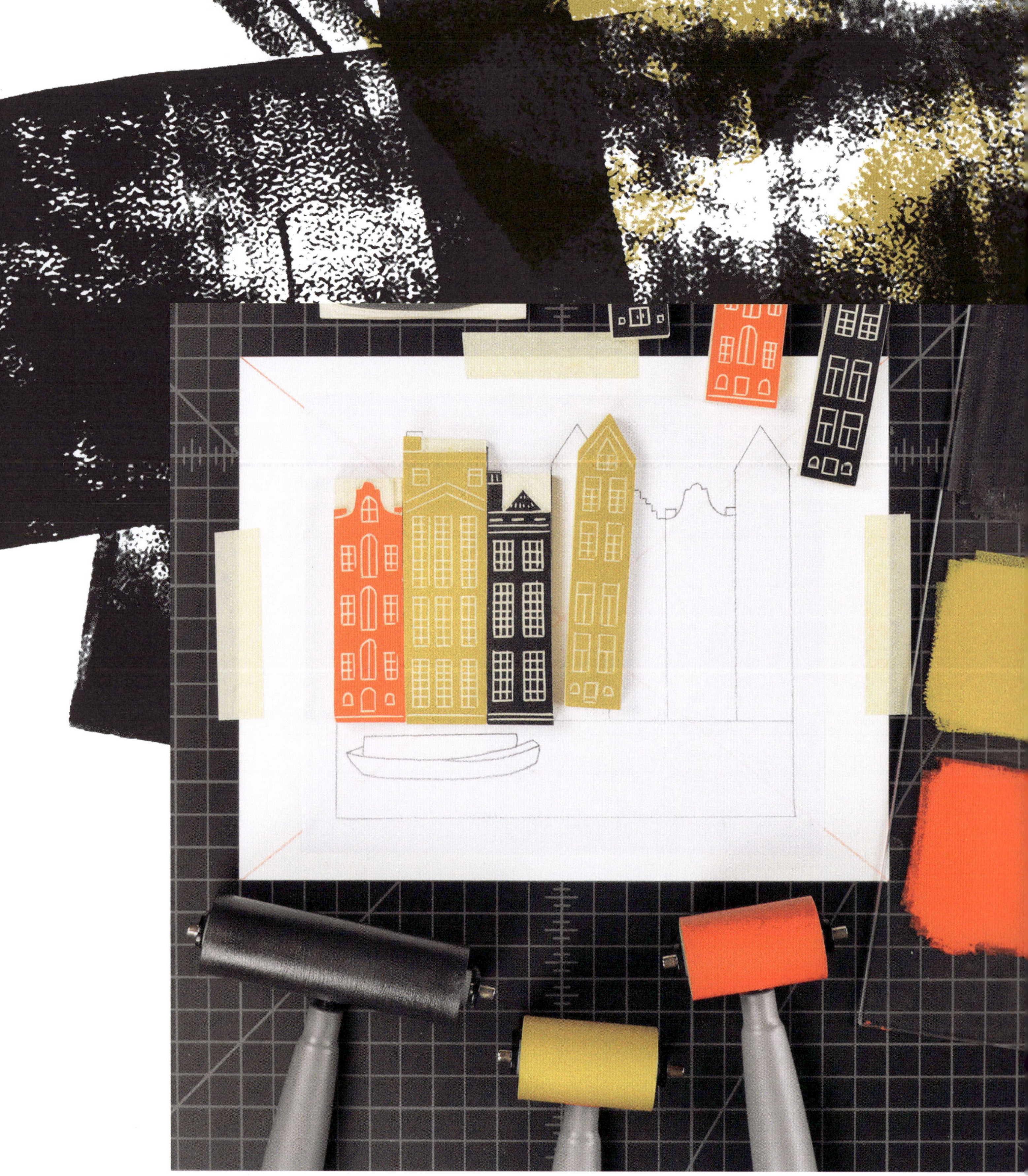

Linol- und Gummidruck

KAPITEL ZWEI

Beim Drucken mit Druckstöcken gibt es keine schönere Belohnung als das Wissen, dass man mit eigenen Händen ein Kunstwerk geschaffen hat. Vom Schneiden des Druckstocks über das Auftragen der Farbe bis zum Abreiben des Papiers wird jeder Arbeitsschritt von Hand ausgeführt. Die in diesem Kapitel vorgestellten Projekte machen Sie mit einer breiten Palette an Techniken vertraut. Noch bei den einfachsten Projekten können Sie an Ihrer Schnitttechnik feilen und lernen, die verwendeten Werkzeuge auf die natürlichste Weise zu benutzen, nämlich so, als seien sie Verlängerungen Ihrer Hände.

Probieren Sie beim Auftragen der Farbe aus, wie viel Sie jeweils benötigen. Achten Sie darauf, wie die Farbe aussieht und wie sie klingt, wenn Sie die Walze hindurchrollen. Ihre Technik des Farbauftrags trägt entscheidend dazu bei, Ihre Schnittkünste zur Geltung zu bringen, auf deren Aneignung Sie viel Zeit und Sorgfalt verwendet haben. Entwickeln Sie ein Gefühl dafür, wie viel Druck Sie beim Abdrucken eines eingefärbten Druckstocks benötigen. Prüfen Sie, welches Reibwerkzeug am besten in der Hand liegt und Ihrem Temperament entspricht. Entwickeln Sie die nötige Ausgeglichenheit und Konzentration, um all Ihre Werkzeuge mühelos zu handhaben.

Das Drucken mit Druckstöcken hat eine lange Tradition. Nehmen Sie sich ein wenig Zeit, um die Werke der großen Meister ebenso wie die von Künstlerinnen und Künstlern kennenzulernen, die gegenwärtig mit Hochdruckverfahren arbeiten. Grafiker sind ein freundliches Völkchen, also stellen Sie ruhig Fragen, teilen Sie Ihre Erkenntnisse mit, und bringen Sie sich ein. Viel Spaß beim Drucken!

Bei diesem Projekt können Sie das Motiv wahlweise mit einer einzigen Farbe drucken oder sich an einer Regenbogenrolle versuchen, einer Technik zum Erzeugen von Farbverläufen bei Mehrfarbendrucken. Darüber hinaus bietet sich hier die Gelegenheit, sich beim Abtragen des Materials eingehend mit Positiv- und Negativflächen zu befassen. Negativflächen entstehen durch Ausheben der gezeichneten Linien, Positivflächen durch Abtragen der Bereiche außerhalb dieser Linien. Die letztgenannte Methode eignet sich bestens, um die Handhabung der Linolschnittmesser zu erlernen.

EINFARBENDRUCK MIT DER REGENBOGENROLLE: KANINCHENMOND

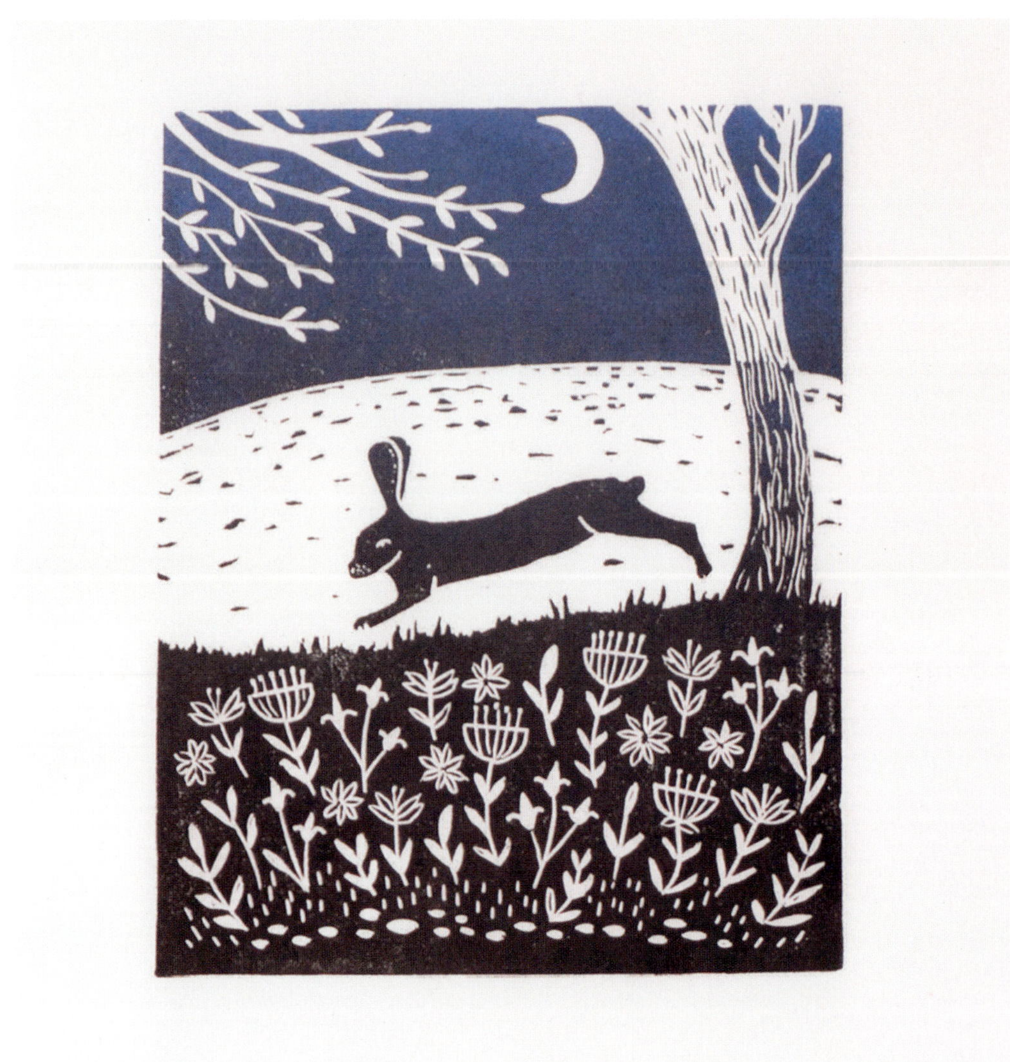

MATERIAL UND WERKZEUG

- Weicher Bleistift
- Radiergummi
- Zeichenpapier
- Lichtkasten (optional)
- Transparentpapier
- Feste Gummiplatte
- Falzbein
- Schneidematte
- Cutter
- Transparentes Acryllineal
- Linolschnittmesser in mehreren Größen
- Wasser, Seife und Schwamm oder Feuchttuch
- Borstenpinsel
- Wasserlösliche Druckfarben
- Farbwalzen
- Palette
- Palettenmesser
- Rotations- oder Schmierpapier
- Baren oder Holzlöffel (optional)
- Kreppband
- Druckpapier

HINWEIS

Falls die Bildrichtung bei Ihrem Motiv von Bedeutung ist (etwa bei Schriftzügen), denken Sie daran, dass die Zeichnung auf Ihrer Druckplatte beim Übertragen mit Transparentpapier seitenverkehrt erscheint und erst im Druck wieder seitenrichtig wird. Bei der Durchschlagpapier-Methode ist es umgekehrt.

1

1 / Zeichnen Sie Ihr Motiv auf ein Blatt Zeichenpapier. Legen Sie die Zeichnung auf einen Lichtkasten, oder kleben Sie sie mit Kreppband an eine Fensterscheibe. Nun einen Bogen Transparentpapier über die Zeichnung legen oder mit Kreppband darüberkleben und die Zeichnung mit einem weichen Bleistift detailgetreu durchpausen. Achten Sie darauf, sämtliche Linien sauber nachzuzeichnen. Da alle Linien anschließend auf den Druckstock übertragen werden, muss jeder Fehler ausradiert werden.

2 / Das Transparentpapier mit der durchgepausten Zeichnung nach unten auf die Gummiplatte legen und die Zeichnung auf die Platte übertragen, indem Sie mit einer Hand das Transparentpapier festhalten und mit der anderen die Rückseite des Papiers mit dem Falzbein abreiben. Dabei von der Mitte nach außen arbeiten. Heben Sie eine Ecke des Papiers an, um sich zu überzeugen, dass die Zeichnung vollständig übertragen wurde.

3 / Legen Sie nun die Gummiplatte auf die Schneidematte, und schneiden Sie mithilfe von Cutter und Acryllineal das Bild aus der Gummiplatte aus. Drücken Sie den Cutter dabei so fest auf, dass er durch die volle Dicke der Platte schneidet, und ziehen Sie ihn vorsichtig auf sich zu. Das sauberste Ergebnis erhält man mit einem einzigen, glatten Schnitt. Da die Kante der Druckplatte auf dem fertigen Druck zu sehen sein wird, gilt es eine möglichst glatte, gleichmäßige Linie zu schneiden. Legen Sie die Schnittreste für künftige Projekte beiseite. Jetzt können Sie mit dem Schneiden des Druckstocks beginnen.

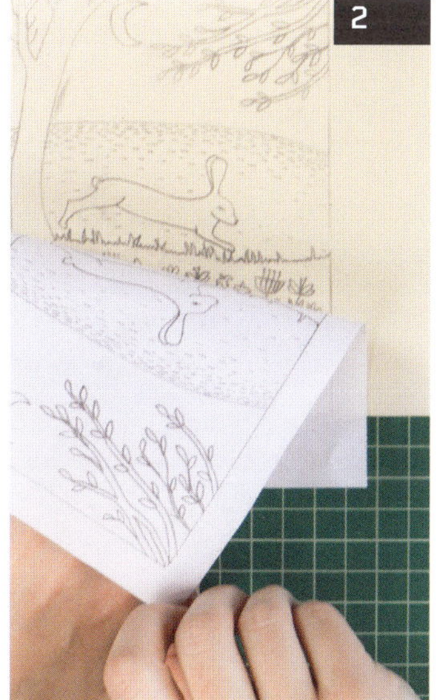

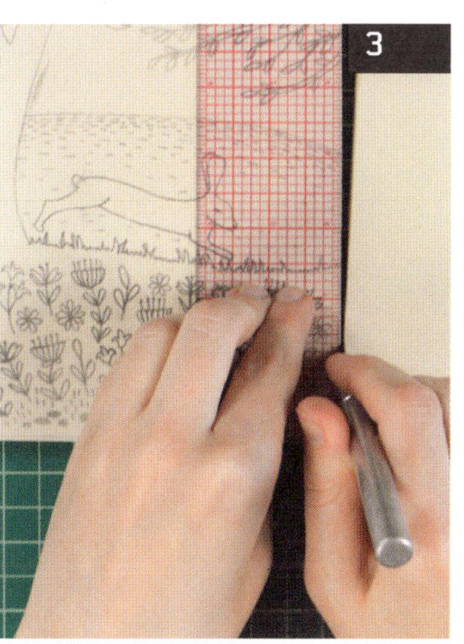

HINWEIS

Bögen oder Kreise lassen sich am leichtesten in den Druckstock schneiden, indem man ihn dreht: Stechen Sie das Linolschnittmesser am Ansatzpunkt des Bogens in die Platte ein. Drehen Sie dann den Druckstock mit der anderen Hand auf sich zu, während Sie langsam und gleichmäßig vom Körper weg an der Bogenlinie entlangschneiden.

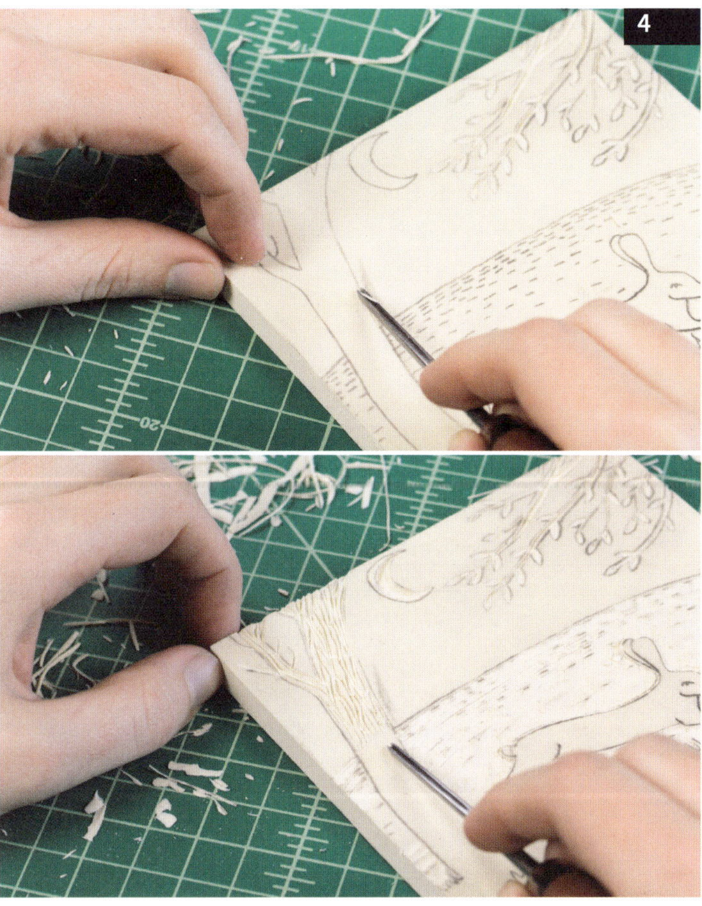

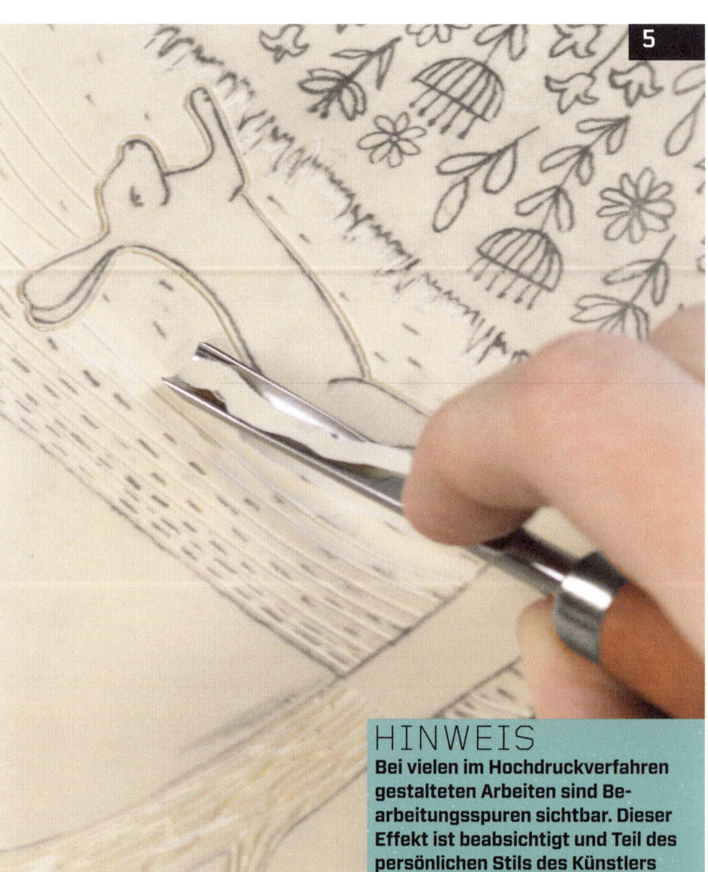

4 / Dieses Bild ist im Wesentlichen in drei Abschnitte unterteilt: einen dunklen oberen, einen hellen mittleren und einen dunklen unteren. Beginnen Sie mit dem oberen Abschnitt (dem Himmel), der zum großen Teil aus einer einfarbigen Fläche bestehen wird. Tragen Sie das Gummi innerhalb der Bleistiftkonturen mit einem kleinen Geißfuß ab.

5 / Im mittleren Abschnitt finden sich mehr helle Bereiche, die später die Farbe des Papiers haben. Schneiden Sie hier zunächst mit dem kleinen Geißfuß direkt außerhalb der Konturlinien entlang. Danach tragen Sie mit einem breiteren Hohleisen das Gummi auf den größeren Flächen ab. Zum Schluss bearbeiten Sie den unteren Abschnitt des Motivs auf dieselbe Weise.

6 / Wenn Sie das gesamte Bild in die Gummiplatte geschnitten haben, waschen Sie die Bleistiftlinien mit Wasser und Seife von der Druckplatte ab. Eventuell in den herausgeschnittenen Linien verbliebene Krümel werden mit dem Borstenpinsel entfernt.

HINWEIS

Bei vielen im Hochdruckverfahren gestalteten Arbeiten sind Bearbeitungsspuren sichtbar. Dieser Effekt ist beabsichtigt und Teil des persönlichen Stils des Künstlers oder der Künstlerin. Die Technik kann variieren, je nachdem, wie viel Material weggeschnitten und mit welcher Messergröße gearbeitet wird.

Probieren Sie aus, wie Sie Ihre Drucke mit Details und Strukturen anreichern können, indem Sie bestimmte Schnittränder stehen lassen. Improvisieren Sie mit zusätzlichen Details, die in Ihrer Motivzeichnung nicht enthalten sind. Der übertragene Entwurf muss nicht eins zu eins in den Druckstock geschnitten werden, er kann auch als grobe Vorlage dienen, zu der man beim Schneiden spontan weitere ausdrucksstarke Details hinzufügt.

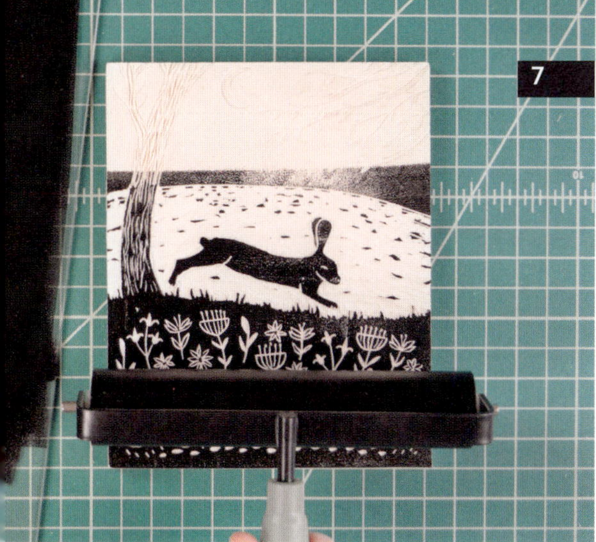

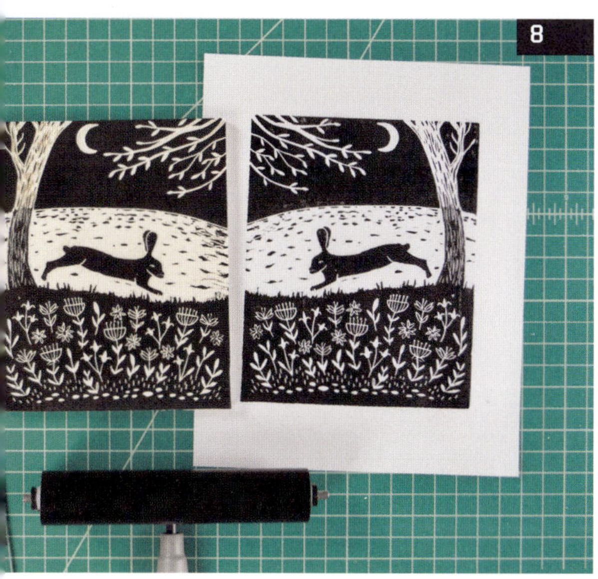

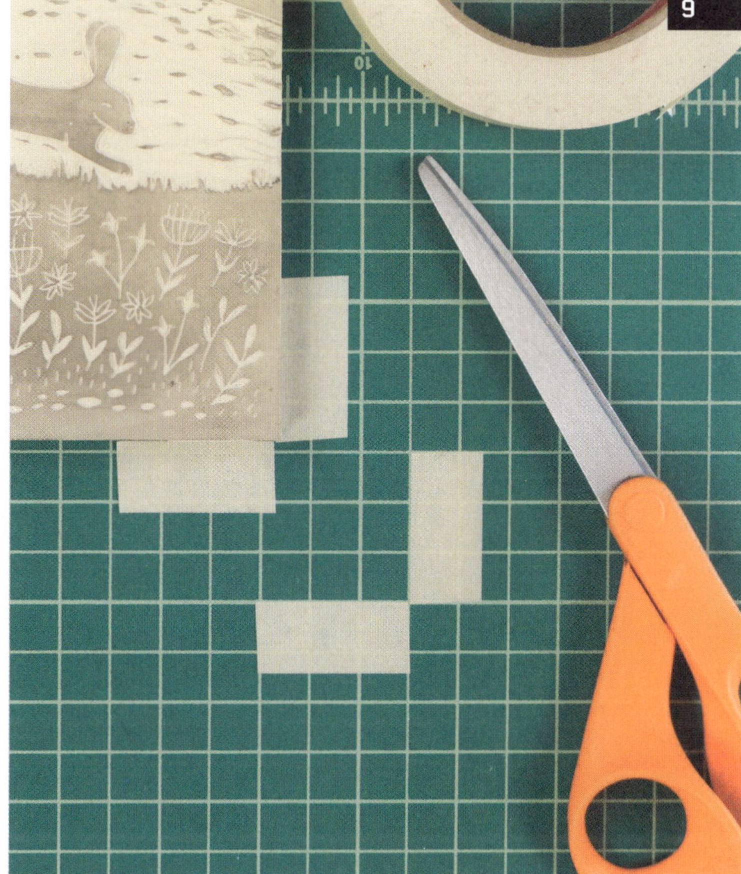

7 / Rollen Sie mit der Farbwalze ein wenig Farbe auf der Palette aus (eine Anleitung finden Sie auf Seite 24), und walzen Sie den Druckstock dünn und gleichmäßig mit Farbe ein.

8 / Legen Sie einen Bogen Rotationspapier vorsichtig auf den eingefärbten Druckstock. Reiben Sie die Rückseite des Papiers mit dem Baren oder dem Holzlöffel ab. Ziehen Sie Ihren Probedruck ab. Falls Änderungen erforderlich sind, können Sie die betreffenden Bereiche mit dem Linolschnittmesser nachbearbeiten.

9 / Stellen Sie mithilfe Ihrer gerasterten Schneidematte eine einfache Ausrichtungshilfe her, indem Sie mit Kreppband ein seitenverkehrtes L für die untere rechte Ecke des Druckstocks auf die Matte kleben, dann ein ebensolches L für die entsprechende Ecke des Druckpapiers. Diese Passmarken (Anlegemarken) sparen beim Drucken mehrerer Abzüge eine Menge Zeit und sorgen dafür, dass das Bild auf jedem Abzug exakt zentriert ist.

10 / Wenn Sie mit Ihrem Probedruck zufrieden sind, walzen Sie den Druckstock mit Farbe ein und drucken, wie oben beschrieben. Überlegen Sie, wie Sie Ihre Drucke nach dem Trocknen am besten präsentieren, damit sie optimal zur Geltung kommen.

HINWEIS
Bei einer Regenbogenrolle sind die Farben in einer bestimmten Reihenfolge angeordnet, die beim Aufnehmen von frischer Farbe mit der Walze unbedingt eingehalten werden sollte.

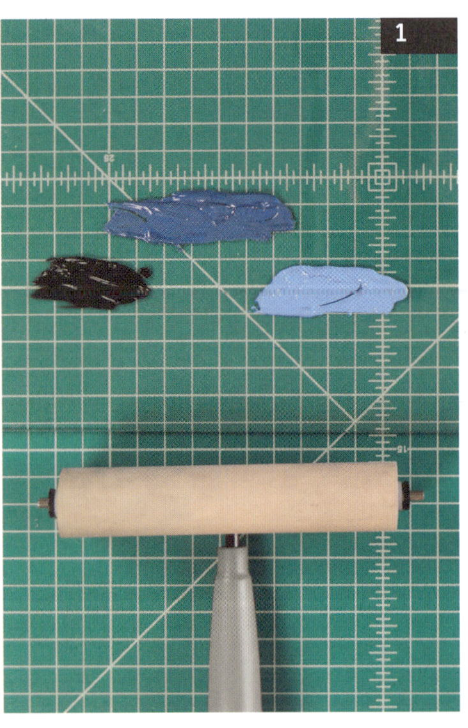

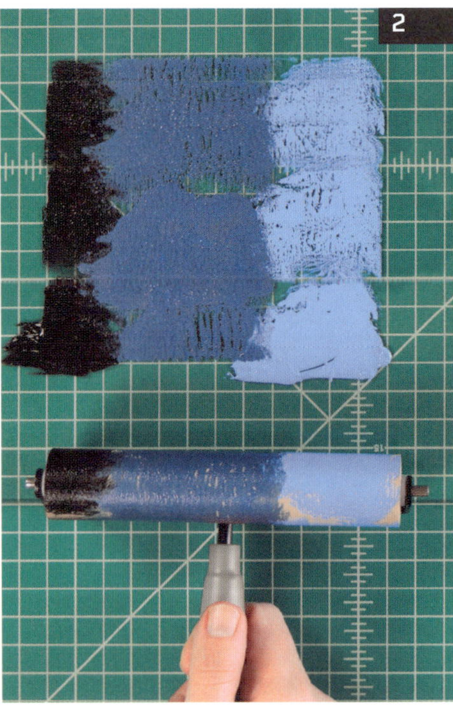

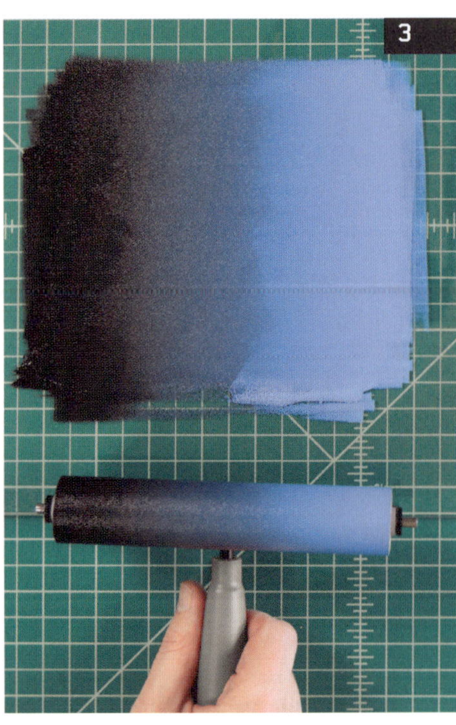

DRUCKEN MIT EINER REGENBOGENROLLE

Zum Erzeugen eines Farbverlaufs sollte die Farbwalze mindestens so breit sein wie der Druckstock.

1 / Wählen Sie zwei oder drei Druckfarben aus. Geben Sie davon jeweils eine kleine Menge mit dem Palettenmesser so auf die Palette, dass die Farben mindestens die Breite der Farbwalze abdecken. Dabei die Farben knapp über- und untereinander anordnen, sodass sie sich ausgewalzt geringfügig überlappen.

2 / Rollen Sie die Farbwalze in gerader Linie vor und zurück, um die Farben auf der Palette auszuwalzen.

3 / Dann die Walze ohne Druck diagonal durch die Farbe rollen, um weichere Übergänge und einen gleichmäßigen Farbverlauf zu erzeugen.

4 / Walzen Sie die Farbe in dünnen, gleichmäßigen Schichten auf den gesamten Druckstock auf.

5 / Platzieren Sie den eingefärbten Druckstock mithilfe der Passmarken auf der Schneidematte.

6 / Richten Sie Ihr Druckpapier an den Passmarken aus, und rollen Sie es vorsichtig auf dem eingefärbten Druckstock aus. Reiben Sie die Papierrückseite mit dem Baren oder Holzlöffel ab. Dann den Druck vorsichtig abziehen und trocknen lassen. Erfreuen Sie sich an Ihrem Kunstwerk!

4

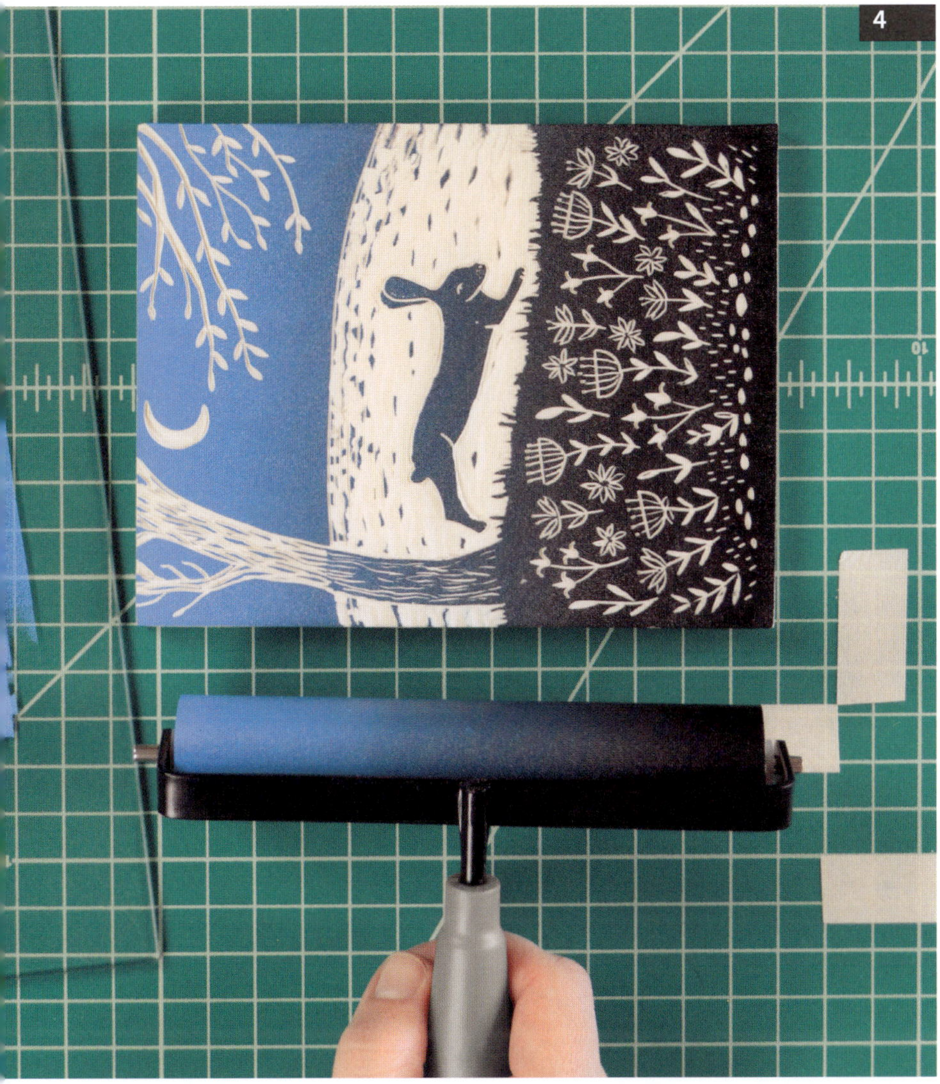

5, 6

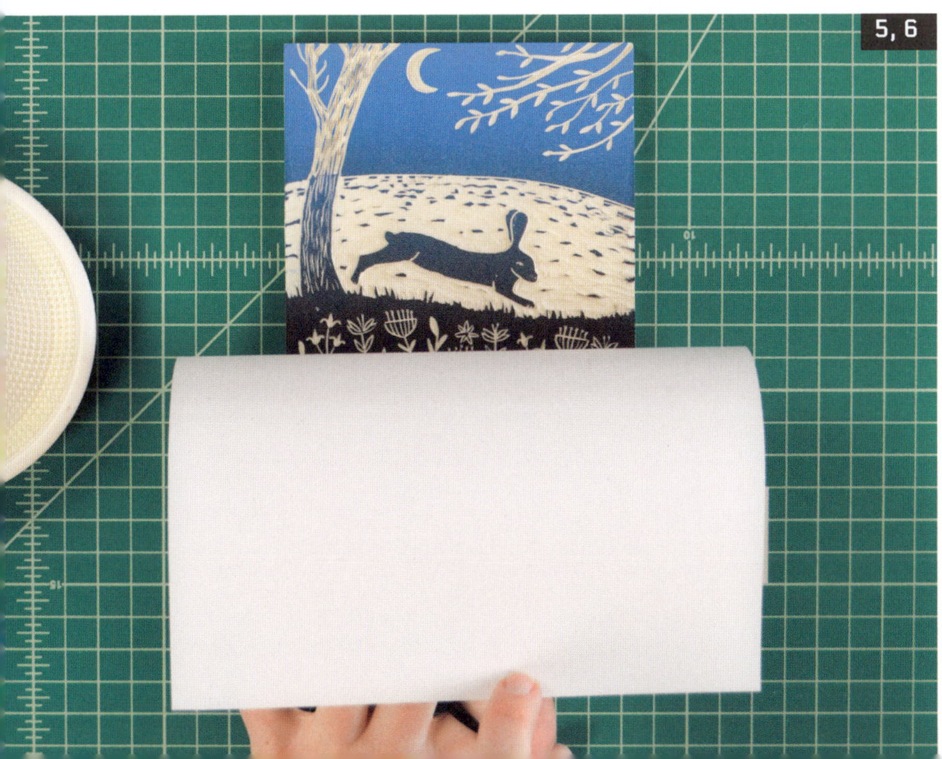

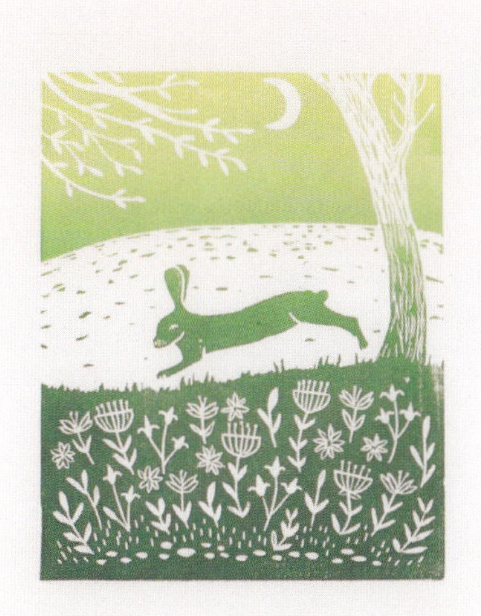

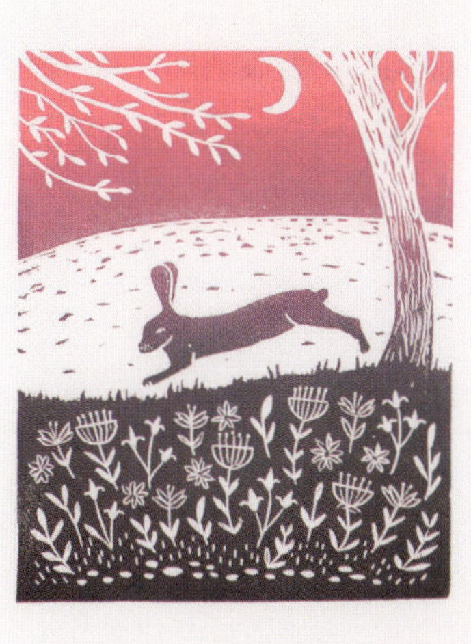

Malerische Stadtviertel, enge Gassen und bezaubernde Bauwerke: Was Sie auf Reisen entzückt, kann Sie nach Ihrer Heimkehr zu einfachen, aber äußerst wirkungsvollen Drucken inspirieren. Das Tolle an dieser Technik ist, dass man nur einen einzigen Gummidruckstock benötigt. Für diese Ansicht von Amsterdam wird die Platte in Einzelsegmente zerschnitten, die jeweils separat mit Farbe eingewalzt und vor dem Drucken wie Puzzleteile zusammengesetzt werden. Durch Ihre Farbauswahl können Sie die Stimmung und Ausstrahlung des Drucks verändern. Romantisch? Realistisch? Fantastisch? Wählen Sie Farben, die Ihrer Stimmung und Ihrem Stil entsprechen.

MEHRFARBENDRUCK IM PUZZLEVERFAHREN: AMSTERDAM

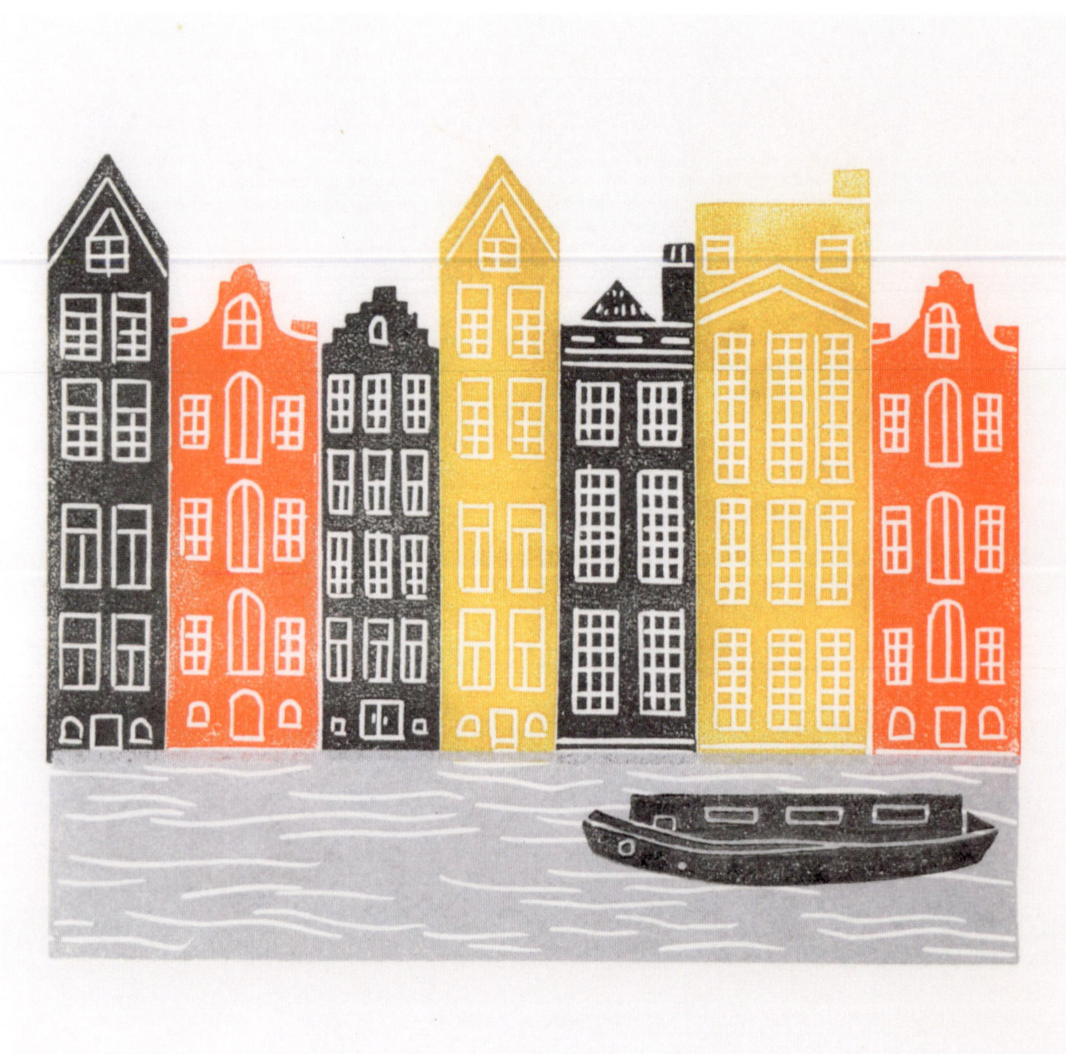

MATERIAL UND WERKZEUG

Weicher Bleistift

Radiergummi

Zeichenpapier

Lichtkasten (optional)

Transparentpapier

Feste Gummiplatte

Falzbein

Schneidematte

Cutter

Transparentes Acryllineal

Linolschnittmesser in mehreren Größen

(Passepartout-)Karton

Kreppband

Wasserlösliche Druckfarben

Palettenmesser

Farbwalzen

Paletten

Baren oder Holzlöffel (optional)

Druckpapier

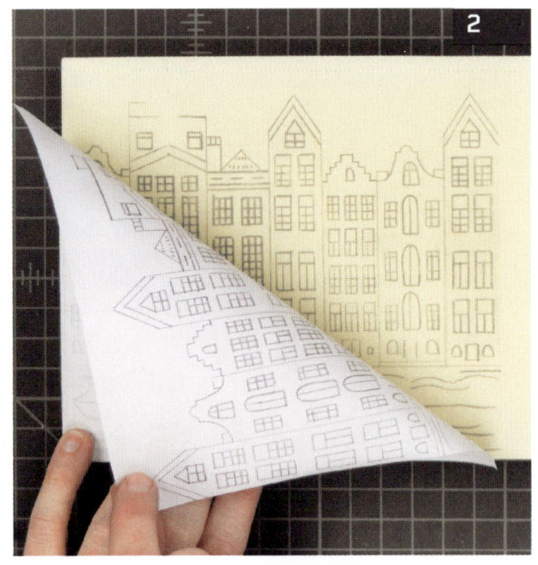

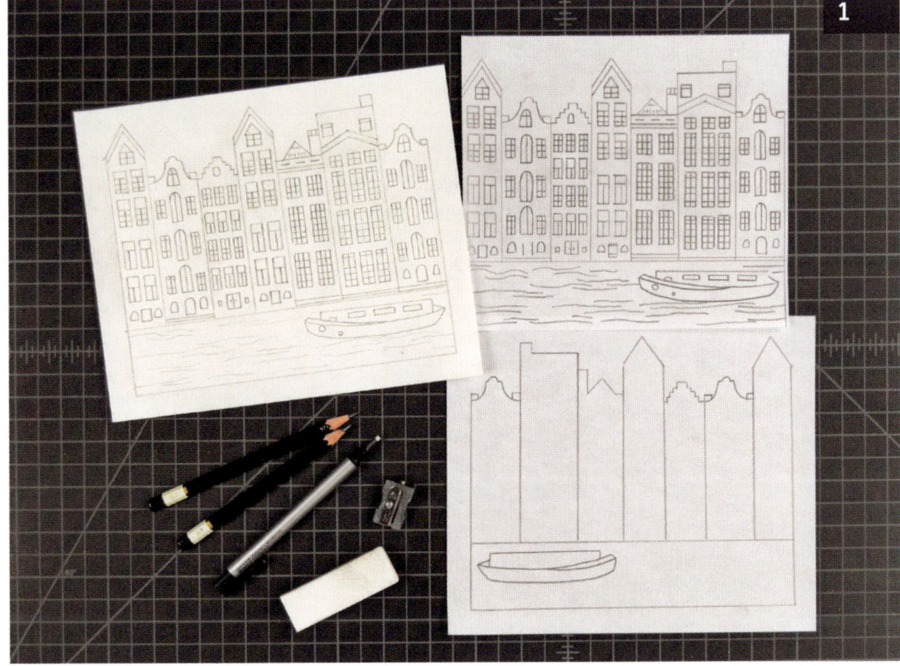

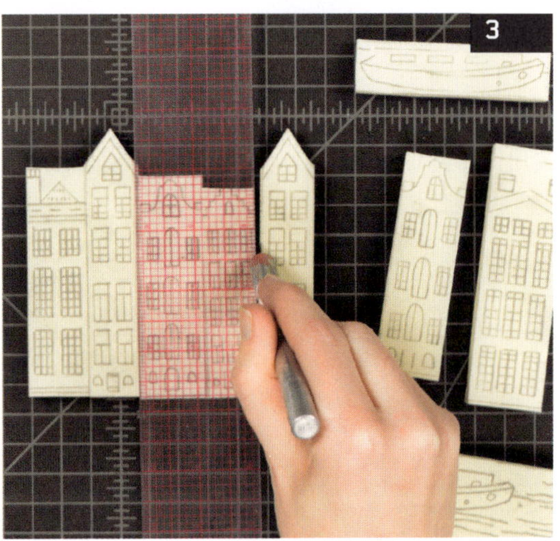

1 / Zeichnen Sie Ihr Motiv auf ein Blatt Zeichenpapier. Legen Sie die Zeichnung auf einen Lichtkasten, oder kleben Sie sie mit Kreppband auf eine Fensterscheibe. Nun einen Bogen Transparentpapier über die Zeichnung legen oder mit Kreppband darüberkleben und die Zeichnung mit einem weichen Bleistift detailgetreu durchpausen. Achten Sie darauf, sämtliche Linien sauber nachzuzeichnen. Da alle Linien anschließend auf den Druckstock übertragen werden, muss jeder Fehler ausradiert werden. Dann legen Sie das Transparentpapier mit der Bleistiftzeichnung nach unten auf die Arbeitsfläche und einen zweiten Bogen Transparentpapier darüber. Pausen Sie diesmal nur die Konturen der großen Formen ab, und legen Sie die so entstandene Zeichnung bis auf Weiteres beiseite. Sie dient später als Ausrichtungshilfe für die verschiedenfarbigen Segmente.

2 / Das Transparentpapier, auf dem sich die detaillierte Zeichnung befindet, mit den Bleistiftlinien nach unten auf die Gummiplatte legen. Die Bleistiftlinien auf die Platte übertragen, indem Sie mit einer Hand das Papier festhalten und mit der anderen seine Rückseite mit dem Falzbein abreiben. Arbeiten Sie dabei von der Mitte nach außen. Heben Sie eine Ecke des Papiers an, um zu prüfen, ob die Zeichnung vollständig übertragen wurde.

3 / Legen Sie die Gummiplatte auf die Schneidematte. Entscheiden Sie, welche Farben die einzelnen Segmente haben sollen. Zerschneiden Sie dann mithilfe von Cutter und Lineal die Platte entlang der Linien, die die Segmente voneinander trennen. Üben Sie dabei so viel Druck aus, dass der Cutter durch die volle Dicke der Platte schneidet, und ziehen Sie ihn vorsichtig auf sich zu. Das sauberste Ergebnis erhält man mit einem einzigen, glatten Schnitt. Trennen Sie die Segmente voneinander. Jetzt können Sie mit dem Schneiden des Druckstocks beginnen.

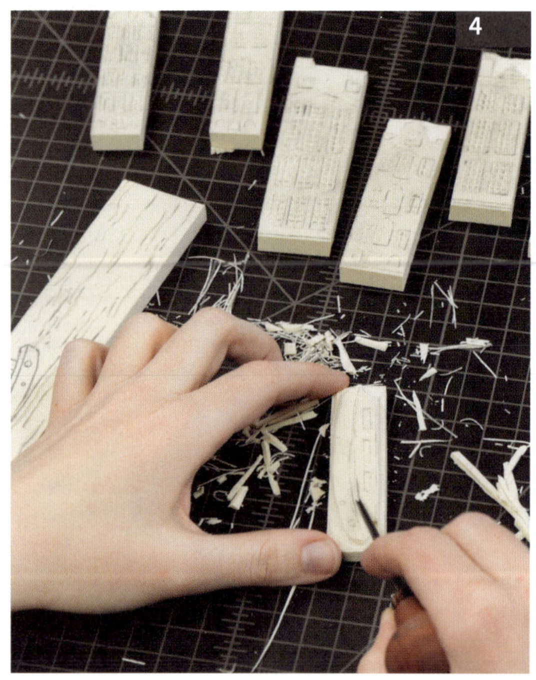

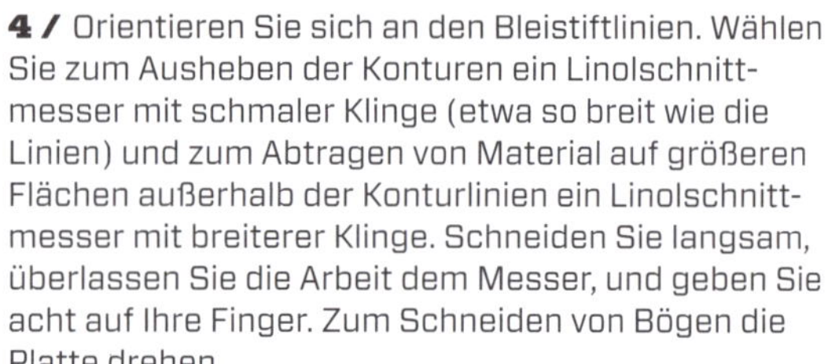

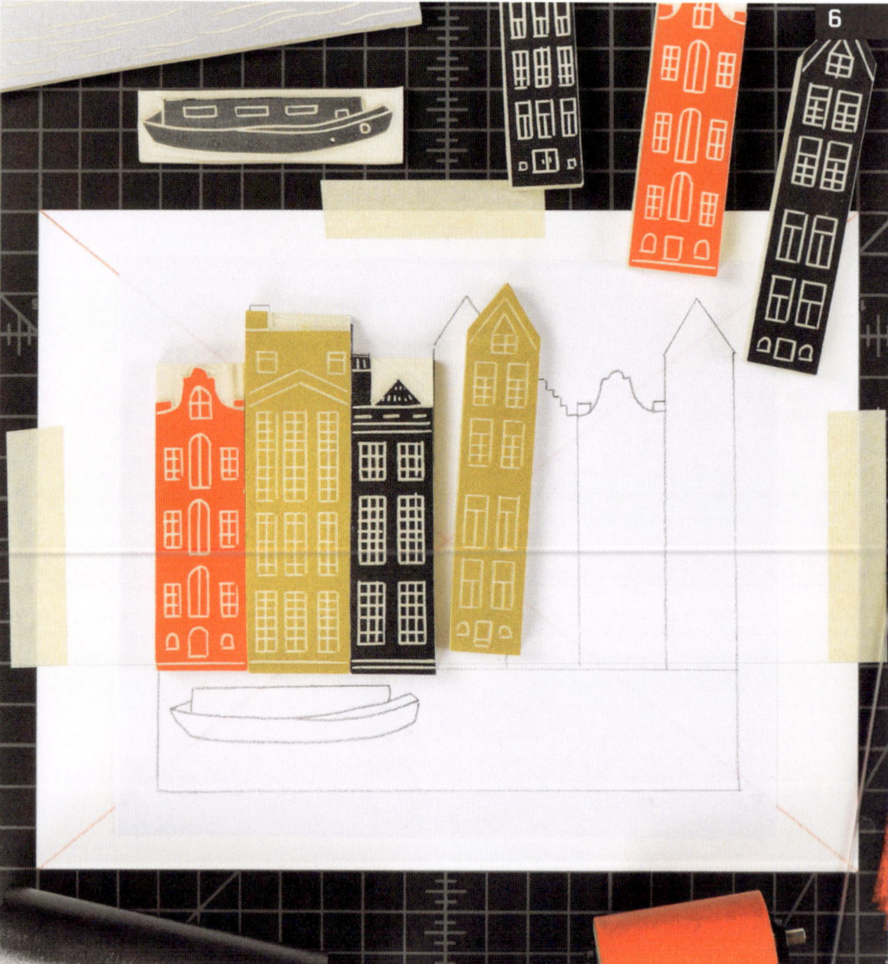

4 / Orientieren Sie sich an den Bleistiftlinien. Wählen Sie zum Ausheben der Konturen ein Linolschnittmesser mit schmaler Klinge (etwa so breit wie die Linien) und zum Abtragen von Material auf größeren Flächen außerhalb der Konturlinien ein Linolschnittmesser mit breiterer Klinge. Schneiden Sie langsam, überlassen Sie die Arbeit dem Messer, und geben Sie acht auf Ihre Finger. Zum Schneiden von Bögen die Platte drehen.

5 / Legen Sie die Abmessungen Ihres Druckpapiers fest, und schneiden Sie es entsprechend zu. Fertigen Sie eine Ausrichtungshilfe an, indem Sie ein Stück Karton auf dieselben Maße zuschneiden wie das Druckpapier. Diese Ausrichtungshilfe mit Kreppband auf Ihre Arbeitsfläche kleben. Dann das zur Seite gelegte Transparentpapier mit den in Schritt 1 durchgepausten Umrissen mit Kreppband in derselben Ausrichtung wie die Segmente der Gummiplatte mittig auf die Ausrichtungshilfe kleben. Um weiße Lücken zwischen den Segmenten zu vermeiden, werden alle gleichzeitig gedruckt.

6 / Walzen Sie mit der Farbwalze ein wenig Farbe auf der Palette aus (eine Anleitung finden Sie auf Seite 24) und das entsprechende Gummisegment Ihrer Druckplatte dünn und gleichmäßig mit Farbe ein. Platzieren Sie die eingefärbten Segmente in den durchgepausten Umrisslinien auf dem Transparentpapier. Jetzt können Sie zu drucken beginnen.

7 / Legen Sie das Druckpapier an der Unterkante der Ausrichtungshilfe an, und halten Sie es mit einer Hand fest. Fassen Sie die gegenüberliegende Papierkante mittig mit Daumen und Zeigefinger der anderen Hand, um das Papier an dieser Seite zunächst hochzuhalten, damit nicht vorzeitig Farbe vom Druckstock auf das Papier gelangt. Legen Sie es dann vorsichtig in einer fließenden Bewegung auf die Druckplatte.

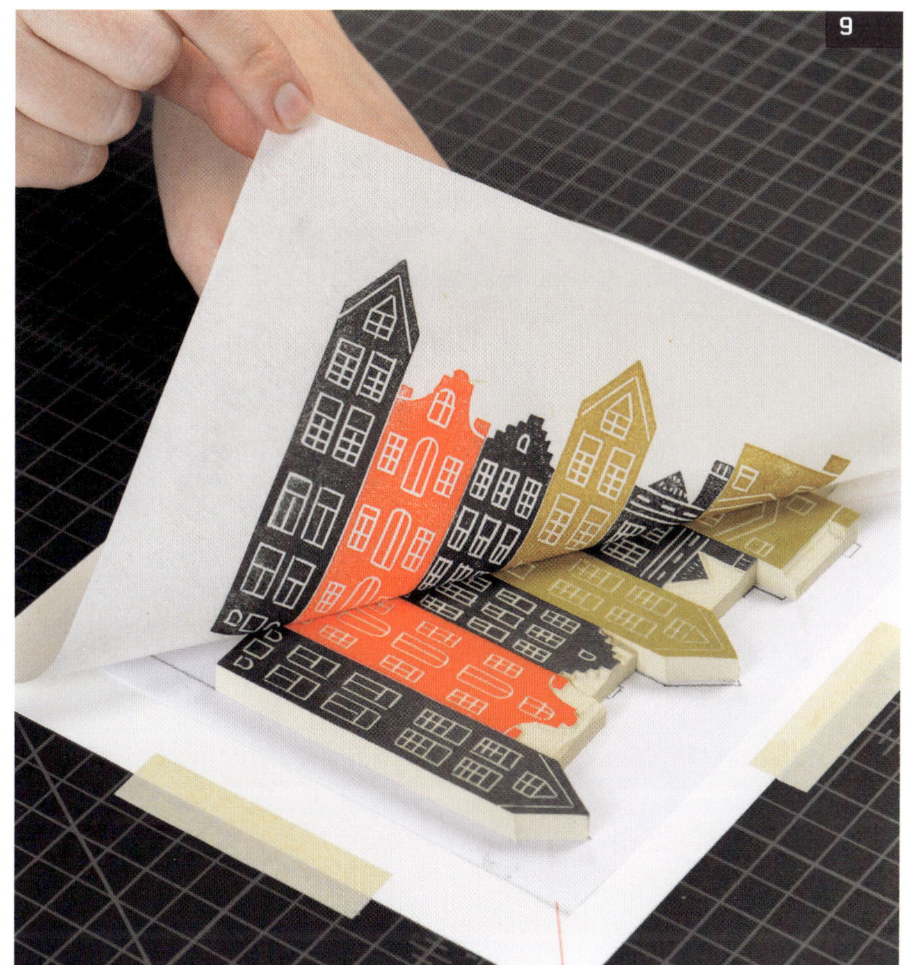

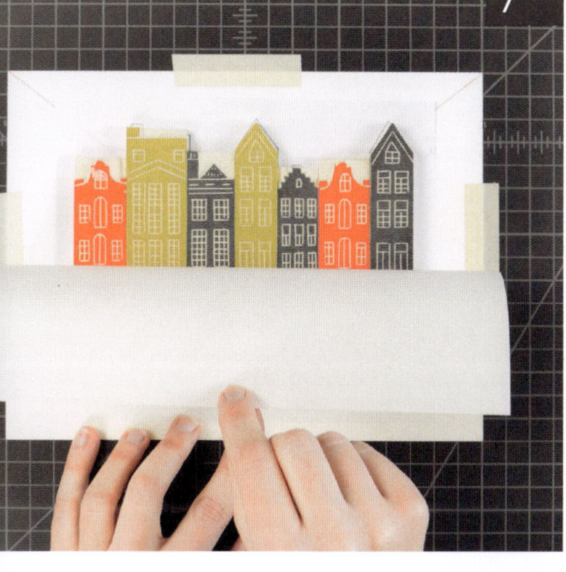

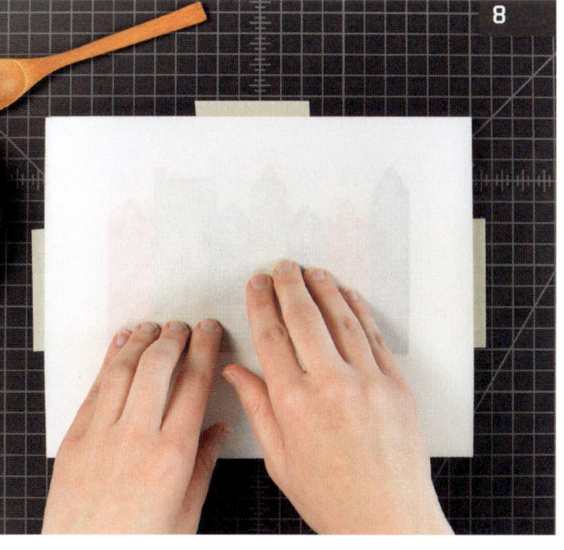

8 / Reiben Sie die Rückseite des Druckpapiers mit dem Baren, dem Rücken eines Holzlöffels oder den Fingern ab, um die Farbe auf das Papier zu übertragen. Mit der Zeit werden Sie herausfinden, mit welchem Reibwerkzeug Sie die schönsten Ergebnisse erzielen. Für ein gleichmäßiges Druckbild ist aber in jedem Fall sorgfältiges und zielgerichtetes Reiben erforderlich.

9 / Ziehen Sie Ihren Druck langsam und vorsichtig von der Druckplatte ab, und lassen Sie ihn trocknen. Bewahren Sie die Ausrichtungshilfe für künftige Drucke auf. Erfreuen Sie sich an Ihrem Werk! Eine solche Druckgrafik ist auch ein wunderbares Geschenk.

Wenn Sie bereits Erfahrung mit dem Schneiden detailreicher Druckstöcke haben, bietet Ihnen die Einbeziehung von Schmuckfarben eine hervorragende Möglichkeit zur Erweiterung Ihres drucktechnischen Repertoires. Es bleibt Ihrer Kreativität überlassen, ob Sie diese Farbflächen groß oder klein gestalten und sie passgenau am Einzelmotiv ausrichten oder leicht versetzt platzieren. Das Ausrichten mithilfe einer Overheadfolie ist eine Methode, die Ihnen auch bei künftigen Drucken wertvolle Dienste leisten wird. Mit ihrer Hilfe können Sie nicht nur einzelne Farbflächen exakt platzieren, sondern auch mit mehreren Druckstöcken passgenau übereinanderdrucken. Bewahren Sie die Folie nach Fertigstellung aller Abzüge für spätere Auflagen auf.

SCHMUCKFARBENDRUCK: FEDERN

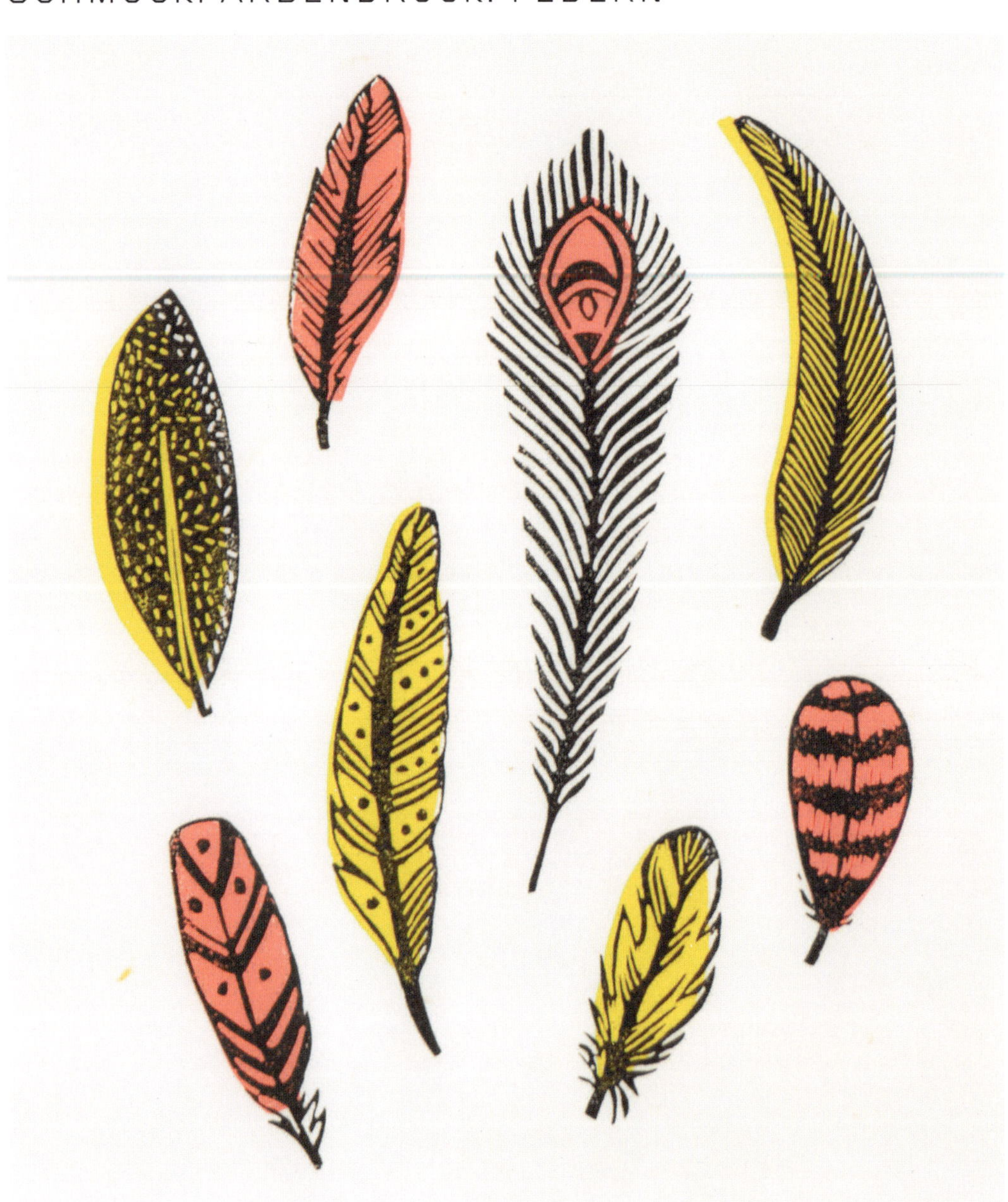

MATERIAL UND WERKZEUG

- Zeichenpapier
- Weicher Bleistift
- 2 gleich große feste Gummiplatten
- Schneidematte
- Transparentes Acryllineal
- Falzbein
- Cutter
- Linolschnittmesser in mehreren Größen
- (Passepartout-)Karton
- Schere
- Kreppband
- 1 Bogen Overheadfolie
- Buntstifte
- Wasserlösliche Druckfarben
- Palettenmesser
- Farbwalzen
- Paletten
- Baren oder Holzlöffel (optional)
- Druckpapier

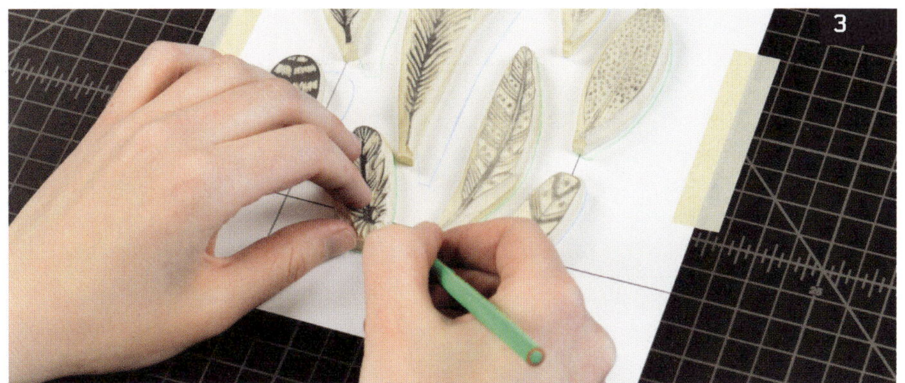

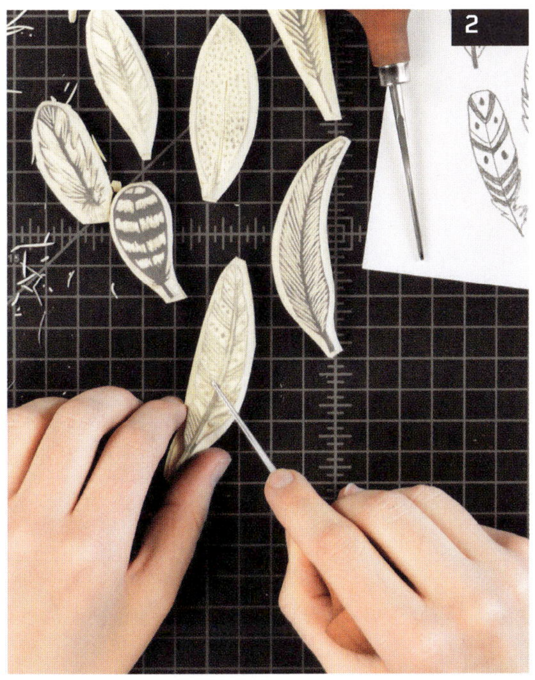

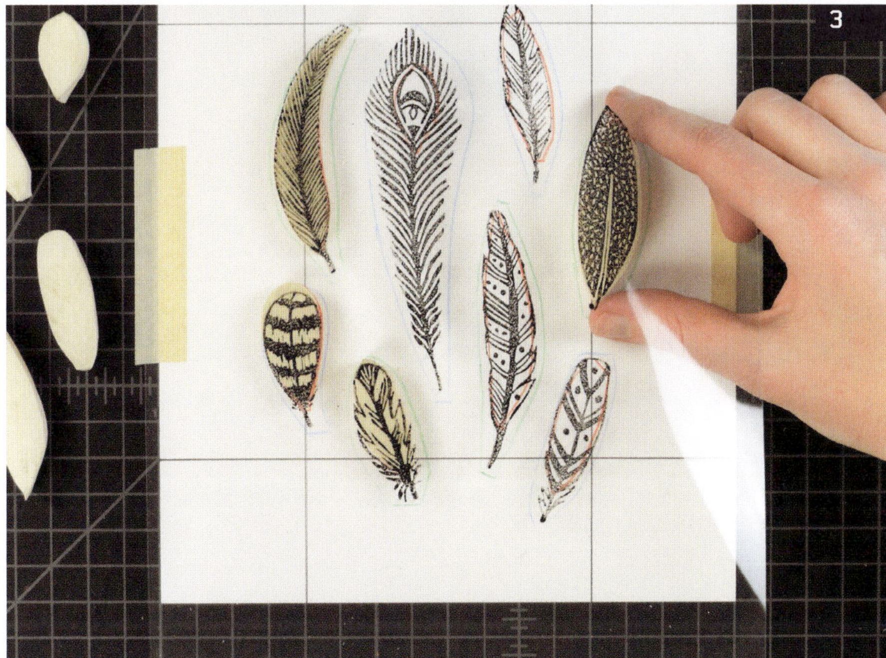

1 / Zeichnen Sie Ihren Entwurf mit weichem Bleistift auf Zeichenpapier. Legen Sie das Blatt dann mit der Zeichnung nach unten auf eine der Gummiplatten. Übertragen Sie den Entwurf auf die Platte, indem Sie mit dem Falzbein die Rückseite des Blatts abreiben. Dabei von der Mitte nach außen arbeiten, um den Entwurf sauber und gleichmäßig zu übertragen. Nehmen Sie das Blatt ab.

2 / Nun werden die einzelnen Formen mit dem Cutter aus der Gummiplatte geschnitten. Lassen Sie dabei rings um jede Form einen schmalen Rand stehen. Tragen Sie anschließend die Motivflächen außerhalb der Bleistiftlinien mit passenden Linolschnittmessern ab. Arbeiten Sie langsam, und drehen Sie zum Schneiden von Bögen die Platte.

3 / Schneiden Sie aus dem Karton eine Ausrichtungshilfe mit den Abmessungen Ihres Druckpapiers zu, und kleben Sie sie mit Kreppband auf Ihre Arbeitsfläche. Dann kleben Sie die Overheadfolie mit Kreppband unterhalb der Unterkante der Ausrichtungshilfe auf der Arbeitsfläche fest. Ordnen Sie die geschnittenen Druckstöcke auf der Ausrichtungshilfe an. Zeichnen Sie zunächst mit dem Bleistift die Umrahmungslinien des Drucks und anschließend mit einem Buntstift die Konturen der einzelnen Druckstöcke darauf an. Nehmen Sie die Druckstöcke ab, um sie einzufärben.

4 / Walzen Sie mit einer Farbwalze ein wenig Farbe auf einer Palette aus (eine Anleitung finden Sie auf Seite 24) und dann die Druckstöcke mit einer dünnen, gleichmäßigen Farbschicht ein. Nun werden die Druckstöcke in ihre angezeichneten Konturen auf die Ausrichtungshilfe gelegt. Rollen Sie die Overheadfolie langsam auf den eingefärbten Druckstöcken aus. Zum Übertragen der Farbe auf die Folie drücken Sie diese sanft mit den Fingern an.

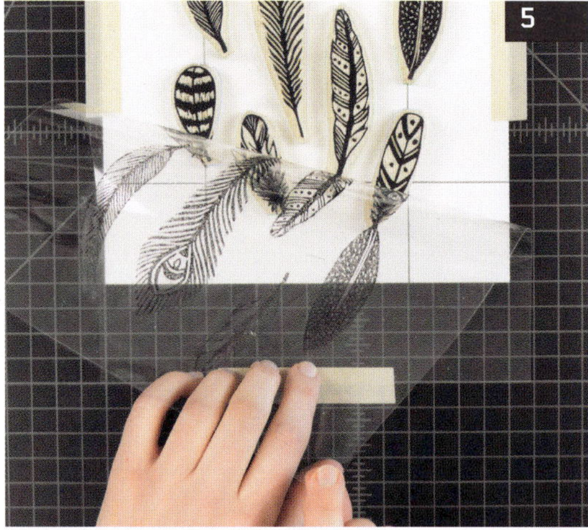

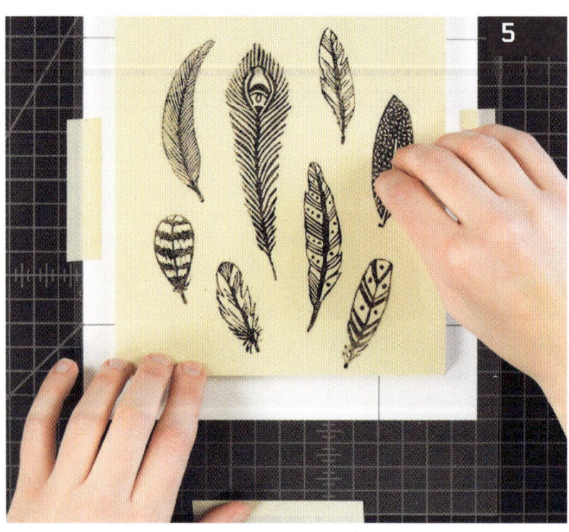

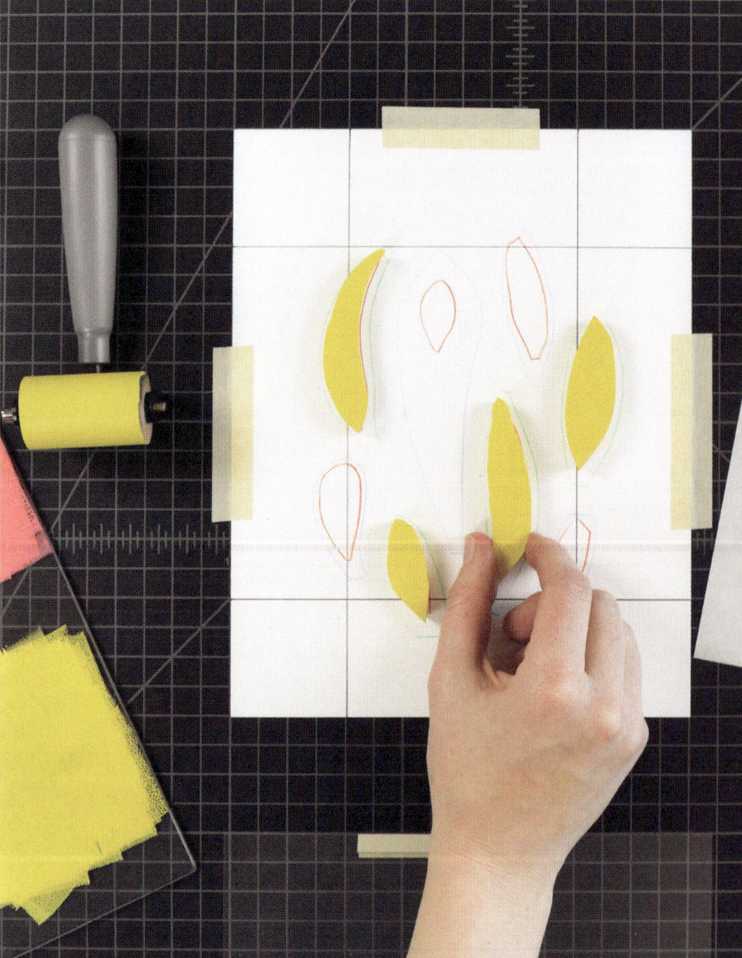

5 / Die Overheadfolie von den Druckstöcken abziehen und die Druckstöcke von der Ausrichtungshilfe nehmen. Solange die Farbe auf der Folie noch nass ist, die zweite, noch ungeschnittene Gummiplatte auf die Ausrichtungshilfe legen. Die Oberheadfolie auf der Platte ausrollen. Reiben Sie mit den Fingern über die Folie, um die Farbe auf die Platte zu übertragen. Ziehen Sie die Folie ab, und lassen Sie die Farbe auf der Platte trocknen.

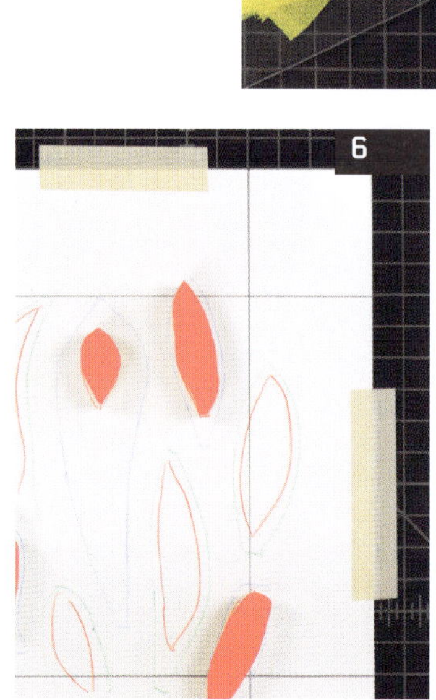

6 / Als Nächstes schneiden Sie mit dem Cutter die auf die noch ungeschnittene Platte gedruckten Formen für die Schmuckfarbflächen aus. Orientieren Sie an den Konturen. Die Formen können genauso groß sein wie die entsprechenden bereits geschnittenen Druckstöcke, aber auch kleiner oder größer – ganz wie Sie mögen. Legen Sie anschließend die Formen für die Farbflächen auf die Ausrichtungshilfe, und rollen Sie die Overheadfolie so darauf aus, dass die Formen bedeckt sind. Bestimmen Sie anhand der auf die Folie gedruckten Motive, wie Sie die Farbflächen anordnen wollen, und legen Sie die Farben für die einzelnen Flächen fest. Dann die Konturen aller Flächen in der entsprechenden Farbe mit Buntstift auf der Ausrichtungshilfe anzeichnen. Jetzt können Sie sich ans Drucken begeben.

7 / Walzen Sie wieder mit einer Farbwalze etwas Farbe auf der Palette aus und einen oder mehrere der Druckstöcke für die Schmuckfarben mit der gewünschten Farbe ein. Positionieren Sie die eingefärbten Druckstöcke mithilfe der in Schritt 6 angezeichneten Konturen auf der Ausrichtungshilfe.

HINWEIS

Wenn Sie über mehrere Farbwalzen und Paletten verfügen, können Sie alle Farben auf einmal auswalzen und gleichzeitig drucken.

Haben Sie nur eine Walze und eine Palette, müssen Sie alle Farben nacheinander drucken. Reinigen und trocknen Sie Palette und Walze, ehe Sie mit der nächsten Farbe fortfahren.

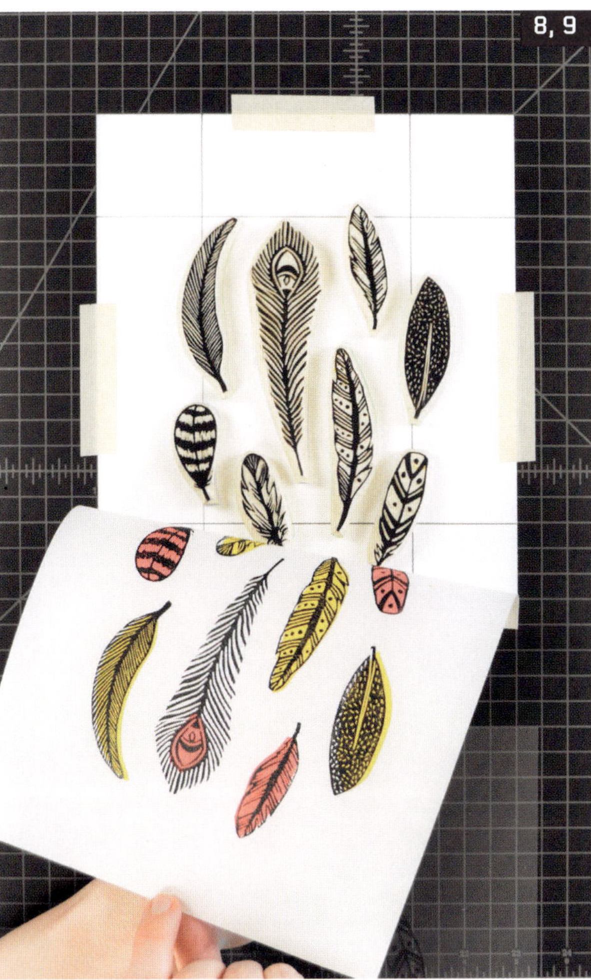

8 / Richten Sie das Druckpapier an den unteren Ecken der Ausrichtungshilfe aus. Halten Sie es mit einer Hand dort fest und mit der anderen Hand am oberen Ende hoch, bevor Sie das Papier in einer fließenden Bewegung vorsichtig auf die Druckstöcke legen. Zum Übertragen der Farbe die Rückseite des Papiers mit den Fingerspitzen abreiben.

9 / Den Vorgang so oft wiederholen, bis alle Farbflächen gedruckt sind. Legen Sie diese Druckstöcke dann beiseite, und nehmen Sie die in Schritt 2 geschnittenen Druckstöcke zur Hand.

10 / Walzen Sie diese Druckstöcke mit Farbe ein, und ordnen Sie sie in den auf die Ausrichtungshilfe gezeichneten Konturen an. Richten Sie dann das Druckpapier wieder sorgfältig an der Ausrichtungshilfe aus, und legen Sie es mit einer einzigen Bewegung auf die Druckstöcke. Reiben Sie die Rückseite des Papiers zum Übertragen der Farbe mit den Fingern, dem Baren oder dem Holzlöffel ab. Anschließend das Druckpapier vorsichtig abheben und trocknen lassen.

11 / Geschafft! Rahmen Sie Ihre neue Grafik, damit sie zur Geltung kommt!

VARIANTEN

Die einzelnen Druckstöcke lassen sich auch gut als Stempel verwenden. Experimentieren Sie mit Musterrapporten wie dem hier abgebildeten vertikalen Halbversatz, oder bedrucken Sie Geschenkanhänger und Geschenkpapier damit. Platzieren Sie die Stempel exakt oder nach Augenmaß. Ein Lineal leistet bei der Anordnung gute Dienste.

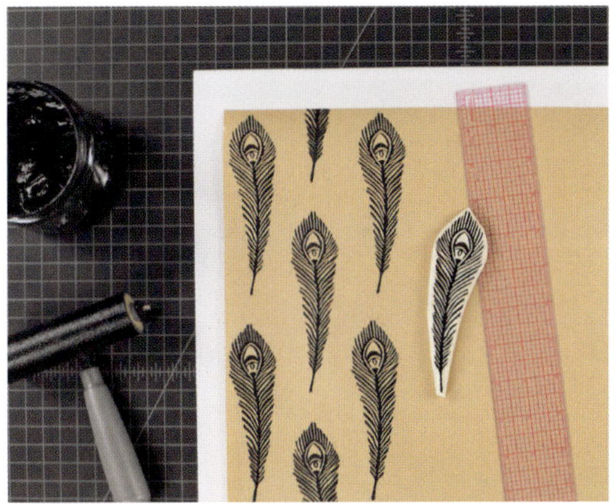

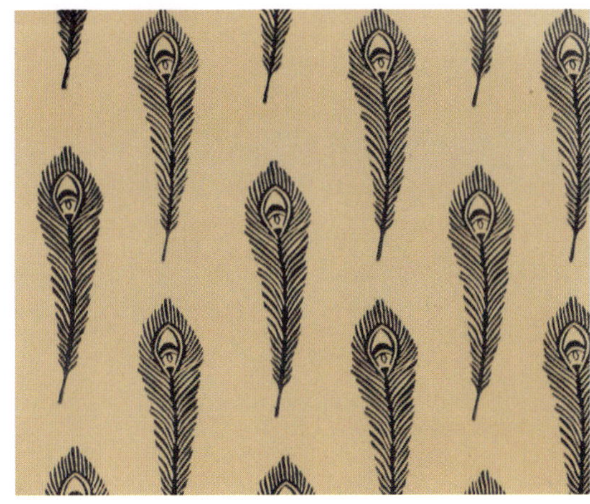

Mehrfarbendrucke lassen sich auch ohne komplizierte Techniken zum passgenauen Ausrichten der Druckstöcke realisieren. Mit etwas Planung im Anfangsstadium der Entwurfszeichnung kann man wunderschöne Drucke anfertigen, bei denen man die Druckstöcke nach Augenmaß platziert. Dieses Verfahren eignet sich für Grußkarten ebenso hervorragend wie für Künstlergrafiken. Ich gehe dabei häufig so vor, dass ich einen mittig platzierten einfarbigen Motivdruckstock mit einem zweiten Druckstock kombiniere, der ihn umrahmt und das Design abrundet.

ZWEIFARBENDRUCK: UKULELE

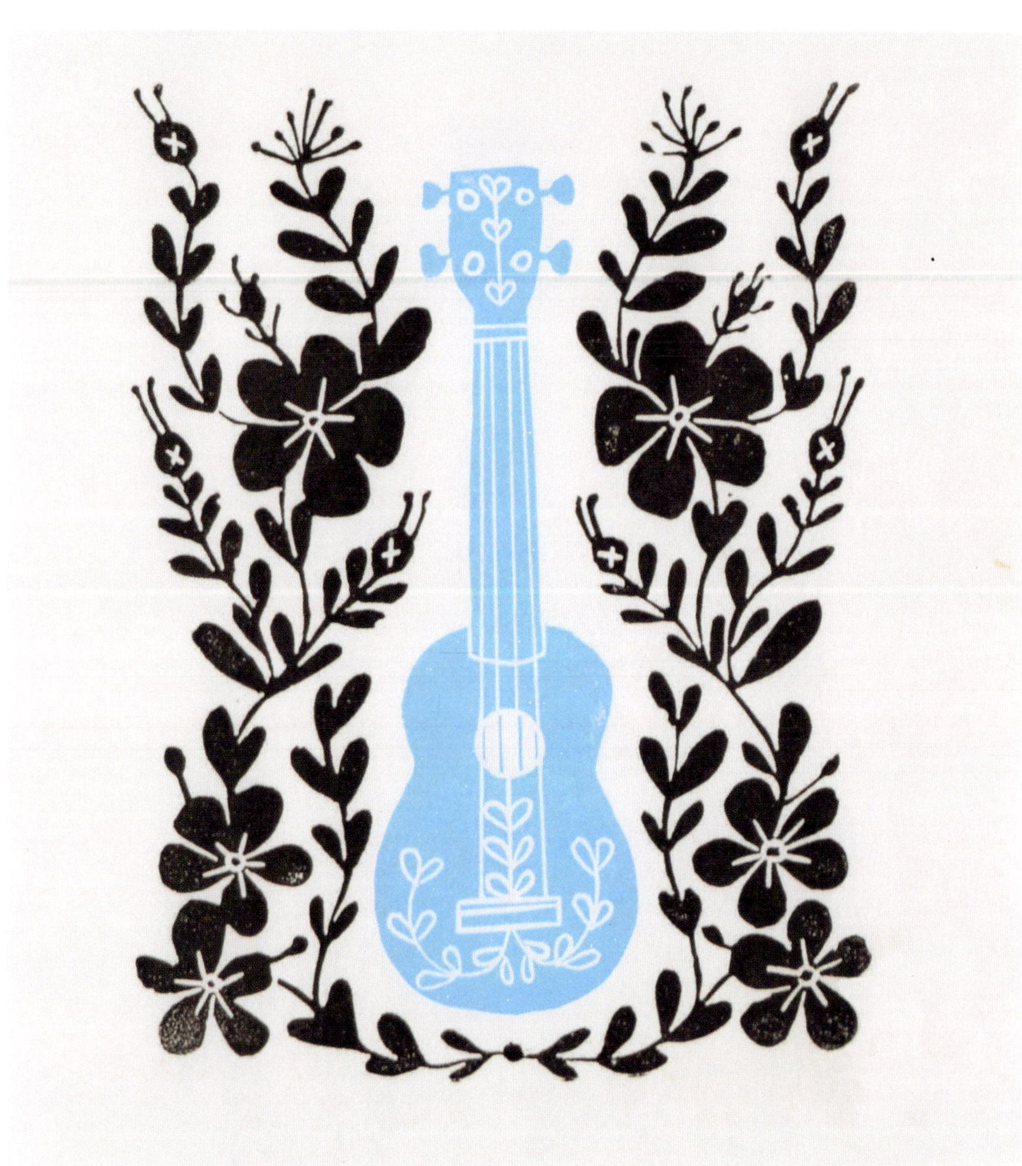

MATERIAL UND WERKZEUG

- Zeichenpapier
- Weicher Bleistift
- Transparentpapier
- 1–2 feste Gummiplatten
- Falzbein
- Transparentes Acryllineal
- Schneidematte
- Cutter
- Linolschnittmesser in mehreren Größen
- (Passepartout-)Karton
- Wasser, Seife und Schwamm
- Wasserlösliche Druckfarben
- Farbwalze
- Palette
- Mehrere Palettenmesser
- Rotations- oder Schmierpapier
- Kreppband
- Baren oder Holzlöffel
- Japanisches Druckpapier

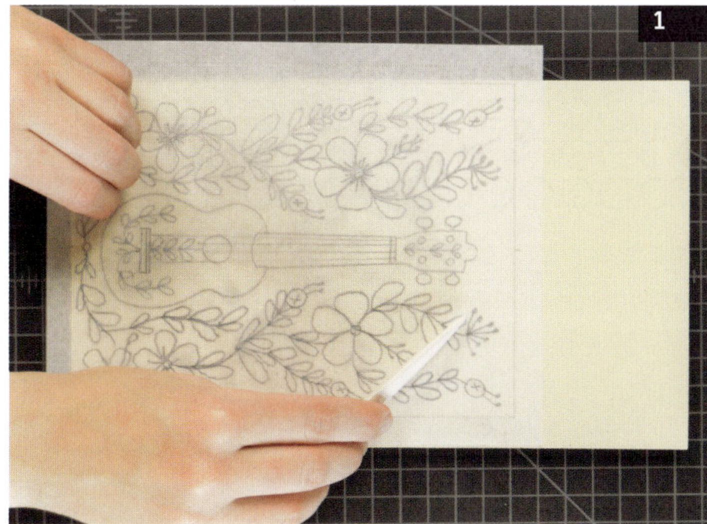

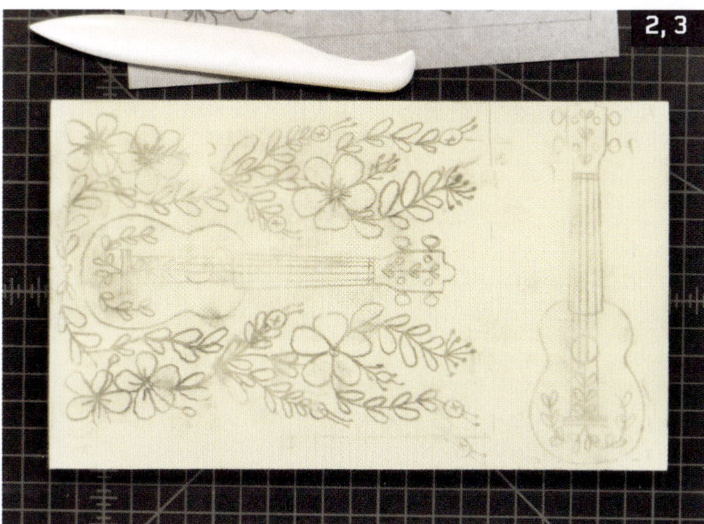

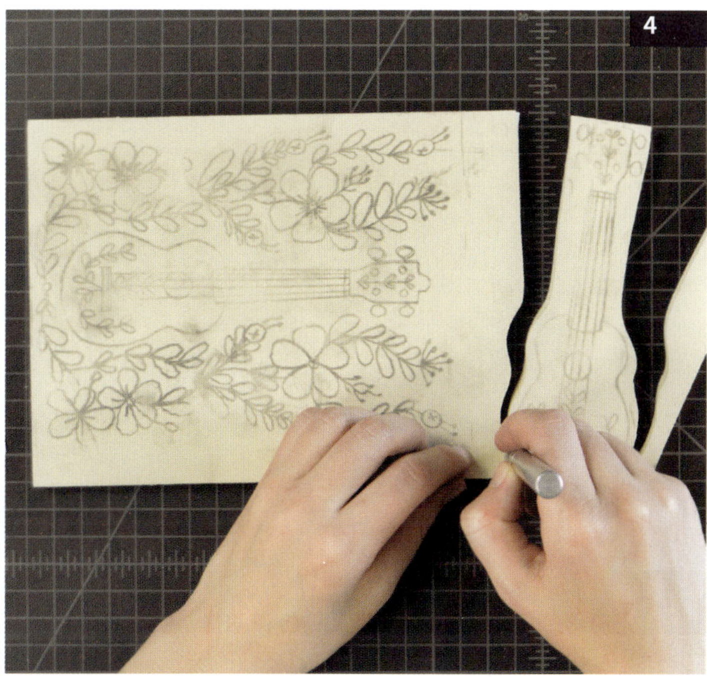

1 / Zeichnen Sie Ihr Motiv mit Bleistift auf Zeichenpapier. Planen Sie die unterschiedlich gefärbten Bereiche so, dass sie einander nicht überlappen und dass Sie nach dem Abziehen des ersten Druckstocks den in der zweiten Farbe eingefärbten Druckstock nach Augenmaß positionieren können. Ich kombiniere gern einen großen Druckstock mit dekorativem Hintergrundmotiv mit einem kleineren mit einfachem Motiv wie diese Ukulele, der sich auch für andere Projekte oder als Stempel verwenden lässt.

2 / Pausen Sie Ihre Vorzeichnung mit dem Bleistift auf Transparentpapier durch. Legen Sie das Transparentpapier mit der Zeichnung nach unten auf die Gummiplatte, und reiben Sie die Rückseite mit dem Falzbein ab, um die Zeichnung auf die Platte zu übertragen. Dank des Transparentpapiers können Sie die Platte platzsparend nutzen. Heben Sie das Papier an einer Ecke an, um zu prüfen, ob die Zeichnung korrekt übertragen wurde. Wenn ja, nehmen Sie das Papier ab.

3 / Übertragen Sie das zentrale Element Ihres Entwurfs – hier die Ukulele – auf den frei gebliebenen Bereich der Gummiplatte oder auf eine zweite Platte. Mit weichem Bleistift gezogene Linien lassen sich mehrmals übertragen, ohne dass man sie nachziehen muss.

4 / Wenn Sie sowohl die komplette Zeichnung als auch das zentrale Motiv auf die Platte übertragen haben, schneiden Sie mit Lineal und Cutter die beiden Entwurfselemente – Bordüre und Ukulele – aus. Drücken Sie den Cutter dabei so fest auf, dass er durch die volle Dicke der Platte schneidet, und ziehen Sie ihn beim Schneiden vorsichtig auf sich zu. Achten Sie auf saubere Schnitte. Lassen Sie rund um die Ukulele einen schmalen Rand stehen, damit Sie den Druckstock später akkurat platzieren können.

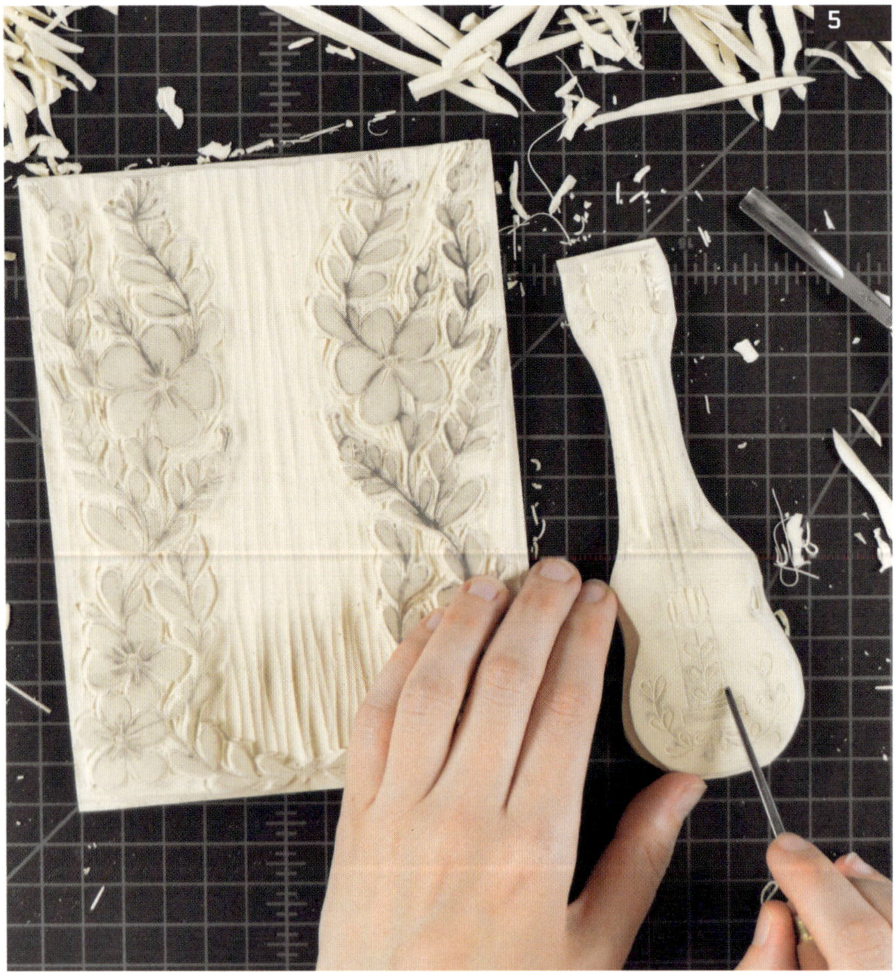

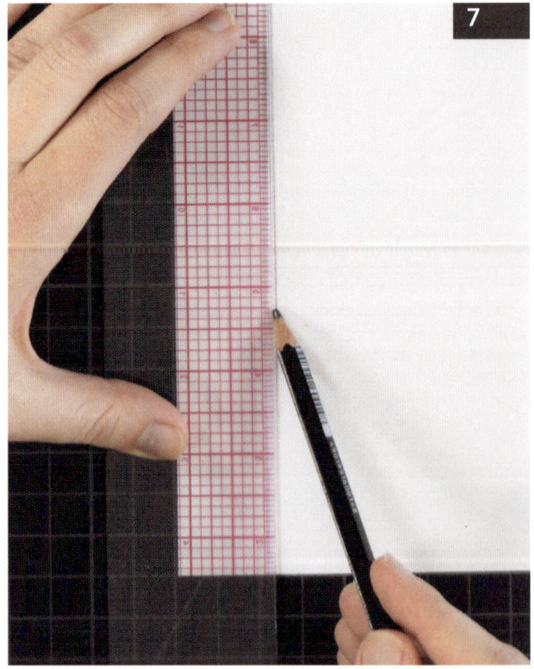

5 / Wenn Sie die Druckstöcke ausgeschnitten haben, können Sie Ihr Motiv gestalten. Wählen Sie für die Konturen einen größeren Geißfuß, zum Abtragen größerer Flächen ein breiteres Hohleisen. Details arbeiten Sie am besten mit dem kleinsten Konturmesser heraus. Die fertigen Druckstöcke mit Wasser und Seife abwaschen und trocknen lassen.

6 / Legen Sie Druckstöcke, Farben, Farbwalze, Palette und Palettenmesser, Rotationspapier, Karton, Kreppband, Baren oder Holzlöffel sowie das Druckpapier bereit, damit Sie alles zum Drucken Benötigte in Reichweite haben.

7 / Schneiden Sie aus dem Karton eine Ausrichtungshilfe mit den Maßen Ihres Druckpapiers zu. Zeichnen Sie einen mindestens 2,5 cm breiten Rand auf der Ausrichtungshilfe an. Kleben Sie die Ausrichtungshilfe mit Kreppband auf Ihre Arbeitsfläche.

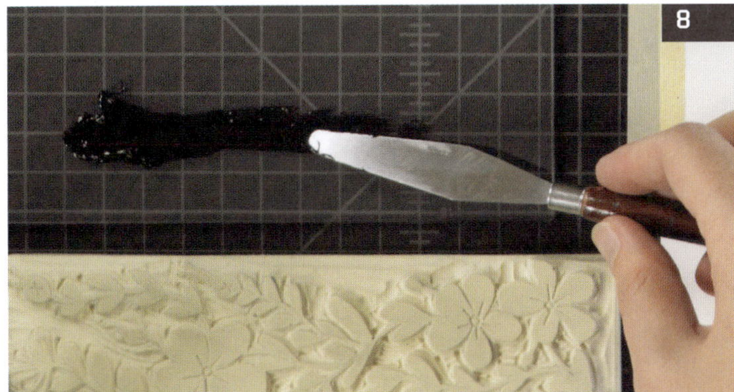

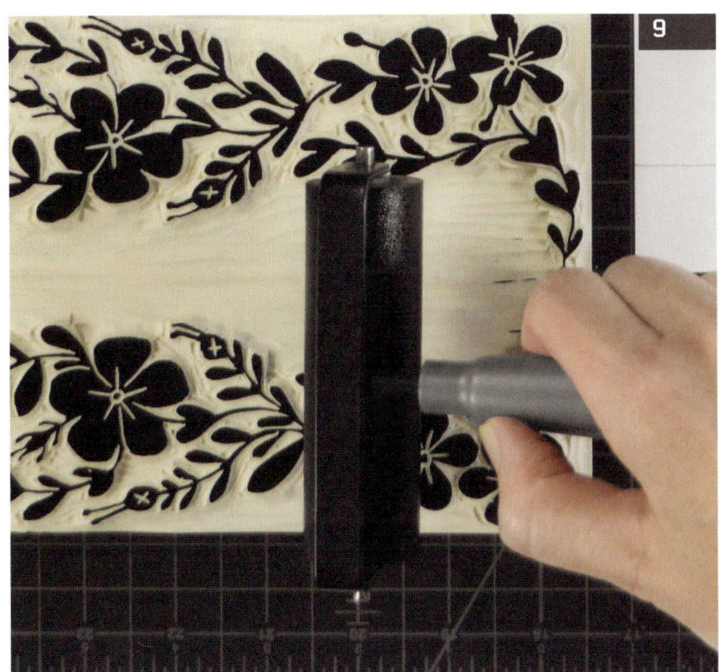

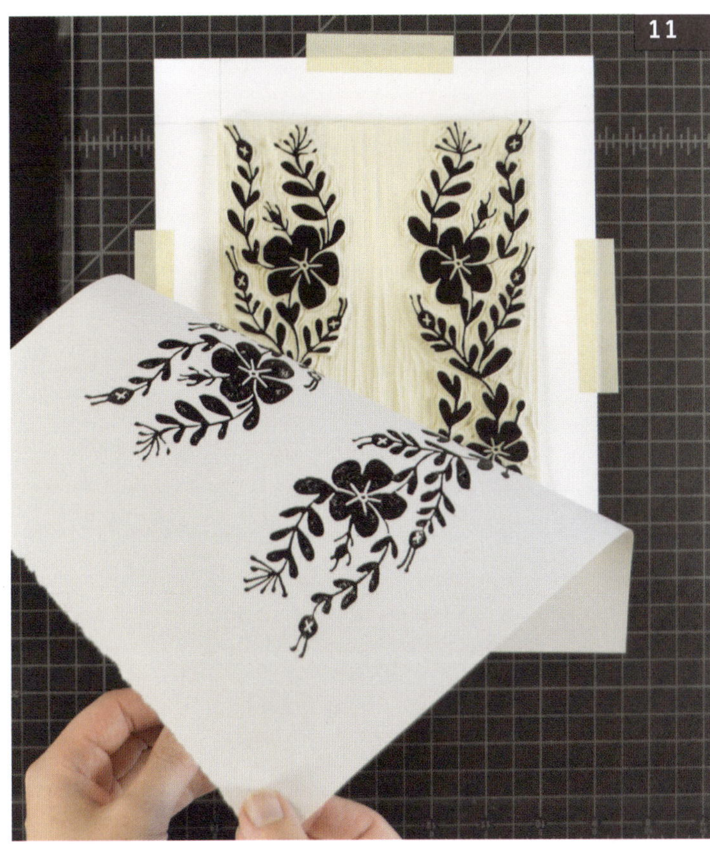

8 / Mit einem Palettenmesser ein wenig Farbe auf die Palette streichen (eine Anleitung finden Sie auf Seite 24).

9 / Mit der Walze Farbe aufnehmen und den Druckstock mit dünnen, gleichmäßigen Farbschichten einwalzen. Falls notwendig, weitere Farbe von der Palette aufnehmen. Die Farbschicht auf dem Druckstock sollte so gut decken, dass die Platte nicht hindurchschimmert, aber nicht so dick sein, dass die herausgeschnittenen Linien mit Farbe zugesetzt werden. Fertigen Sie auf Rotationspapier einen Probeabzug Ihres Druckstocks an.

10 / Wenn Sie mit Ihrem Probeabzug zufrieden sind (oder den Schnitt entsprechend nachgebessert haben), walzen Sie den Druckstock erneut mit Farbe ein und legen ihn innerhalb des angezeichneten Randes auf die Ausrichtungshilfe. Nun das Druckpapier an der Unterkante der Ausrichtungshilfe anlegen. Halten Sie es mit einer Hand dort fest, während Sie es mit der anderen Hand vorsichtig in einer fließenden Bewegung auf dem Druckstock ausrollen.

11 / Reiben Sie die Rückseite des Druckpapiers mit den Fingern, dem Baren oder einem Holzlöffel ab. Japanpapier ist so dünn, dass Sie den Übertragungsprozess gut kontrollieren können. Heben Sie eine Ecke des Abzugs an, um zu prüfen, ob die Farbe gleichmäßig übertragen wurde. Gefällt Ihnen das Ergebnis, ziehen Sie das Papier vorsichtig vom Druckstock ab und lassen den Abzug trocknen.

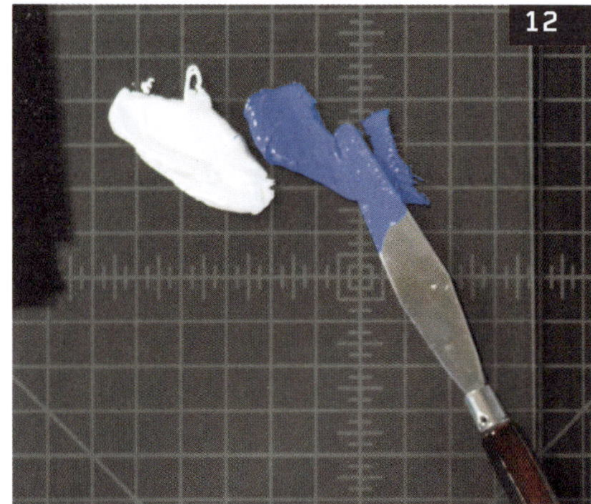

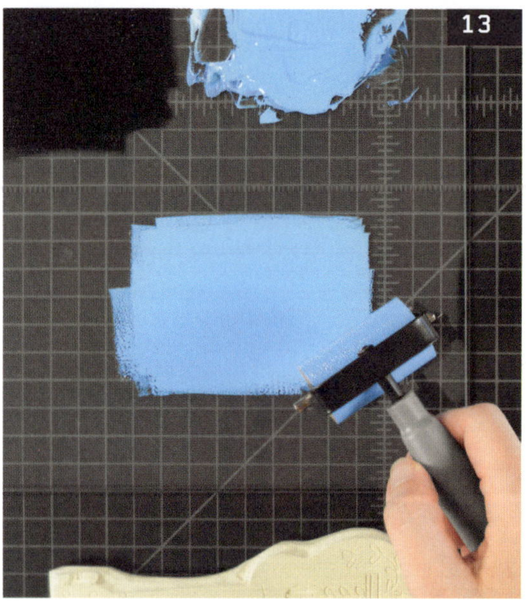

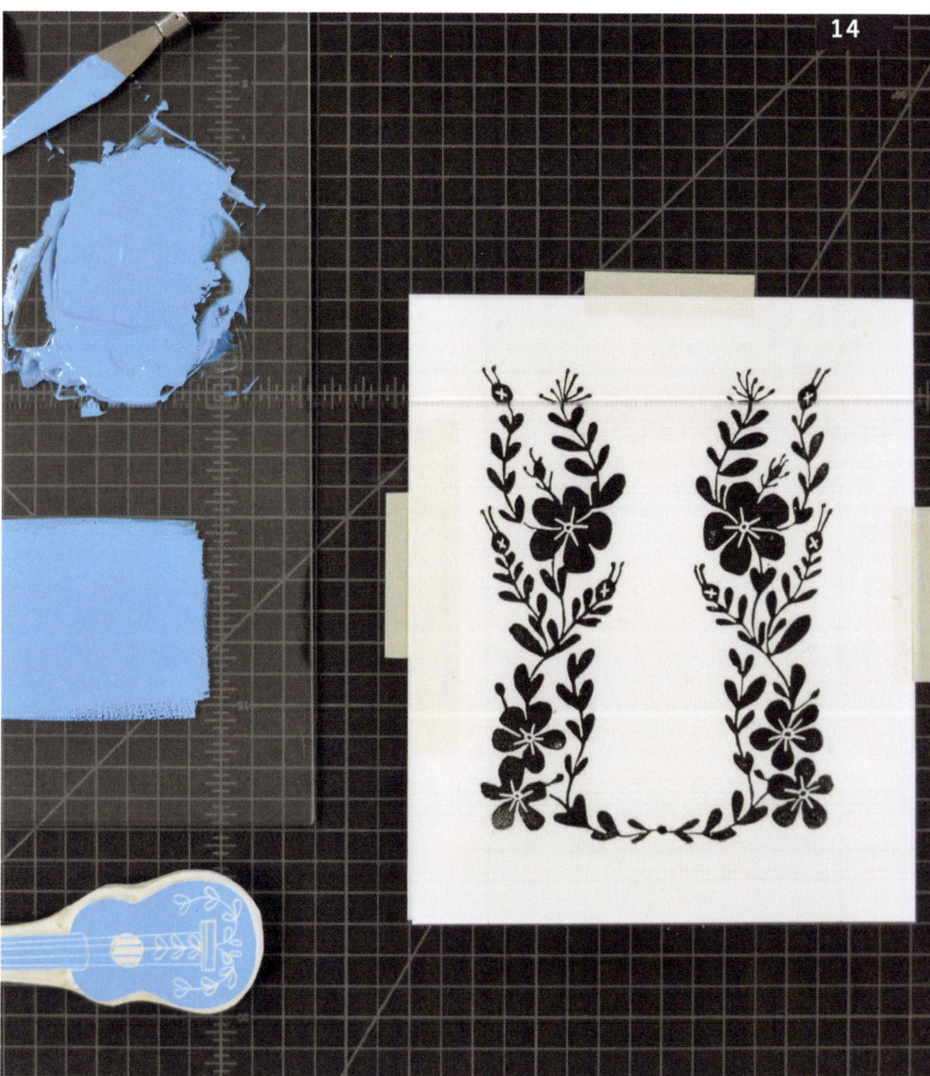

12 / Jetzt können Sie die zweite Farbe in Angriff nehmen. Waschen und trocknen Sie zunächst Palette und Farbwalze. Wenn Sie wie ich aus zwei Farben einen neuen Farbton anmischen wollen, geben Sie von beiden Farben eine kleine Menge auf die Palette, und mischen Sie sie auf kleiner Fläche mit dem Palettenmesser. Lassen Sie dabei genügend Platz auf der Palette, um die Farbe anschließend auswalzen zu können.

13 / Die Farbe wie auf Seite 24 beschrieben auf der Palette auswalzen und auf den Druckstock auftragen.

14 / Nun den in Schritt 11 gefertigten, inzwischen trockenen Abzug auf die Ausrichtungshilfe legen, indem Sie die Kanten des Abzugs an denen der Ausrichtungshilfe ausrichten.

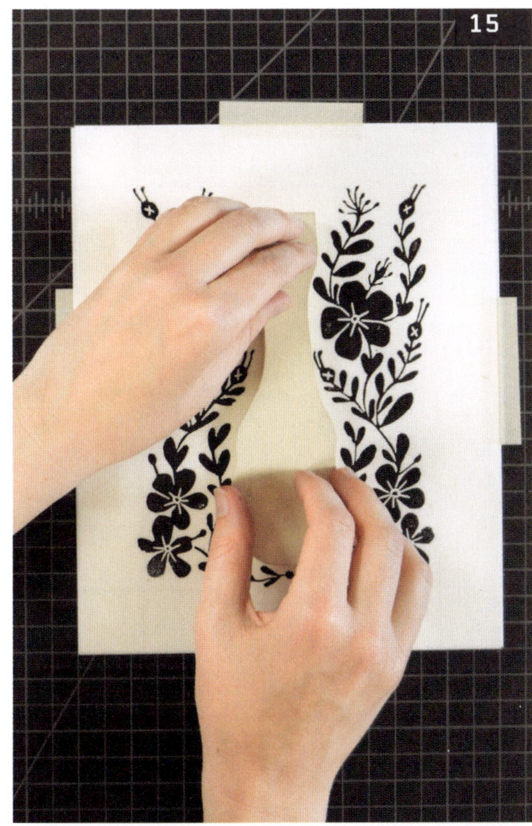

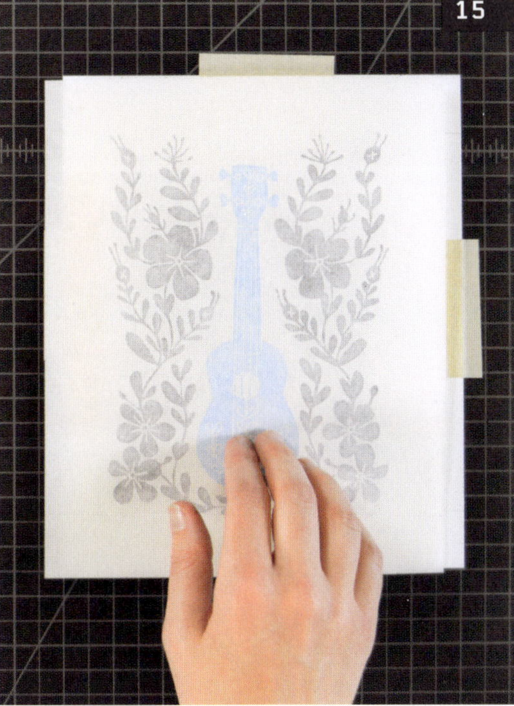

HINWEIS

Wegen der Dicke der Gummiplatte kann es schwierig sein, das Druckpapier passgenau aufzulegen, wenn der auf der Ausrichtungshilfe angezeichnete Rand zu schmal ist. Bei Rändern unter 2,5 cm Breite passiert es nicht selten, dass das Druckpapier beim Anlegen an der Unterkante der Ausrichtungshilfe mit der Druckfarbe in Berührung kommt.

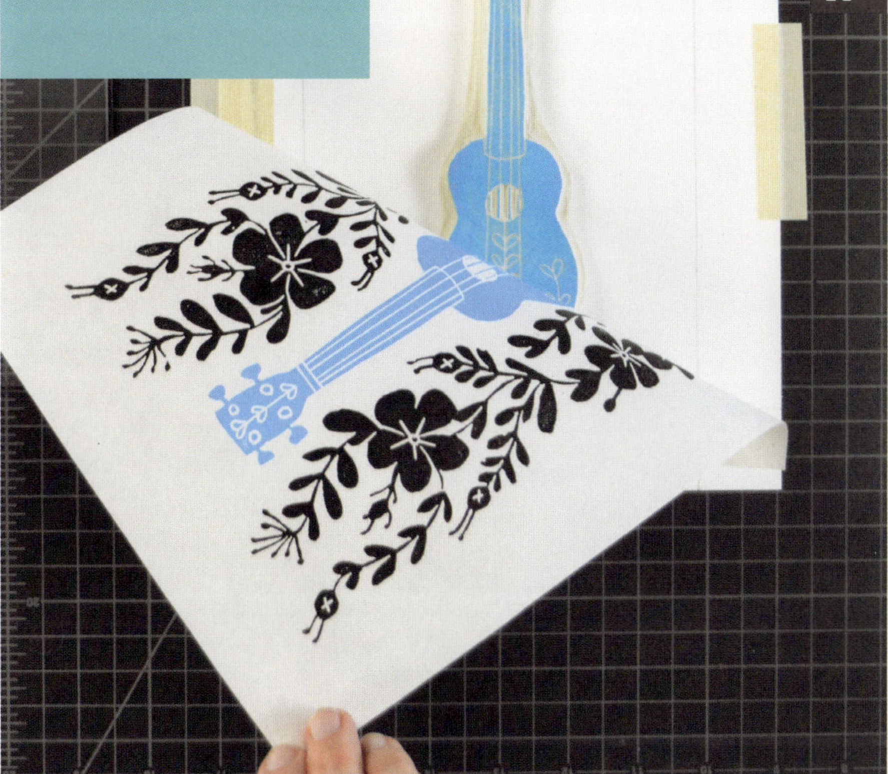

15 / Fassen Sie den gerade eingewalzten Druckstock mit beiden Händen, und platzieren Sie ihn vorsichtig nach Augenmaß mit der Farbseite nach unten auf dem Abzug. Um die Farbe optimal zu übertragen, wenden Sie den Druckstock samt Abzug, indem Sie beides vorsichtig an den Rand Ihrer Arbeitsfläche schieben, die beiden Lagen mit einer Hand von unten abstützen und dann gemeinsam wenden, ohne den Abzug zu verschieben. Anschließend die Rückseite des Abzugs mit den Fingern, dem Baren oder dem Holzlöffel abreiben.

16 / Ziehen Sie Ihren Abzug vom Druckstock, und erfreuen Sie sich an Ihrem Werk. Mit zunehmender Druckerfahrung werden Sie immer mehr Verwendungsmöglichkeiten für die hier beschriebene Platzierungs- und Druckmethode finden.

Handkolorierte Drucke sind eine reizvolle Möglichkeit, Drucken und Aquarellieren miteinander zu verbinden. Insbesondere für Kinderbuchillustrationen wird das Verfahren gern genutzt. Es erlaubt mehr Spontaneität als der traditionelle Linolschnitt und macht jede Sorge um passgenaues Übereinanderdrucken überflüssig. Für diese Technik sollten Sie unbedingt Druckfarben auf Sojabasis verwenden, da wasserlösliche Farben beim Kontakt mit Aquarellfarben verlaufen.

HANDKOLORIERTER LINOLSCHNITT: KORALLENRIFF

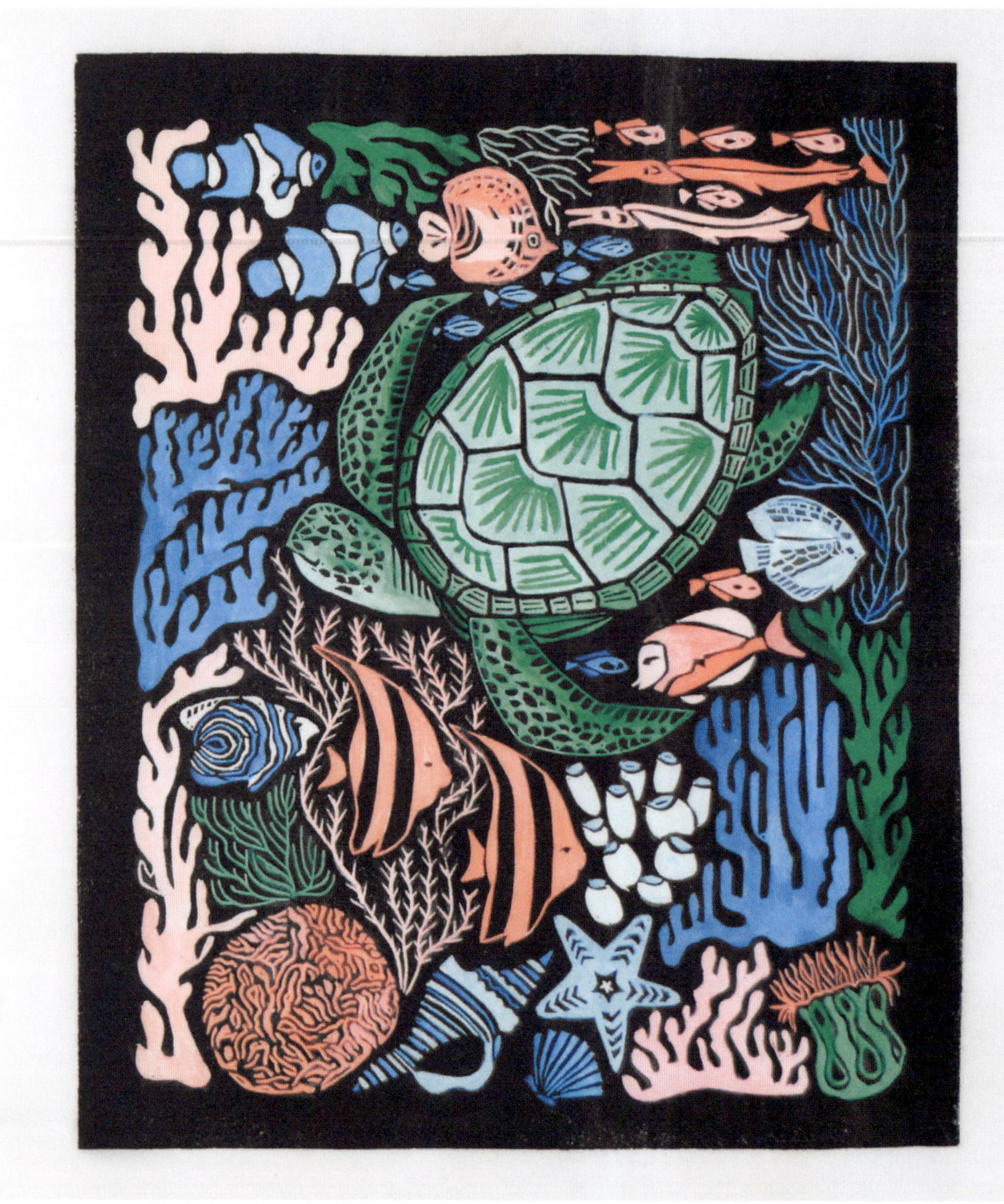

MATERIAL UND WERKZEUG

- Zeichenpapier
- Weicher Bleistift
- 1 Platte schweres Linoleum
- Schneidematte
- Cutter
- Lineal
- Ausziehtusche und Borstenpinsel
- Weißes Durchschlagpapier
- Kreppband
- Buntstifte
- Linolschnittmesser in mehreren Größen
- (Passepartout-)Karton
- Druckfarben auf Sojabasis
- Palettenmesser
- Farbwalze
- Palette
- Rotations- oder Schmierpapier
- Japanisches Druckpapier
- Baren oder Holzlöffel
- Ategami-Papier (optional)
- Aquarellfarben
- Feine Malpinsel
- Becher mit Wasser

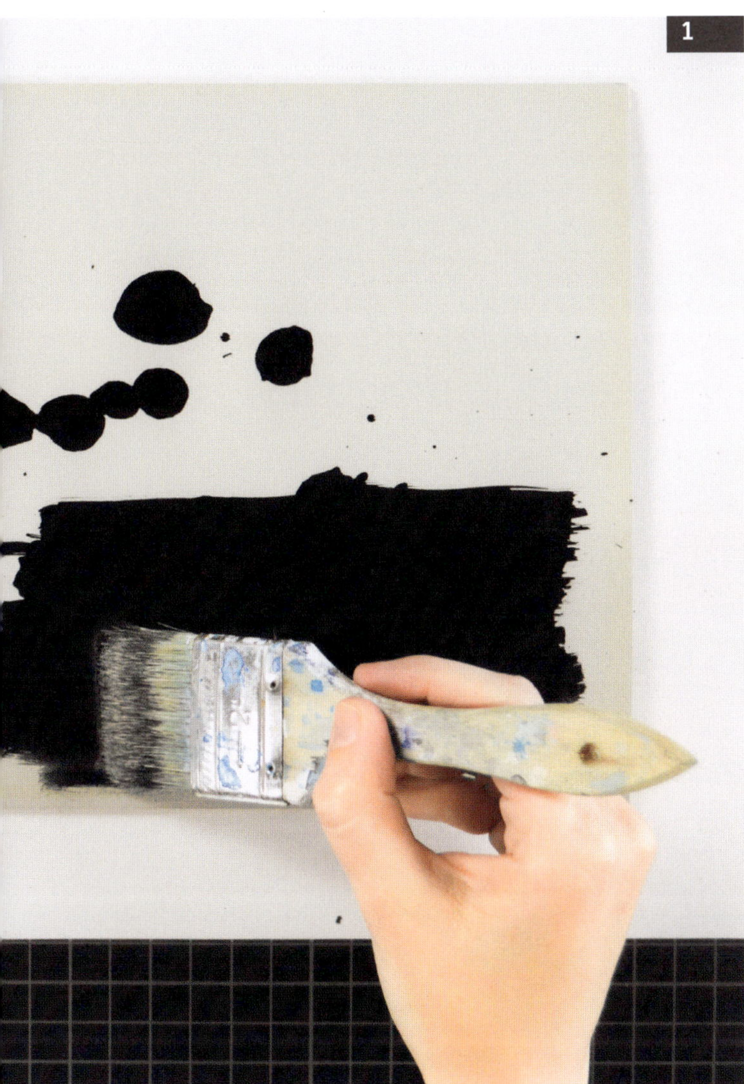

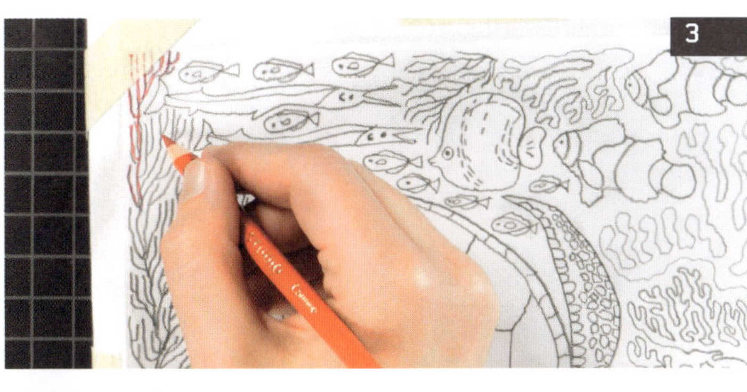

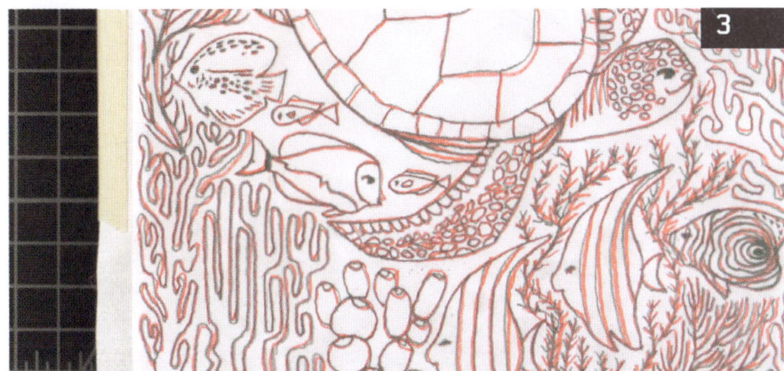

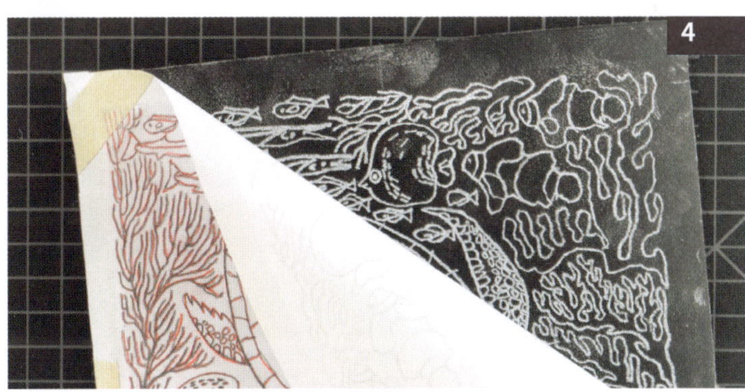

1 / Zeichnen Sie mit Bleistift einen detaillierten Entwurf auf Zeichenpapier. Schneiden Sie die Linolplatte mit Cutter und Lineal auf die Maße Ihrer Zeichnung zu, streichen Sie die Vorderseite der Platte mit Ausziehtusche, und lassen Sie sie trocknen. Wenn Sie die Druckplatte später schneiden, erscheinen die abgetragenen Bereiche und ausgehobenen Linien sehr viel heller, und Sie gewinnen einen besseren Eindruck davon, wie Ihr Druck in etwa aussehen wird.

2 / Sobald die Ausziehtusche getrocknet ist, können Sie Ihren Entwurf mithilfe von Durchschlagpapier auf die Platte übertragen. Schneiden Sie das Durchschlagpapier auf die Maße der Zeichnung zu, legen Sie es zwischen Ihre Zeichnung und die Linolplatte, und kleben Sie Durchschlagpapier und Zeichnung mit Kreppband auf die Arbeitsfläche.

3 / Ziehen Sie alle Linien Ihrer Zeichnung mit Buntstift nach, damit Sie sehen, welche Bereiche Sie bereits übertragen haben. Wenn Sie fertig sind, heben Sie eine Ecke des Durchschlagpapiers an, um zu prüfen, ob der Entwurf sauber übertragen wurde.

4 / Sind Sie mit dem Ergebnis zufrieden? Dann nehmen Sie Durchschlagpapier und Zeichnung ab.

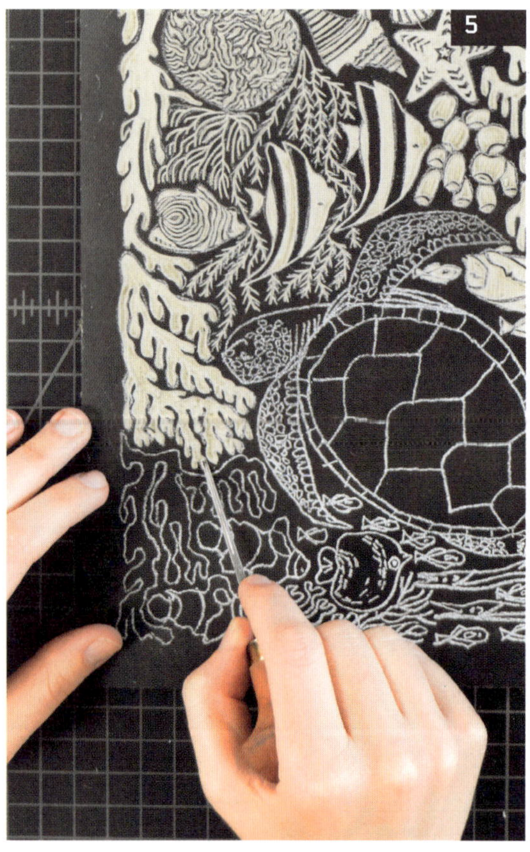

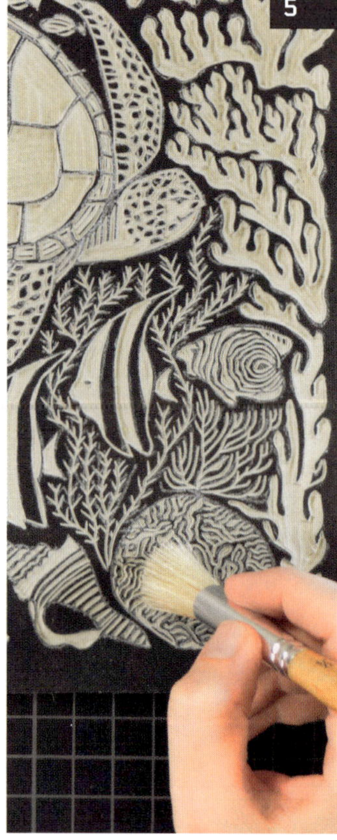

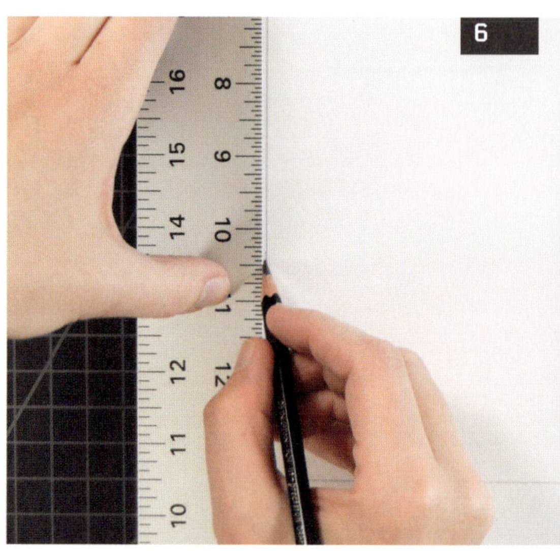

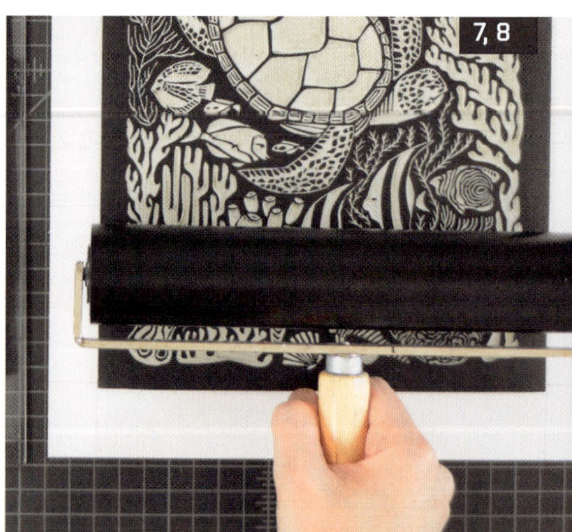

5 / Jetzt können Sie den Druckstock schneiden. Probieren Sie aus, mit welchen Linolschnittmessern Sie beim Abtragen kleiner und größerer Bereiche am besten zurechtkommen. Schneiden Sie stets vom Körper weg. Um die per Durchschlagpapier übertragenen Linien nicht zu verwischen, empfiehlt es sich, mit dem Schneiden am Rand der Platte zu beginnen und sich zur Mitte vorzuarbeiten, wobei man die Platte dreht. Achten Sie darauf, die übertragenen Linien nicht mehr als nötig zu berühren. Wenn der Druckstock fertig geschnitten ist, etwaige Linoleumkrümel mit einem trockenen Borstenpinsel entfernen.

6 / Fertigen Sie aus dem Karton eine einfache Ausrichtungshilfe an: Schneiden Sie den Karton auf die Maße Ihres Druckpapiers zu, um das Papier später passgenau auflegen zu können. Zeichnen Sie mit Bleistift und Lineal einen Rahmen auf die Ausrichtungshilfe, der Ihnen zeigt, wo Sie die Druckplatte auflegen müssen. Die Ausrichtungshilfe mit Kreppband auf die Arbeitsfläche kleben.

7 / Legen Sie Druckstock, Druckfarben, Farbwalze und Palette sowie Palettenmesser, Baren oder Holzlöffel, Rotations- und Druckpapier bereit. Walzen Sie mit der Farbwalze ein wenig Druckfarbe auf der Palette aus (eine Anleitung finden Sie auf Seite 24), und tragen Sie die Farbe dünn und gleichmäßig auf die Druckplatte auf.

HINWEIS

Beim Arbeiten mit Druckfarben auf Sojabasis sind, wie Sie feststellen werden, gelegentlich mehrere Probeabzüge erforderlich, bis man weiß, wie der Farbauftrag sein muss, um ein gutes Druckergebnis zu bekommen.

HINWEIS

Falls Sie zum Abreiben einen Baren benutzen, können Sie einen Bogen Ategami-Papier zwischen Druckpapier und Baren legen. Dieses seidig glänzende, an Wachspapier erinnernde Papier wird in Japan beim Drucken eingesetzt. Es bietet eine glatte Fläche zum Abreiben und schützt die Rückseite des Druckpapiers.

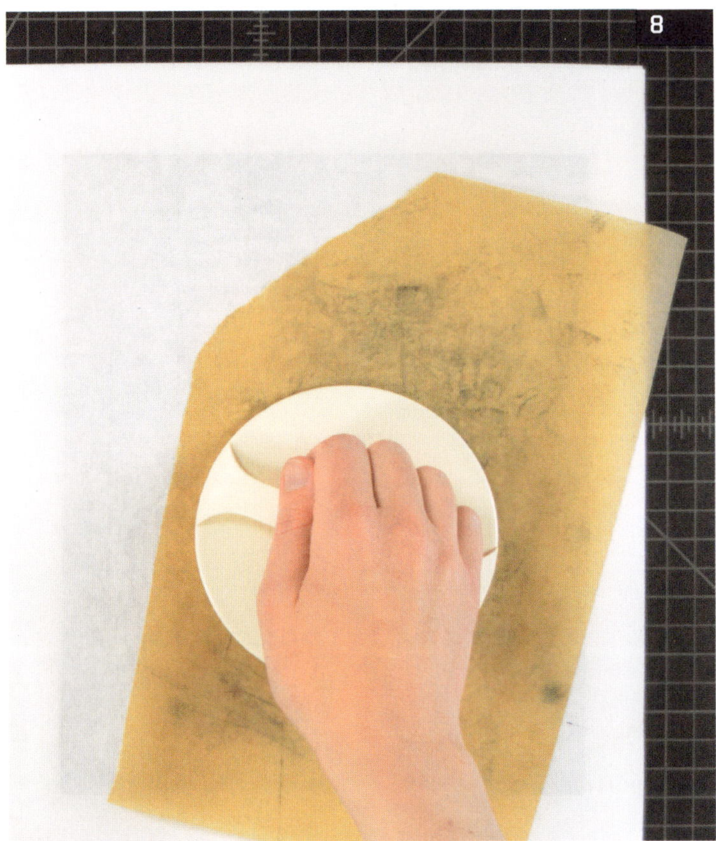

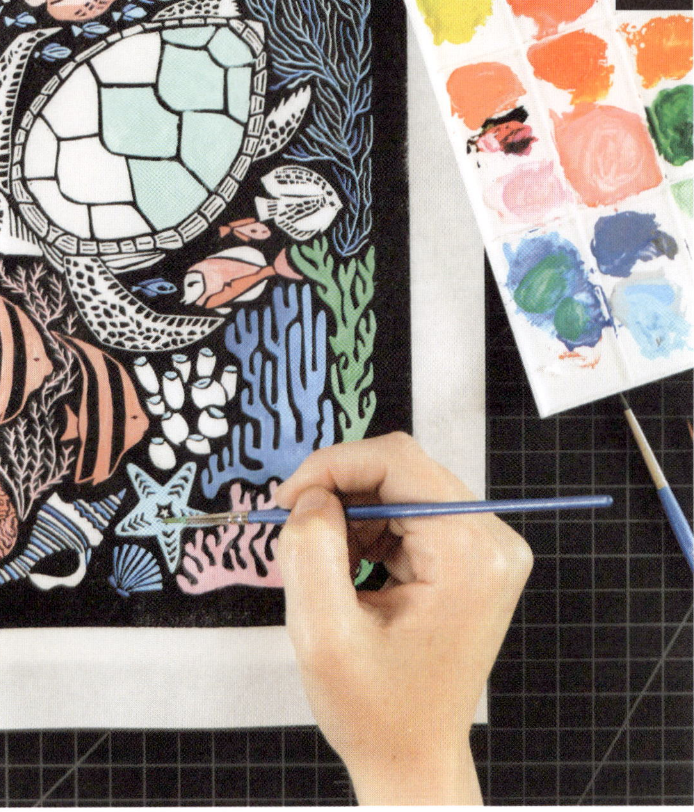

8 / Platzieren Sie die Druckplatte auf der Ausrichtungshilfe, und fertigen Sie zunächst einen Probeabzug an, indem Sie einen Bogen Rotationspapier auf die Platte legen und mit dem Baren oder dem Holzlöffel abreiben. Prüfen Sie den Probeabzug, und bessern Sie Ihren Druckstock, falls nötig, noch einmal nach. Falls die ersten Abzüge fleckig wirken, experimentieren Sie so lange mit weiteren Probeabzügen, bis die Farbdeckung satt und gleichmäßig ist. Legen Sie mindestens einen Ihrer Probeabzüge für Schritt 9 zur Seite. Drucken Sie dann die gewünschte Auflage auf Druckpapier, und lassen Sie sie trocknen. Druckfarben auf Sojabasis benötigen mindestens 24 Stunden zum Trocknen.

9 / Stellen Sie Aquarellfarben und Malpinsel sowie ein Glas Wasser bereit. Testen Sie auf dem zur Seite gelegten Probeabzug Farbzusammenstellung und -intensität. Verdünnen Sie die Farben nach Bedarf, und üben Sie das Aquarellieren auf Ihrem Probeabzug, bis das Ergebnis Ihren Vorstellungen entspricht. Wenn Sie sich im Umgang mit den Farben sicher fühlen, können Sie Ihre Auflage kolorieren.

10 / Der Reiz handkolorierter Drucke besteht nicht zuletzt darin, dass es sich um Unikate handelt. Experimentieren Sie mit verschiedenen Farbkombinationen, und erfreuen Sie sich an Ihren Einzelstücken!

Der Begriff *Chine collé* kommt aus dem Französischen und lässt sich grob mit „aufgeklebtes Seidenpapier" übersetzen. *Chine* bezeichnet ein feines Seidenpapier, das aus China, Indien und Japan nach Europa eingeführt wurde. Die *Chine-collé*-Technik wird gerne angewandt, um Drucke mit Farben und Strukturen zu versehen, ohne dafür zusätzliche Druckstöcke zu schneiden. Traditionell wird dafür eine Druckpresse benutzt, der Effekt kann jedoch auch von Hand erzielt werden. Die aparten Muster von Chiyogami-Papier eignen sich wunderbar für *Chine-collé*-Drucke, alternativ können Sie buntes Washi-Papier aus Maulbeerfasern oder ein selbst hergestelltes gemustertes Papier verwenden.

CHINE-COLLÉ-DRUCK: SEGELBOOT

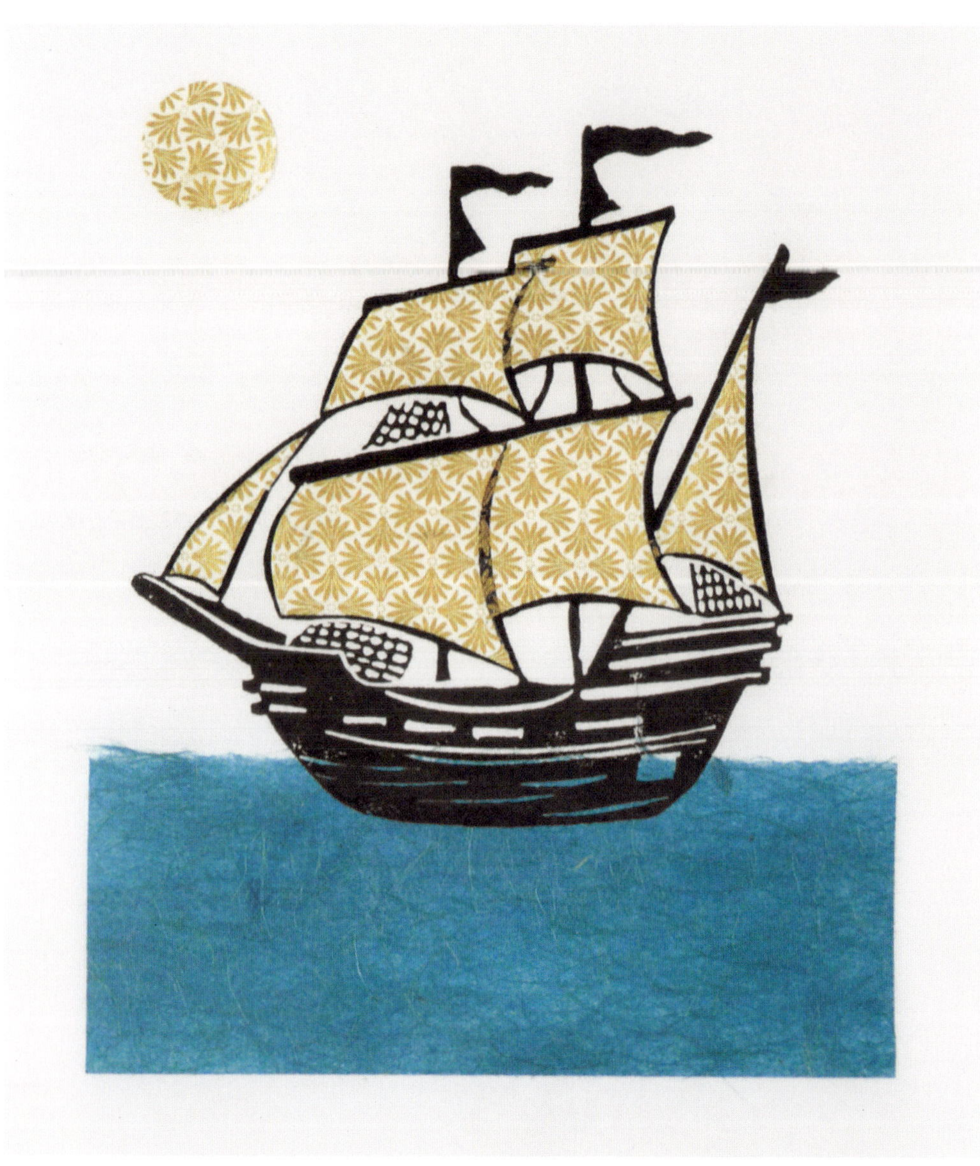

MATERIAL UND WERKZEUG

- Weicher Bleistift
- Zeichenpapier
- Lichtkasten (optional)
- Transparentpapier
- Feste Gummiplatte
- Falzbein
- Schneidematte
- Cutter
- Transparentes Acryllineal
- Linolschnittmesser in mehreren Größen
- Wasser, milde Seife und Schwamm oder Feuchttuch
- (Passepartout-)Karton
- Kreppband
- Wasserlösliche Druckfarben
- Farbwalze
- Palette
- Palettenmesser
- Japanisches Druckpapier
- Washi-Papier für das Wasser
- Chiyogami-Papier für die Segel
- PVA-Bastelleim oder japanischer Algenleim (Fu-Nori)
- Borstenpinsel für den Leim
- Rotations- oder Schmierpapier
- Baren oder Holzlöffel
- Motivlocher mit 2,5-cm-Kreismotiv oder Schere

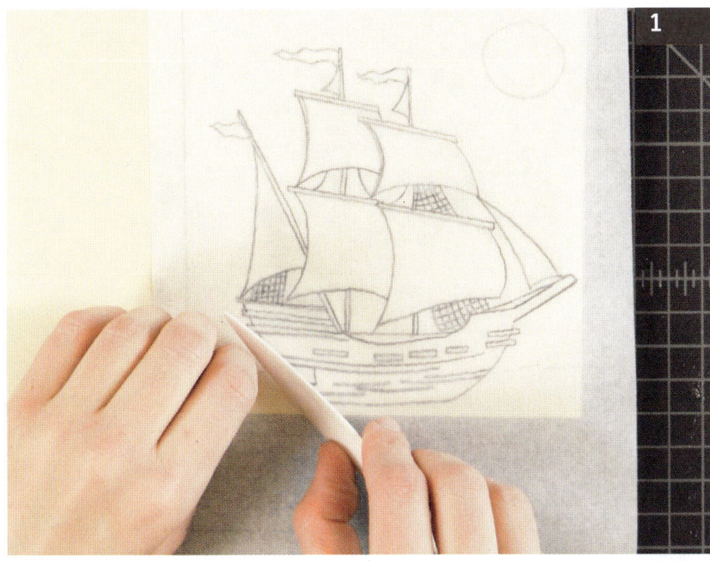

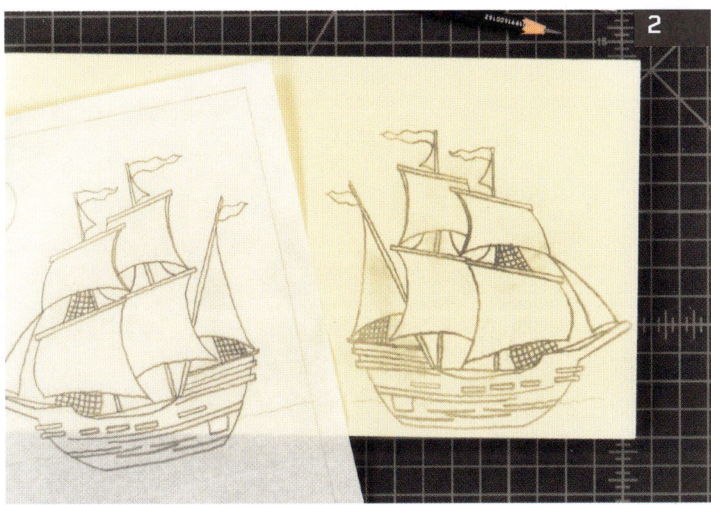

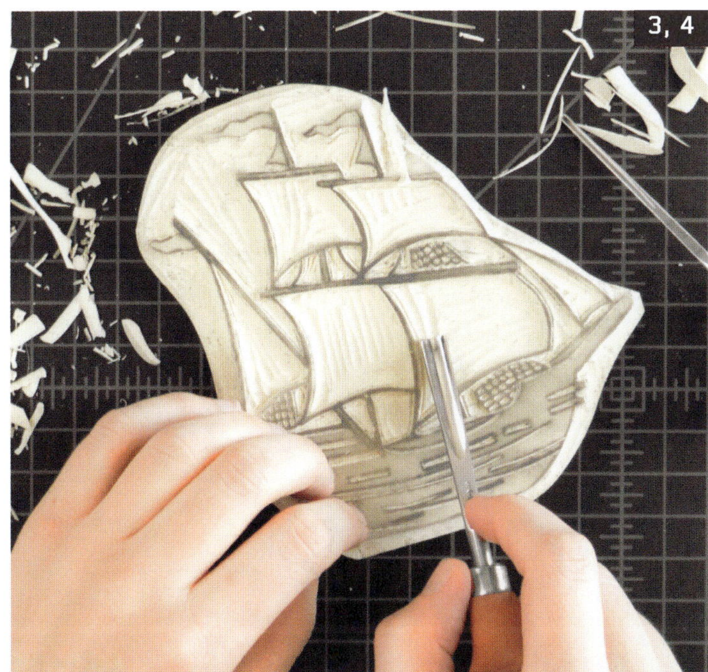

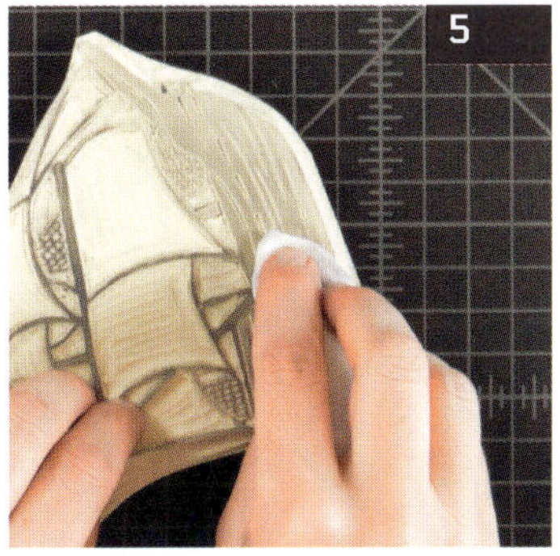

1 / Zeichnen Sie Ihren Entwurf mitsamt Umrahmungslinien auf ein Blatt Zeichenpapier. Legen Sie die Zeichnung auf einen Lichtkasten, oder kleben Sie sie mit Kreppband auf eine Fensterscheibe. Legen Sie einen Bogen Transparentpapier über die Zeichnung (oder kleben Sie ihn mit Kreppband darüber). Pausen Sie die Zeichnung mit einem weichen Bleistift detailgetreu durch. Achten Sie darauf, sämtliche Linien sauber und klar zu übertragen. Da alle Linien auf den Druckstock übertragen werden, muss jeder Fehler ausradiert werden.

2 / Das Transparentpapier mit der Bleistiftzeichnung nach unten auf die Gummiplatte legen. Übertragen Sie das Motiv, indem Sie das Transparentpapier mit einer Hand festhalten, während Sie mit der anderen die Rückseite des Papiers mit dem Falzbein abreiben. Dabei von der Mitte nach außen arbeiten. Prüfen Sie durch Anheben einer Ecke, ob der Entwurf gleichmäßig übertragen wurde.

3 / Legen Sie die Gummiplatte auf die Schneidematte, und schneiden Sie das Motiv vorsichtig mit dem Cutter aus der Platte. Dabei den Cutter so stark aufdrücken, dass er durch die volle Dicke der Platte schneidet, und einen schmalen Rand rings um das Motiv stehen lassen. Das sauberste Ergebnis erhält man mit einem einzigen, glatten Schnitt. Legen Sie die abgeschnittenen Teile der Gummiplatte für künftige Projekte beiseite. Nun können Sie den Druckstock schneiden.

4 / Schneiden Sie dazu zunächst mit einem kleinen Geißfuß außen an den Konturen des Motivs entlang, bevor Sie das Gummi in den Bereichen außerhalb der Konturen mit einem breiteren Hohleisen großflächiger abtragen und schließlich die feineren Details des Motivs mit kleinen Geißfüßen schneiden.

5 / Haben Sie das komplette Motiv in die Platte geschnitten, werden die Bleistiftlinien mit Wasser und Seife von der Platte abgewaschen. Die Platte trocknen lassen und etwaige in den Vertiefungen verbliebene Krümel mit dem Borstenpinsel entfernen.

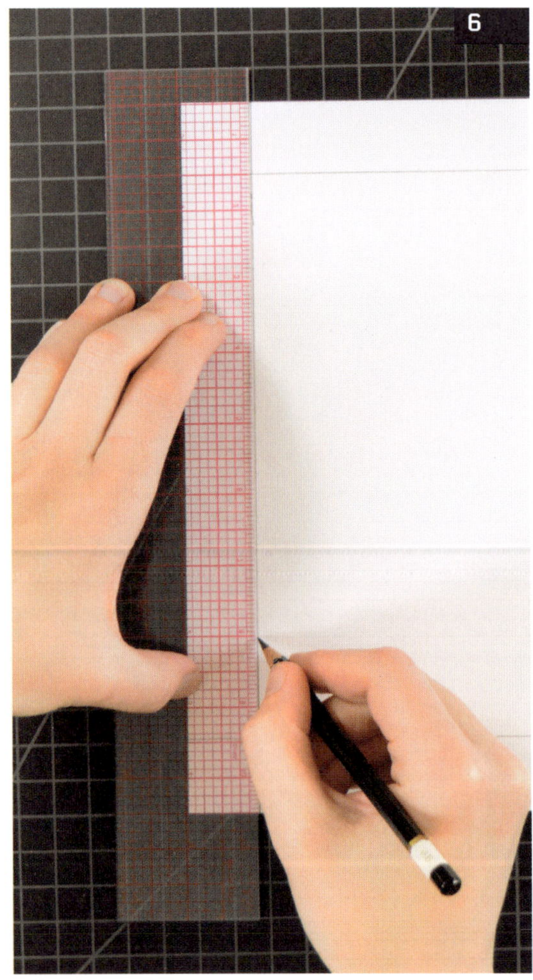

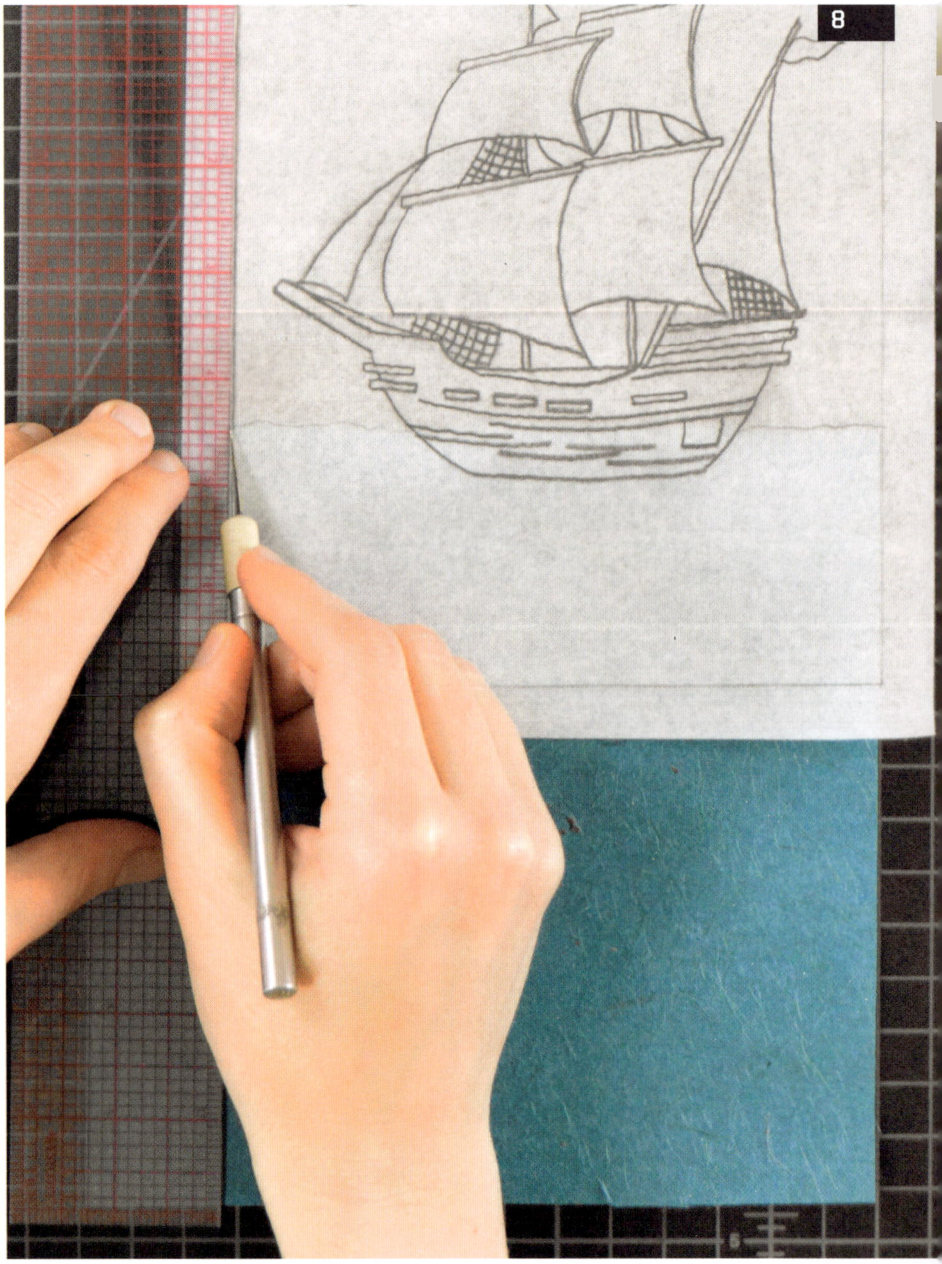

6 / Fertigen Sie eine einfache Ausrichtungshilfe an, indem Sie einen Bogen Karton auf die Maße Ihres Druckpapiers zuschneiden. Kleben Sie die Ausrichtungshilfe mit Kreppband auf Ihre Arbeitsfläche. Zeichnen Sie mit Lineal und Bleistift einen Rahmen auf der Ausrichtungshilfe an, mit dessen Hilfe Sie Ihren Entwurf zentrieren können. Die Rahmenlinie sollte dunkel genug sein, dass Sie sie später durch das Druckpapier hindurch erkennen können.

7 / Bereiten Sie Ihren Druckplatz vor, indem Sie Ausrichtungshilfe, Druckfarben, Walze und Palette, Palettenmesser, Baren, Rotationspapier und Ihre Druckpapiere zurechtlegen.

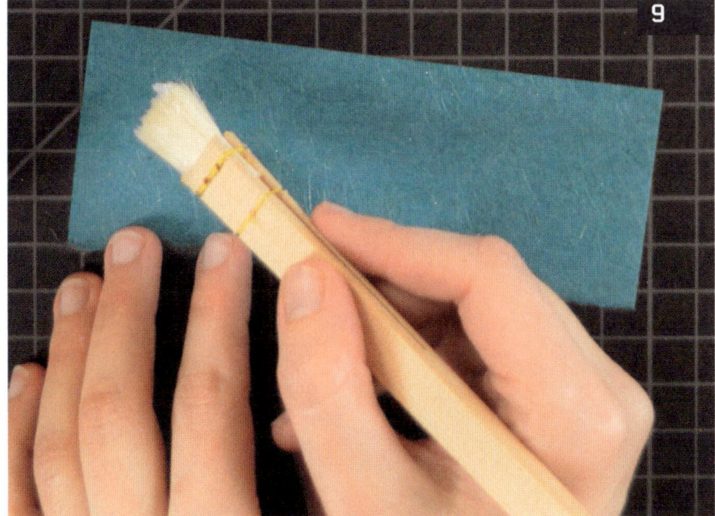

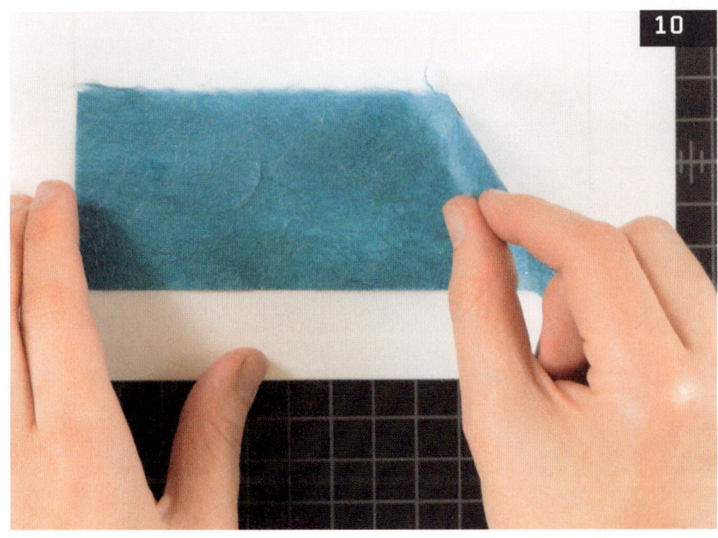

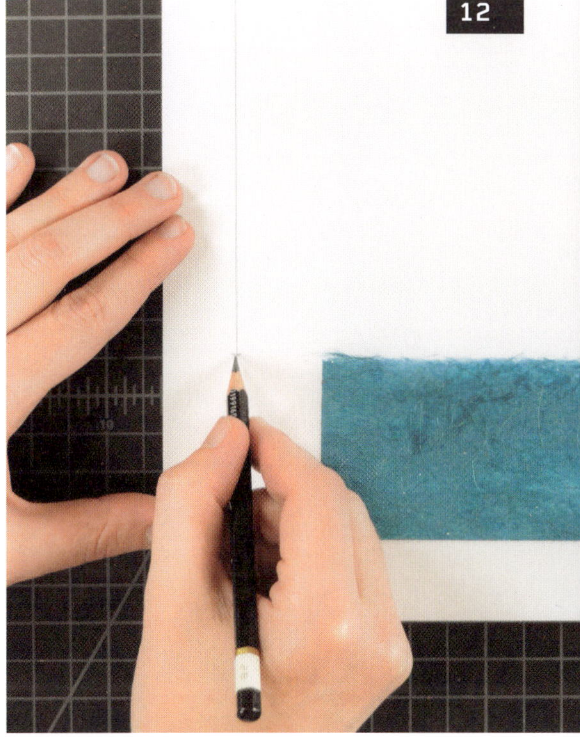

8 / Nun wird mit blauem Washi-Papier in Chine-collé-Technik das Wasser gestaltet. Dazu das Transparentpapier mit dem durchgepausten Entwurf auf die Schneidematte legen und das Washi-Papier von unten unter das Transparentpapier schieben, bis seine Oberkante auf der Linie des eingezeichneten Wasserspiegels liegt. Beide Papierlagen mit Cutter und Lineals entlang der Rahmenlinien zuschneiden.

9 / Bestreichen Sie mit dem Borstenpinsel die Rückseite des zugeschnittenen Stücks Washi-Papier mit Leim.

10 / Legen Sie Ihr Druckpapier auf die Ausrichtungshilfe. Da japanisches Druckpapier leicht durchsichtig ist, sollten Sie die auf der Ausrichtungshilfe angezeichneten Randlinien durch das Papier hindurch erkennen können. An einer Kante beginnend, das blaue „Wasser" sorgfältig auf das Druckpapier kleben und mit den Fingern glatt streichen.

11 / Mit der sauberen Farbwalze über das aufgeklebte Papier rollen, um etwaige Luftblasen unter dem Papier zu beseitigen.

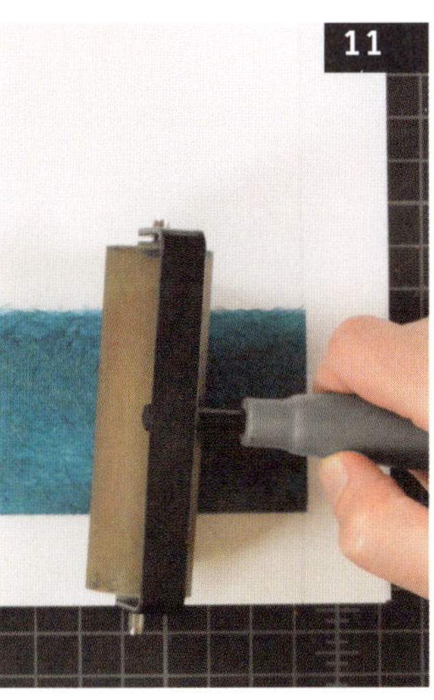

12 / Markieren Sie auf der Ausrichtungshilfe mit weichem Bleistift die Wasserspiegellinie, um den eingefärbten Druckstock später passgenau auflegen zu können. Sie müssen wissen, wo diese Linie verläuft, da das Boot ja *im* Wasser liegen soll, nicht *auf* dem Wasser. Das Druckpapier zur Seite legen.

13 / Geben Sie mit dem Palettenmesser ein wenig Farbe auf die Palette (eine Anleitung finden Sie auf Seite 24), nehmen Sie mit der Farbwalze etwas Farbe auf, und walzen Sie den Druckstock dünn und gleichmäßig mit Farbe ein. Legen Sie einen Bogen Rotationspapier vorsichtig auf den eingefärbten Druckstock, reiben Sie die Rückseite des Papiers mit den Fingern oder dem Baren ab, und ziehen Sie Ihren Probedruck ab. Sind Korrekturen erforderlich, den Druckstock abwaschen und trocknen lassen, bevor Sie ihn nachbessern.

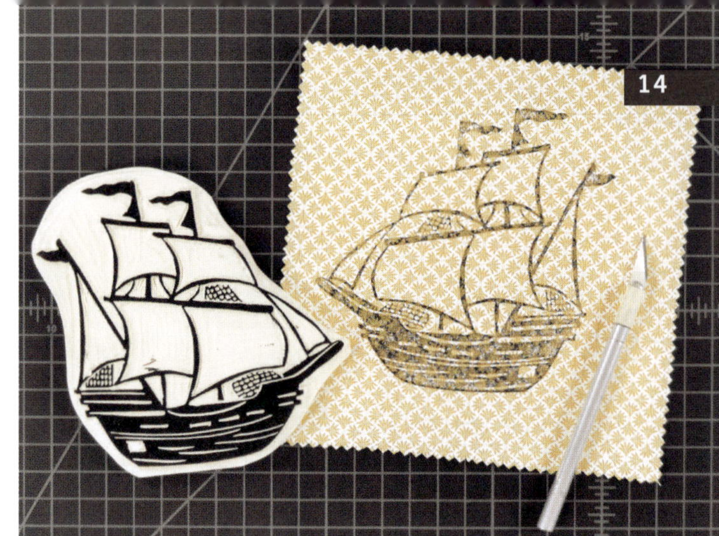

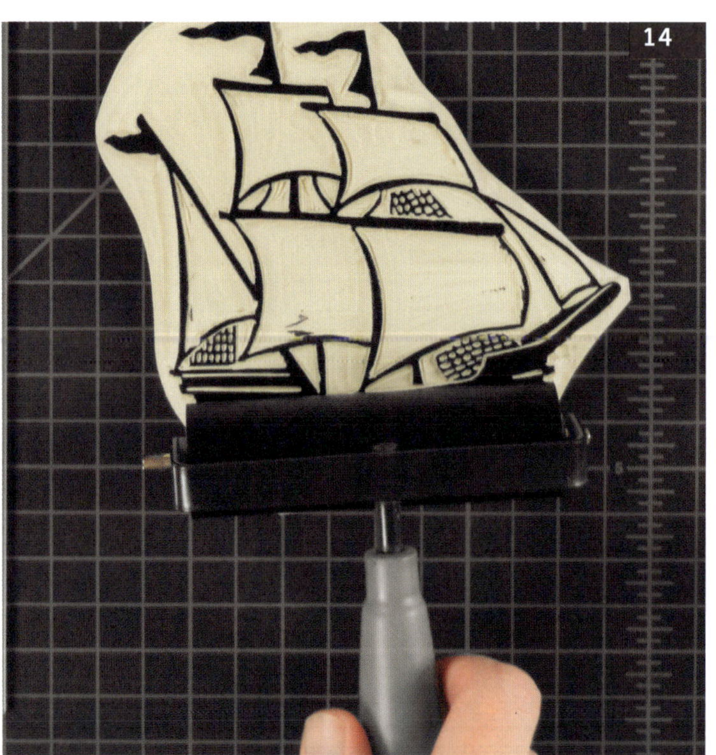

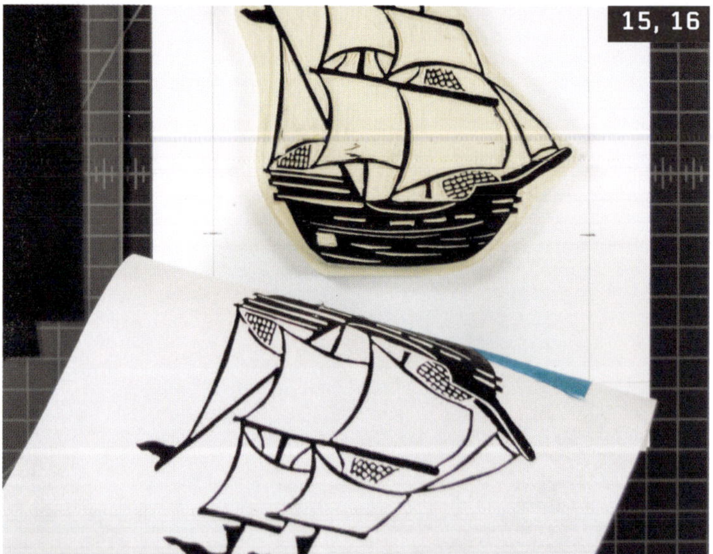

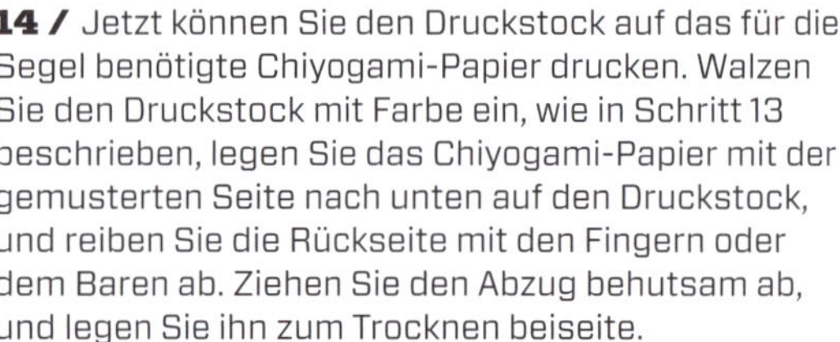

14 / Jetzt können Sie den Druckstock auf das für die Segel benötigte Chiyogami-Papier drucken. Walzen Sie den Druckstock mit Farbe ein, wie in Schritt 13 beschrieben, legen Sie das Chiyogami-Papier mit der gemusterten Seite nach unten auf den Druckstock, und reiben Sie die Rückseite mit den Fingern oder dem Baren ab. Ziehen Sie den Abzug behutsam ab, und legen Sie ihn zum Trocknen beiseite.

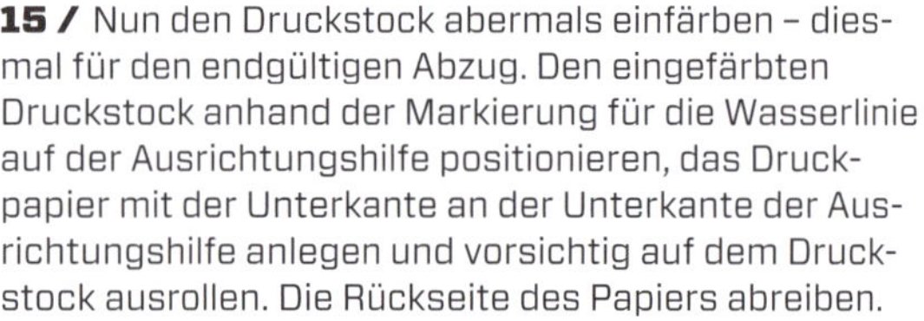

15 / Nun den Druckstock abermals einfärben – diesmal für den endgültigen Abzug. Den eingefärbten Druckstock anhand der Markierung für die Wasserlinie auf der Ausrichtungshilfe positionieren, das Druckpapier mit der Unterkante an der Unterkante der Ausrichtungshilfe anlegen und vorsichtig auf dem Druckstock ausrollen. Die Rückseite des Papiers abreiben.

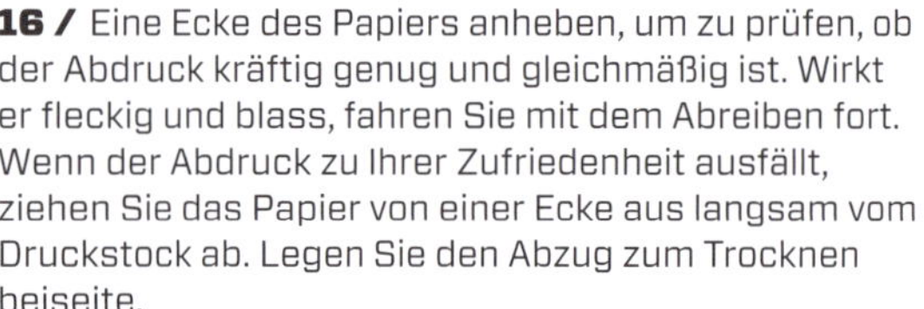

16 / Eine Ecke des Papiers anheben, um zu prüfen, ob der Abdruck kräftig genug und gleichmäßig ist. Wirkt er fleckig und blass, fahren Sie mit dem Abreiben fort. Wenn der Abdruck zu Ihrer Zufriedenheit ausfällt, ziehen Sie das Papier von einer Ecke aus langsam vom Druckstock ab. Legen Sie den Abzug zum Trocknen beiseite.

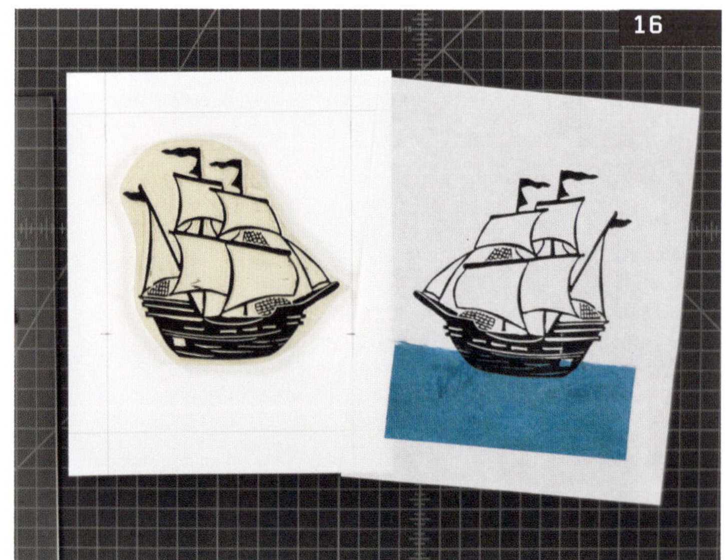

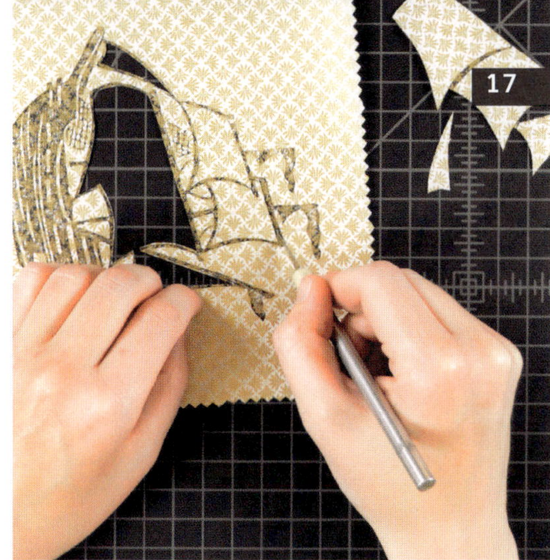

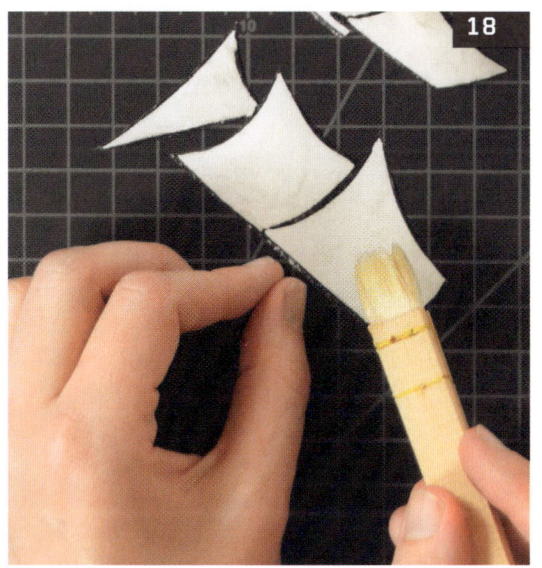

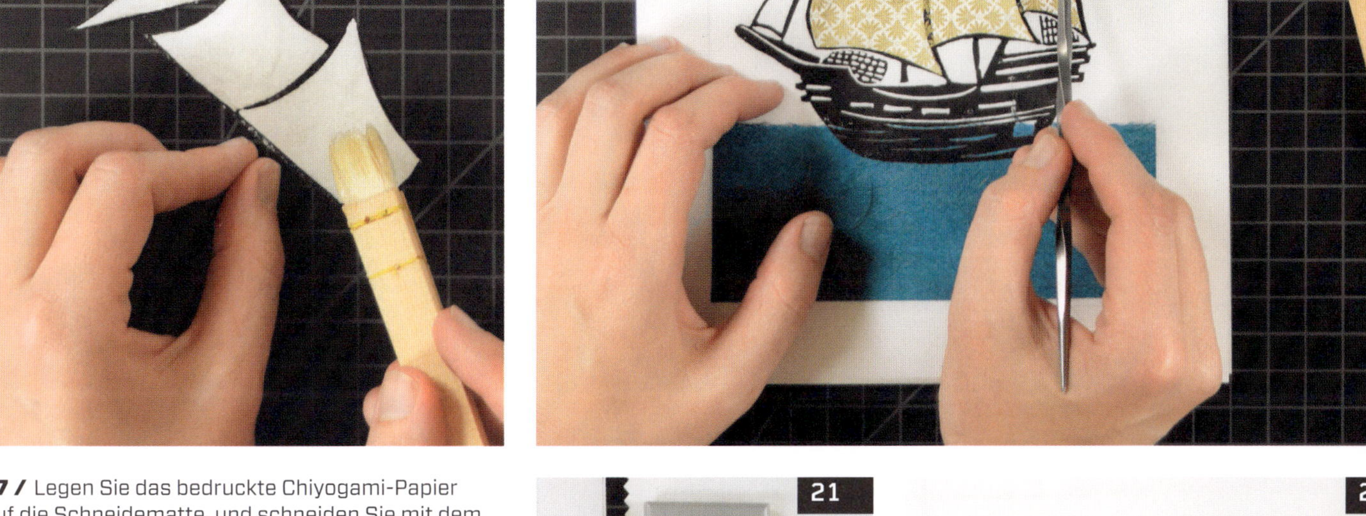

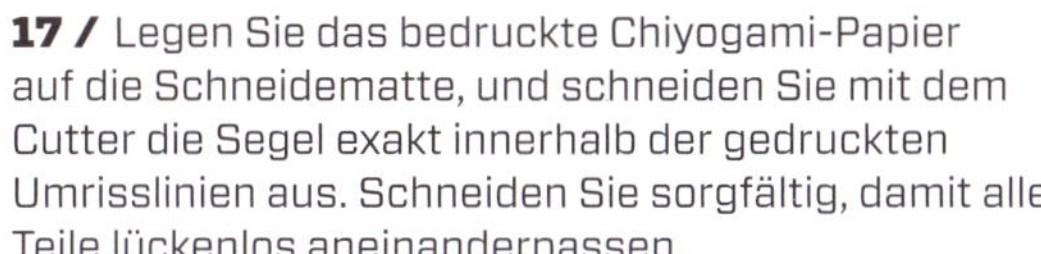

17 / Legen Sie das bedruckte Chiyogami-Papier auf die Schneidematte, und schneiden Sie mit dem Cutter die Segel exakt innerhalb der gedruckten Umrisslinien aus. Schneiden Sie sorgfältig, damit alle Teile lückenlos aneinanderpassen.

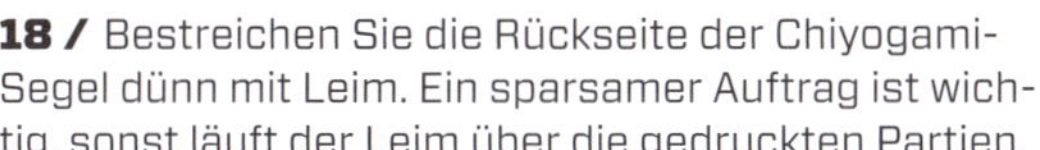

18 / Bestreichen Sie die Rückseite der Chiyogami-Segel dünn mit Leim. Ein sparsamer Auftrag ist wichtig, sonst läuft der Leim über die gedruckten Partien.

19 / Nehmen Sie den endgültigen Abzug zur Hand. Platzieren Sie das erste mit Leim bestrichene Segel sorgfältig auf der entsprechenden Stelle des Abzugs, und drücken Sie die Ecken mit der Spitze eines Pinselstiels gut an. Eventuell vorhandene Luftblasen mit den Fingern ausstreichen.

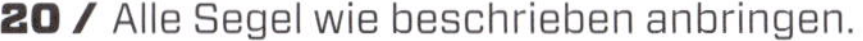

20 / Alle Segel wie beschrieben anbringen.

21 / Die Sonne mit dem Motivlocher aus dem Chiyogami-Papier ausstanzen oder mit der Schere ausschneiden.

22 / Kleben Sie die Sonne auf dieselbe Weise auf den Druck, und streichen Sie etwaige Luftblasen mit den Fingern aus. Lassen Sie den Abzug trocknen.

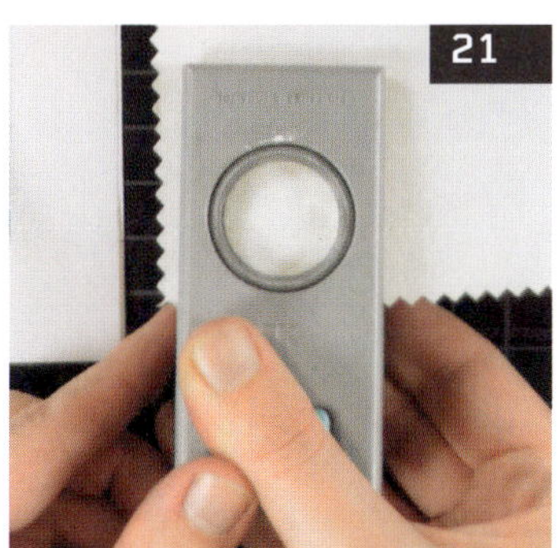

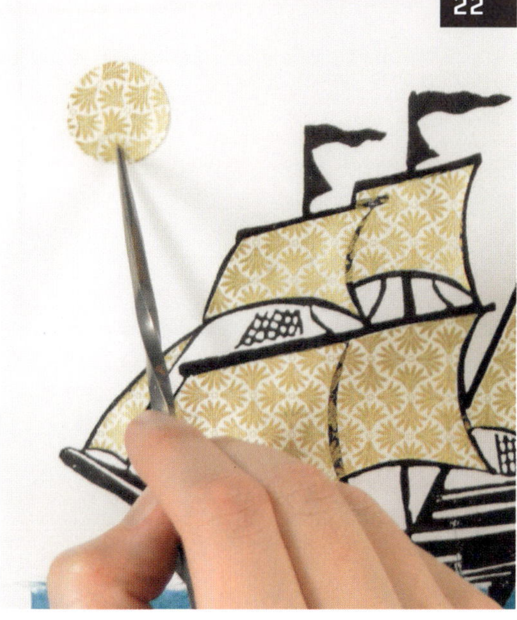

Malmittel geben Künstlerinnen und Künstlern die Möglichkeit, mit Farbschichtungen und Überlagerungen zu spielen. Planen Sie für jeden Druckstock eine andere Farbe ein. Sie erhalten sehr unterschiedliche Ergebnisse, indem Sie einfach nur den Anteil des Malmittels, das die Transparenz der Farben steigert, und die Reihenfolge der Abzüge verändern. Bei diesem Wassermotiv mit Seepferdchen wird mit drei Farben und einem Transparenz-Malmittel gearbeitet, um eine räumliche Wirkung zu erzielen.

TRANSPARENTFARBENDRUCK: SEEPFERDCHEN

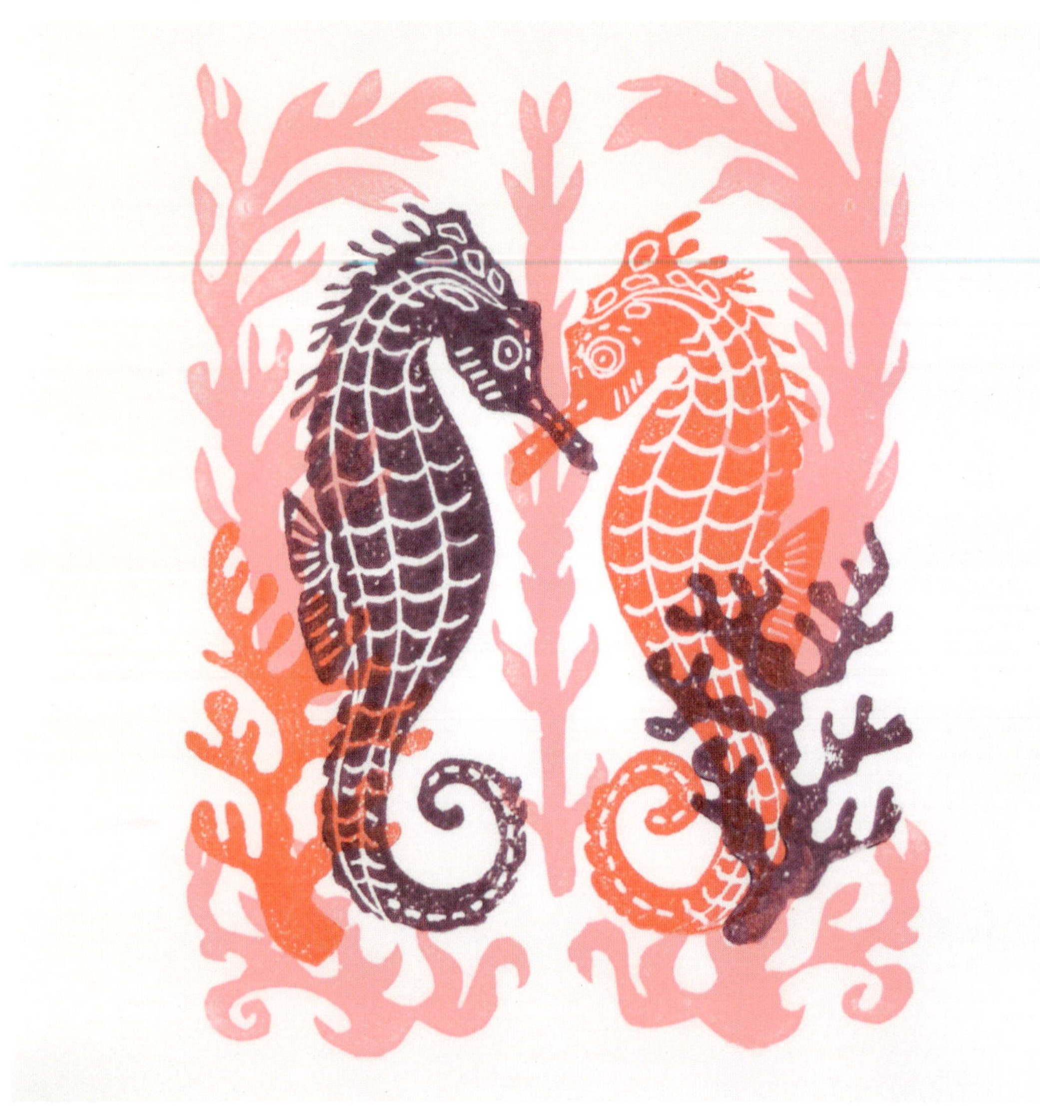

MATERIAL UND WERKZEUG

- Zeichenpapier
- Weicher Bleistift
- Radiergummi
- Lichtkasten (optional)
- Transparentpapier
- (Passepartout-)Karton
- Kreppband
- Feste Gummiplatte
- Falzbein
- Schneidematte
- Cutter
- Transparentes Acryllineal
- Linolschnittmesser in mehreren Größen
- Wasser, Seife und Schwamm oder Feuchttuch
- Borstenpinsel
- Wasserlösliche Druckfarben
- Transparenzsteigerndes Malmittel (z. B. LINO Glanz oder LINO Lasur von Schmincke)
- Farbwalzen
- Palette
- Palettenmesser
- Rotations- oder Schmierpapier
- Baren oder Holzlöffel (optional)
- Washi-Papier

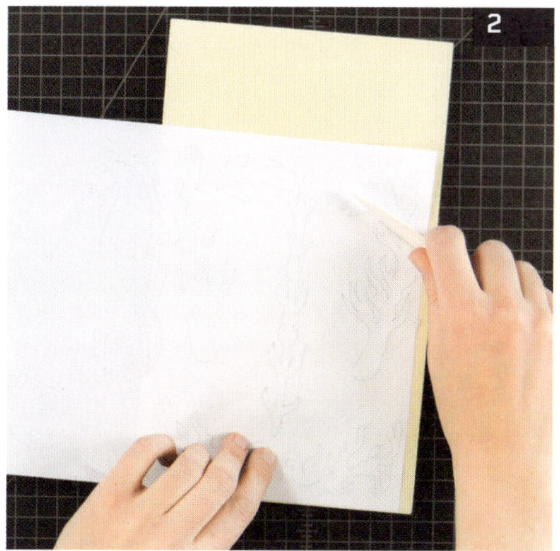

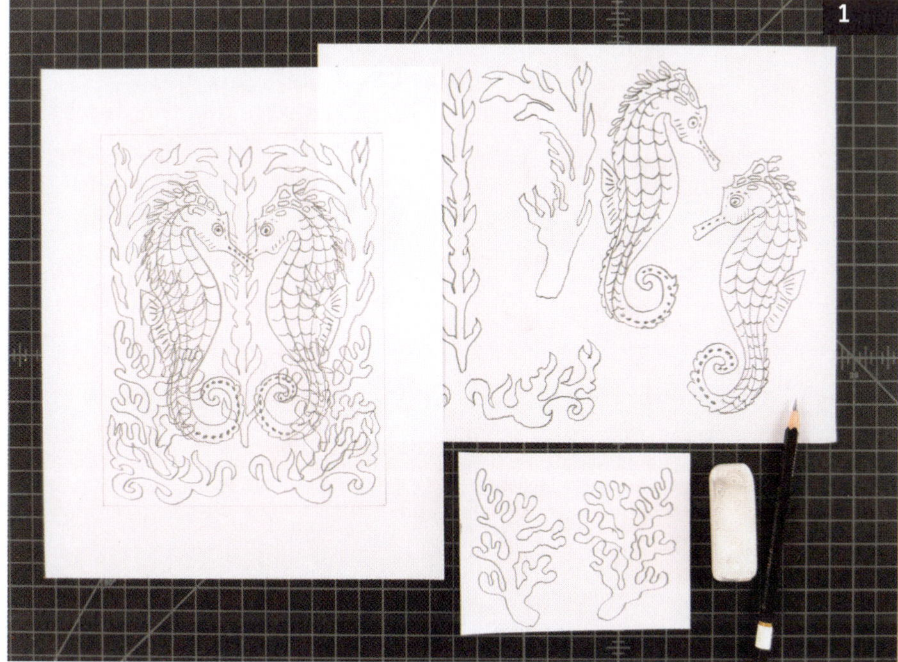

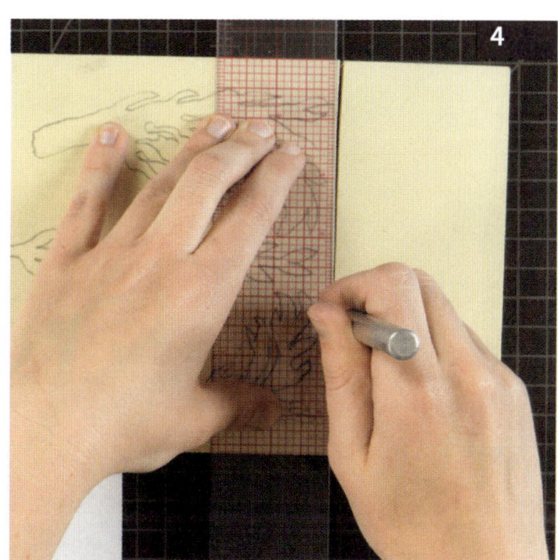

1 / Zeichnen Sie Ihren Entwurf inklusive Umrandungslinien auf Zeichenpapier. Ihr Motiv sollte einander überlappende Elemente enthalten – Vordergrund, Mittelgrund und Hintergrund –, die später in verschiedenen Farben gedruckt werden, damit eine räumliche Wirkung entsteht. Legen Sie die Zeichnung auf einen Lichtkasten, oder kleben Sie sie mit Kreppband an eine Fensterscheibe. Nun einen Bogen Transparentpapier über die Zeichnung legen oder mit Kreppband darüberkleben. Pausen Sie die Zeichnung mit einem weichen Bleistift detailgetreu durch. Achten Sie darauf, sämtliche Linien sauber zu übertragen. Da alle Striche auf den Druckstock übertragen werden, muss jeder Fehler ausradiert werden.

2 / Das Transparentpapier mit der durchgepausten Zeichnung nach unten auf die Gummiplatte legen. Übertragen Sie die Elemente des Motivs separat, beginnend mit dem Hintergrund, auf die Platte, indem Sie mit einer Hand das Transparentpapier festhalten und mit der anderen die Rückseite mit dem Falzbein abreiben. Prüfen Sie durch Anheben einer Ecke, ob die Hintergrundmotive vollständig übertragen wurden.

3 / Legen Sie nun das Transparentpapier auf einen noch freien Teil der Platte. Wiederholen Sie den in Schritt 2 beschriebenen Vorgang mit den Mittelgrund- und schließlich mit den Vordergrundmotiven Ihrer Zeichnung.

4 / Legen Sie die Gummiplatte auf die Schneidematte, und zerschneiden Sie sie mithilfe von Cutter und Lineal so, dass für jedes Element Ihres Motivs ein eigener Druckstock entsteht. Drücken Sie den Cutter dabei so fest auf, dass er durch die volle Dicke der Platte schneidet, und ziehen Sie ihn vorsichtig auf sich zu. Das sauberste Ergebnis erhält man mit einem einzigen, glatten Schnitt. Wenn Sie alle Elemente ausgeschnitten haben, legen Sie die Reste der Gummiplatte für künftige Projekte beiseite. Jetzt können Sie mit dem Gestalten der Druckstöcke beginnen.

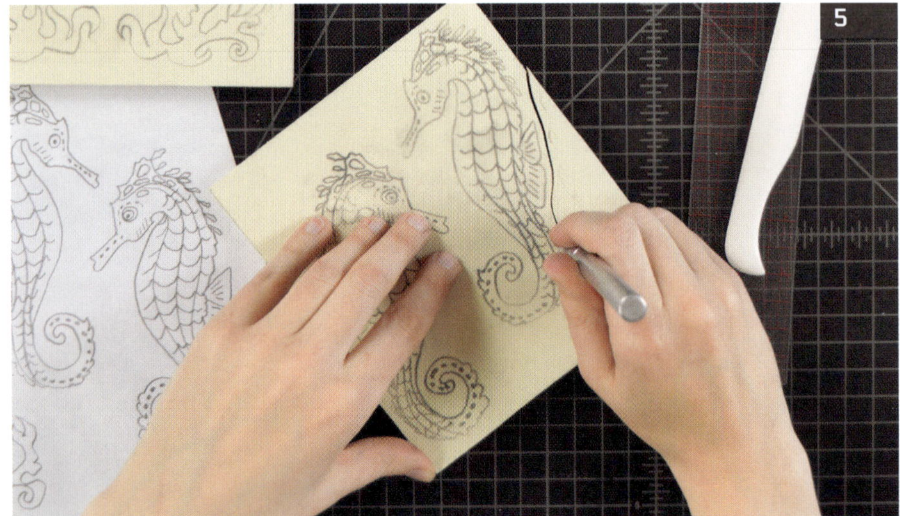

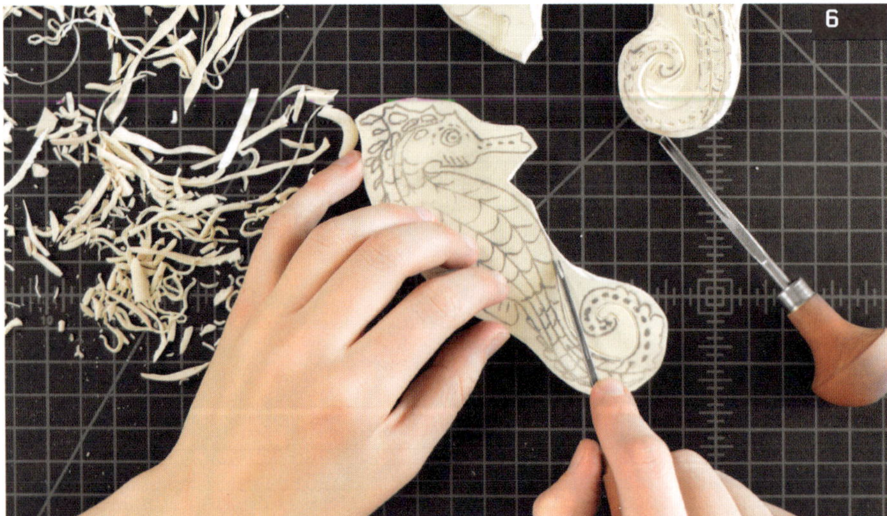

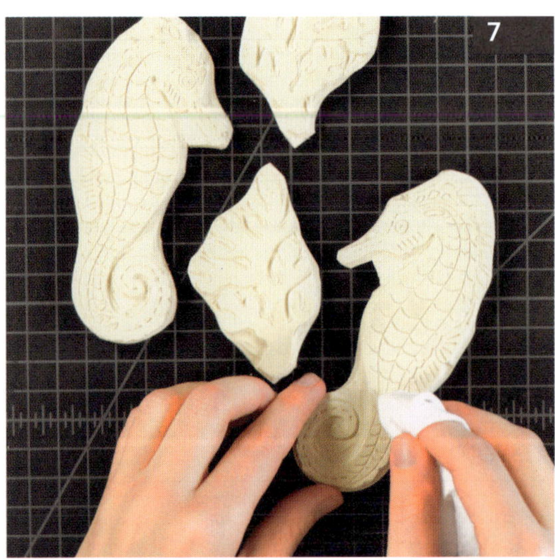

5 / Schneiden Sie jeden Druckstock mit dem Cutter so zu, dass außerhalb der Konturen ein schmaler Rand stehen bleibt (bei einem zu breiten Rand können Sie die Passgenauigkeit beim Auflegen des Druckstocks schwer abschätzen).

6 / Für die Gestaltung der Details zunächst mit einem kleinen Geißfuß außen an den Konturen entlangschneiden. Danach mit einem breiteren Hohleisen das Gummi auf größeren Flächen abtragen. Schließlich die feinen Details Ihres Motivs mit kleinen Geißfüßen herausarbeiten.

7 / Reinigen Sie den fertig geschnittenen Druckstock mit Wasser und Seife. Lassen Sie ihn trocknen, und entfernen Sie mit dem Borstenpinsel alle eventuell in den Vertiefungen verbliebenen Krümel.

8 / Fertigen Sie aus einem Bogen Karton in den Maßen Ihres Druckpapiers eine Ausrichtungshilfe an, an deren Kanten Sie später das Druckpapier ausrichten. Kleben Sie die Ausrichtungshilfe mit Kreppband auf Ihre Arbeitsfläche, und zeichnen Sie mit Bleistift und Lineal die Umrandungslinien Ihres Motivs an. Richten Sie dann Ihren Druckplatz ein, indem Sie Ausrichtungshilfe und Druckfarben, Malmittel, Farbwalzen, Palette und Palettenmesser, Baren oder Holzlöffel sowie Rotations- und Druckpapier bereitlegen.

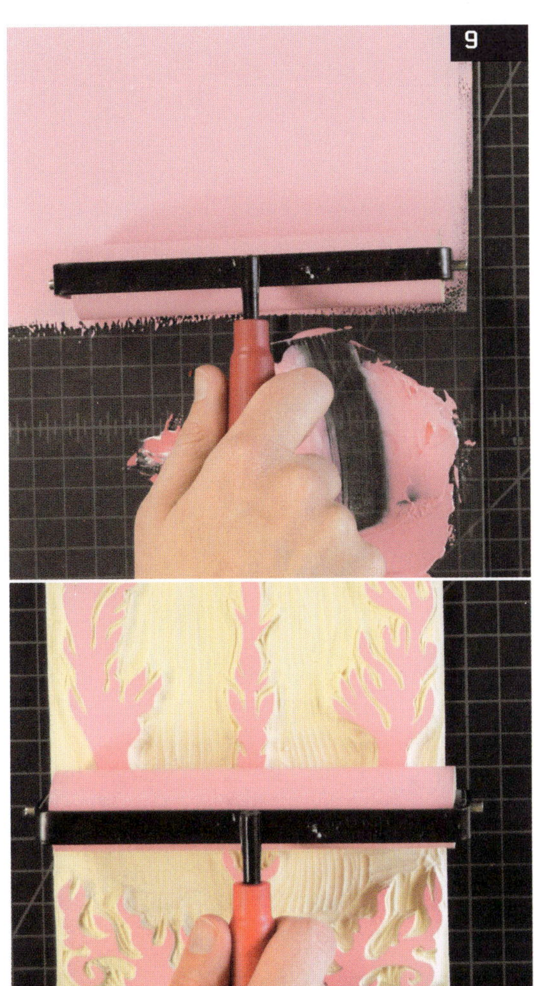

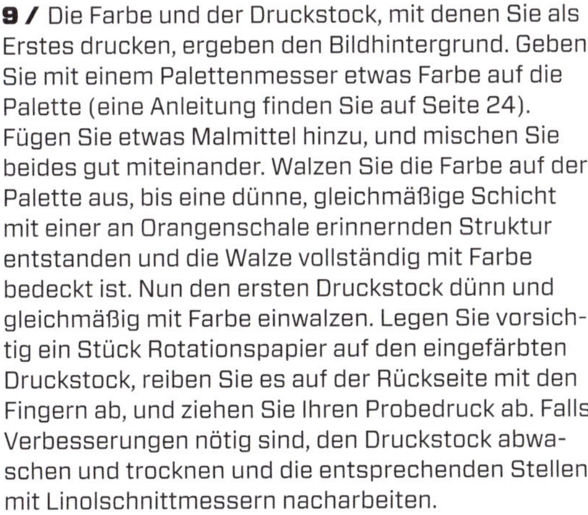

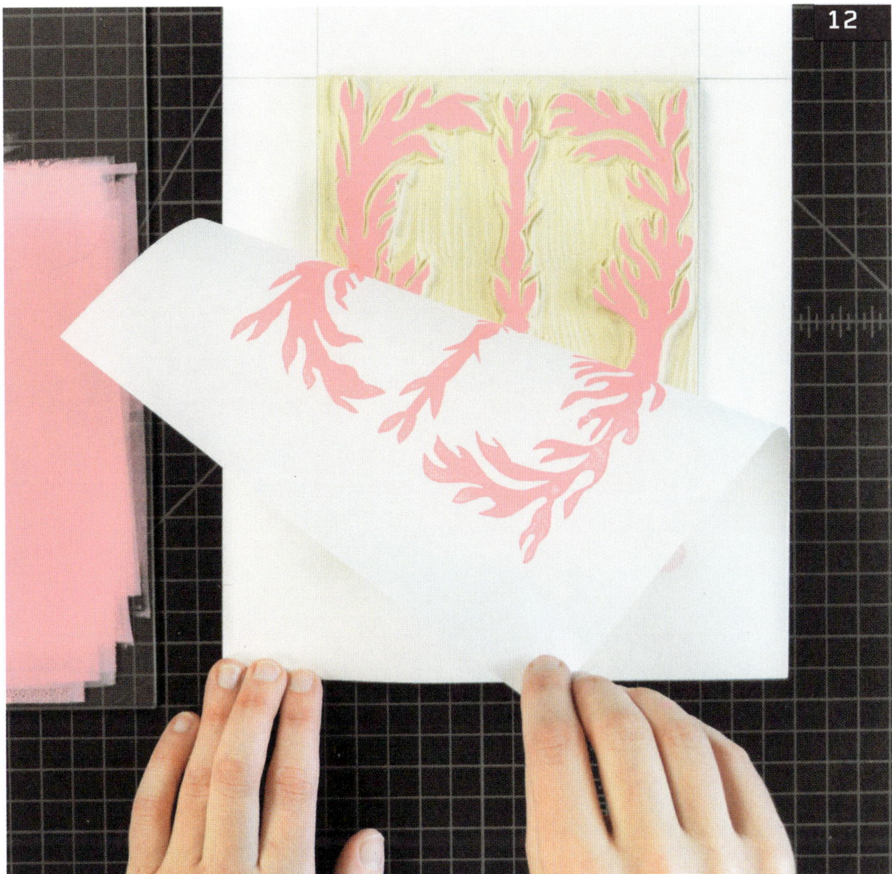

9 / Die Farbe und der Druckstock, mit denen Sie als Erstes drucken, ergeben den Bildhintergrund. Geben Sie mit einem Palettenmesser etwas Farbe auf die Palette (eine Anleitung finden Sie auf Seite 24). Fügen Sie etwas Malmittel hinzu, und mischen Sie beides gut miteinander. Walzen Sie die Farbe auf der Palette aus, bis eine dünne, gleichmäßige Schicht mit einer an Orangenschale erinnernden Struktur entstanden und die Walze vollständig mit Farbe bedeckt ist. Nun den ersten Druckstock dünn und gleichmäßig mit Farbe einwalzen. Legen Sie vorsichtig ein Stück Rotationspapier auf den eingefärbten Druckstock, reiben Sie es auf der Rückseite mit den Fingern ab, und ziehen Sie Ihren Probedruck ab. Falls Verbesserungen nötig sind, den Druckstock abwaschen und trocknen und die entsprechenden Stellen mit Linolschnittmessern nacharbeiten.

10 / Walzen Sie den Druckstock erneut mit einer dünnen Farbschicht ein. Nun können Sie mit der ersten Farbe drucken.

11 / Jetzt müssen Sie zügig arbeiten: Den eingefärbten Druckstock innerhalb der Umrandungslinien auf der Ausrichtungshilfe platzieren. Die Unterkante des Druckpapiers an der Unterkante der Ausrichtungshilfe anlegen. Das Druckpapier mit der einen Hand dort festhalten und mit der anderen Hand vorsichtig in einer fließenden Bewegung auf dem Druckstock ausrollen. Die Rückseite des Papiers mit den Fingern oder dem Baren abreiben. Da Washi-Papier leicht transparent ist, können Sie sehen, wie die Farbe auf das Papier übertragen wird. Mit etwas Übung kann man durch das Papier hindurch erkennen, ob ein Abdruck gelungen ist.

12 / Heben Sie das Papier an einer Ecke vorsichtig an, um zu prüfen, ob die Farbe gleichmäßig übertragen wurde. Wenn Sie mit dem Ergebnis zufrieden sind, ziehen Sie das Papier langsam und vorsichtig ab. Den Abzug zum Trocknen beiseitelegen.

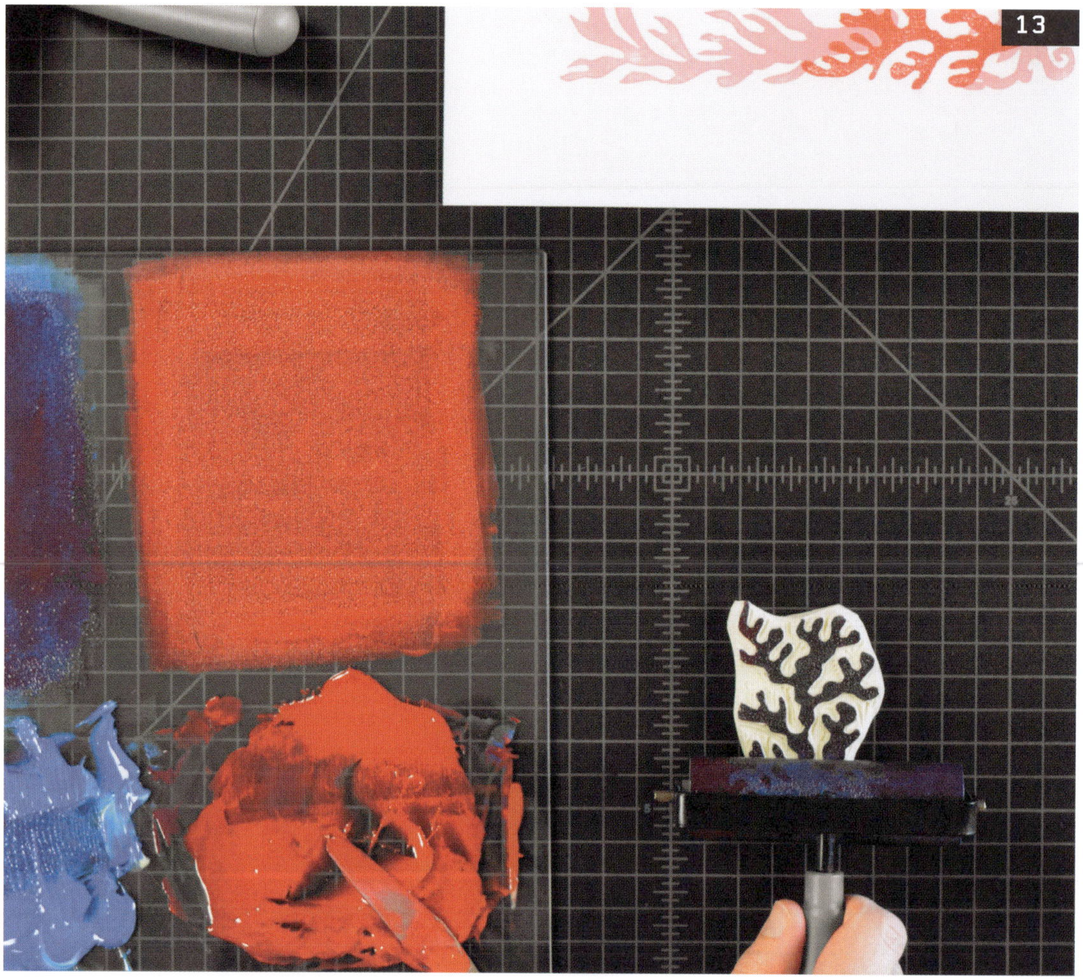

13 / Lassen Sie die erste Farbe trocknen, während Sie die Palette säubern. Für die noch ausstehenden Farben werden die Druckstöcke wie Stempel eingesetzt, also mit der Farbseite nach unten abgedruckt, und nach Augenmaß platziert. Bereiten Sie zunächst die Farbe für den nächsten Druckstock vor. Geben Sie ein wenig Farbe und etwas Malmittel auf die Palette, und vermischen Sie beides mit einem Palettenmesser. Dann wird die Farbe auf der Palette ausgewalzt. Sofern Sie eine Glaspalette benutzen, sollten Sie jetzt durch die ausgewalzte Farbe hindurch die Arbeitsfläche sehen können. Ist dies nicht der Fall, mischen Sie noch ein wenig Malmittel unter Ihre Farbe. Wenn die Farbe zu stark deckt, sind keine Transparenzeffekte möglich.

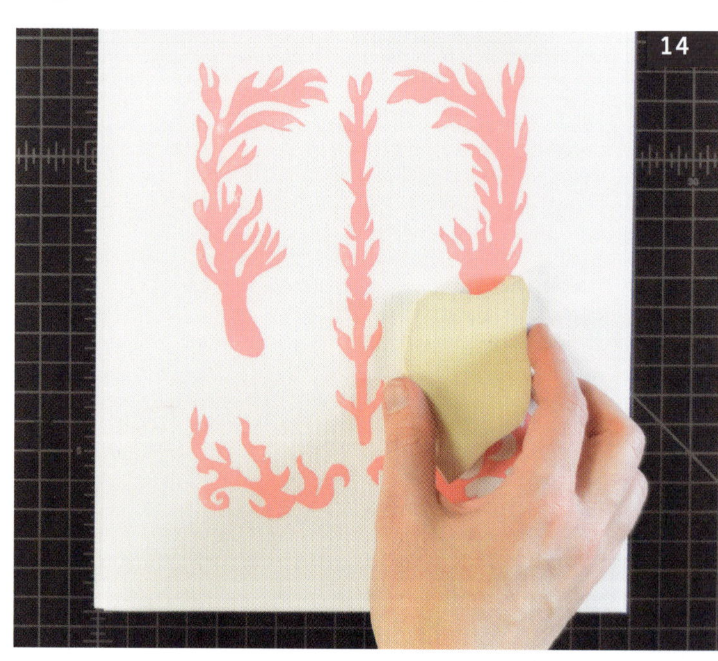

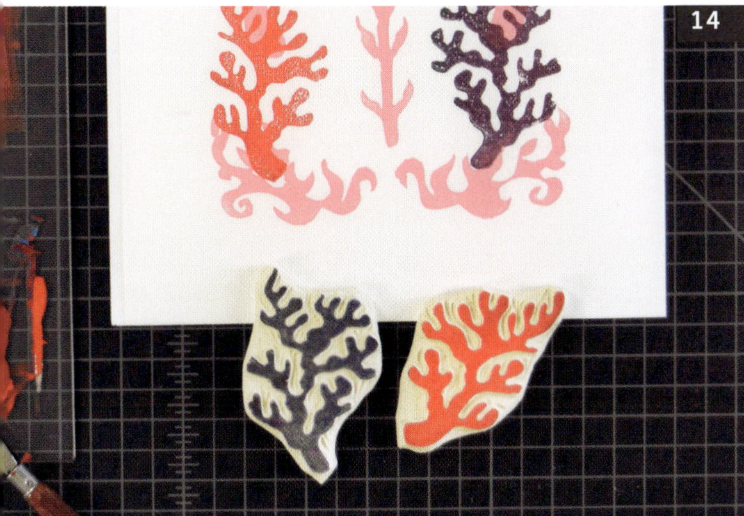

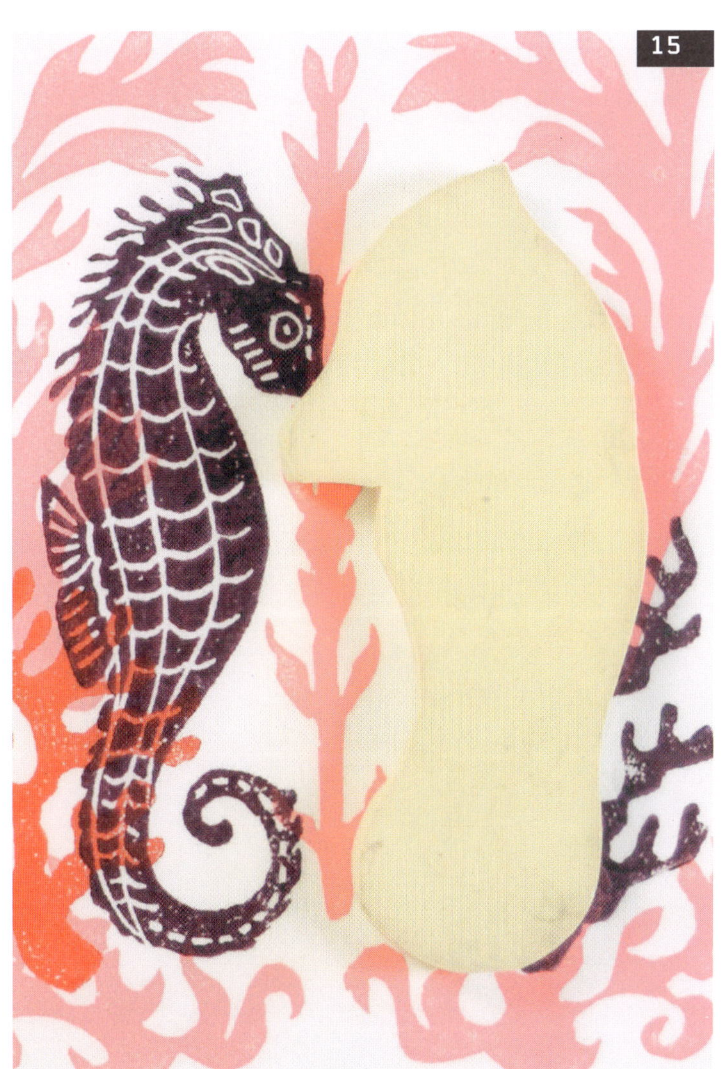

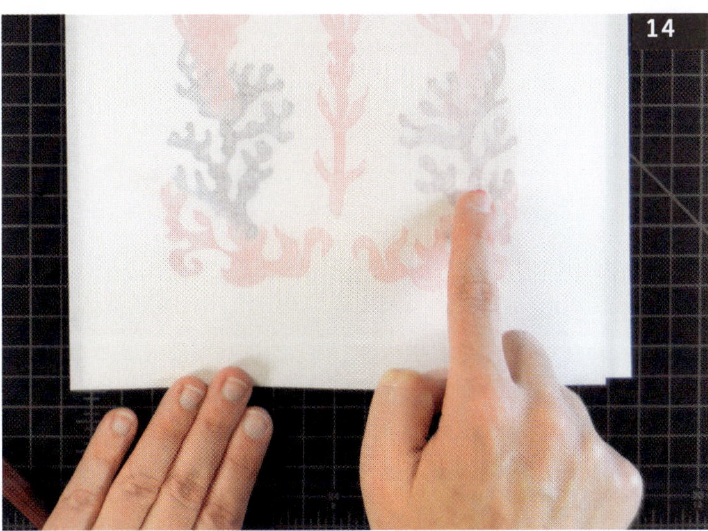

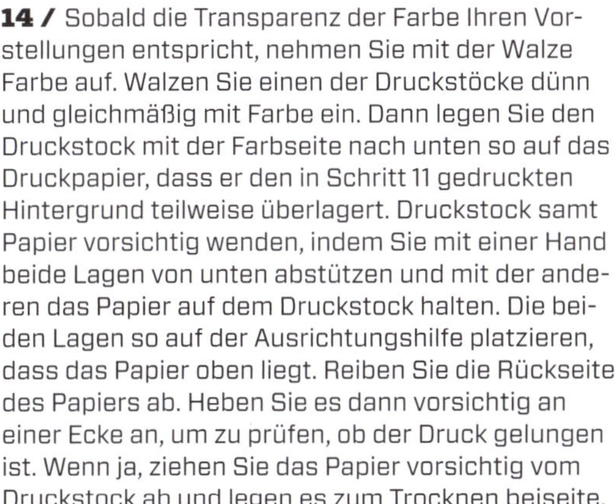

14 / Sobald die Transparenz der Farbe Ihren Vorstellungen entspricht, nehmen Sie mit der Walze Farbe auf. Walzen Sie einen der Druckstöcke dünn und gleichmäßig mit Farbe ein. Dann legen Sie den Druckstock mit der Farbseite nach unten so auf das Druckpapier, dass er den in Schritt 11 gedruckten Hintergrund teilweise überlagert. Druckstock samt Papier vorsichtig wenden, indem Sie mit einer Hand beide Lagen von unten abstützen und mit der anderen das Papier auf dem Druckstock halten. Die beiden Lagen so auf der Ausrichtungshilfe platzieren, dass das Papier oben liegt. Reiben Sie die Rückseite des Papiers ab. Heben Sie es dann vorsichtig an einer Ecke an, um zu prüfen, ob der Druck gelungen ist. Wenn ja, ziehen Sie das Papier vorsichtig vom Druckstock ab und legen es zum Trocknen beiseite.

15 / Wiederholen Sie diesen Prozess für jeden Ihrer Druckstöcke. Da Sie mit transparenzsteigerndem Malmittel arbeiten, können Sie frei entscheiden, in welcher Reihenfolge und Kombination Sie die Druckstöcke abziehen. Entsprechend unterschiedlich fallen die Ergebnisse aus.

Bei diesem Projekt wird mit einer Kontrastplatte gedruckt – eine Methode, die viele Gestaltungsmöglichkeiten bietet. Schon mit wenigen Schmuckfarben wird aus einem detailreichen schwarz-weißen Linolschnitt eine ungleich eindrucksvollere Druckgrafik. Das Großartige an dieser Technik ist ihre Vielseitigkeit: So kann die Kontrastplatte einfarbig abgezogen, von Hand mit Aquarellfarben koloriert oder mit Schmuckfarben gedruckt werden. Hier habe ich lediglich zwei Farben dazugenommen, aber natürlich könnte man auch Blüten, Blätter und Nest jeweils mit einem eigenen Druckstock in einer eigenen Farbe drucken.

LINOLSCHNITT MIT KONTRASTPLATTE UND SCHMUCKFARBEN: ROTKEHLCHENNEST

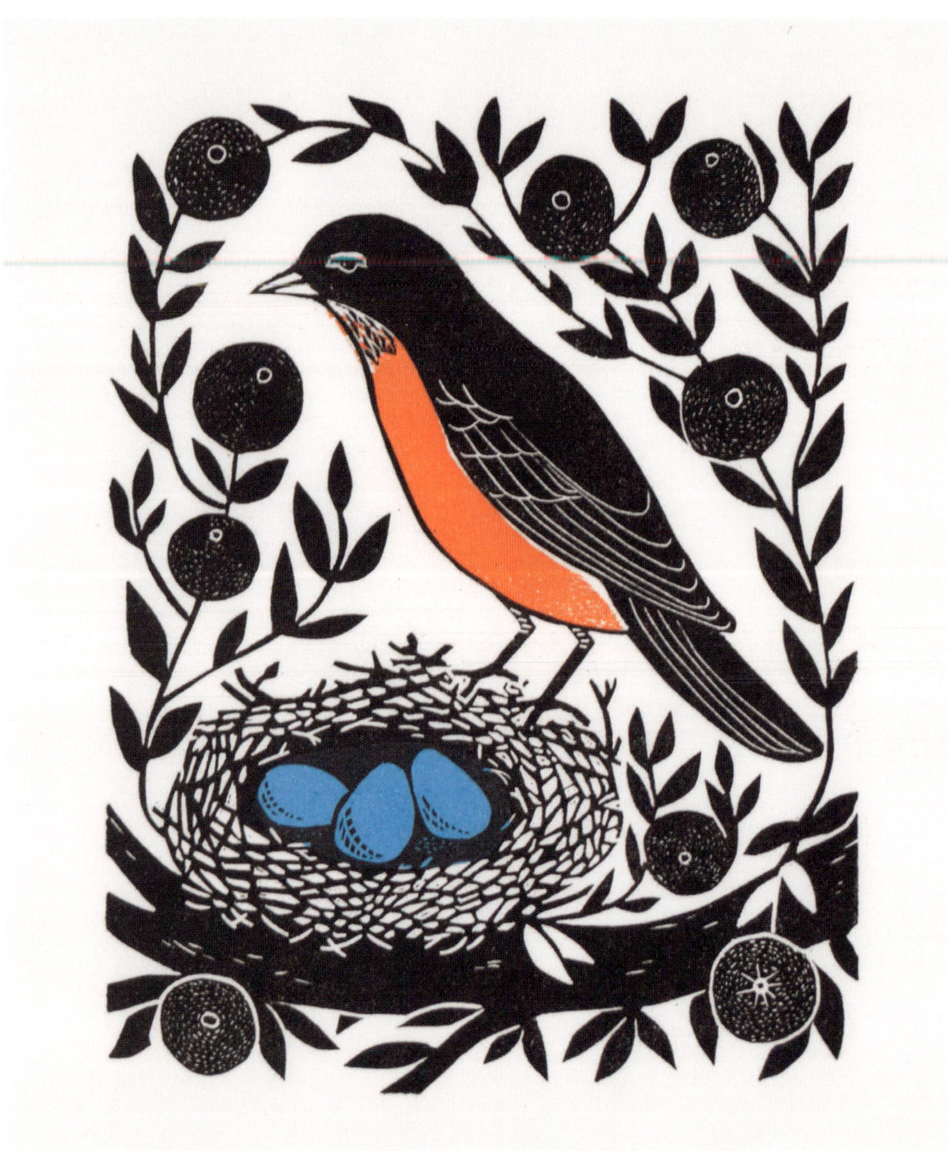

MATERIAL UND WERKZEUG

- 1 oder mehrere Platten schweres Linoleum
- Cutter
- Transparentes Acryllineal
- Schneidematte
- Ausziehtusche und Borstenpinsel
- Zeichenpapier
- Weicher Bleistift
- Weißes Durchschlagpapier
- Kreppband
- Buntstifte
- Linolschnittmesser in mehreren Größen
- (Passepartout-)Karton
- Schere
- Druckfarben auf Sojabasis
- Palettenmesser
- Farbwalzen
- Paletten
- Rotations- oder Schmierpapier
- Baren oder Holzlöffel
- Overheadfolie
- Druckpapier

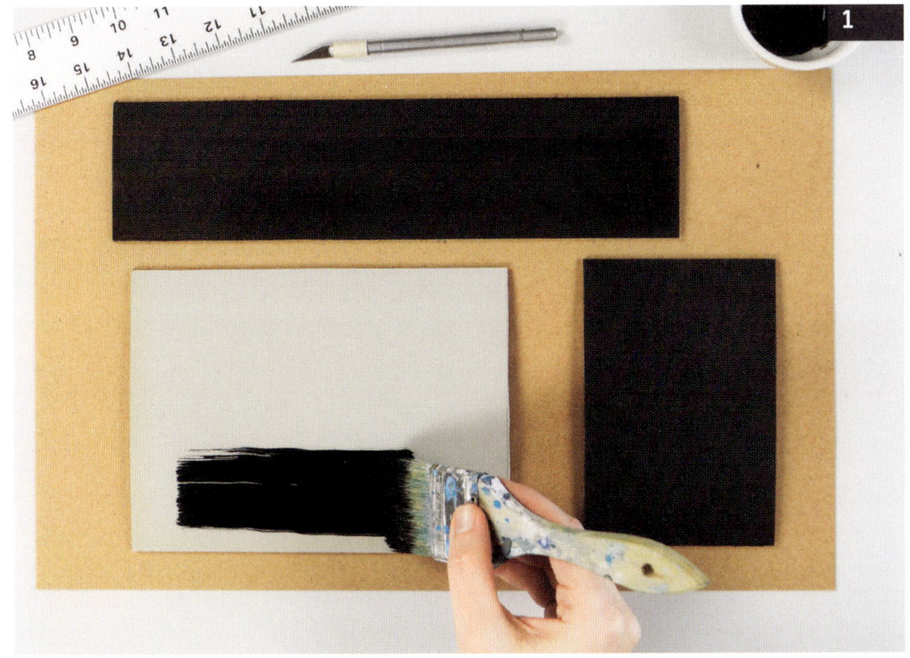

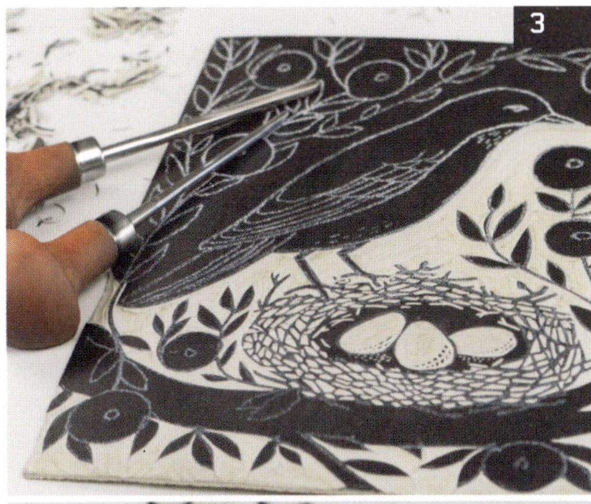

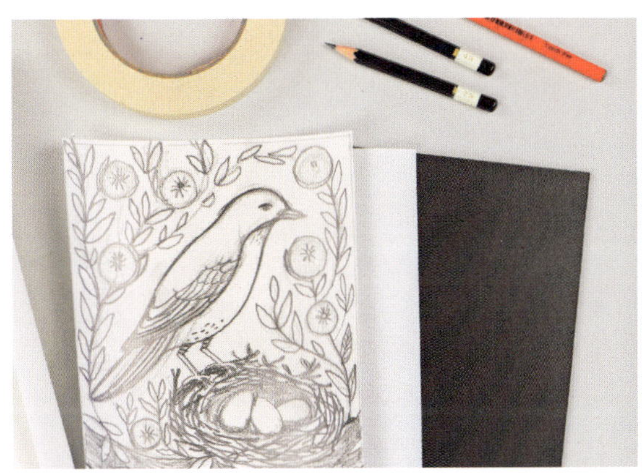

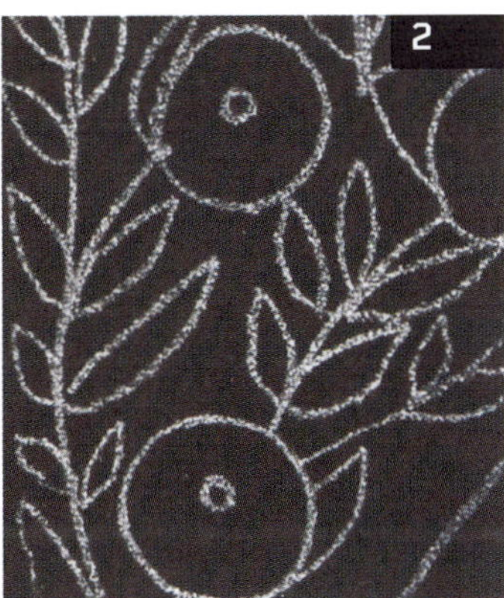

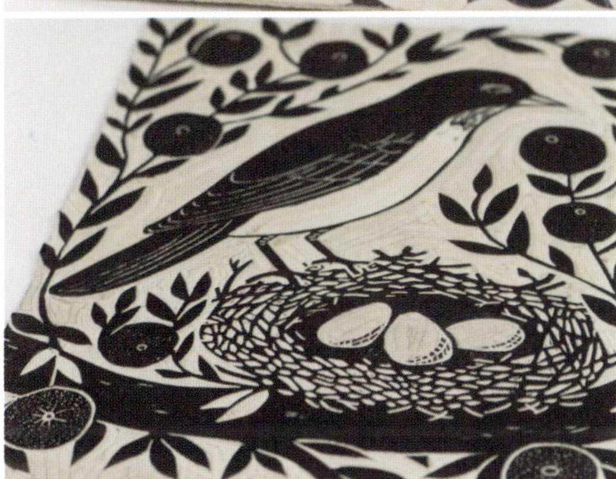

1 / Legen Sie die Maße für Ihr Motiv fest, und schneiden Sie die Linolplatte auf der Schneidematte mit dem Cutter auf diese Maße zu. Außer der Kontrastplatte benötigen Sie weitere, kleinere Linolplattenstücke für den Schmuckfarbendruck. Pinseln Sie die Oberfläche der Linolplatten mit Ausziehtusche ein, und lassen Sie die Platten trocknen. Wenn Sie die Druckplatte später schneiden, erscheinen die abgetragenen Bereiche und ausgehobenen Linien sehr viel heller, und Sie gewinnen einen besseren Eindruck davon, wie Ihr Druck in etwa aussehen wird.

2 / Zeichnen Sie mit dem Bleistift Ihren Entwurf für die Kontrastplatte auf Zeichenpapier. Übertragen Sie den fertigen Entwurf mithilfe von weißem Durchschlagpapier auf die Kontrastplatte, indem Sie das Durchschlagpapier mit der beschichteten Seite nach unten auf die Kontrastplatte legen und das Blatt mit Ihrer Zeichnung auf das Durchschlagpapier. Befestigen Sie dieses Blatt mit Kreppband auf der Arbeitsfläche. Ziehen Sie die gezeichneten Linien mit einem Buntstift nach; so können Sie erkennen, welche Bereiche Sie bereits übertragen haben. Für die Motivsegmente, die Sie farbig gestalten wollen, übertragen Sie die entsprechenden Teile Ihrer Zeichnung nach demselben Prinzip auf die kleineren Linolplattenstücke.

3 / Nun können Sie die Kontrastplatte schneiden. Beginnen Sie mit den Konturlinien. Anschließend tragen Sie größere Bereiche ab. Probieren Sie dabei verschiedene Linolschnittmesser aus, um herauszufinden, mit welchen sich die filigraneren Linien und die größeren Flächen am besten bearbeiten lassen. Schneiden Sie anschließend, wenn gewünscht, Details in die Druckstöcke für die Schmuckfarben.

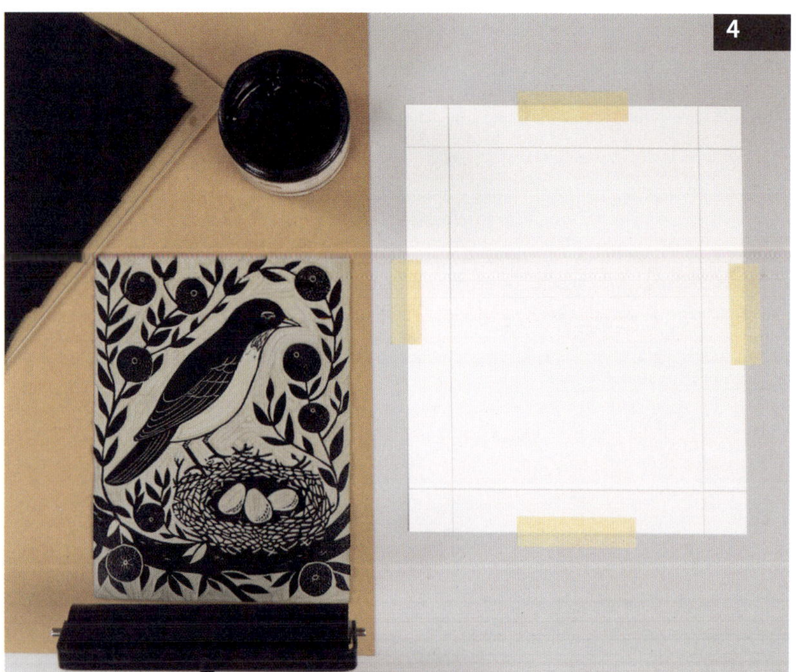

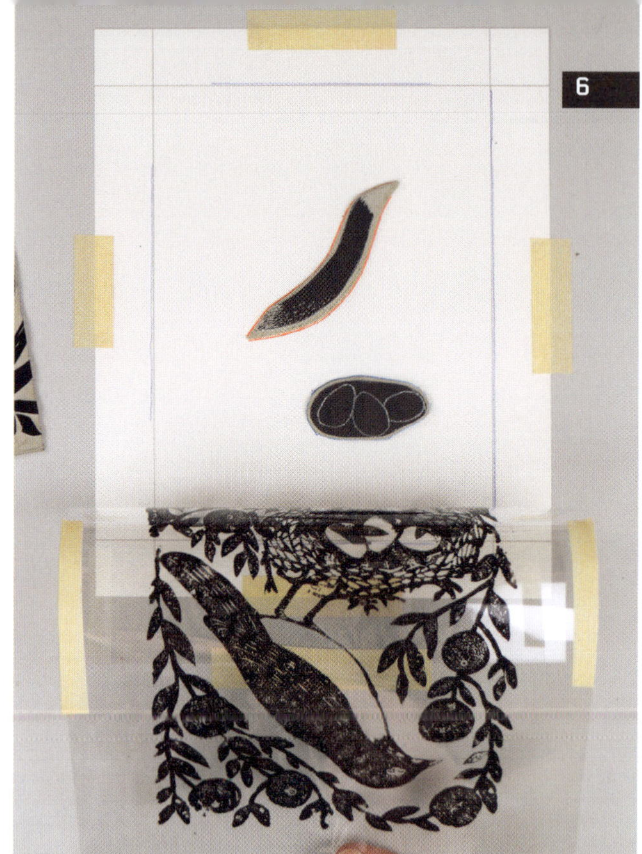

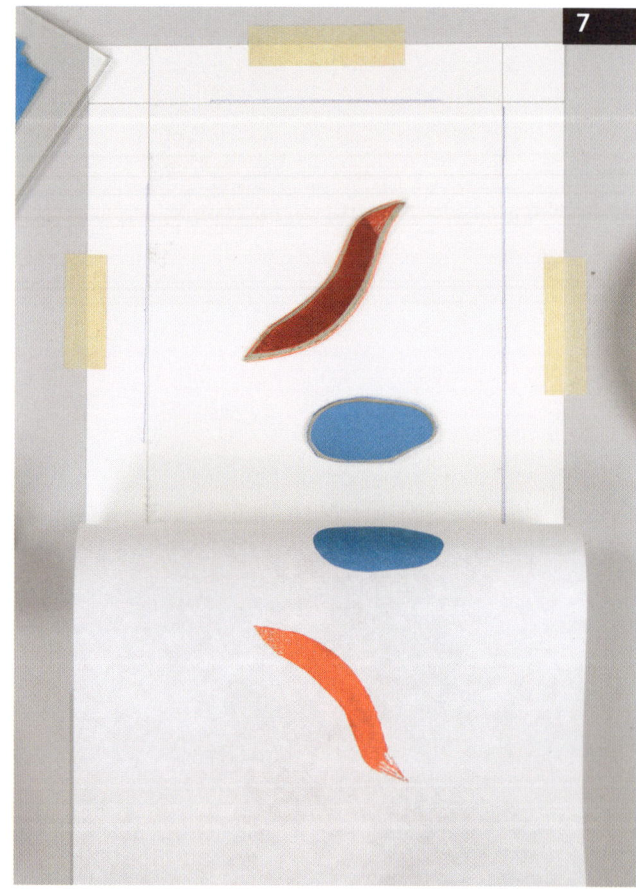

4 / Schneiden Sie aus dem Karton eine Ausrichtungshilfe in den Maßen Ihres Druckpapiers zu, und kleben Sie sie mit Kreppband auf Ihre Arbeitsfläche. Walzen Sie etwas Druckfarbe dünn auf der Palette aus und anschließend gleichmäßig auf die Kontrastplatte auf (eine Anleitung finden Sie auf Seite 24). Fertigen Sie einen Probeabzug der Kontrastplatte an, indem Sie ein Stück Rotationspapier auf die Platte legen und auf der Rückseite mit dem Baren abreiben. Den Abdruck prüfen und das Motiv, wenn nötig, mit den Linolschnittmessern nacharbeiten.

5 / Als Nächstes wird die Overheadfolie entlang der Unterkante mit Kreppband etwas unterhalb der Ausrichtungshilfe auf die Arbeitsfläche geklebt. Zentrieren Sie die eingewalzte Kontrastplatte *mit der noch nassen Farbe* auf der Ausrichtungshilfe, und zeichnen Sie die Umrisse der Platte mit Buntstift auf der Ausrichtungshilfe an. Nun die Overheadfolie langsam auf der eingefärbten Platte ausrollen und mit den Fingern leicht auf die Platte drücken, um die Farbe auf die Folie zu übertragen. Die Folie an der Oberkante fassen, von der Platte abziehen und trocknen lassen. Die Kontrastplatte beiseitelegen.

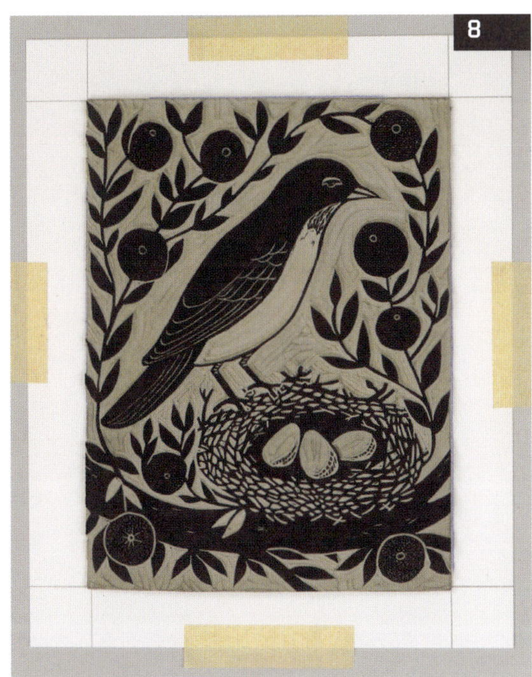

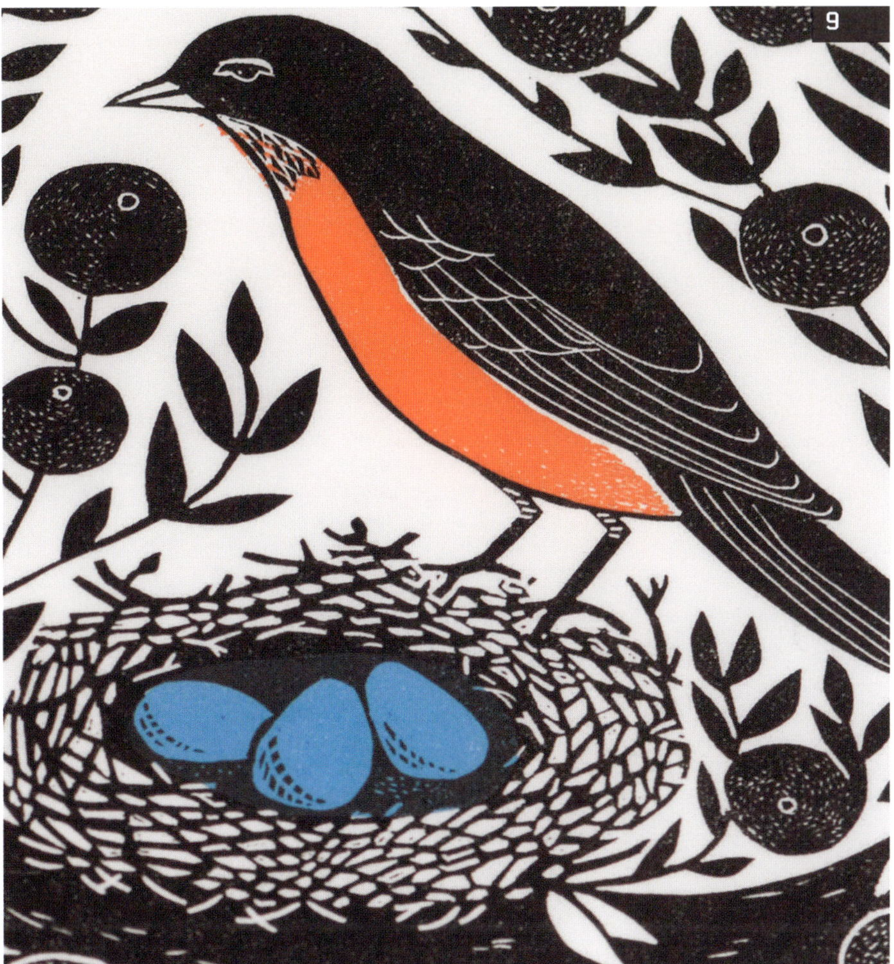

6 / Nun die Druckstöcke für die Schmuckfarben auf die Ausrichtungshilfe legen. Die Overheadfolie über den Druckstöcken ausrollen, um diese mithilfe der Folie zu platzieren. Dann die Folie abziehen, das Kreppband entfernen und die Folie zur Seite legen. Die Konturen der Druckstöcke mit Buntstift auf der Ausrichtungshilfe anzeichnen.

7 / Die Druckstöcke für die Schmuckfarben einwalzen und in die angezeichneten Konturen auf die Ausrichtungshilfe legen. Richten Sie Ihr Druckpapier an der Unterkante und den unteren Ecken der Ausrichtungshilfe aus, und halten Sie es mit einer Hand dort fest, während Sie es mit der anderen in einer einzigen fließenden Bewegung auf den Druckstöcken ausrollen. Die Rückseite des Papiers abreiben, bis die Farbe vollständig übertragen ist, dann das Druckpapier vorsichtig abnehmen und trocknen lassen. Die Druckstöcke für die Schmuckfarben zur Seite legen.

8 / Wiederholen Sie den in Schritt 7 ausgeführten Druckprozess nun mit Ihrer Kontrastplatte. Walzen Sie sie dünn und gleichmäßig mit Farbe ein, und platzieren Sie sie passgenau auf der Ausrichtungshilfe. Richten Sie das mit den Schmuckfarben bedruckte Papier sorgfältig an der Ausrichtungshilfe aus, und rollen Sie es in einer einzigen, fließenden Bewegung auf der Kontrastplatte aus. Abreiben, bis die Farbe vollständig auf das Papier übertragen wurde, dann abziehen.

9 / Genießen Sie die Früchte Ihrer Arbeit!

Picasso entwickelte die Methode des Reduktionsdrucks (auch „Technik der verlorenen Platte“) mit dem Drucker Hidalgo Arnéra. Bei diesem Verfahren erstellt man einen mehrschichtigen Mehrfarbendruck mit einer einzigen Druckplatte. Zunächst werden die Bildbereiche weggeschnitten, die im Druck weiß bleiben sollen. Dann wird die gesamte Platte mit der hellsten Farbe eingewalzt und abgezogen. Anschließend schneidet man dieselbe Platte von Neuem, entfernt dabei nur die Stellen, die den zuerst gedruckten Farbton behalten sollen, und druckt mit der nächstdunkleren Farbe. Dieser Prozess wird so lange wiederholt, bis die Darstellung vollständig ist. Diese Methode erfordert sorgfältige Planung, und man muss nach jedem Schneidevorgang gleich die gesamte Auflage drucken, da einmal Weggeschnittenes unwiederbringlich verloren ist.

REDUKTIONSDRUCK: KATZE

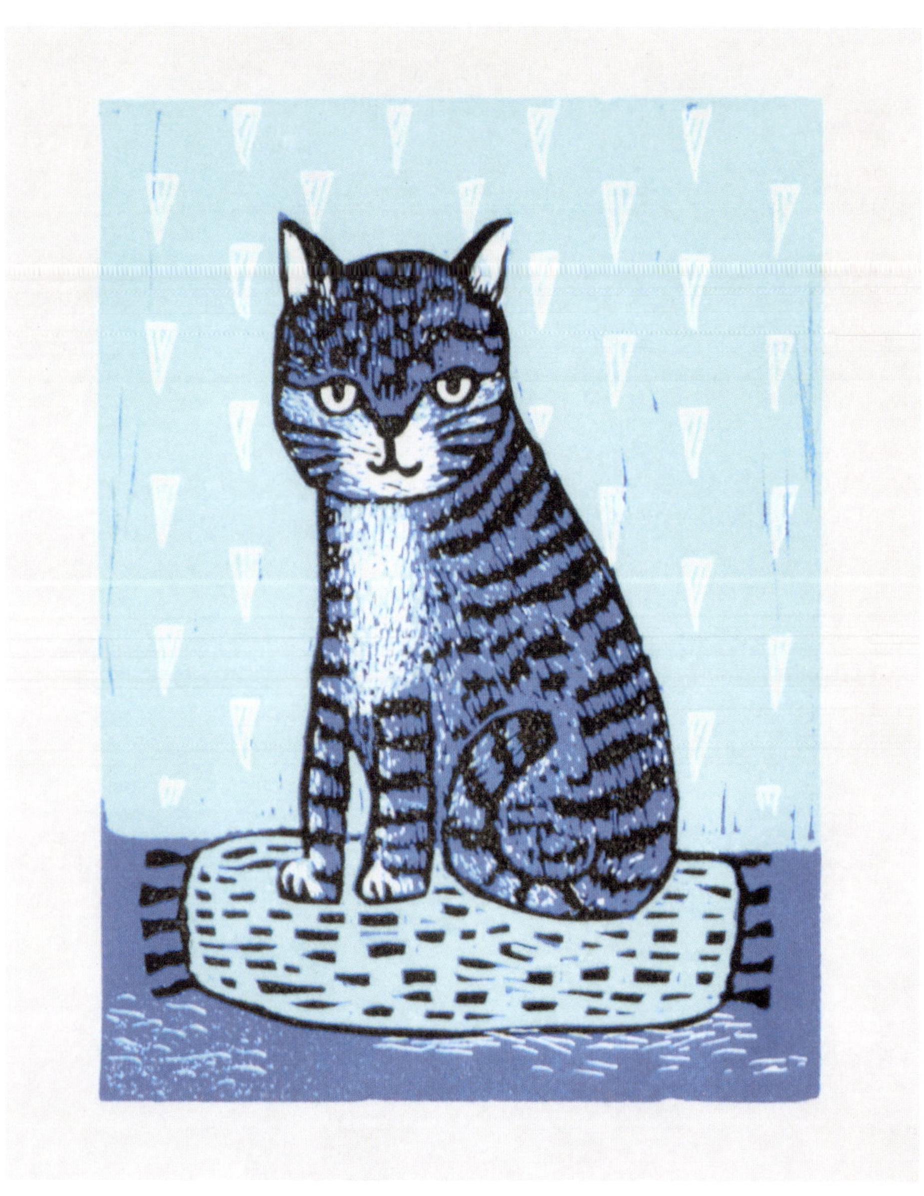

MATERIAL UND WERKZEUG

- Transparentpapier
- Weicher Bleistift
- Buntstifte
- Feste Gummiplatte
- Falzbein
- Schneidematte
- Cutter
- Transparentes Acryllineal
- Linolschnittmesser in mehreren Größen
- (Passepartout-)Karton
- Kreppband
- Wasserlösliche Druckfarben
- Palettenmesser
- Farbwalze
- Palette
- Baren oder Holzlöffel (optional)
- Rotations- oder Schmierpapier
- Japanisches Druckpapier

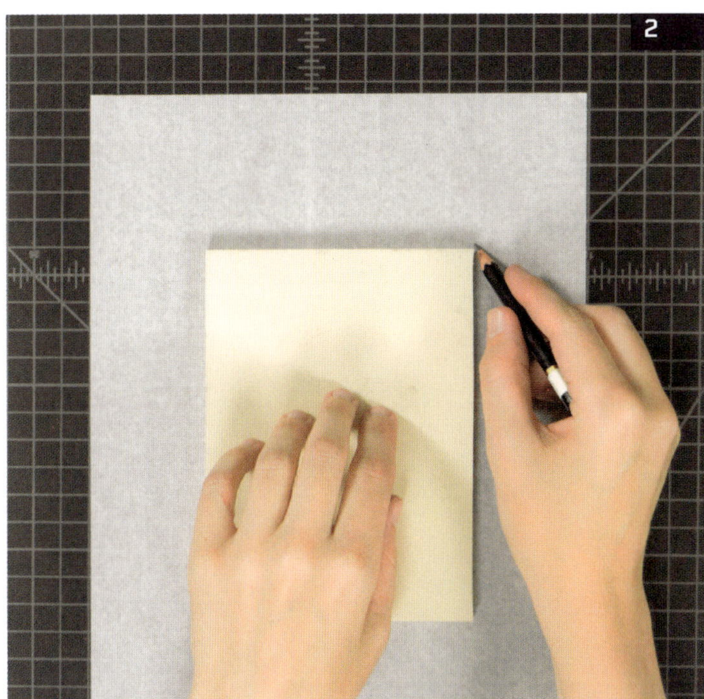

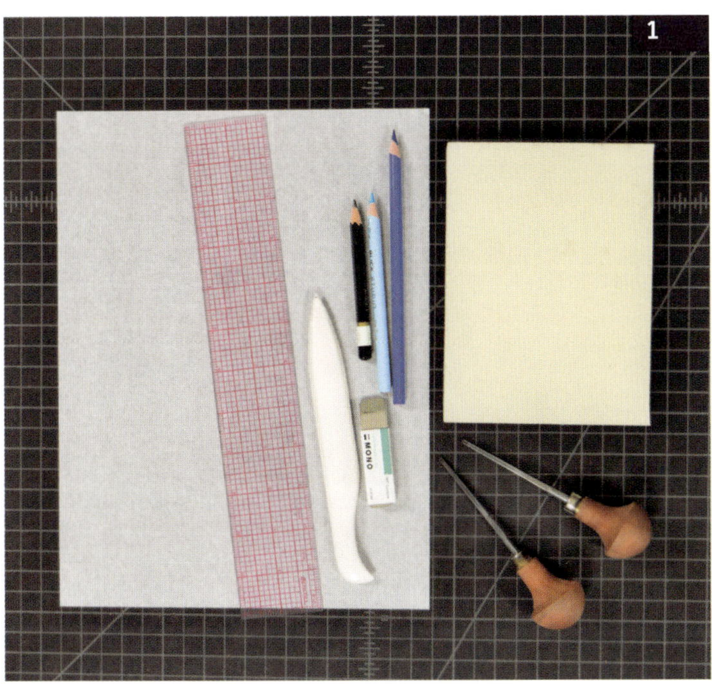

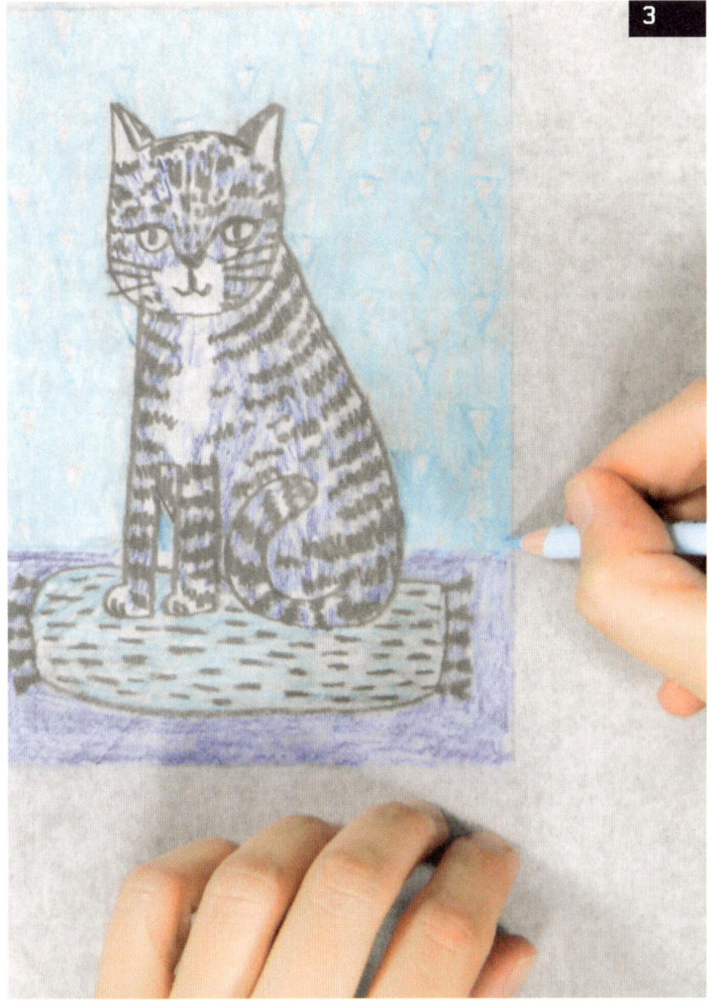

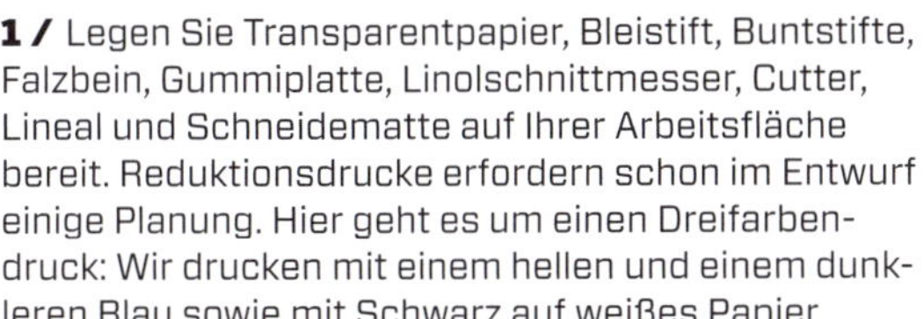

1 / Legen Sie Transparentpapier, Bleistift, Buntstifte, Falzbein, Gummiplatte, Linolschnittmesser, Cutter, Lineal und Schneidematte auf Ihrer Arbeitsfläche bereit. Reduktionsdrucke erfordern schon im Entwurf einige Planung. Hier geht es um einen Dreifarbendruck: Wir drucken mit einem hellen und einem dunkleren Blau sowie mit Schwarz auf weißes Papier.

2 / Einen Bogen Transparentpapier auf die Arbeitsfläche legen. Die Gummiplatte mittig darauflegen und die Konturen mit Bleistift auf dem Papier anzeichnen. Die Platte beiseitelegen.

3 / Zeichnen Sie nun Ihren Entwurf in den Plattenumriss auf das Transparentpapier. Ich zeichne meine Motive für Reduktionsdrucke mit Buntstiften – als Orientierungshilfe beim Schneiden der Platte. Auf diese Weise kann ich mit einem Blick auf meine Zeichnung prüfen, was genau ich in welchem Durchgang wegschneiden muss.

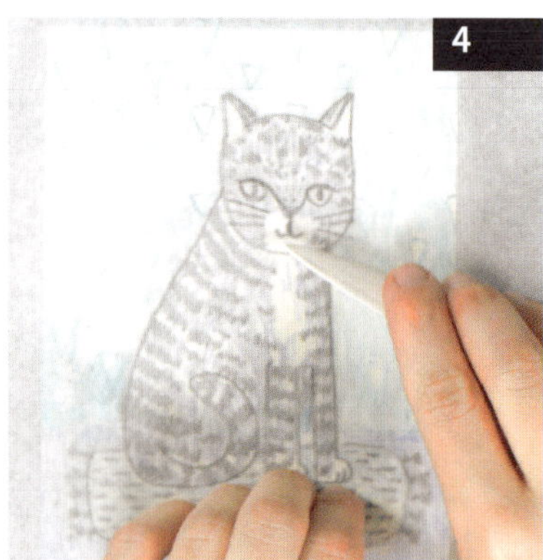

4

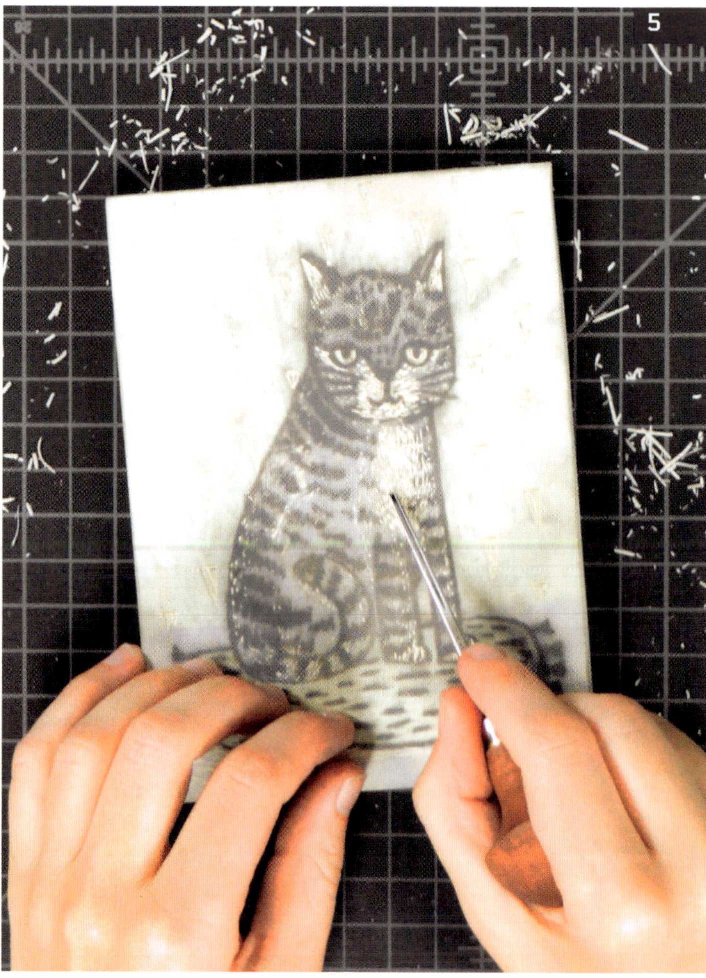

5

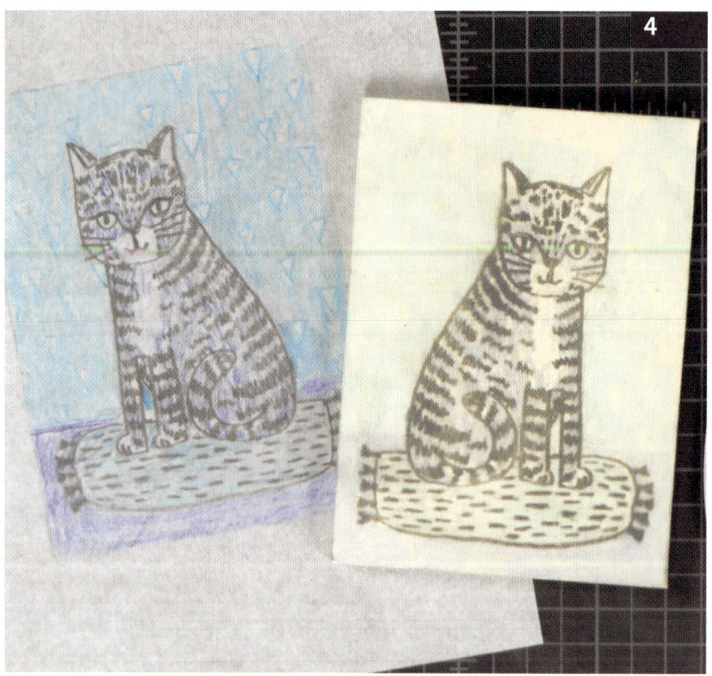

4

4 / Wenn Ihre Zeichnung fertig ist, legen Sie das Transparentpapier mit der Zeichnung nach unten so auf die Gummiplatte, dass die angezeichnete Umrisslinie mit den Plattenkanten übereinstimmt. Das lässt sich dank des Transparentpapiers gut erkennen. Halten Sie mit einer Hand das Papier fest, während Sie mit der anderen Ihr Motiv mithilfe des Falzbeins auf die Platte übertragen, indem Sie das Falzbein mit langen, fließenden Bewegungen und mittlerem Druck von der Mitte nach außen führen. Heben Sie eine Ecke des Papiers an, um sich davon zu überzeugen, dass Sie keine Stelle vergessen haben. Wurde die Zeichnung vollständig übertragen, nehmen Sie das Transparentpapier von der Platte ab.

5 / Beginnen Sie nun mit dem Schneiden der Platte. Wählen Sie den passenden Geißfuß, und tragen Sie nur die Stellen ab, die später weiß (bzw. in der Farbe des Druckpapiers) erscheinen sollen. Bei meinem Motiv habe ich im ersten Durchgang lediglich die weißen Lichter in den Augen der Katze, kleinere Partien im Gesicht, den Latz sowie das weiße Muster der Tapete im Hintergrund herausgeschnitten.

6 / Fertigen Sie eine Ausrichtungshilfe an, indem Sie einen Bogen Karton auf die Maße Ihres Druckpapiers zuschneiden. Kleben Sie die Ausrichtungshilfe mit Kreppband auf Ihre Arbeitsfläche, zentrieren Sie die Gummiplatte auf der Ausrichtungshilfe, und zeichnen Sie die Umrisse der Platte mit Bleistift auf dem Papier an. Nun können Sie die Platte abheben und einfärben.

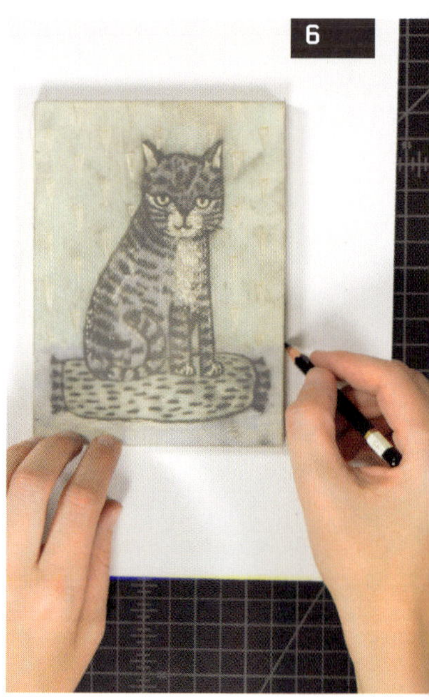

6

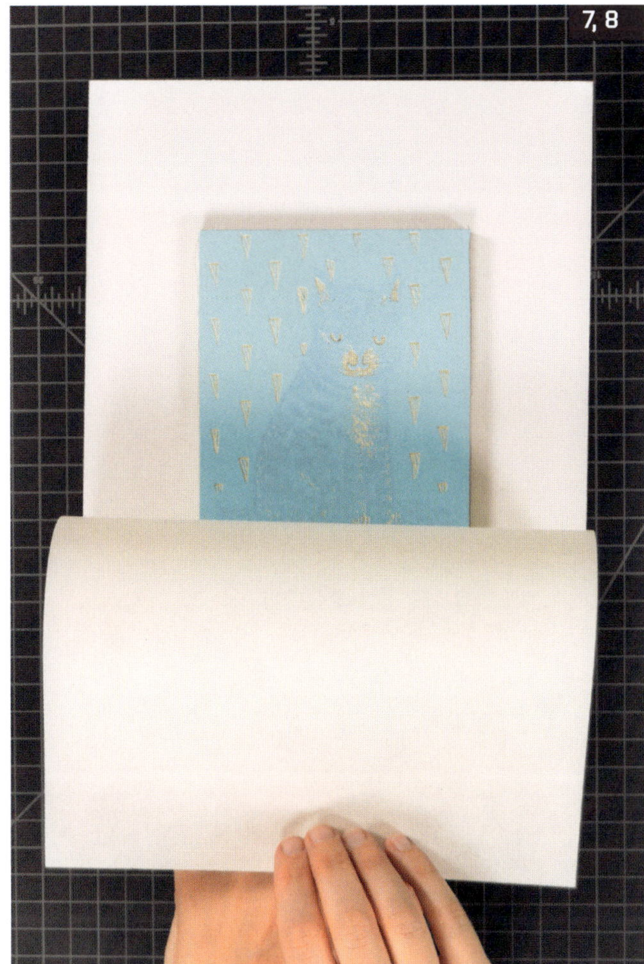

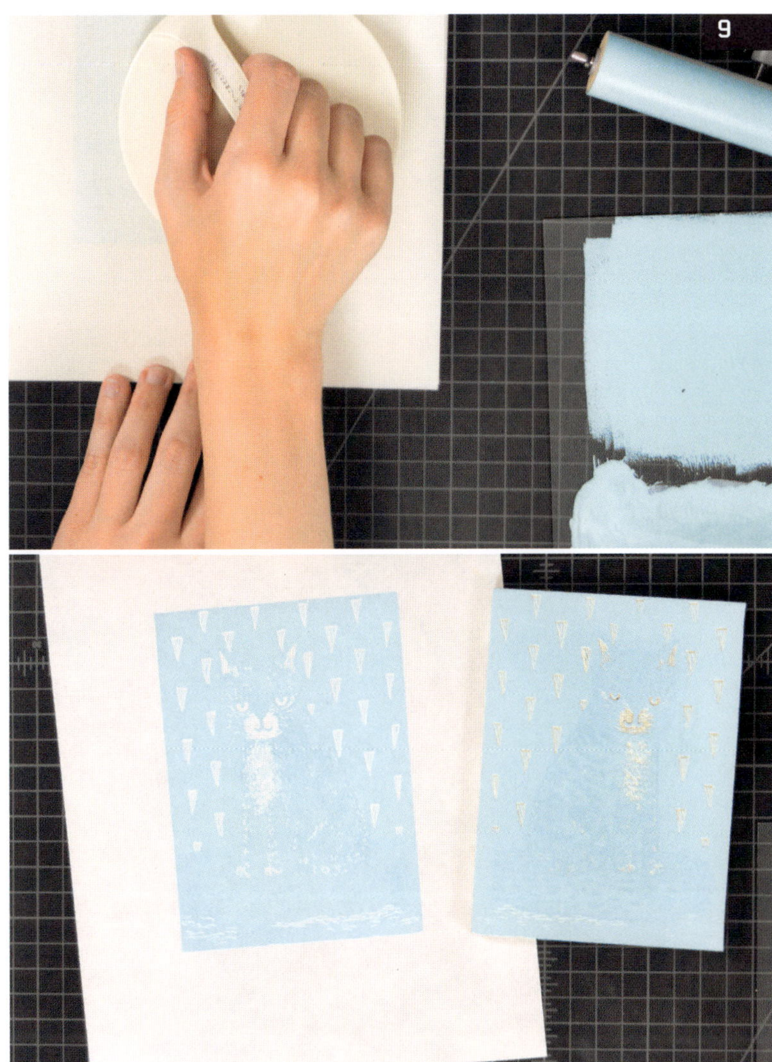

7 / Geben Sie ein wenig Farbe auf die Palette. Da meine hellste Farbe Hellblau ist, habe ich damit begonnen. Nehmen Sie mit der Farbwalze Farbe auf (eine Anleitung finden Sie auf Seite 24), und walzen Sie die Druckplatte dünn und gleichmäßig mit Farbe ein. Platzieren Sie die eingefärbte Platte innerhalb der mit Bleistift angezeichneten Kontur auf der Ausrichtungshilfe. Dabei ist Sorgfalt besonders wichtig, denn für ein gutes Druckergebnis muss die Platte bei jedem Druckdurchgang exakt gleich platziert werden. Stellen Sie gleich mehrere Probeabzüge auf Rotationspapier her, und bewahren Sie sie für die späteren Druckdurchgänge auf.

8 / Wenn Sie mit Ihrem Probeabzug zufrieden sind, walzen Sie die Druckplatte erneut ein, und platzieren Sie sie sorgfältig in den auf der Ausrichtungshilfe angezeichneten Konturen. Legen sie die Unterkante Ihres Druckpapiers an der Unterkante der Ausrichtungshilfe an, und halten Sie es mit einer Hand dort fest, während Sie es mit der anderen vorsichtig auf die Platte rollen.

9 / Die Rückseite des Papiers mit dem Baren, einem Holzlöffel oder den Fingern abreiben. Das Papier abziehen und anschließend alle Probedrucke und die gesamte Druckauflage in Ihrer ersten Farbe drucken. Legen Sie alle fertigen Abzüge zum Trocknen beiseite. Reinigen Sie die Druckplatte mit Wasser und Seife, und lassen Sie sie ebenfalls trocknen.

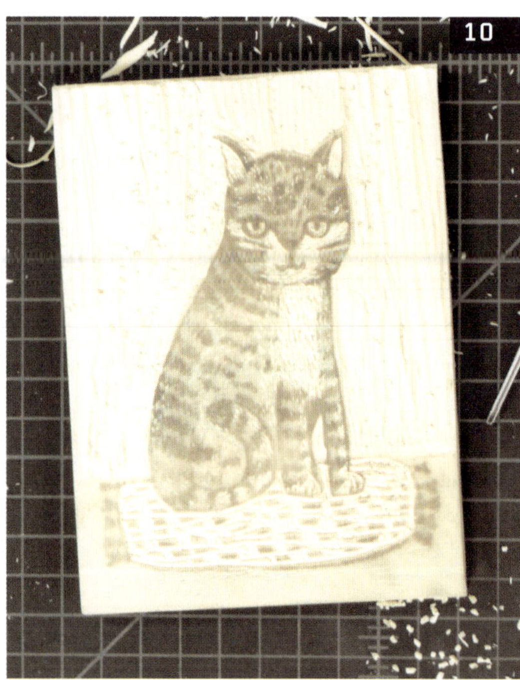

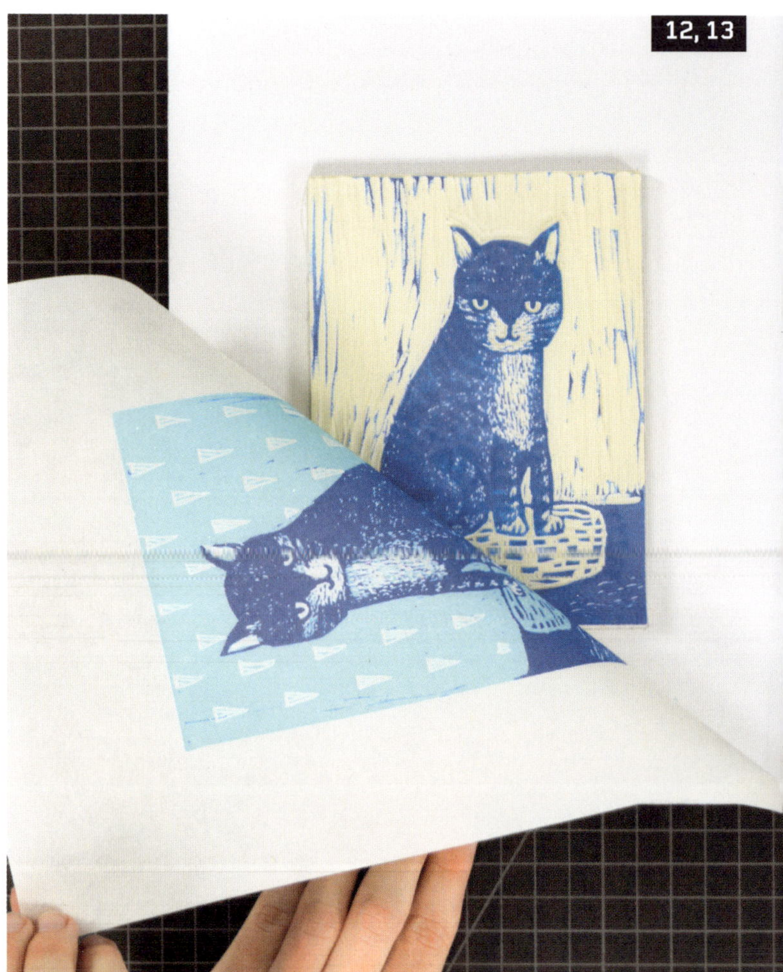

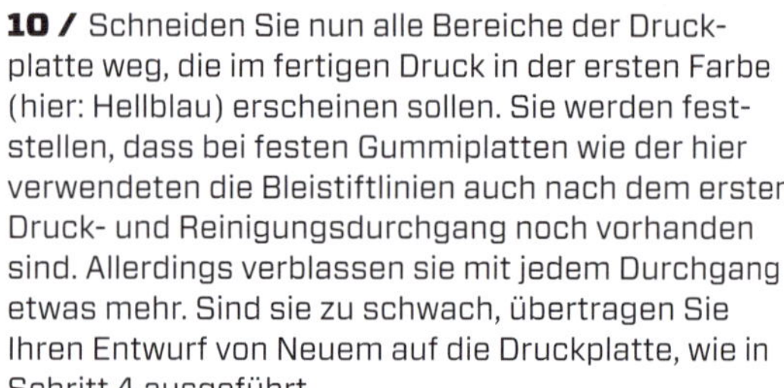

10 / Schneiden Sie nun alle Bereiche der Druckplatte weg, die im fertigen Druck in der ersten Farbe (hier: Hellblau) erscheinen sollen. Sie werden feststellen, dass bei festen Gummiplatten wie der hier verwendeten die Bleistiftlinien auch nach dem ersten Druck- und Reinigungsdurchgang noch vorhanden sind. Allerdings verblassen sie mit jedem Durchgang etwas mehr. Sind sie zu schwach, übertragen Sie Ihren Entwurf von Neuem auf die Druckplatte, wie in Schritt 4 ausgeführt.

11 / Bereiten Sie alles zum Drucken der zweiten Farbe vor (hier: Mittelblau), und walzen Sie die Druckplatte wie in Schritt 7 beschrieben ein.

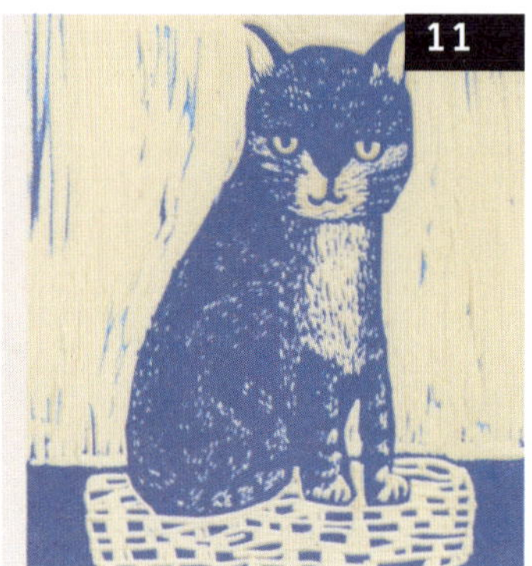

12 / Platzieren Sie die eingefärbte Druckplatte sorgfältig innerhalb der angezeichneten Kontur auf Ihrer Ausrichtungshilfe. Fertigen Sie mit einem der Probeabzüge aus dem ersten Druckdurchgang einen Probeabzug an, um zu prüfen, ob die gedruckten Elemente passgenau platziert sind und die Farbauswahl Ihren Vorstellungen entspricht. Schließen die abgedruckten Elemente nicht perfekt aneinander an, färben Sie die Druckplatte abermals ein und fertigen einen weiteren Probedruck mit einem anderen Probeabzug aus dem ersten Druckdurchgang an.

13 / Wenn Sie mit Ihrem Probeabzug zufrieden sind, drucken Sie, wie in Schritt 8 und 9 beschrieben, Ihre gesamte Druckauflage in Ihrer zweiten Farbe. Anschließend waschen Sie die Druckplatte wieder mit Wasser und Seife ab und lassen sie trocknen.

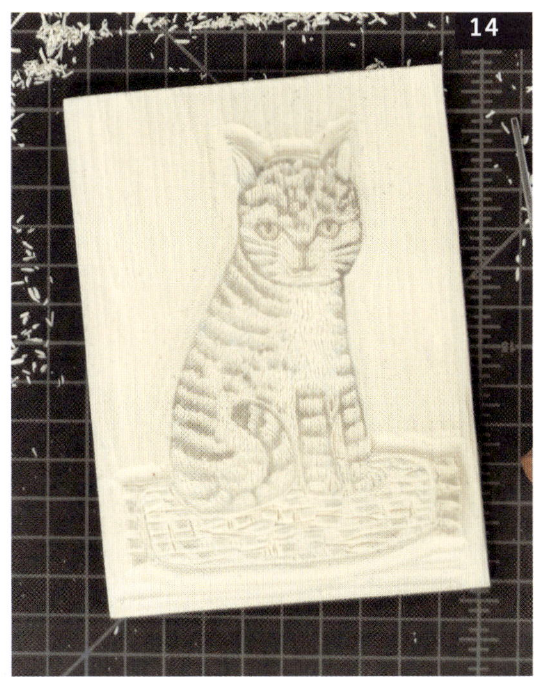

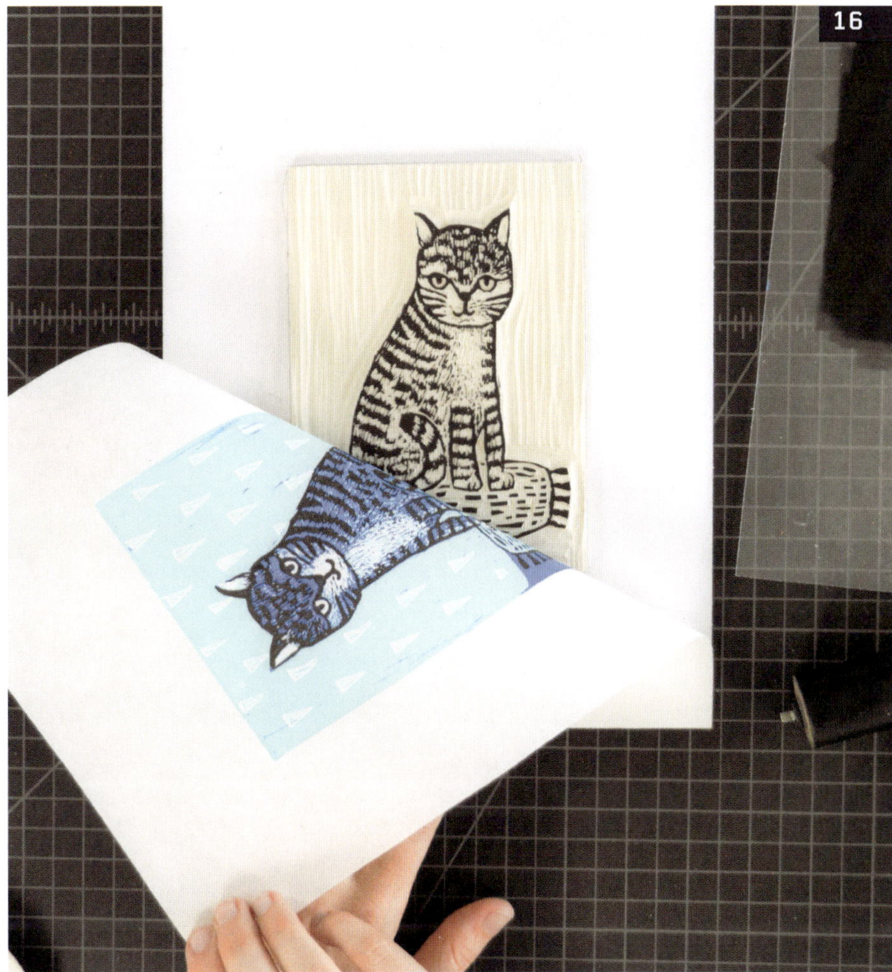

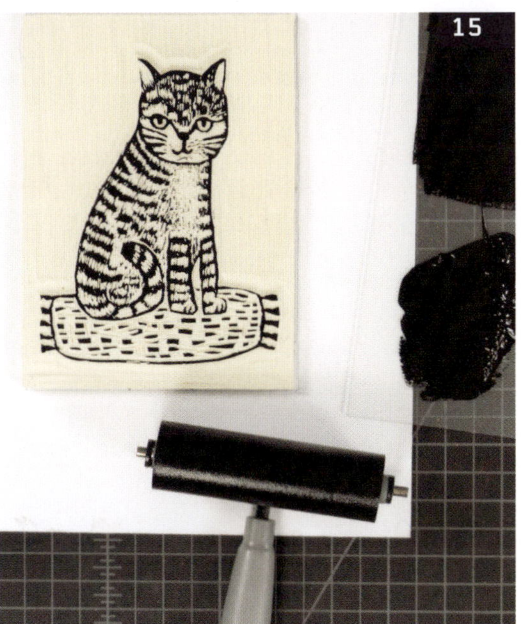

14 / Tragen Sie nun die Bereiche ab, die im fertigen Druck in der zweiten Farbe erscheinen sollen. Bei meinem Katzenmotiv sollten der Fußboden sowie Teile des Teppichs und des Fells der Katze mittelblau bleiben. Werfen Sie beim Schneiden immer wieder einen prüfenden Blick auf Ihre Entwurfszeichnung, um sicherzugehen, dass Ihnen keine Fehler unterlaufen.

15 / Der letzte Druckdurchgang erfolgt mit schwarzer Farbe. Dazu werden die Schritte 7 bis 13 wiederholt.

16 / Ziehen Sie den Abzug von der Druckplatte ab, und klopfen Sie sich auf die Schulter. Sie haben mit einer einzigen Druckplatte drei Druckdurchgänge in drei verschiedenen Farben ausgeführt! Wenn Sie den Bogen erst einmal heraushaben, können Sie mit einer einzigen Platte bis zu einem Dutzend verschiedene Farben drucken.

Bei diesem Druck beginnt alles mit der Kontrastplatte, dem detailliertesten Druckstock, der traditionell zum Schluss mit schwarzer Farbe abgezogen wird. Mehrschichtige Drucke lassen sich mithilfe mehrerer gleich großer Druckplatten anfertigen, eine Methode, die das exakte Platzieren der Farben erleichtert. Dabei können die Schmuckfarben im Voraus gedruckt werden, wozu man Druckplatten derselben Größe verwendet, auf die man den auf Transparentpapier durchgepausten Entwurf übertragen hat. Diese Blumenvase im Retrolook erinnert mit ihren Formen und Farben an die 1970er-Jahre.

MEHRPLATTENDRUCK: BLUMENVASE IM RETROLOOK

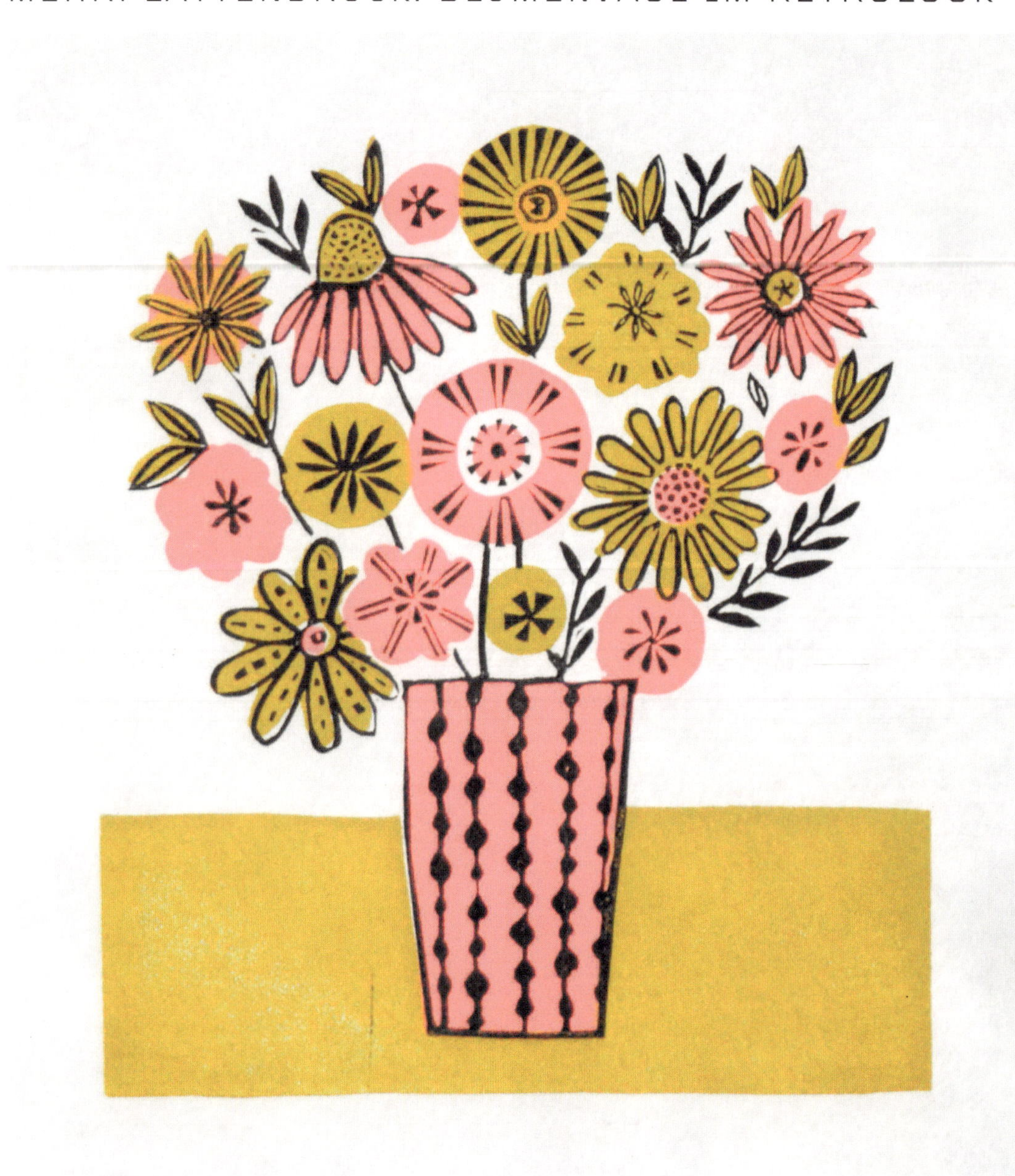

MATERIAL UND WERKZEUG

- Weicher Bleistift
- Zeichenpapier
- Radiergummi
- Lichtkasten (optional)
- Transparentpapier
- 3 feste Gummiplatten
- Schneidematte
- Falzbein
- Cutter
- Transparentes Acryllineal
- Linolschnittmesser in mehreren Größen
- Borstenpinsel
- Wasser, Seife und Schwamm oder Feuchttuch
- (Passepartout-)Karton
- Kreppband
- Wasserlösliche Druckfarben
- Palettenmesser
- Farbwalze
- Palette
- Rotations- oder Schmierpapier
- Baren oder Holzlöffel
- Washi-Papier

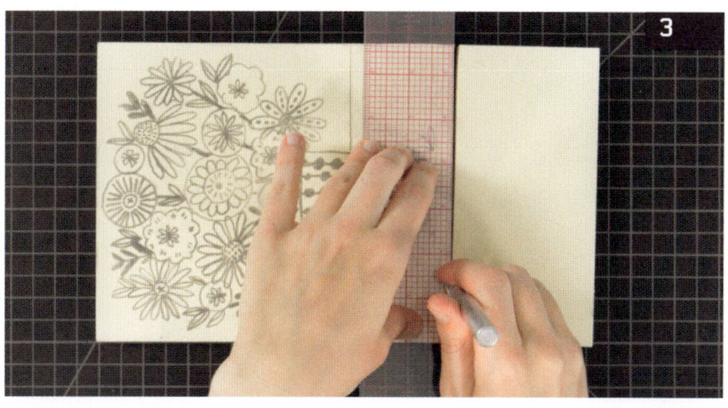

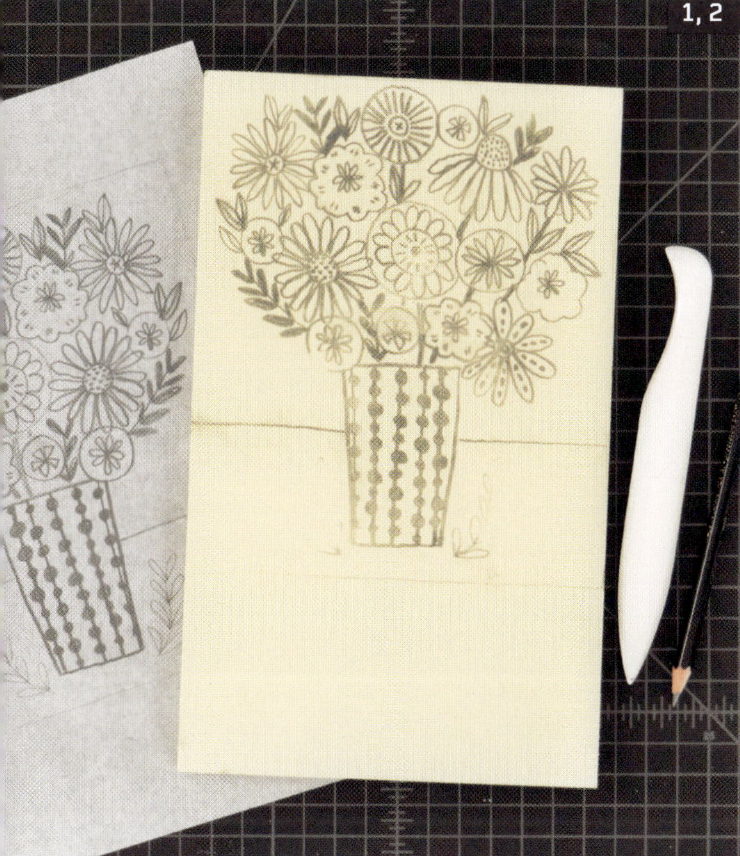

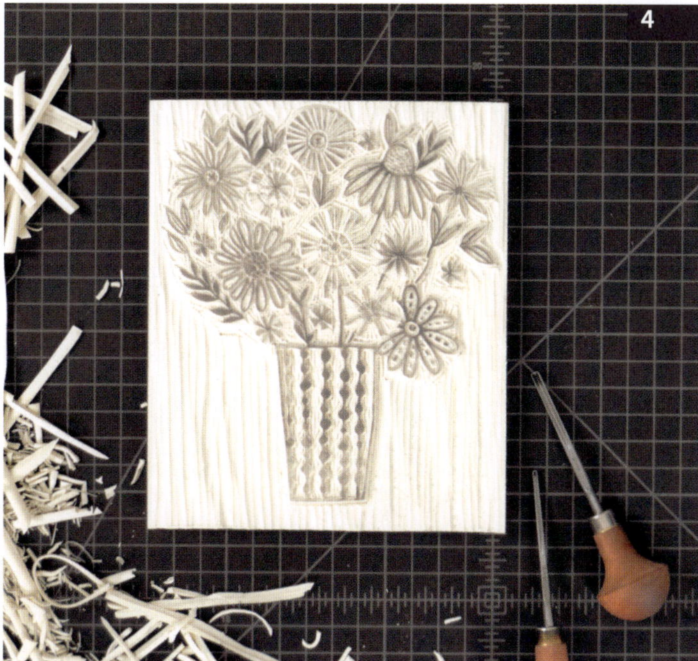

1 / Zeichnen Sie Ihr Motiv auf Zeichenpapier, und umrahmen Sie es. Alle für das Projekt verwendeten Druckplatten werden später mithilfe dieser Rahmenlinien zugeschnitten. Legen Sie die Zeichnung auf einen Lichtkasten, oder kleben Sie sie mit Kreppband auf eine Fensterscheibe. Nun einen Bogen Transparentpapier über die Zeichnung legen oder mit Kreppband darüberkleben und die Zeichnung mit einem weichen Bleistift detailgetreu durchpausen. Achten Sie darauf, sämtliche Linien sauber nachzuzeichnen. Da alle Linien anschließend auf den Druckstock übertragen werden, müssen Sie jeden Fehler ausradieren.

2 / Legen Sie die erste Gummiplatte auf die Schneidematte und das Transparentpapier mit der Zeichnung nach unten auf die Platte. Um die Zeichnung auf die Platte zu übertragen, halten Sie mit einer Hand das Papier fest, während Sie die Rückseite mit der anderen Hand in langen, fließenden Bewegungen mit dem Falzbein von der Mitte nach außen abreiben. Vergewissern Sie sich, dass der Entwurf vollständig übertragen wurde, und wiederholen Sie den Vorgang mit den anderen beiden Gummiplatten.

3 / Als Nächstes schneiden Sie alle drei Platten mit Cutter und Lineal auf die Maße der in Schritt 1 gezeichneten Umrahmung zu. Setzen Sie dabei pro Kante einen einzigen, glatten Schnitt, der die Platte bis hinab zur Schneidematte durchtrennt.

4 / Nun können Sie die Kontrastplatte mit verschiedenen Hohleisen und Geißfüßen schneiden. Wählen Sie für die Konturen einen mittelgroßen Geißfuß, zum Abtragen größerer Flächen ein breiteres Hohleisen.

Danach schneiden Sie mit einem kleinen Geißfuß die Details in die Platte. Wenn Sie fertig sind, entfernen Sie mit dem Borstenpinsel etwaige in den Vertiefungen verbliebene Krümel. Die Platte mit Wasser und Seife abwaschen und trocknen lassen.

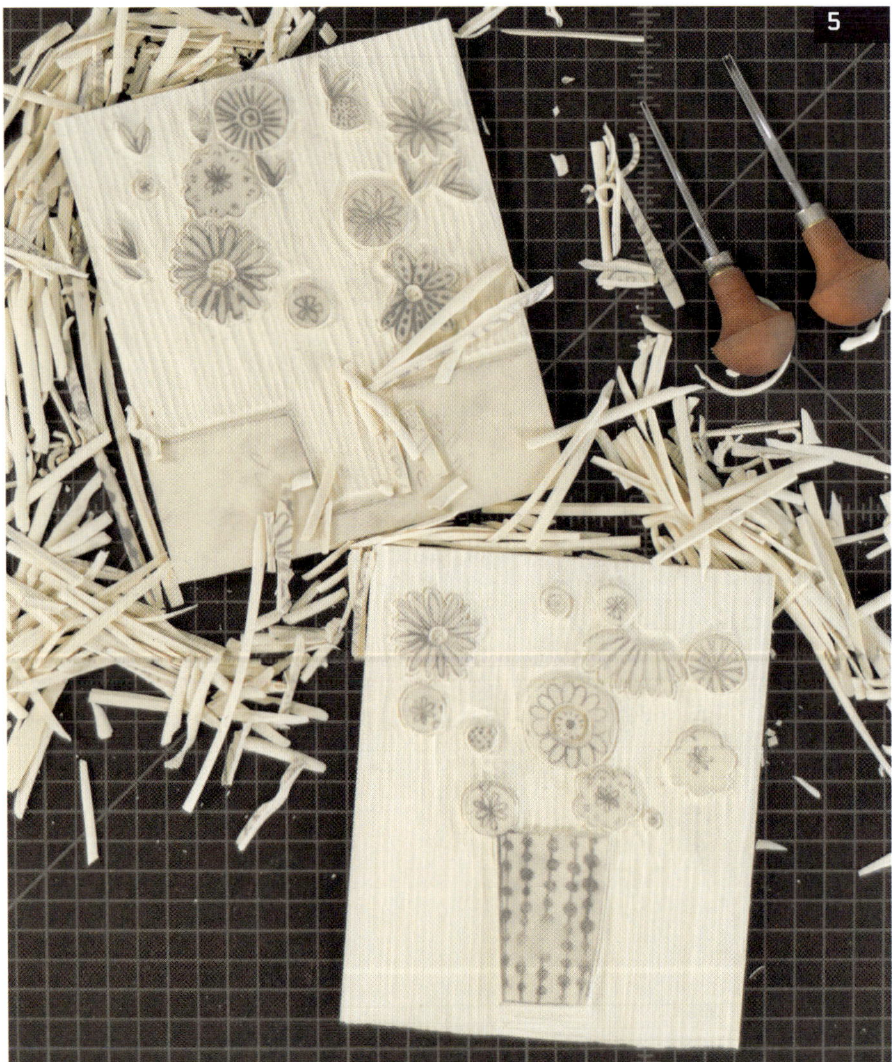

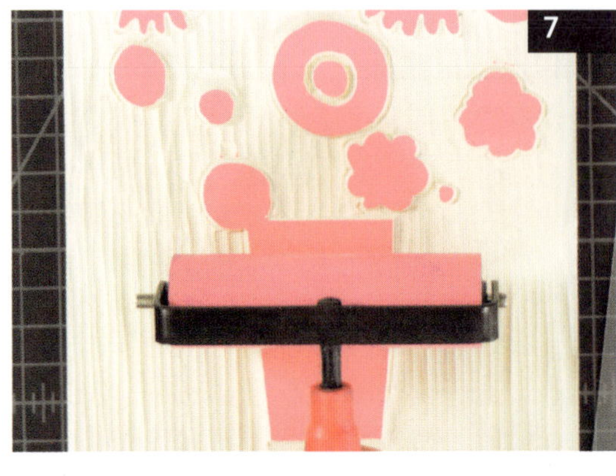

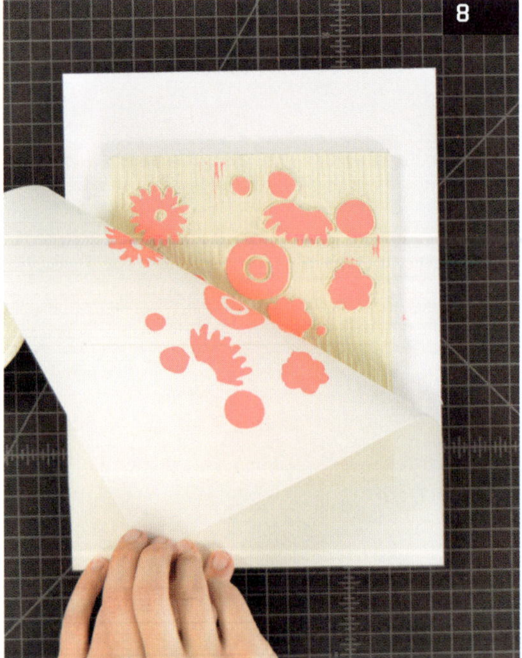

5 / Nehmen Sie sich nun die beiden Gummiplatten für die Schmuckfarben vor (in meinem Entwurf Rosa und Gelb). Legen Sie fest, welche Partien Ihres Motivs Sie in welcher Farbe gestalten wollen. Schneiden Sie alle Stellen weg, die nicht drucken sollen. Werfen Sie dabei, falls nötig, immer wieder einen Blick auf Ihre Ausgangszeichnung, damit Ihnen kein Fehler unterläuft.

6 / Fertigen Sie eine Ausrichtungshilfe an, indem Sie einen Bogen Karton auf die Maße Ihres Druckpapiers zuschneiden. Die Ausrichtungshilfe mit Kreppband auf die Arbeitsfläche kleben. Zentrieren Sie eine der Druckplatten auf der Ausrichtungshilfe, und umfahren Sie die Plattenkanten mit dem Bleistift, um die Umrisse der Platte auf der Ausrichtungshilfe anzuzeichnen. Nehmen Sie die Druckplatte ab, und vergewissern Sie sich, dass auch die beiden anderen Druckplatten genau in den angezeichneten Umriss passen.

7 / Nun werden die Schmuckfarben gedruckt. Entscheiden Sie sich, mit welcher Farbe Sie beginnen wollen. Geben Sie ein wenig Farbe auf die Palette (eine Anleitung finden Sie auf Seite 24), nehmen Sie sie mit der Farbwalze auf, und walzen Sie die Druckplatte in dünnen, gleichmäßigen Schichten mit Farbe ein.

8 / Die eingefärbte Druckplatte genau innerhalb der angezeichneten Umrisslinie auf der Ausrichtungshilfe platzieren. Stellen Sie zunächst mit Rotationspapier einen Probeabzug her, und legen Sie ihn zum Trocknen beiseite. Bei dieser Technik muss der Probedruck für jede weitere Farbe auf diesem ersten Probeabzug erfolgen. Nun legen Sie Ihr Druckpapier passgenau an der Unterkante der Ausrichtungshilfe an. Halten Sie es mit einer Hand dort fest, während Sie es mit der anderen langsam auf der eingefärbten Druckplatte ausrollen. Die Rückseite des Papiers sorgfältig mit dem Baren, einem Holzlöffel oder den Fingern abreiben und wieder von der Druckplatte ziehen. Drucken Sie Ihre gesamte Auflage in dieser Farbe, und legen Sie die fertigen Abzüge zum Trocknen zur Seite.

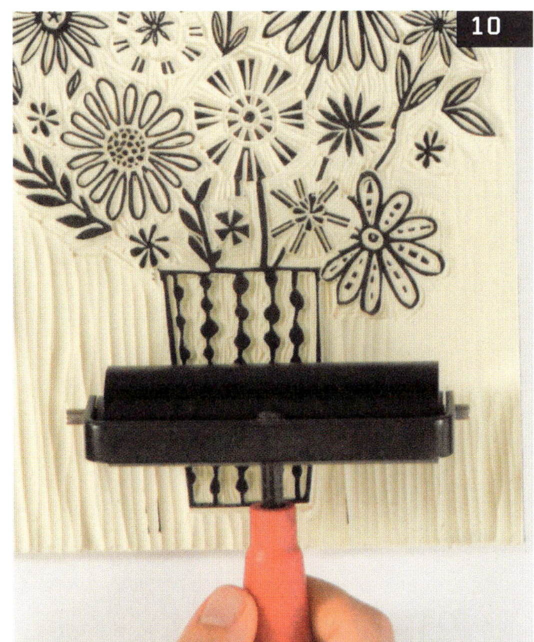

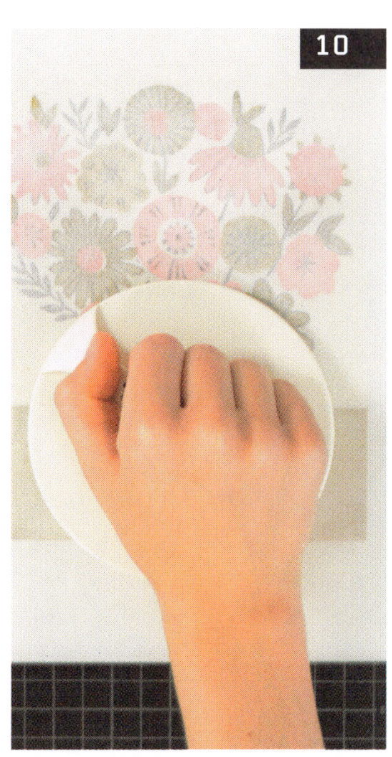

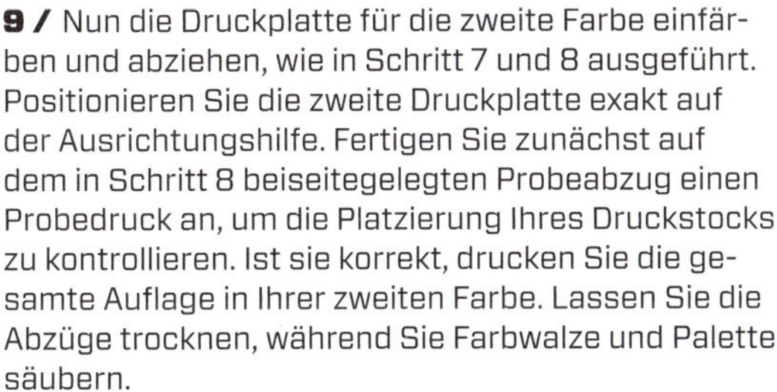

9 / Nun die Druckplatte für die zweite Farbe einfärben und abziehen, wie in Schritt 7 und 8 ausgeführt. Positionieren Sie die zweite Druckplatte exakt auf der Ausrichtungshilfe. Fertigen Sie zunächst auf dem in Schritt 8 beiseitegelegten Probeabzug einen Probedruck an, um die Platzierung Ihres Druckstocks zu kontrollieren. Ist sie korrekt, drucken Sie die gesamte Auflage in Ihrer zweiten Farbe. Lassen Sie die Abzüge trocknen, während Sie Farbwalze und Palette säubern.

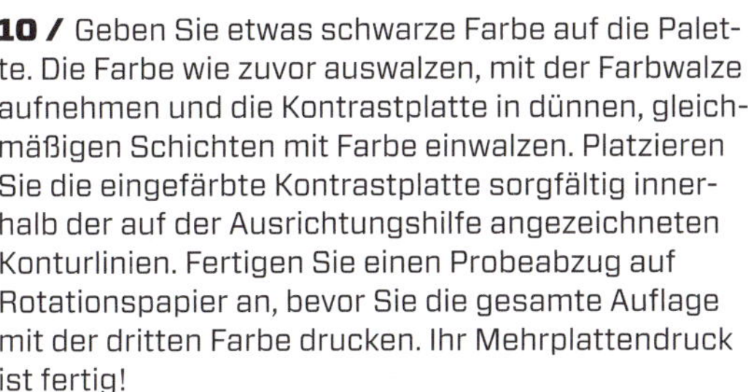

10 / Geben Sie etwas schwarze Farbe auf die Palette. Die Farbe wie zuvor auswalzen, mit der Farbwalze aufnehmen und die Kontrastplatte in dünnen, gleichmäßigen Schichten mit Farbe einwalzen. Platzieren Sie die eingefärbte Kontrastplatte sorgfältig innerhalb der auf der Ausrichtungshilfe angezeichneten Konturlinien. Fertigen Sie einen Probeabzug auf Rotationspapier an, bevor Sie die gesamte Auflage mit der dritten Farbe drucken. Ihr Mehrplattendruck ist fertig!

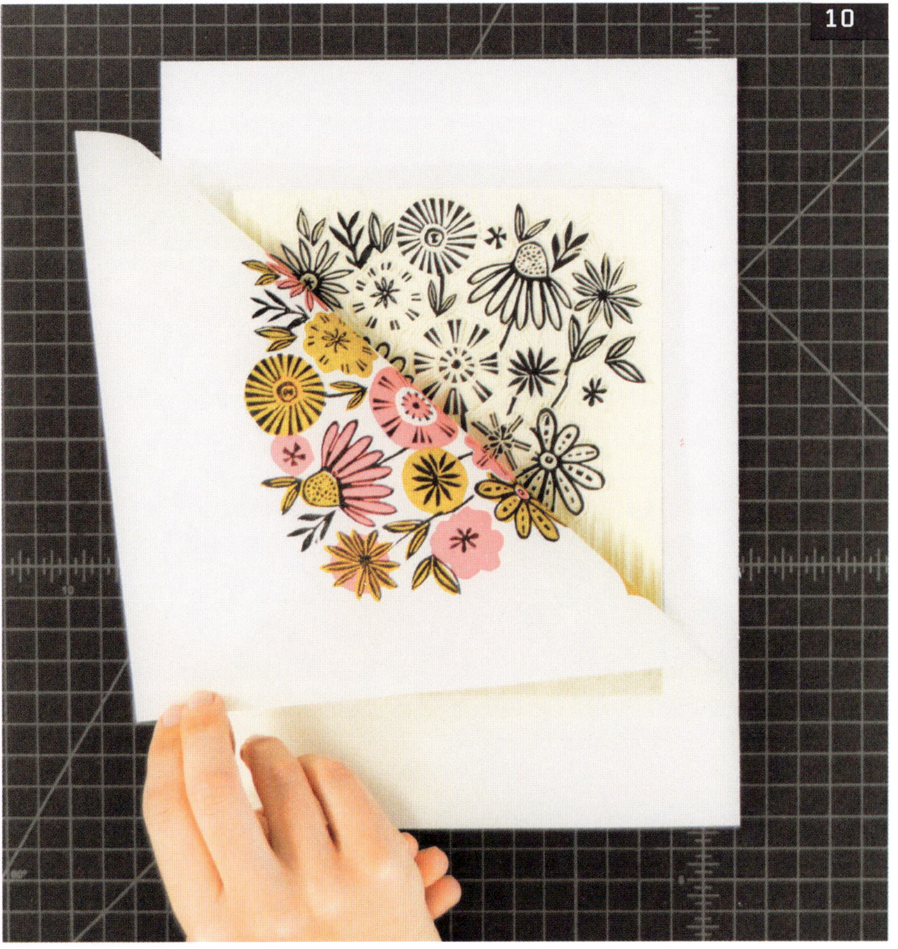

Mehrfarbige Drucke wirken besonders lebendig. Mithilfe dieser einfachen Puzzlemethode, bei der die Druckstöcke für die Schmuckfarben aus der Platte geschnitten und später der Motivzeichnung entsprechend angeordnet werden, kann man mit nur zwei Platten in nur zwei Druckdurchgängen einen Vierfarbendruck gestalten. Für kleinere Drucke in dieser Technik sind feste Gummiplatten ideal.

ZWEIPLATTENDRUCK: VOGEL AUF EINEM ZWEIG

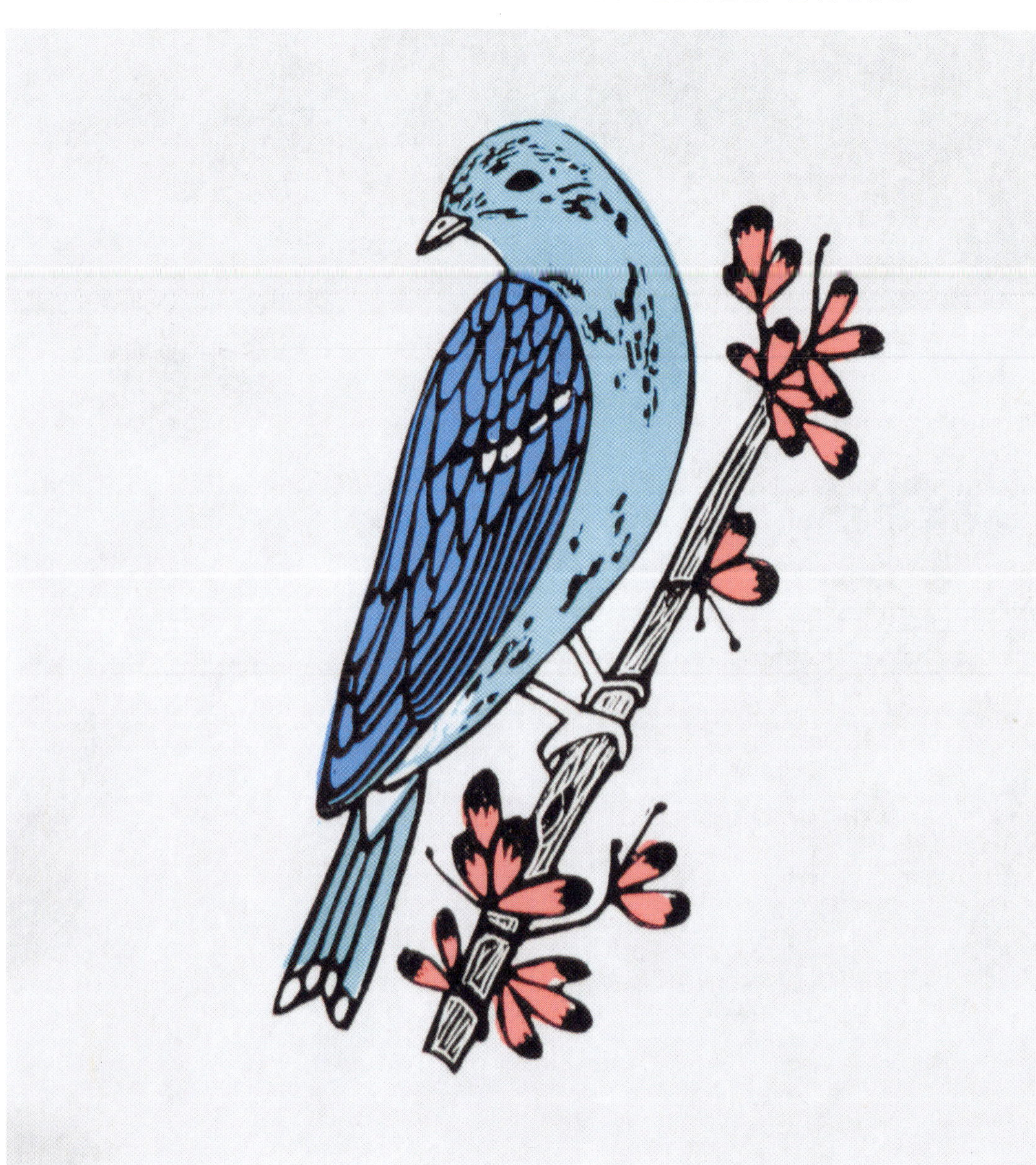

MATERIAL UND WERKZEUG

- Weicher Bleistift
- Zeichenpapier
- Radiergummi
- Lichtkasten (optional)
- Transparentpapier
- 2 feste Gummiplatten
- Falzbein
- Schneidematte
- Cutter
- Transparentes Acryllineal
- Linolschnittmesser in mehreren Größen
- Borstenpinsel
- Wasser, Seife und Schwamm oder Feuchttuch
- Druckfarben
- Palettenmesser
- Farbwalzen
- Paletten
- Overheadfolie
- (Passepartout-)Karton
- Kreppband
- Buntstift
- Rotations- oder Schmierpapier
- Baren oder Holzlöffel
- Washi-Papier

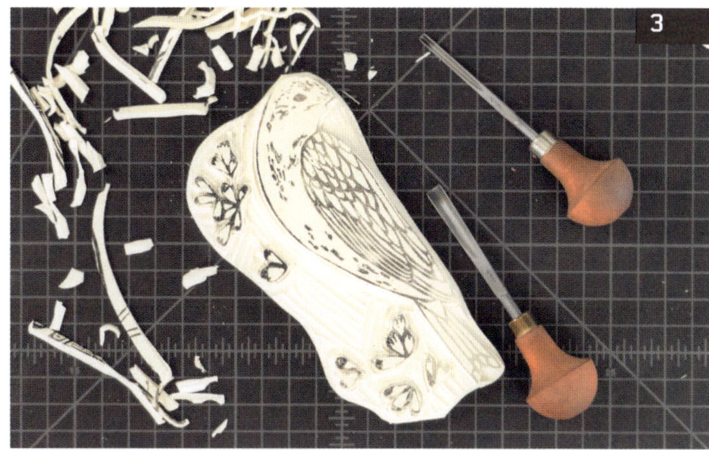

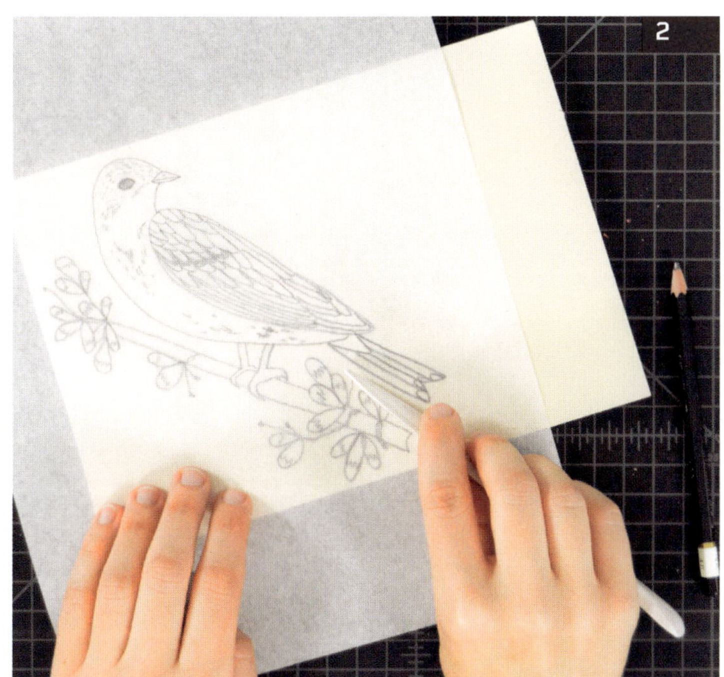

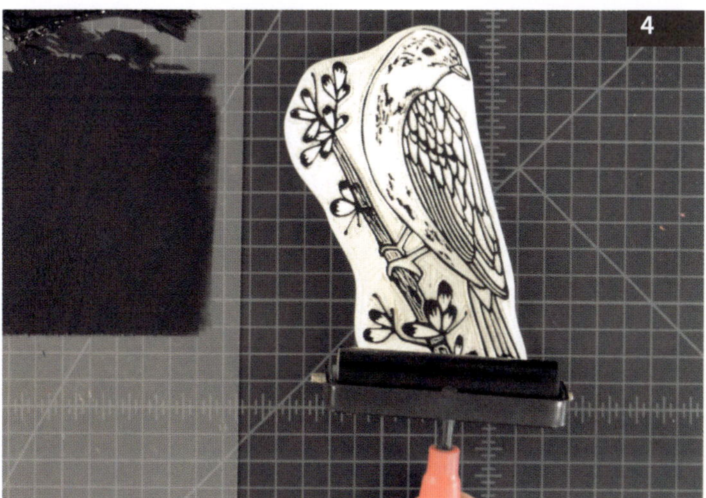

1 / Für diese Art von Druck benötigt man eine detaillierte Kontrastplatte. Sie wird bei Mehrfarbendrucken in Schwarz abgezogen und verbindet die Schmuckfarbenbereiche miteinander. Zeichnen Sie Ihr Motiv mit einem weichen Bleistift auf Zeichenpapier. Legen Sie die Zeichnung auf einen Lichtkasten, oder kleben Sie sie mit Kreppband auf eine Fensterscheibe. Nun einen Bogen Transparentpapier über die Zeichnung legen oder mit Kreppband darüberkleben und das Motiv mit einem weichen Bleistift detailgetreu durchpausen. Da alle Linien anschließend auf den Druckstock übertragen werden, müssen Sie jeden Fehler ausradieren.

2 / Fertigen Sie dann zunächst die Kontrastplatte an. Dazu das Transparentpapier mit der Zeichnung nach unten auf eine Gummiplatte legen. Übertragen Sie die Zeichnung auf die Platte, indem Sie mit einer Hand das Papier festhalten und mit der anderen die Papierrückseite mit dem Falzbein abreiben. Dabei von der Mitte nach außen arbeiten. Heben Sie eine Ecke des Papiers an, um zu prüfen, ob der Entwurf korrekt übertragen wurde. Wenn ja, das Papier von der Platte nehmen.

3 / Legen Sie die Kontrastplatte auf die Schneidematte, und schneiden Sie Ihr Motiv mit dem Cutter aus, wobei Sie ringsherum einen schmalen Rand stehen lassen. Anschließend werden die Konturen mit einem mittelgroßen Geißfuß und größere Hintergrundflächen mit einem Hohleisen ausgehoben. Für das Schneiden feinerer Details eignet sich ein kleiner Geißfuß. Entfernen Sie etwaige in den Vertiefungen verbliebene Krümel mit dem Borstenpinsel, bevor Sie die Platte mit Wasser und Seife abwaschen und trocknen lassen.

4 / Als Nächstes wird das in die Kontrastplatte geschnittene Motiv auf die zweite Gummiplatte übertragen. Legen Sie die Palette, das Palettenmesser, schwarze Farbe, eine Farbwalze und die Overheadfolie bereit. Rollen Sie gemäß der Anleitung auf Seite 24 etwas schwarze Farbe auf der Palette aus, und walzen Sie die Kontrastplatte in dünnen, gleichmäßigen Schichten ein. Eine mittlere Menge Farbe genügt, da die Platte auf die Overheadfolie gedruckt wird.

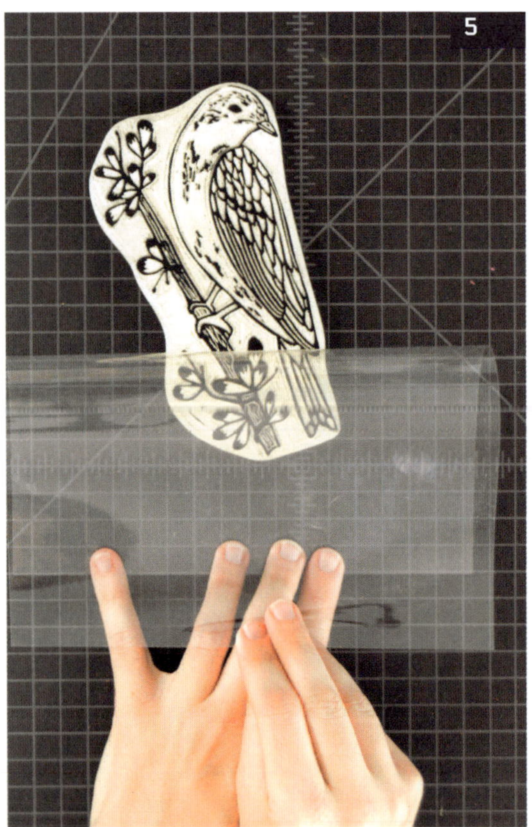

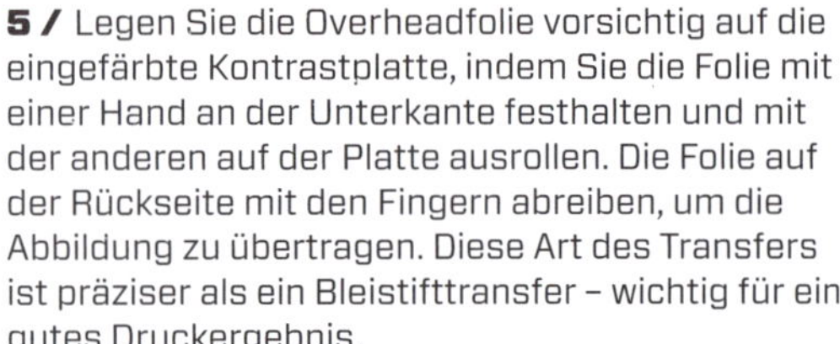

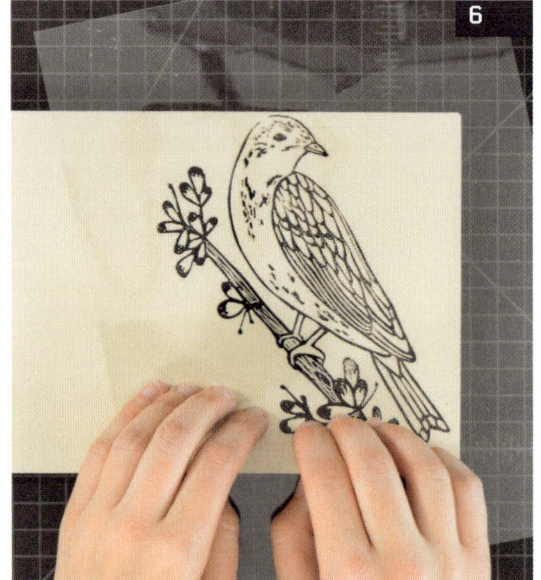

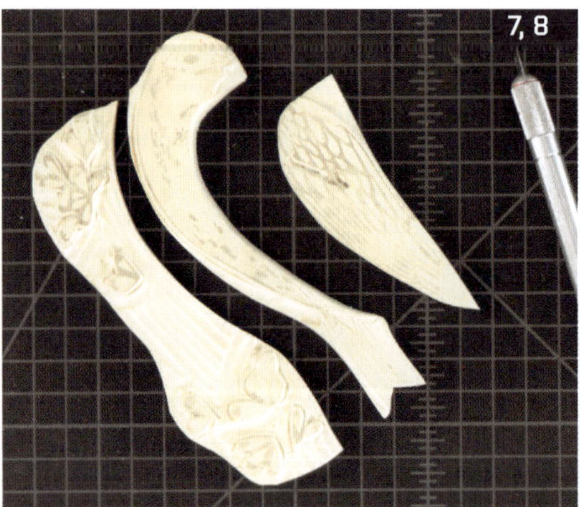

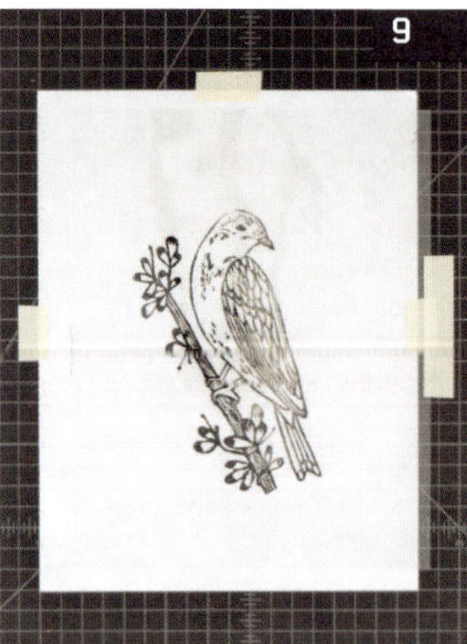

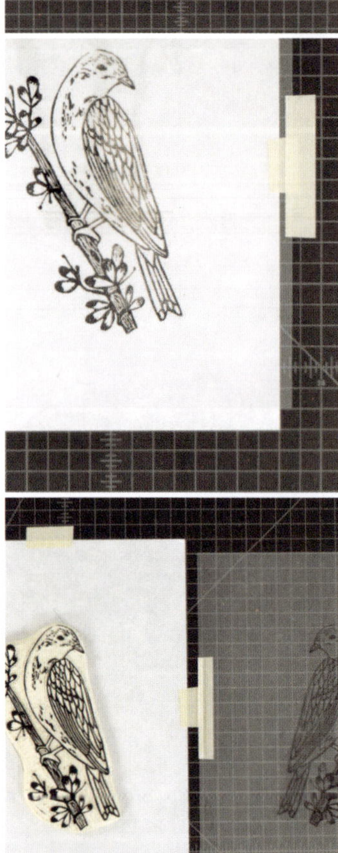

5 / Legen Sie die Overheadfolie vorsichtig auf die eingefärbte Kontrastplatte, indem Sie die Folie mit einer Hand an der Unterkante festhalten und mit der anderen auf der Platte ausrollen. Die Folie auf der Rückseite mit den Fingern abreiben, um die Abbildung zu übertragen. Diese Art des Transfers ist präziser als ein Bleistifttransfer – wichtig für ein gutes Druckergebnis.

6 / Legen Sie jetzt die zweite Gummiplatte auf Ihre Arbeitsfläche. Nehmen Sie die Overheadfolie von der eingefärbten Kontrastplatte ab, und legen Sie sie *mit der noch nassen Farbe* nach unten auf die ungeschnittene Platte. Zum Übertragen der Farbe die Rückseite der Folie abreiben. Die Folie abnehmen, beiseitelegen und die Farbe auf der Gummiplatte trocknen lassen. Die bedruckte Overheadfolie benötigen Sie später noch einmal, um die Druckstöcke für den Druck zu positionieren.

7 / Nun können die Druckstöcke für die Schmuckfarben geschnitten werden: Benutzen Sie den Cutter, um außen an den Konturen des übertragenen Entwurfs entlangzuschneiden, und Linolschnittmesser, um größere frei bleibende Hintergrundflächen abzutragen.

8 / Werfen Sie zunächst einen Blick auf Ihre Entwurfszeichnung, um die Position der Schmuckfarbenbereiche zu kontrollieren. Mein Entwurf enthält drei farbige Bereiche, nämlich die Brust und den Flügel des Vogels sowie die Blüten. Diese Bereiche mit dem Cutter ausschneiden. Drücken Sie dabei den Cutter so fest auf, dass er durch die volle Dicke der Platte schneidet, und ziehen Sie ihn vorsichtig auf sich zu. Zum Schneiden von Bögen wird die Platte gedreht. Das sauberste Ergebnis erhält man mit einem einzigen, glatten Schnitt.

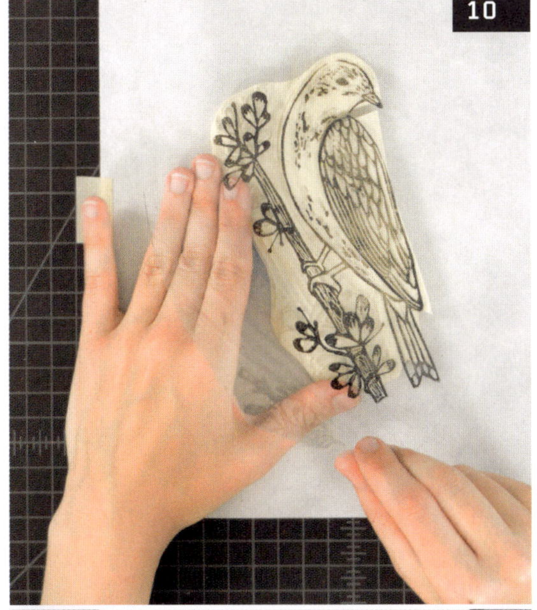

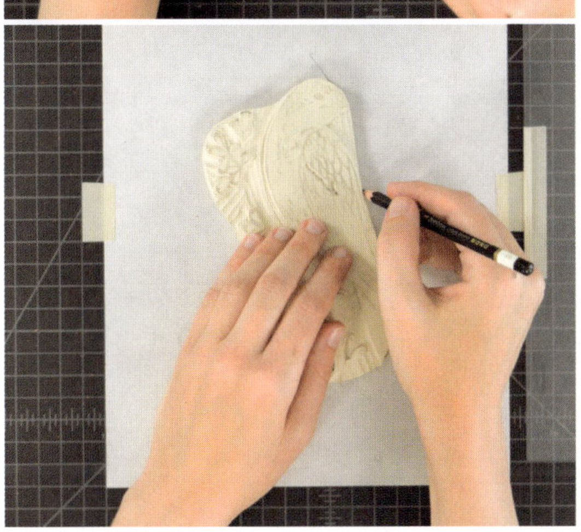

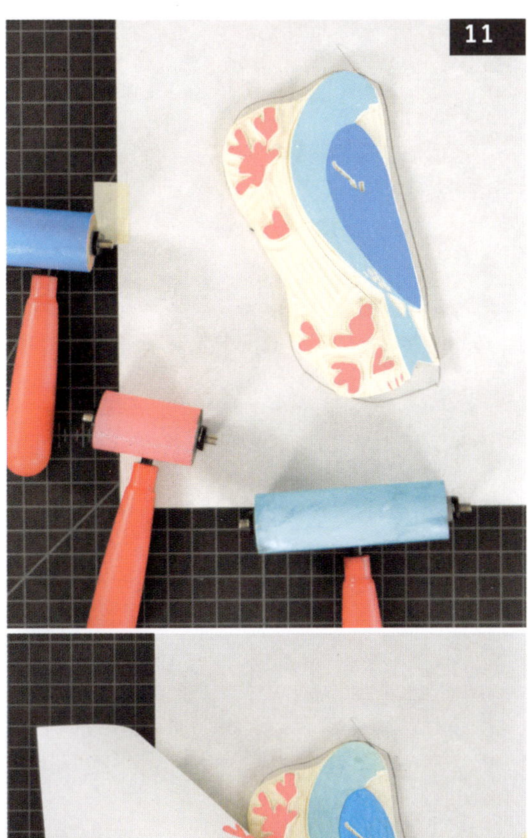

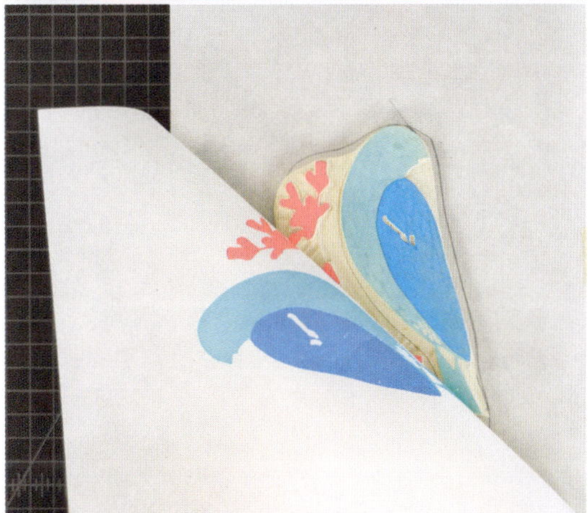

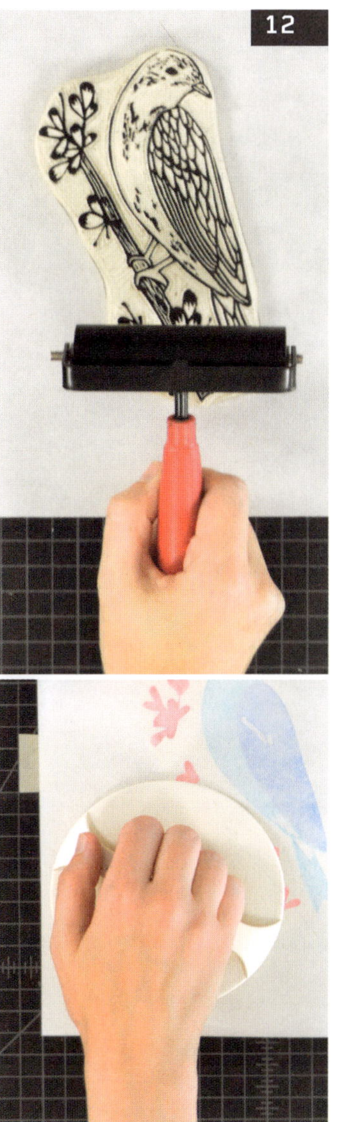

9 / Fertigen Sie eine Ausrichtungshilfe an, indem Sie einen Bogen Karton auf die Maße Ihres Druckpapiers zuschneiden. Kleben Sie die Ausrichtungshilfe mit Kreppband auf Ihre Arbeitsfläche. Wenn die in Schritt 5 auf die Overheadfolie übertragene Farbe trocken ist, die Folie mit der Farbseite nach unten mittig auf die Ausrichtungshilfe legen und an einer Seite mit Kreppband auf die Arbeitsfläche kleben. Legen Sie Ihre Kontrastplatte auf die Ausrichtungshilfe, klappen Sie die Folie darüber, und platzieren Sie die Druckplatte deckungsgleich mit dem Motiv auf der Folie. Klappen Sie die Folie zur Seite, und zeichnen Sie die Umrisse Ihrer Platte auf der Ausrichtungshilfe an. Legen Sie die Kontrastplatte beiseite.

10 / Setzen Sie nun die drei Druckstöcke für die Schmuckfarben unter der Overheadfolie so auf der Ausrichtungshilfe zusammen, dass sie sich mit den entsprechenden Motivbereichen auf der Folie decken. Entfernen Sie die Overheadfolie, und zeichnen Sie die Umrisse der Druckstöcke mit Buntstift auf der Ausrichtungshilfe an, um sie von den Konturen der Kontrastplatte unterscheiden zu können. Nehmen Sie die Druckstöcke ab.

11 / Als Erstes werden alle Schmuckfarben auf einmal gedruckt. Es empfiehlt sich, dafür kleine Farbwalzen und für jede Farbe eine eigene Palette zu verwenden. Die drei Druckstöcke einzeln einwalzen und in den Buntstiftkonturen auf der Ausrichtungshilfe platzieren. Zunächst einen Probeabzug auf Rotationspapier anfertigen, dann die Druckstöcke abermals einfärben. Das Druckpapier an der Unterkante der Ausrichtungshilfe anlegen und vorsichtig auf den Druckstöcken ausrollen. Abreiben, abziehen und zum Trocknen beiseitelegen. Wiederholen, bis die Schmuckfarben für die gesamte Auflage gedruckt sind. Die Abzüge trocknen lassen.

12 / Nun etwas schwarze Farbe auswalzen und die Kontrastplatte gleichmäßig einwalzen. Die eingefärbte Platte in der angezeichneten Kontur auf der Ausrichtungshilfe positionieren. Auf Rotationspapier einen Probeabzug herstellen, anschließend die Platte abermals einfärben. Dann einen der Schmuckfarbenabzüge an der Unterkante der Ausrichtungshilfe anlegen und exakt ausrichten. Das Papier vorsichtig auf der Kontrastplatte ausrollen, abreiben und abziehen. Fertig!

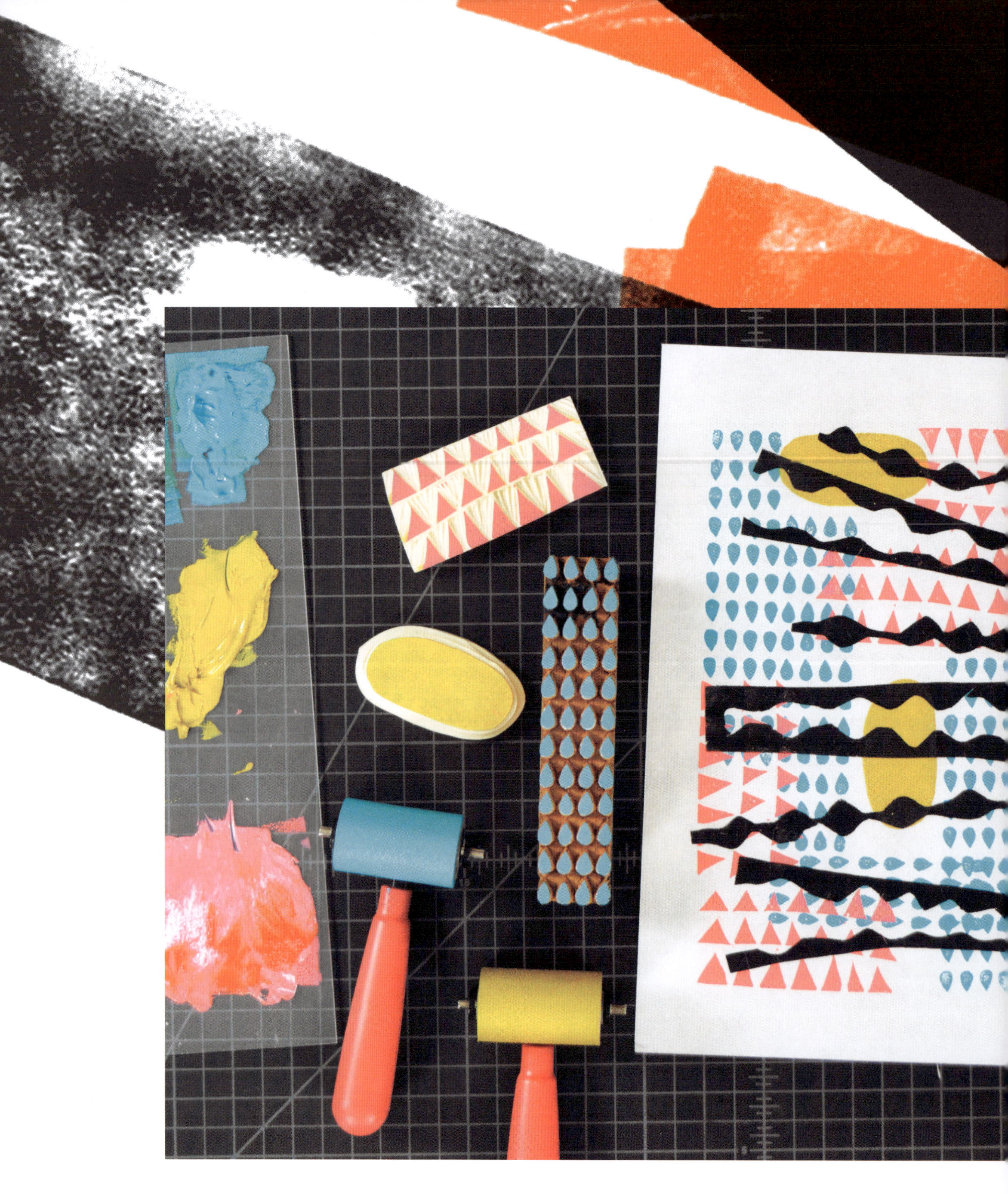

Stempel und kombinierte Techniken

KAPITEL DREI

Das Entdecken neuer kreativer Möglichkeiten kann der Auslöser für eine ganze Serie künstlerischer Arbeiten werden, Ihr Interesse am Drucken wiederbeleben oder Ihnen zur Erholung von anderen Projekten dienen. Wenn Sie mit Fertigstempeln drucken, können Sie nach Herzenslust mit Platzierung, Farbe und Rapport experimentieren, denn das Motiv selbst steht ja fest. Glücklicherweise sind interessante Stempel in einer riesigen Vielfalt im Fachhandel für Künstler- und Bastelbedarf erhältlich.

Die schöpferische Betätigung mit Kopf und Händen ist die Voraussetzung dafür, dass man im kreativen Flow bleibt. Bisweilen wird man durch das Arbeiten mit einem Satz Stempel zu einem höchst originellen Werk inspiriert. Alle in diesem Kapitel vorgestellten Projekte sind auch von Kindern und Druckanfängern problemlos zu bewältigen. Erfahrene Druckerinnen und Drucker können sie abändern, ausbauen oder als Quelle für eigene Entwurfsideen nutzen.

Rapportmuster haben eine lange Tradition in der Druckgrafik. Druckstöcke mit Einzelmotiven, ob gekauft oder selbst geschnitten, eignen sich zum Gestalten von Geschenkpapier, Tapeten und Textilien. Ihre Größe und Anordnung bestimmt über das Aussehen und die Wirkung Ihres Drucks. Schon mit simplen Musterrapporten in kräftigen Farben kann man hinreißende Druckgrafiken produzieren. Versuchen Sie sich zunächst an einfachen Rapporten, bevor Sie mit Streumustern, zufälligen und mehrschichtigen Anordnungen experimentieren.

RAPPORTDRUCK: GESTEMPELTE EULEN

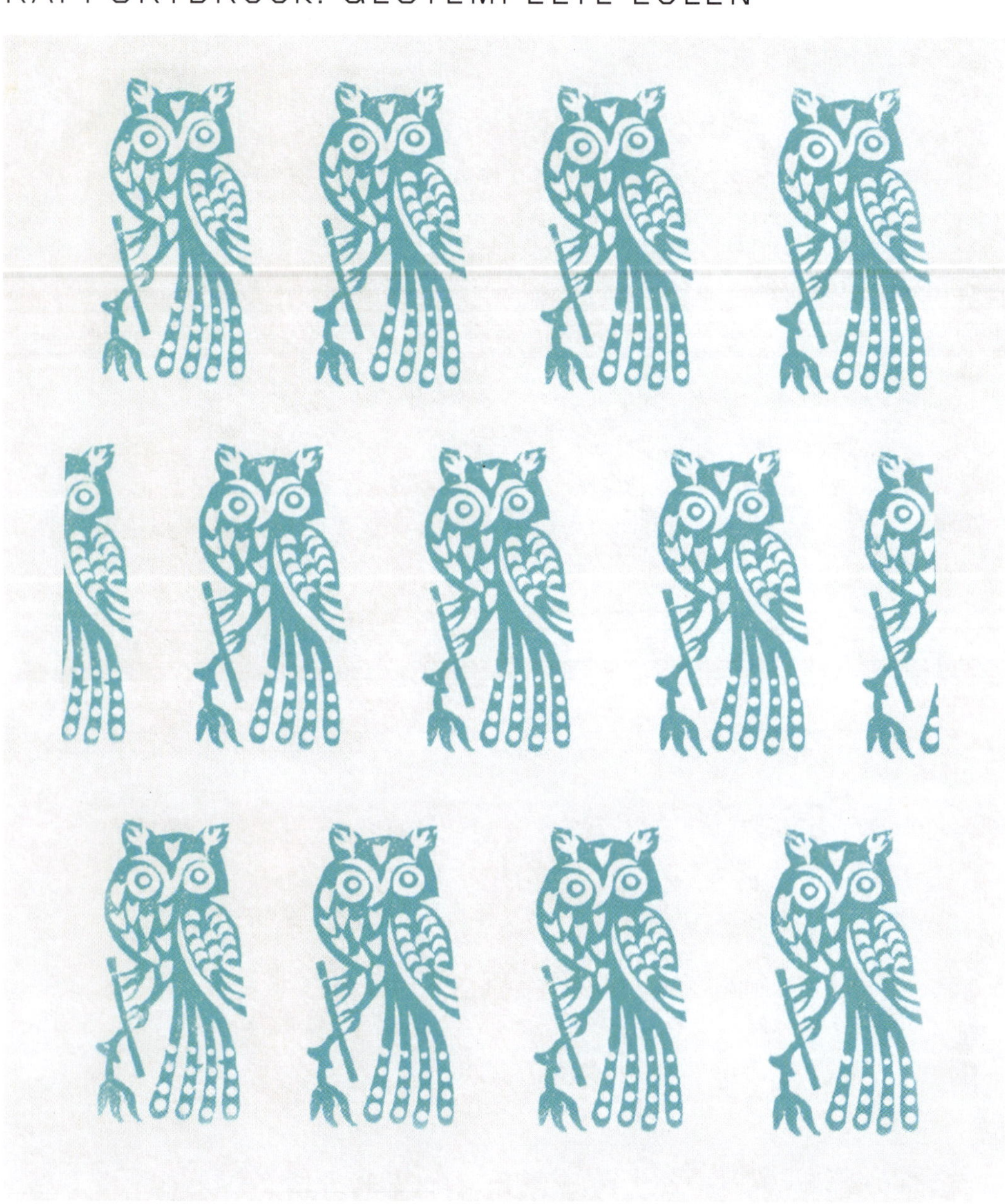

MATERIAL UND WERKZEUG

- Wasserlösliche Druckfarben
- Paletten
- Palettenmesser
- Farbwalzen
- Motivstempel
- Schneidematte mit Raster
- Transparentes Acryllineal
- Rotations- oder Schmierpapier
- Druckpapier

HINWEIS

Wenn Sie Stoff bedrucken wollen, achten Sie auf für Textilien geeignete Druckfarben. Manche Produkte können sowohl für Stoff als auch für Papier verwendet werden.

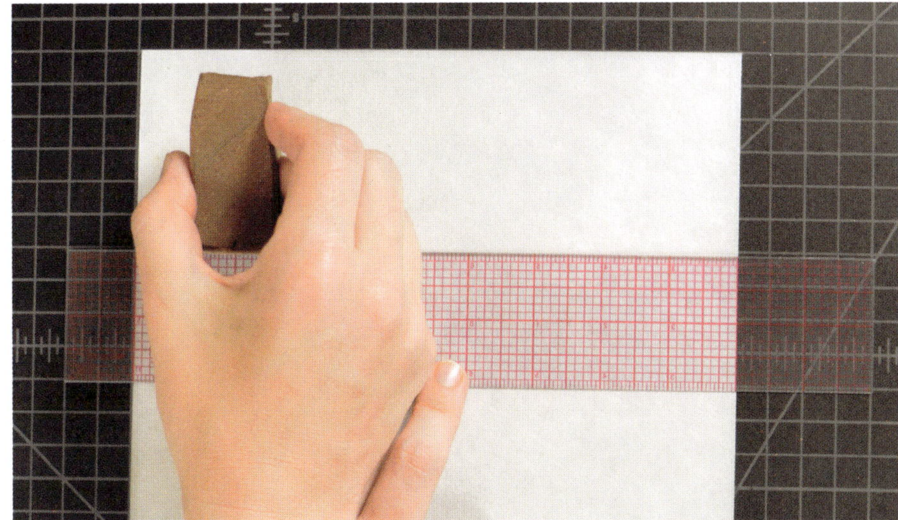

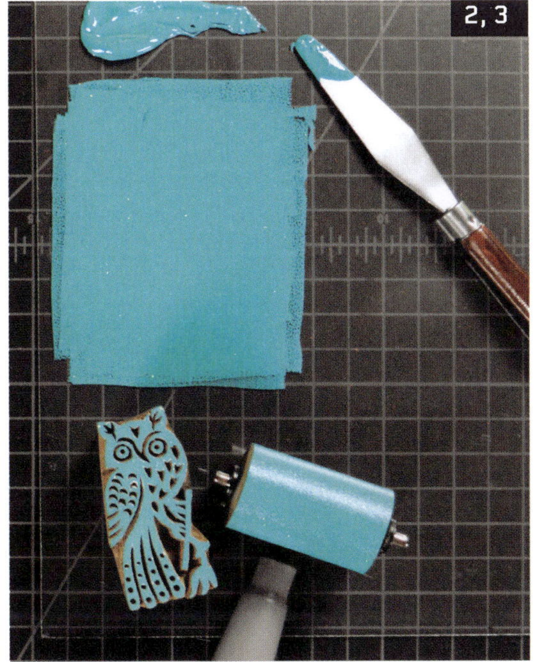

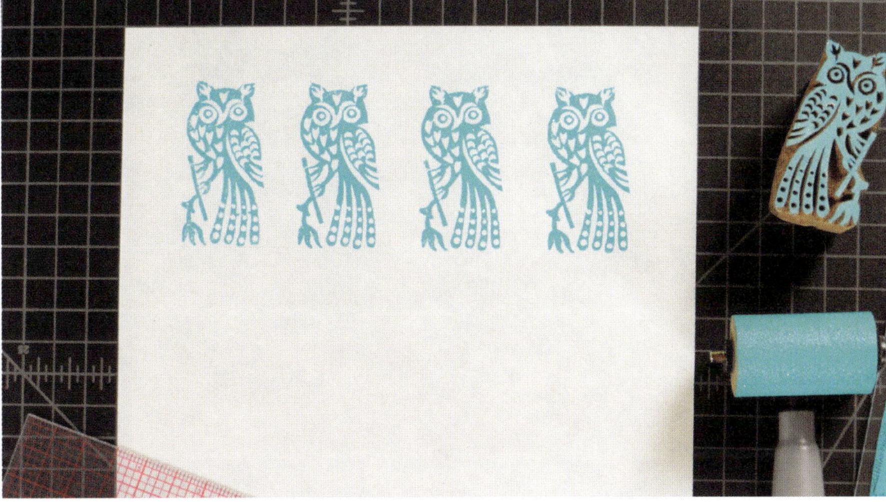

1 / Legen Sie Druckfarben und Paletten, Palettenmesser, Farbwalzen und Ihren Stempel bereit. Es empfiehlt sich, die Abstände zwischen den gestempelten Motiven anfangs mithilfe des Rasters auf Ihrer Schneidematte und eines transparenten Lineals zu überprüfen. Mit etwas Erfahrung genügt in der Regel das Augenmaß zum Einschätzen der Abstände.

2 / Geben Sie etwas Farbe auf die Palette (eine Anleitung finden Sie auf Seite 24). Weil wasserlösliche Druckfarben schnell trocknen, sollte man zunächst nur eine kleine Menge Farbe auswalzen und lieber bei Bedarf nachlegen.

3 / Wenn die Farbwalze dünn und gleichmäßig mit Farbe bedeckt ist, walzen Sie den Stempel mit mehreren dünnen Schichten ein. Fertigen Sie zunächst einen Probedruck auf Rotationspapier an. Durch das wiederholte Einfärben des Stempels vor jedem weiteren Druckvorgang wird der Farbauftrag sowohl auf dem Stempel als auch auf dem Papier zunehmend satter.

Horizontaler Rapport

Ein horizontaler Rapport ist das einfachste Rapportmuster. Dabei wiederholt sich das Motiv innerhalb eines (unsichtbaren) Rasters aus horizontalen und vertikalen Linien. Bevor ich zu stempeln beginne, überlege ich, wie groß die Abstände zwischen den Stempelabdrucken sein sollen, und rechne aus, wie oft ich das Motiv vertikal und horizontal auf dem Papier unterbringe.

Richten Sie Ihr Druckpapier an den Rasterlinien Ihrer Schneidematte aus. Rechtshänder beginnen in der oberen linken Ecke mit dem Stempeln, um die Farbe nicht versehentlich zu verschmieren. Legen Sie dort, wo die Unterkante des Stempels auf das Papier treffen soll, das Lineal auf das Papier. Dann drücken Sie den eingefärbten Stempel kräftig und gleichmäßig auf das Papier und heben ihn anschließend vorsichtig ab. Wenn nötig, dabei das Papier mit der anderen Hand auf der Matte halten.

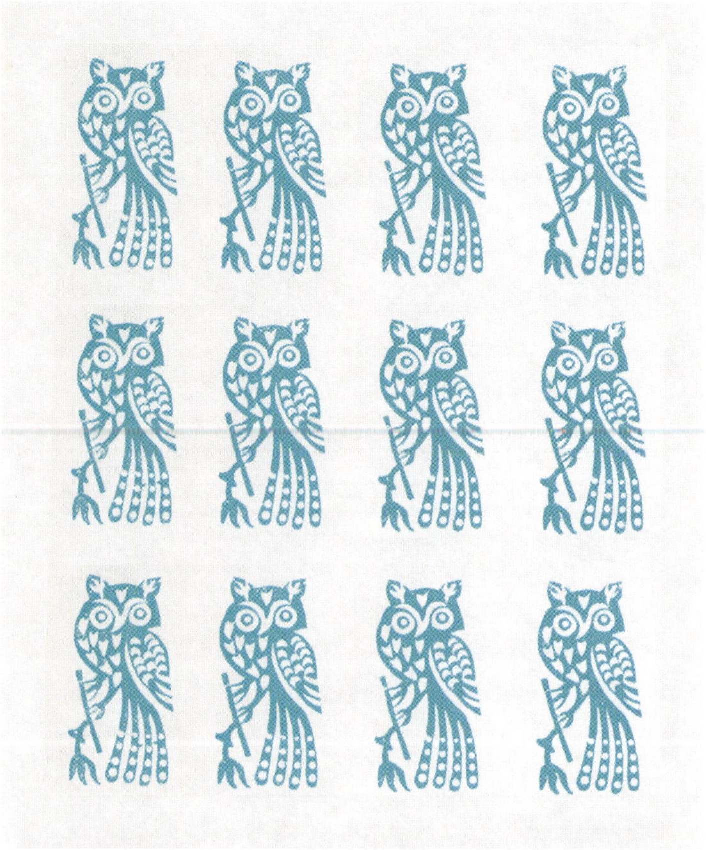

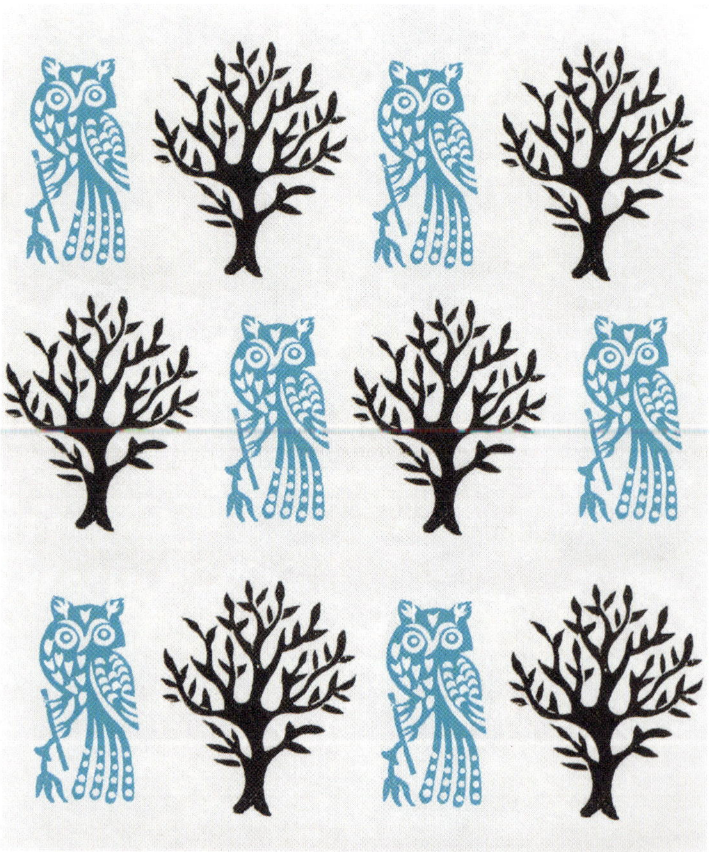

Für jeden Abdruck die Farbe wie beschrieben auf den Stempel auftragen und stempeln, dabei die Abstände mit dem Lineal abmessen. Wenn die Abdrücke an Schärfe verlieren, hat sich vermutlich zu viel getrocknete Farbe auf dem Stempel angesammelt. In diesem Fall den Stempel abwaschen und trocknen lassen oder so lange auf Schmierpapier stempeln, bis der größte Teil der Farbe entfernt ist. Wenn Sie eine Reihe vollendet haben, platzieren Sie das Lineal auf Höhe der Unterkante der zweiten Reihe. Bei horizontalen Rapporten liegen die Motive der zweiten Reihe genau unter denen der ersten.

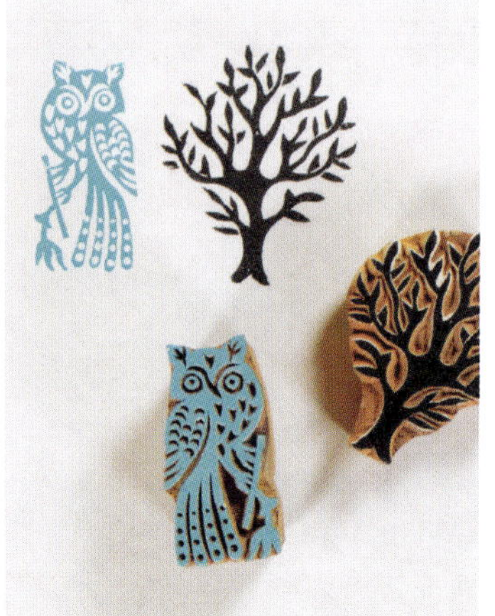

Horizontaler Rapport mit zwei sich abwechselnden Motiven

Eine einfache Möglichkeit, ein interessantes Muster mit horizontalem Rapport zu kreieren, besteht darin, abwechselnd mit zwei verschiedenen, unterschiedlich eingefärbten Stempeln zu drucken. Schätzen Sie zunächst ab, wie viele Stempelabdrücke auf Ihr Druckpapier passen, indem Sie die geplante Anordnung mit den noch nicht eingefärbten Stempeln durchprobieren. Anschließend walzen Sie die Stempel ein und bestimmen mithilfe des Lineals die Position des ersten Abdrucks. Den Stempel kräftig aufdrücken, dann vorsichtig abheben.

Färben Sie den zweiten Stempel in einem anderen Farbton ein, und achten Sie auf möglichst dünne, gleichmäßige Farbschichten. Wenn Sie die Position des zweiten Abdrucks bestimmt haben, drücken Sie den Stempel kräftig auf das Papier.

Nun abwechselnd mit beiden Stempeln drucken, bis die erste Reihe komplett ist. Messen Sie für die zweite Reihe den gewünschten Abstand mit dem Lineal ab, oder gehen Sie nach Augenmaß vor.

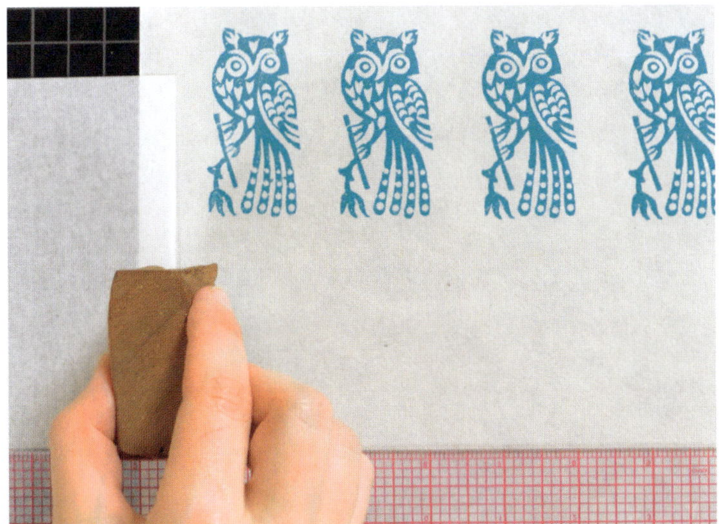

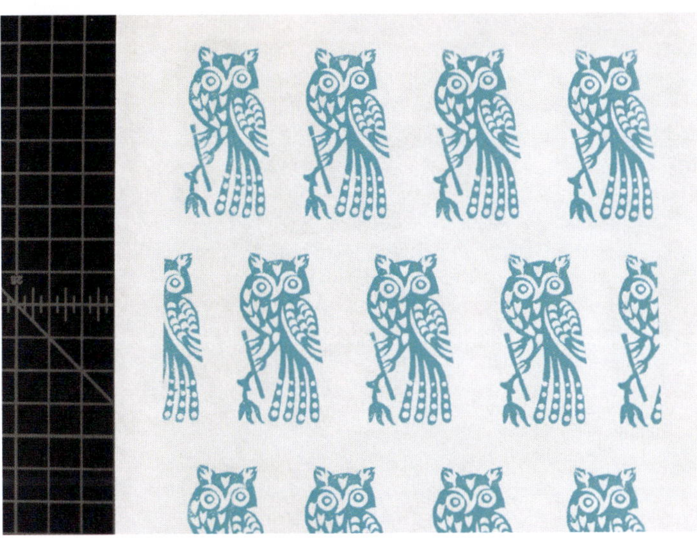

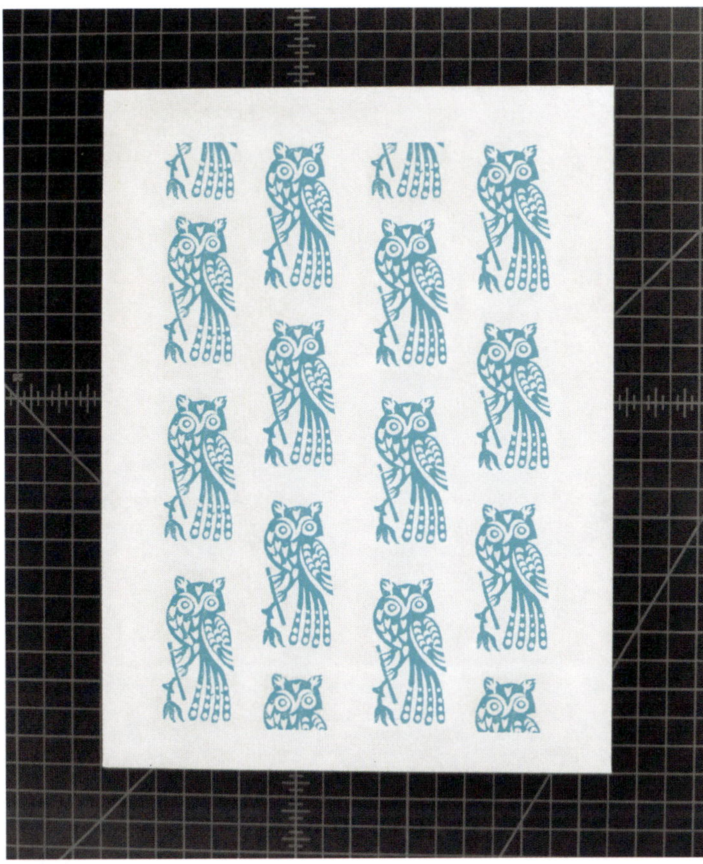

Horizontal halb versetzter Rapport

Beim Halbversatz in der Breite erinnert die Anordnung an eine Ziegelmauer. Die Musterelemente jeder Reihe sind gegenüber den Elementen der darunter und darüber liegenden Reihen um eine halbe Motivbreite versetzt. Bestimmen Sie die Position des ersten Stempelabdrucks mithilfe des Lineals, und stempeln Sie die erste Reihe wie für einen horizontalen Rapport. Walzen Sie den Stempel zwischendurch nach Bedarf mit frischer Farbe ein.

In der zweiten Reihe verschieben Sie die Position der Motive so, dass die vertikale Mittelachse jedes Abdrucks der zweiten Reihe genau zwischen zwei Abdrucken der ersten Reihe liegt. An den Seitenrändern legen Sie einen Bogen Schmierpapier passgenau über den Rand Ihres Druckpapiers und drucken den Stempel anteilig auf beide Papiere. Wenn Sie das Schmierpapier abheben, haben Sie einen Teilabdruck mit sauberer Kante auf Ihrem Druckpapier.

In der dritten Reihe liegen die Abdrucke genau unter den Abdrucken der ersten Reihe.

Vertikal halb versetzter Rapport

Bei einem Halbversatz in der Höhe sind die Musterelemente jeder vertikalen Reihe gegenüber den Elementen der angrenzenden vertikalen Reihen um eine halbe Stufe versetzt. Diese Anordnung ist bei hochformatigen Motiven besonders reizvoll und eignet sich zudem hervorragend, um ein Längsstreifenmuster zu erzeugen.

Färben Sie den Stempel ein, und bestimmen Sie die Position der Abdrucke mithilfe des Lineals. Bei diesem Rapportmuster beginnt man am oberen Rand des Papiers mit einer vertikalen Reihe. Wenn diese fertig ist, setzt man die nächste vertikale Reihe daneben, wobei man die Motive so platziert, dass die horizontale Mittelachse jedes Abdrucks dieser Reihe genau in der Mitte zwischen zwei Abdrucken der Nebenreihe liegt. Für eine gerade, saubere Kante drucken Sie die Stempel nächst dem oberen und unteren Papierrand anteilig auf Schmierpapier, wie beim horizontal halb versetzten Rapport erklärt (siehe links).

Verleihen Sie einem fertig gekauften Stempel eine persönliche Note, indem Sie einen dazu passenden Schmuckfarbenstempel anfertigen. Fertigstempel werden in verschiedenen Materialien und mit unzähligen Motiven angeboten. Für dieses Projekt habe ich einen hölzernen indischen Textilstempel mit Baummotiv verwendet. Gelegentlich entdeckt man solche Stempel in Antiquitätengeschäften und auf Flohmärkten. Ich habe meinen Stempel über die Internetplattform etsy.com von einem Händler in Indien gekauft und mit selbst geschnittenen Stempeln für das – frühlingshaft grüne oder herbstlich gefärbte – Blattwerk kombiniert.

GEKAUFTER PLUS HANDGEFERTIGTER STEMPEL: BÄUME

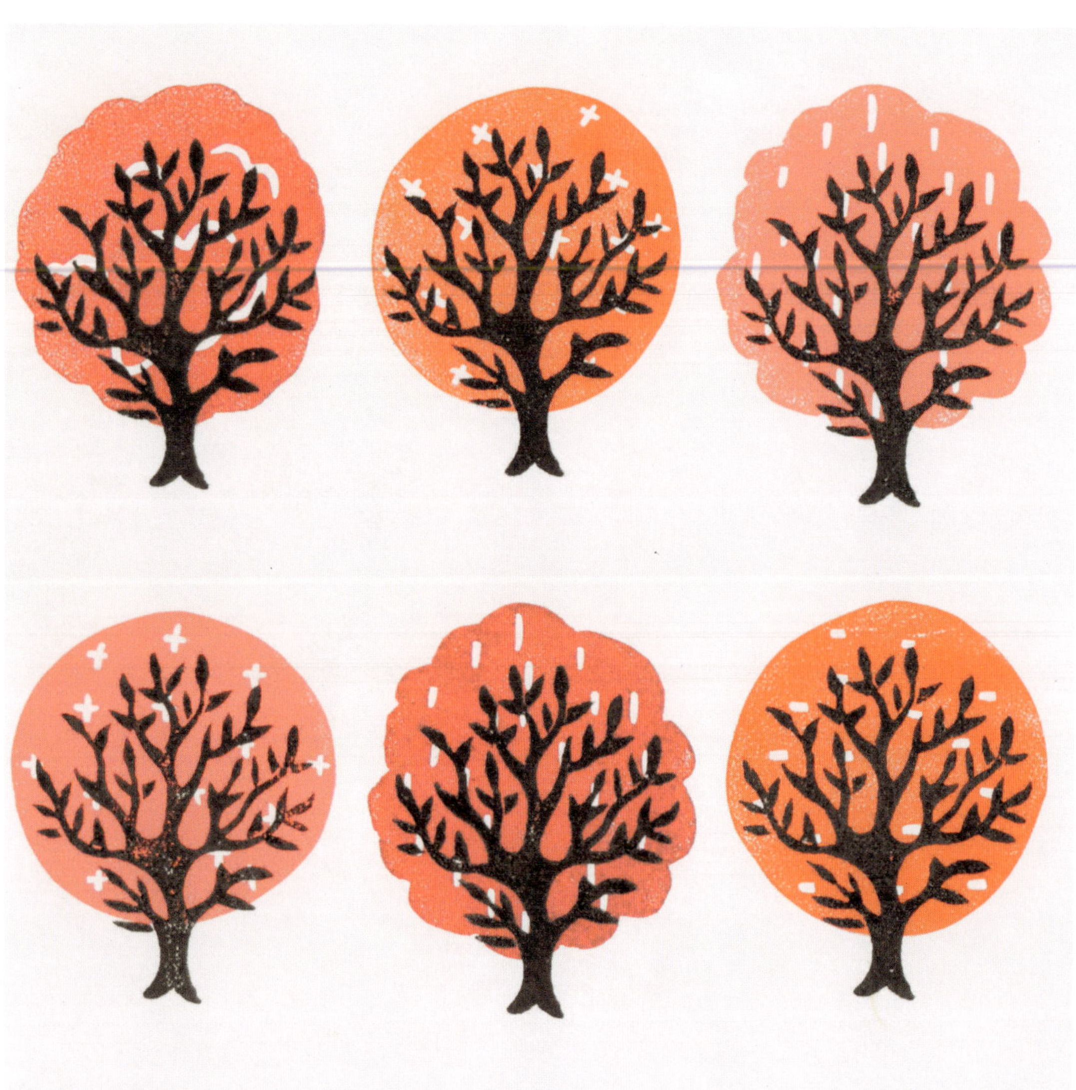

MATERIAL UND WERKZEUG

- Motivstempel
- Transparentpapier
- Weicher Bleistift
- Feste Gummiplatte
- Falzbein
- Schneidematte
- Cutter
- Linolschnittmesser in mehreren Größen
- Wasser, Seife und Schwamm oder Feuchttuch
- Wasserlösliche Druckfarben
- Farbwalzen
- Palette
- Palettenmesser
- Rotations- oder Schmierpapier
- Druckpapier
- Baren oder Holzlöffel

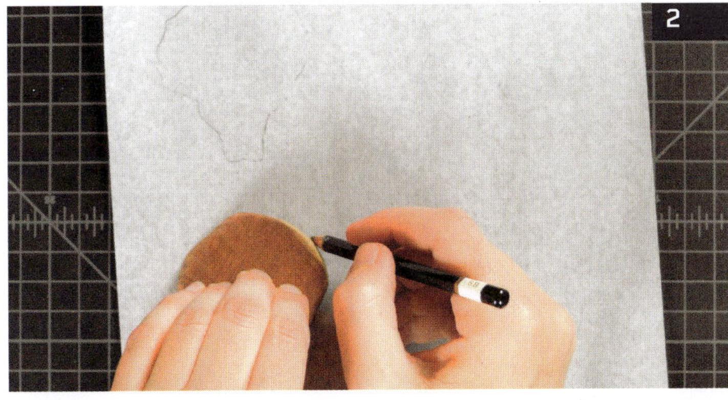

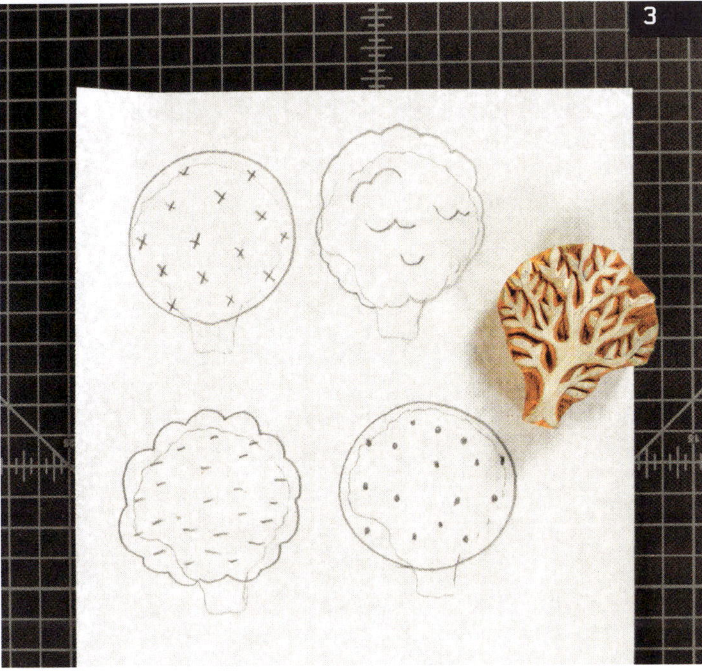

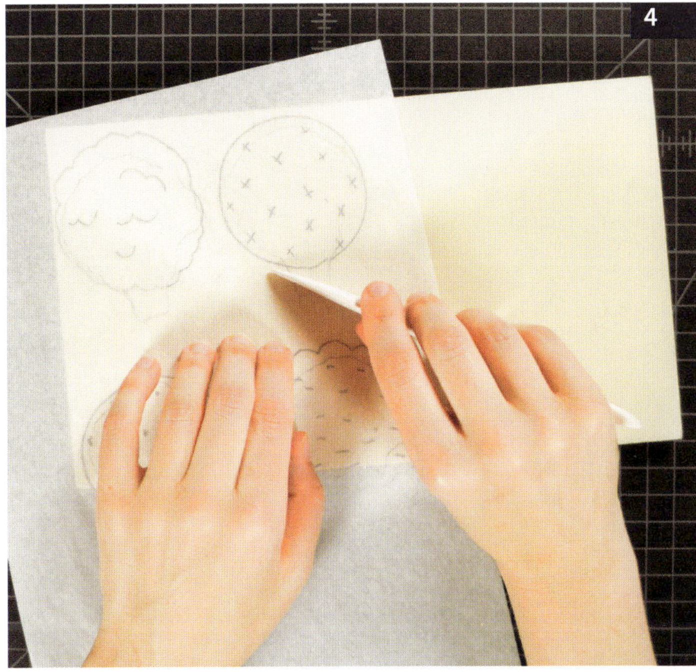

1 / Legen Sie den Motivstempel, das Transparentpapier, den weichen Bleistift, die Gummiplatte, das Falzbein, Ihre Linolschnittmesser, Cutter und Schneidematte bereit.

2 / Setzen Sie den gekauften Stempel mit dem Motiv nach unten auf einen Bogen Transparentpapier. Zeichnen Sie den Stempelumriss mit einem weichen Bleistift auf dem Papier an.

3 / Wiederholen Sie diesen Vorgang für jeden geplanten Schmuckfarbenstempel. Ich habe den Umriss meines Stempels viermal angezeichnet und jeweils mit einem Design für das Blattwerk ergänzt.

4 / Legen Sie das Transparentpapier mit der Zeichnung nach unten auf die Gummiplatte. Die Umrisse sind durch das Papier hindurch zu erkennen. Platzieren Sie Ihre Motivzeichnung so auf der Platte, dass um jedes Motiv ein schmaler Rand bleibt. Dann übertragen Sie die Zeichnung mithilfe des Falzbeins auf die Platte (je nach Motiv- und Plattengröße auch einzeln nacheinander), indem Sie das Papier mit einer Hand festhalten und mit der anderen die Rückseite des Papiers mit dem Falzbein in langen, fließenden Bewegungen und mit mittlerem Druck von der Mitte nach außen abreiben. Heben Sie das Papier an einer Ecke an, um zu prüfen, ob die Motive vollständig übertragen wurden. Wenn Sie mit dem Ergebnis zufrieden sind, nehmen Sie das Transparentpapier ab.

5 / Legen Sie die Gummiplatte auf die Schneidematte. Schneiden Sie die Formen mit dem Cutter heraus, indem Sie außerhalb der Umrisslinien parallel zu diesen schneiden, sodass rings um jede Form jeweils ein schmaler Rand stehen bleibt.

HINWEIS

Drehen Sie die Platte, wenn Sie Bögen und Kreise schneiden.

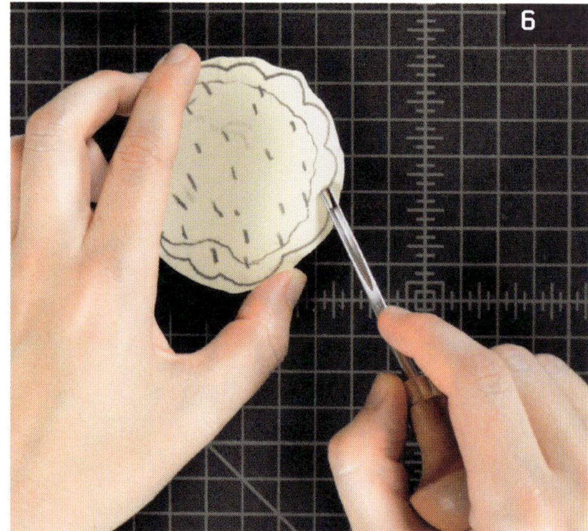

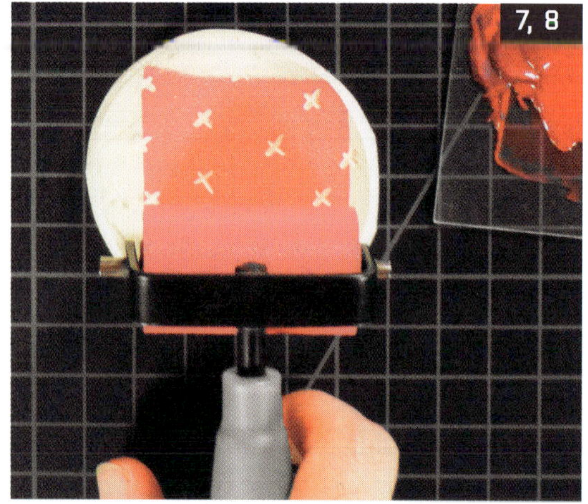

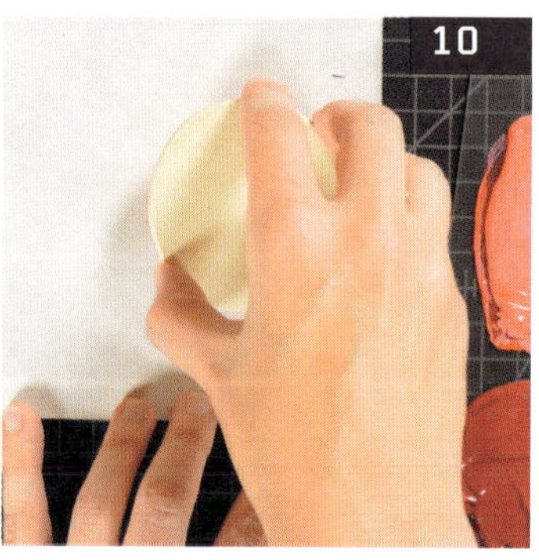

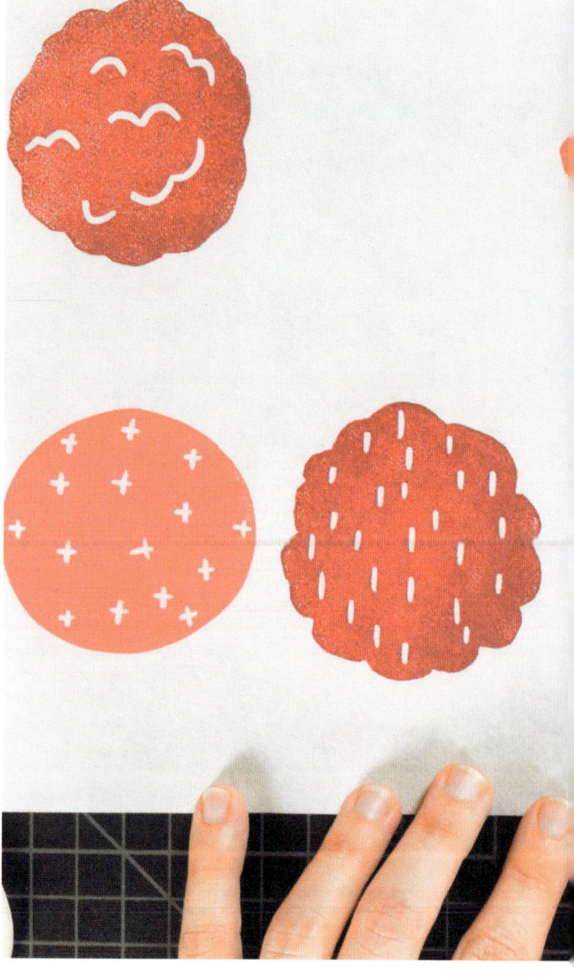

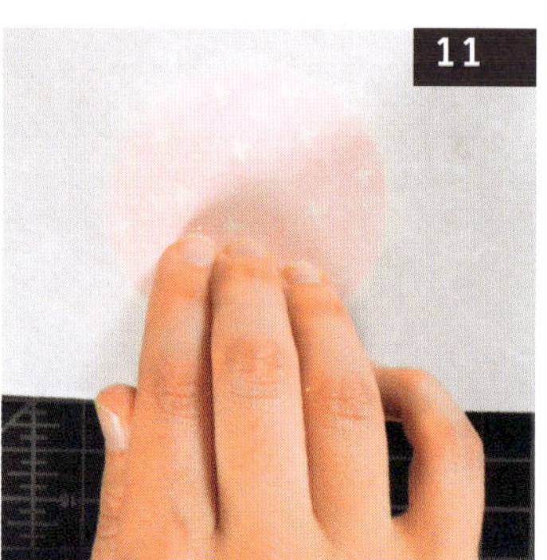

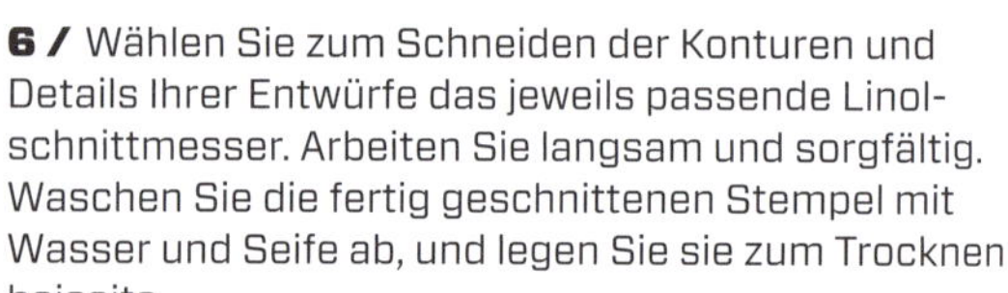

6 / Wählen Sie zum Schneiden der Konturen und Details Ihrer Entwürfe das jeweils passende Linolschnittmesser. Arbeiten Sie langsam und sorgfältig. Waschen Sie die fertig geschnittenen Stempel mit Wasser und Seife ab, und legen Sie sie zum Trocknen beiseite.

7 / Legen Sie Druckfarben, Palettenmesser, Farbwalzen, Palette, Rotations- und Druckpapier bereit. Wählen Sie eine Farbwalze, die etwa so breit ist wie Ihre Schmuckfarbenstempel.

8 / Geben Sie etwas Farbe auf die Palette, walzen Sie sie aus (eine Anleitung finden Sie auf Seite 24), und tragen Sie dann dünne, gleichmäßige Schichten Farbe auf Ihren Stempel auf.

9 / Fertigen Sie zunächst einen Probeabzug an, indem Sie ein Stück Rotationspapier auf den Stempel legen. Reiben Sie die Rückseite des Papiers mit den Fingern ab. Ziehen Sie das Papier ab, und begutachten Sie Ihren Druck. Wenn Ihnen das Druckbild gefällt, können Sie das Druckpapier bedrucken.

10 / Legen Sie das Druckpapier auf die Arbeitsfläche, und halten Sie es mit einer Hand fest. Walzen Sie den Schmuckfarbenstempel ein, und legen Sie ihn mit der Farbseite nach unten auf das Papier.

11 / Wenden Sie das Papier samt Stempel: Schieben Sie beides vorsichtig an den Rand Ihrer Arbeitsfläche, stützen Sie die beiden Lagen mit einer Hand von unten ab, während Sie mit der anderen den Stempel auf das Papier drücken. Wenden Sie beide Lagen gemeinsam, und legen Sie sie wieder auf die Arbeitsfläche. Reiben Sie die Rückseite des Papiers mit den Fingern oder dem Baren ab.

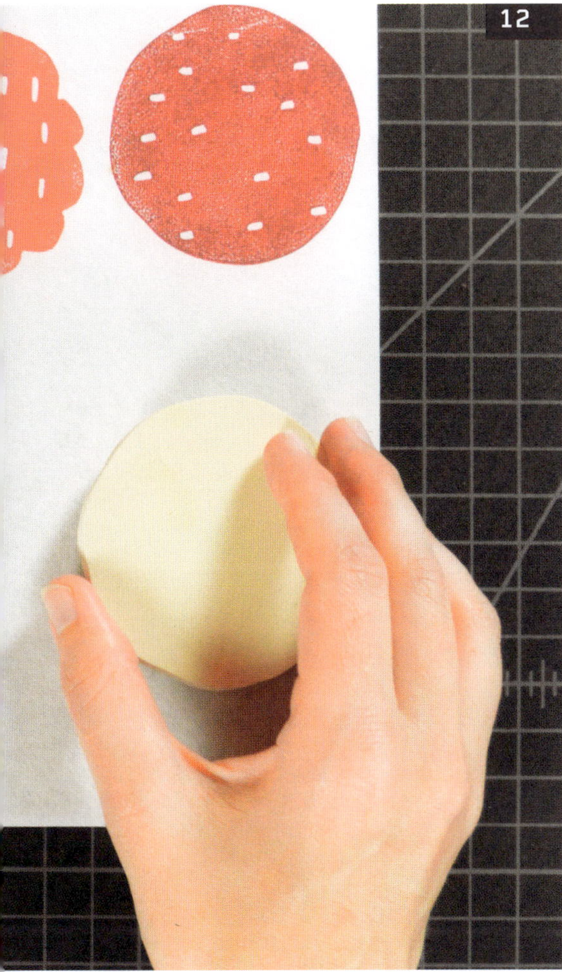

HINWEIS

Heben Sie Ihre Schmuckfarbenstempel für künftige Projekte auf. Stempel wie diese eignen sich beispielsweise gut zum Bedrucken von Stoff. Außerdem können Sie natürlich auch in umgekehrter Reihenfolge drucken: erst mit dem gekauften und dann mit dem selbst geschnittenen Stempel.

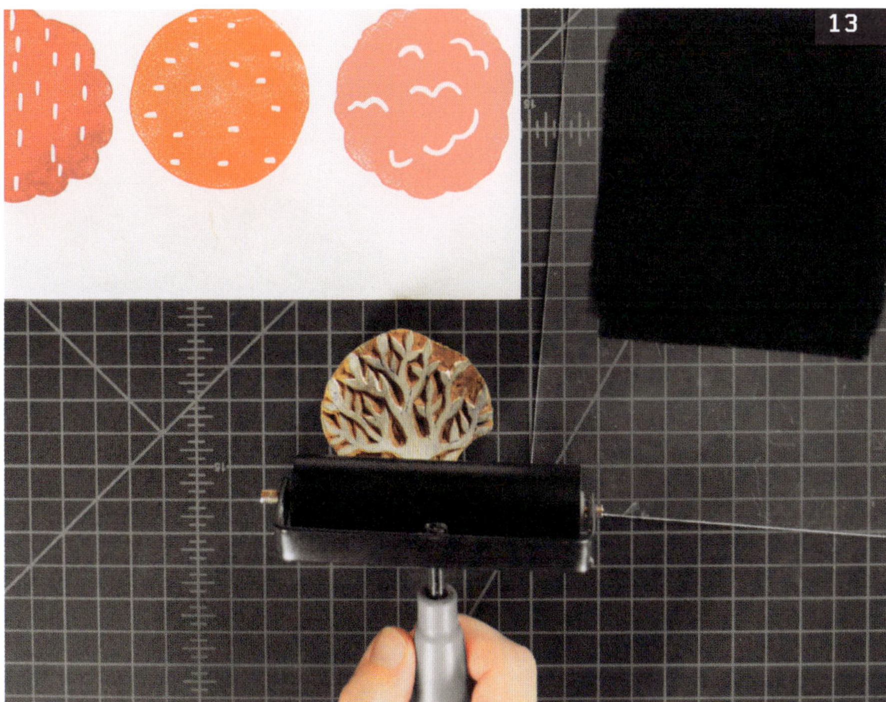

12 / Wiederholen Sie Schritt 10 und 11 für alle Schmuckfarben, die Sie drucken wollen. Legen Sie Ihren Abzug zum Trocknen zur Seite, und reinigen Sie Palette und Palettenmesser, Farbwalzen und Stempel mit Wasser und Seife.

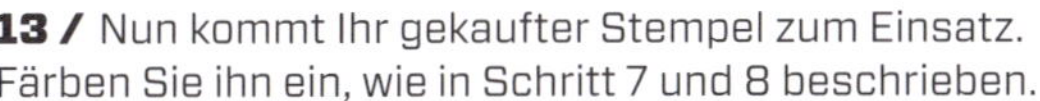

13 / Nun kommt Ihr gekaufter Stempel zum Einsatz. Färben Sie ihn ein, wie in Schritt 7 und 8 beschrieben.

14 / Legen Sie den Abzug wieder auf Ihre Arbeitsfläche, und halten Sie ihn mit einer Hand fest. Fassen Sie mit der anderen Hand den eingefärbten Stempel, schätzen Sie ab, wo Sie ihn platzieren müssen, und setzen Sie ihn in einer weichen Bewegung auf das Papier auf. Fest andrücken und dann vorsichtig abheben.

15 / Stempeln Sie alle Farben auf diese Weise. Viel Freude mit Ihrem Druck!

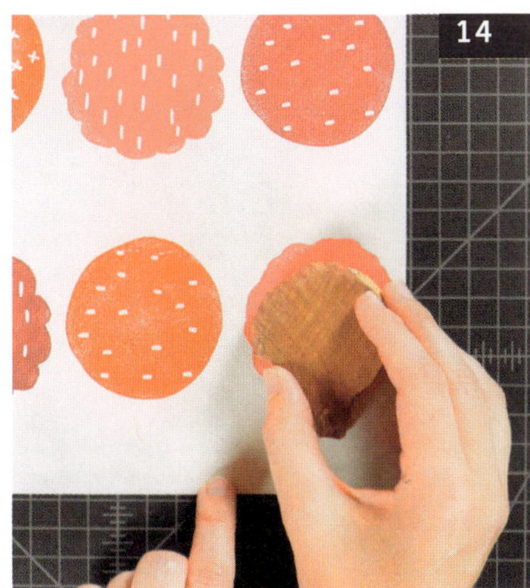

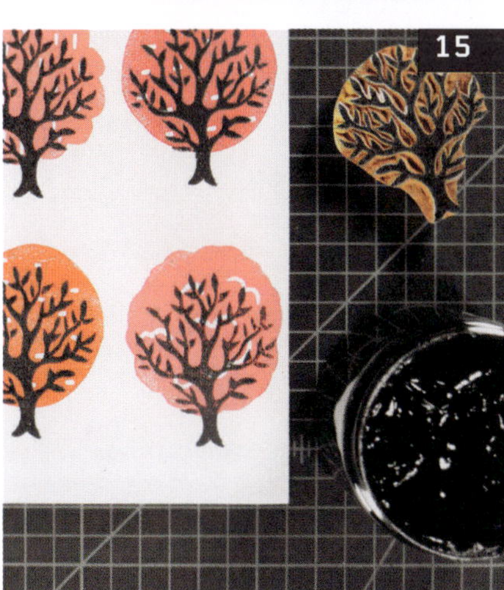

Das Experimentieren mit Materialien ist der Schlüssel zu Ausdrucksstärke und Kreativität. Drucktechniken miteinander zu kombinieren ist eine wunderbare Möglichkeit, Neues auszuprobieren und seinen Horizont zu erweitern. Bei diesem abstrakten Monoprint habe ich fast alle in diesem Buch verwendeten Druckmaterialien eingesetzt, nämlich Moosgummiplatten, feste Gummiplatten und Fertigstempel. Unter einem Monoprint versteht man einen Druck, der wegen der einzigartigen, willkürlichen Anordnung der Druckmaterialien nur ein einziges Mal angefertigt werden kann. Da es bei dieser Technik kein Richtig oder Falsch gibt, können Sie Ihrer Experimentierfreude freien Lauf lassen.

MOOSGUMMI, STEMPEL UND GESCHNITTENE DRUCKSTÖCKE: ABSTRAKT

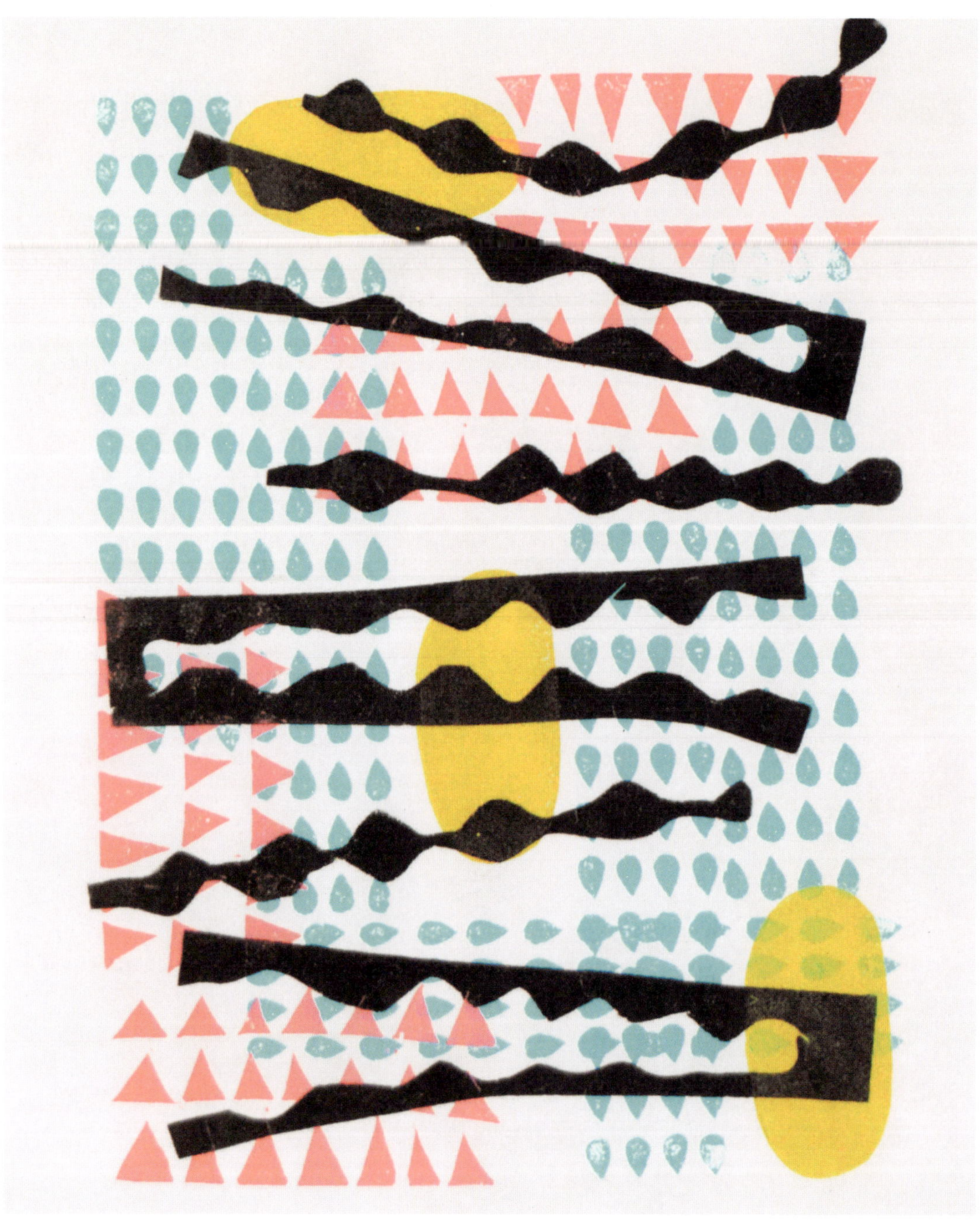

MATERIAL UND WERKZEUG

- Schere
- Moosgummiplatte mit selbstklebender Rückseite
- Transparente Acrylglasplatte
- Reststücke von einer festen Gummiplatte
- Linolschnittmesser in mehreren Größen
- Motivstempel aus Holz
- Palettenmesser
- Palette
- Wasserlösliche Druckfarben
- Farbwalzen
- Baren oder Holzlöffel
- Japanisches Druckpapier

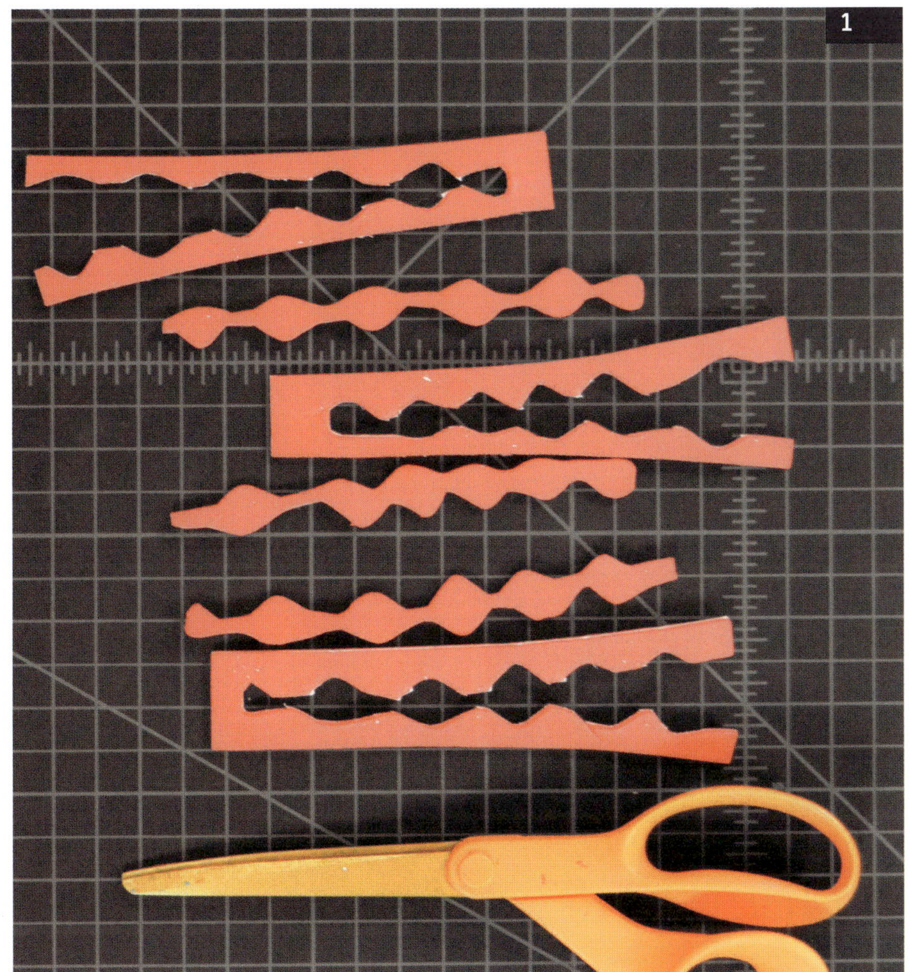

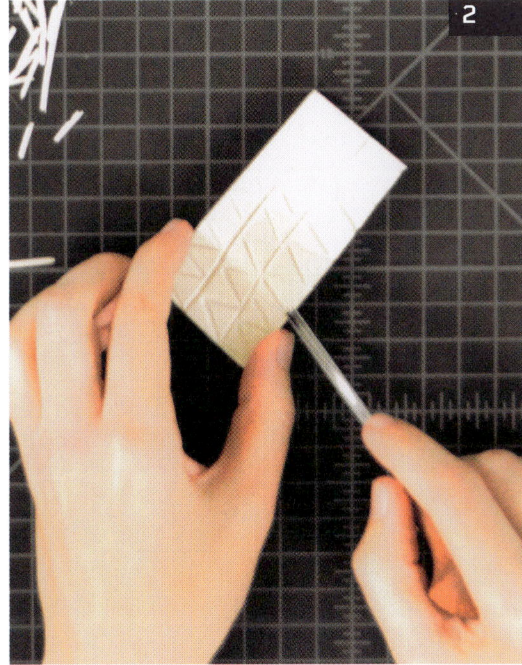

1 / Zerschneiden Sie die Moosgummiplatte mit der Schere in verschiedene Formen – so viele, wie Sie wollen. Ziehen Sie die Folie von der selbstklebenden Beschichtung ab, arrangieren Sie die Formen auf der Acrylglasplatte, und kleben Sie sie auf.

2 / Überlegen Sie nun, wie Sie die Gummiplattenstücke schneiden wollen. Ich habe beim ersten Plattenstück an der Kante begonnen und ein paar Reihen erhabener Dreiecke geschnitten, beim zweiten eine ovale Fläche stehen lassen.

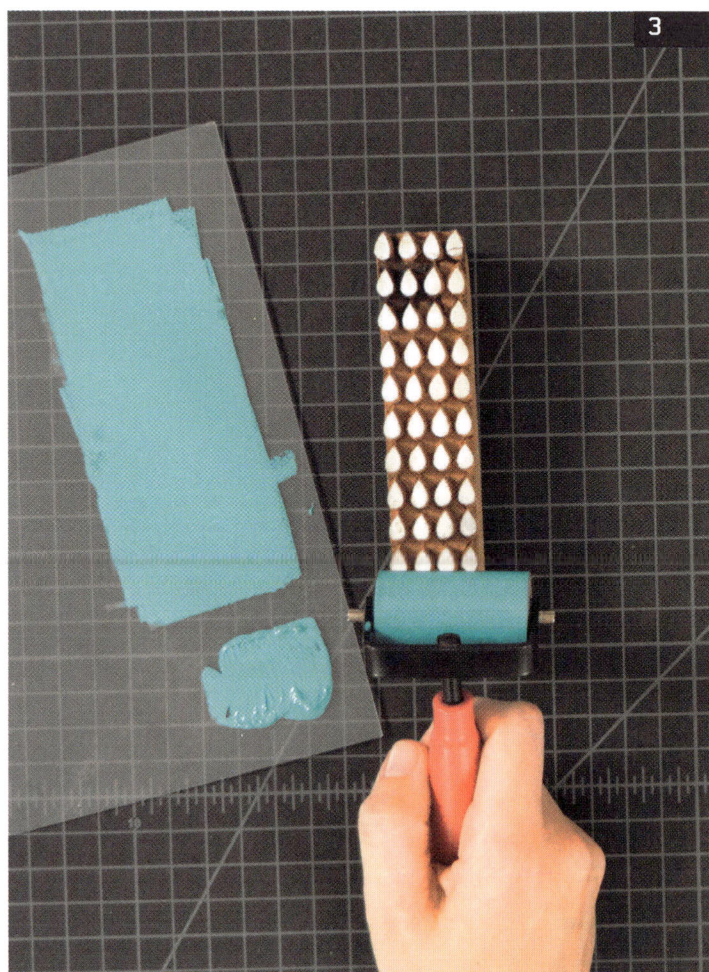

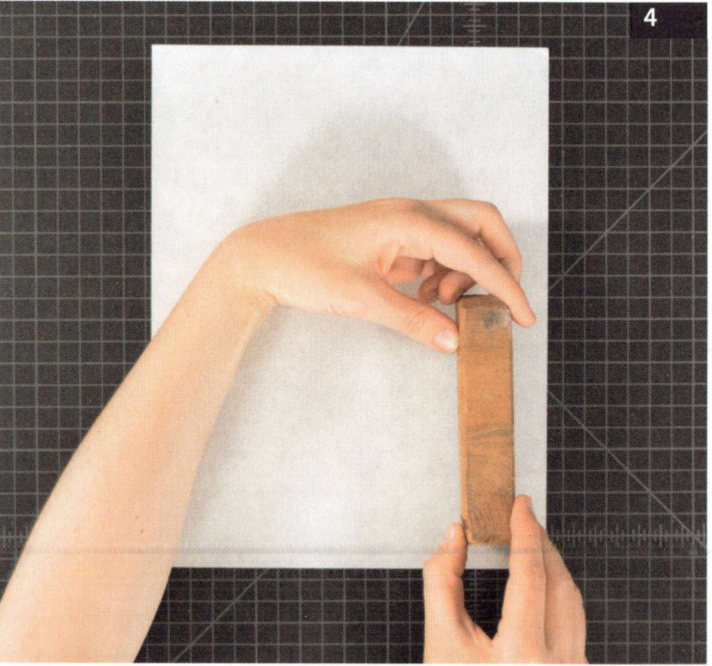

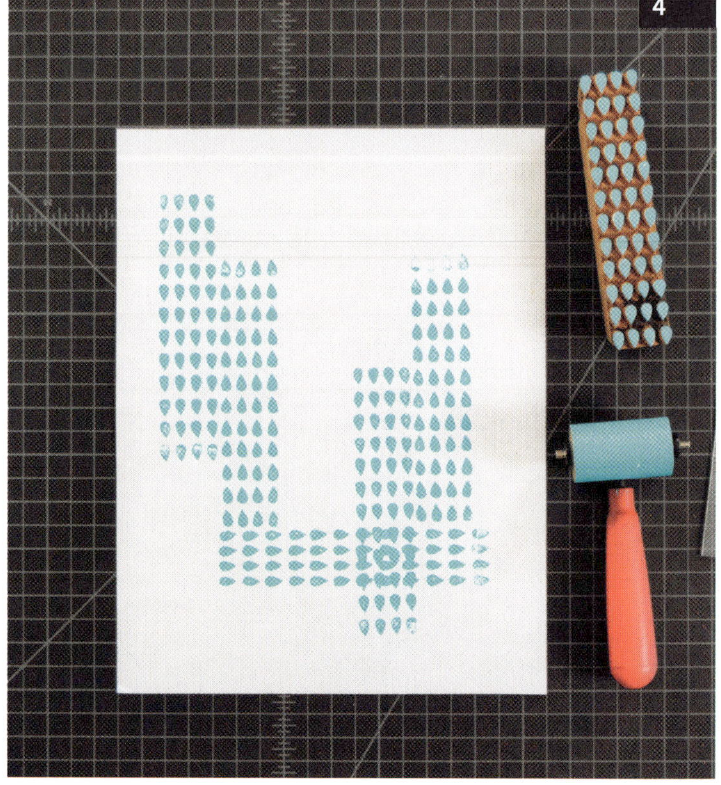

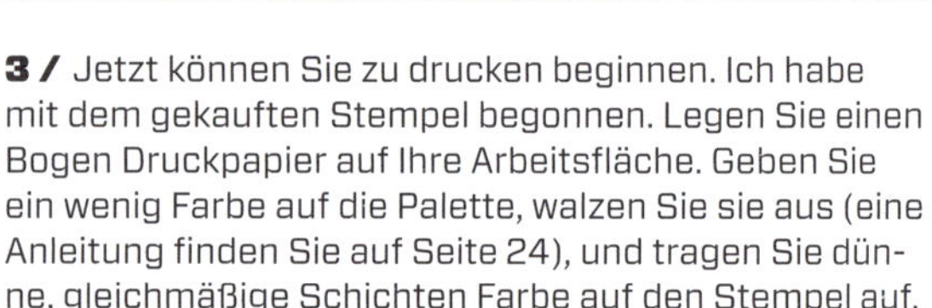

3 / Jetzt können Sie zu drucken beginnen. Ich habe mit dem gekauften Stempel begonnen. Legen Sie einen Bogen Druckpapier auf Ihre Arbeitsfläche. Geben Sie ein wenig Farbe auf die Palette, walzen Sie sie aus (eine Anleitung finden Sie auf Seite 24), und tragen Sie dünne, gleichmäßige Schichten Farbe auf den Stempel auf.

4 / Den eingefärbten Stempel mit der Farbseite nach unten auf das Papier setzen und gleichmäßigen Druck ausüben. Den Stempel abheben, erneut einfärben und abermals stempeln. Stempeln Sie das Papier an verschiedenen Stellen, und experimentieren Sie dabei mit der Ausrichtung des Motivs. Testen Sie auch die Wirkung eines blasseren Zweitabdrucks (dazu den Stempel nicht neu einfärben).

HINWEIS

Wenn Sie mit Stempeln und Druckstöcken aus unterschiedlichen Materialien drucken, müssen Sie Ihre Vorgehensweise beim Auftragen der Farbe und beim Drucken entsprechend anpassen.

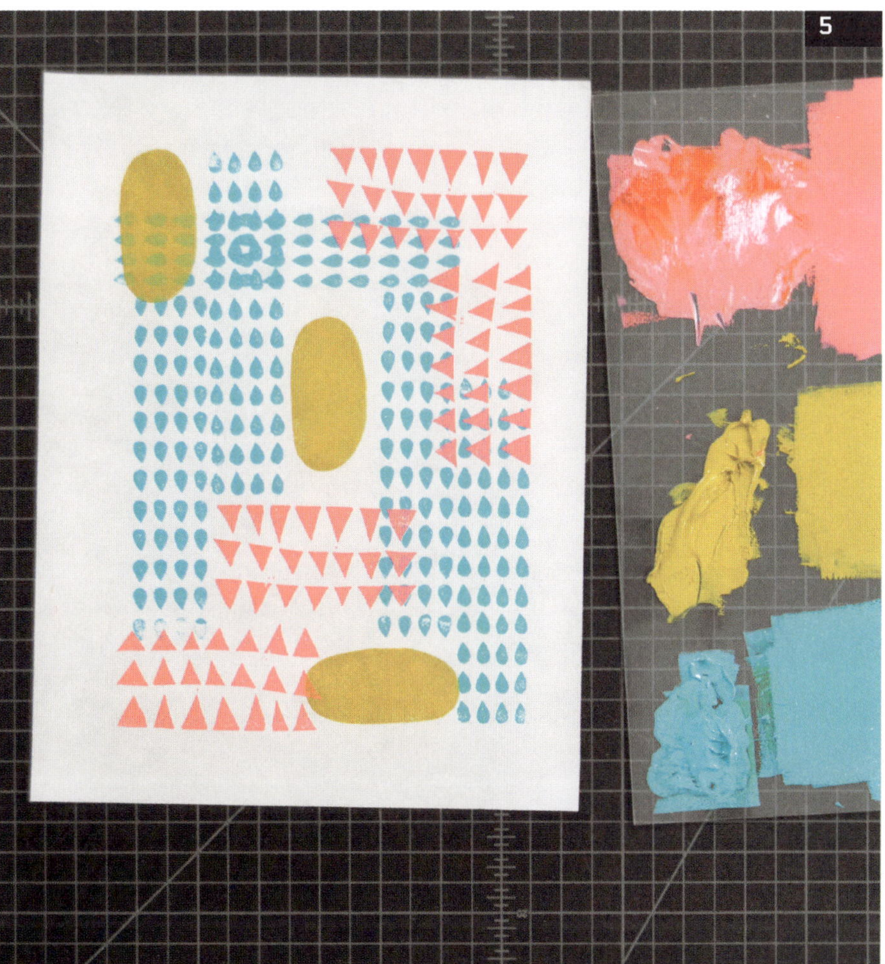

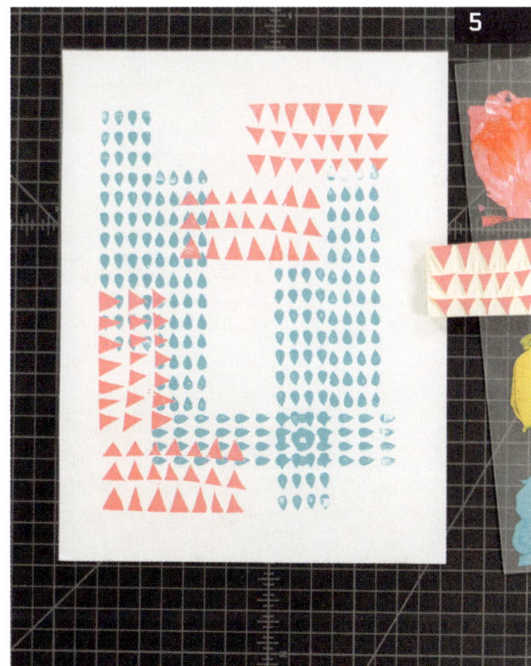

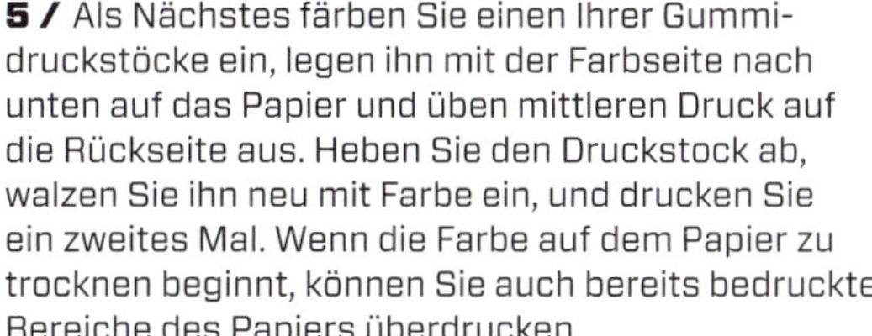

5 / Als Nächstes färben Sie einen Ihrer Gummidruckstöcke ein, legen ihn mit der Farbseite nach unten auf das Papier und üben mittleren Druck auf die Rückseite aus. Heben Sie den Druckstock ab, walzen Sie ihn neu mit Farbe ein, und drucken Sie ein zweites Mal. Wenn die Farbe auf dem Papier zu trocknen beginnt, können Sie auch bereits bedruckte Bereiche des Papiers überdrucken.

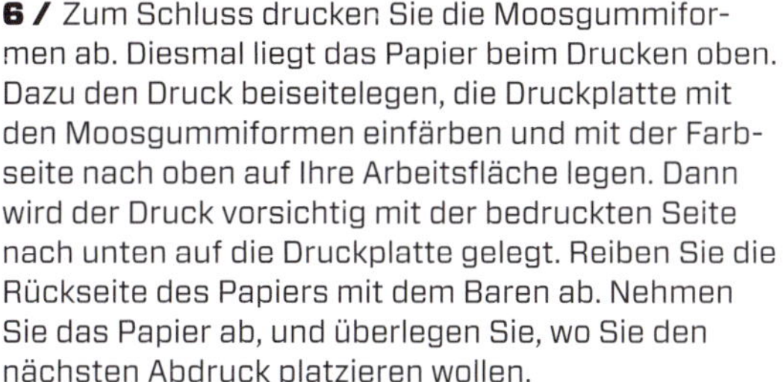

6 / Zum Schluss drucken Sie die Moosgummiformen ab. Diesmal liegt das Papier beim Drucken oben. Dazu den Druck beiseitelegen, die Druckplatte mit den Moosgummiformen einfärben und mit der Farbseite nach oben auf Ihre Arbeitsfläche legen. Dann wird der Druck vorsichtig mit der bedruckten Seite nach unten auf die Druckplatte gelegt. Reiben Sie die Rückseite des Papiers mit dem Baren ab. Nehmen Sie das Papier ab, und überlegen Sie, wo Sie den nächsten Abdruck platzieren wollen.

Ich wünsche Ihnen viel Vergnügen beim Experimentieren mit abstrakten Formen und den unzähligen kreativen Möglichkeiten, die sich dabei ergeben.

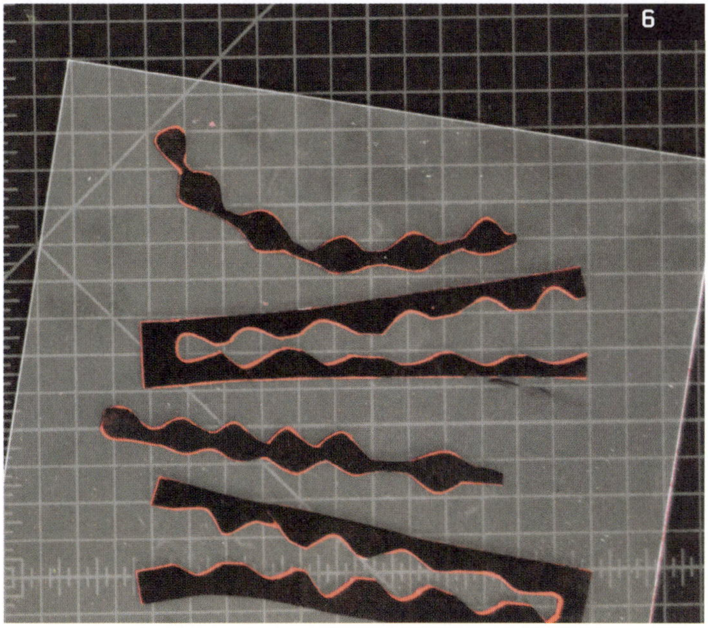

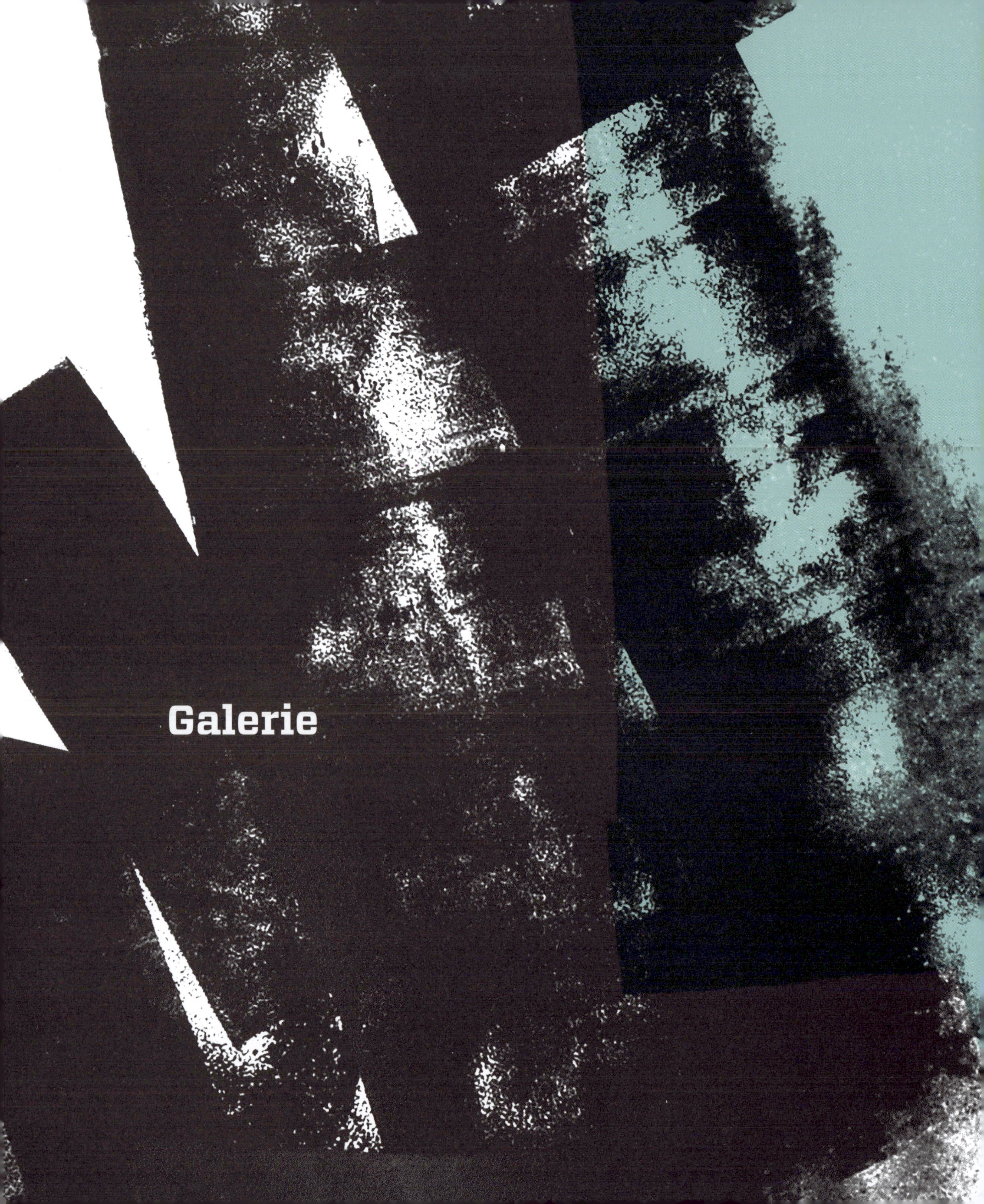

Galerie

Sich mit den Werken anderer Künstlerinnen und Künstler auseinanderzusetzen ist für die Arbeit jedes Kunstschaffenden wichtig. Wenn ich als Grafikerin eine neue Arbeit eines Kollegen oder einer Kollegin betrachte, beginne ich automatisch bei den technischen Details und arbeite mich dann nach und nach zu einer Gesamtdeutung vor. Das ist eine gute Methode, seinen Blick zu schulen und ein Verständnis dessen zu entwickeln, was eine gute Druckgrafik ausmacht. Überlegen Sie, wie der Einsatz von Farben, Linien, Strukturen und Formen mit dem Sujet zusammenspielt. Was finden Sie besonders interessant an der betreffenden Grafik? Gibt es etwas in der Komposition, das Ihnen sofort ins Auge fällt? Ist die Darstellung ausgewogen? Lebendig? Erzählt sie eine Geschichte, die Ihre Fantasie anregt und Ihre Gefühle unmittelbar berührt? Haben Sie erst einmal begonnen, genau hinzusehen, wird es nicht lange dauern, und Sie sind tief in das Bild eingetaucht.

Die Künstlerinnen und Künstler, die ich Ihnen in dieser Galerie vorstelle, zählen zu meinen Favoriten in der wunderbaren Community von Grafikerinnen und Grafikern, die zurzeit mit Hochdrucktechniken arbeiten. Außerdem warten zahllose Meisterwerke der Druckgrafik in Museen und Galerien rund um den Globus nur darauf, von Ihnen entdeckt zu werden. Halten Sie Ausschau nach Künstlern, die Ihre Bildsprache teilen, aber auch nach solchen, die völlig anders arbeiten als Sie. Wie Sie bald feststellen werden, sind Grafikerinnen und Grafiker ein freundliches Völkchen und sehr interessiert daran, neue Kontakte zu knüpfen und ihre Beiträge zu dieser vielfältigen Kunstrichtung mit anderen zu teilen.

Ich danke den in dieser Galerie vertretenen Künstlerinnen und Künstlern herzlich dafür, dass sie mir gestattet haben, sie und ihre Werke hier vorzustellen, und hoffe, dass es Ihnen Freude macht, etwas über ihren einzigartigen künstlerischen Weg zu erfahren und ihre Arbeiten zu betrachten.

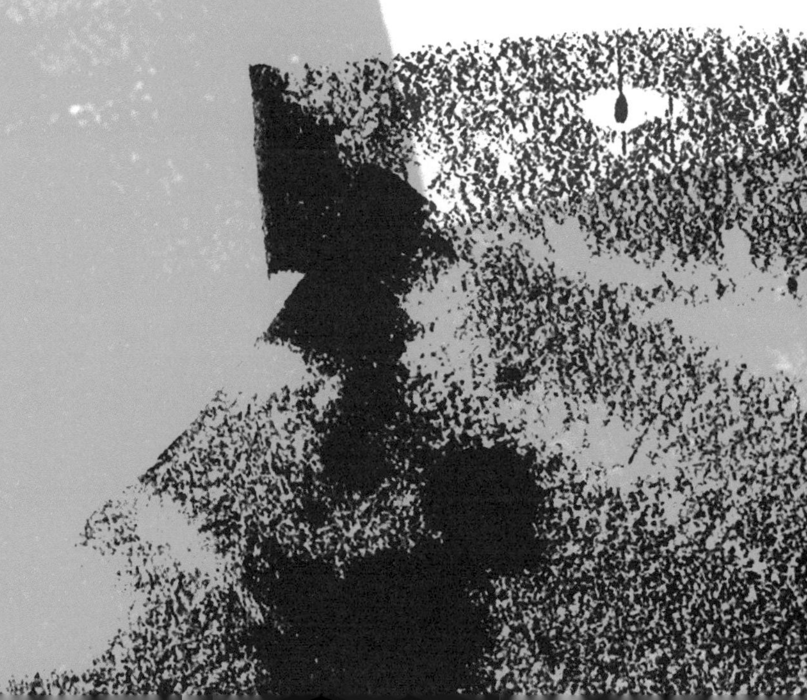

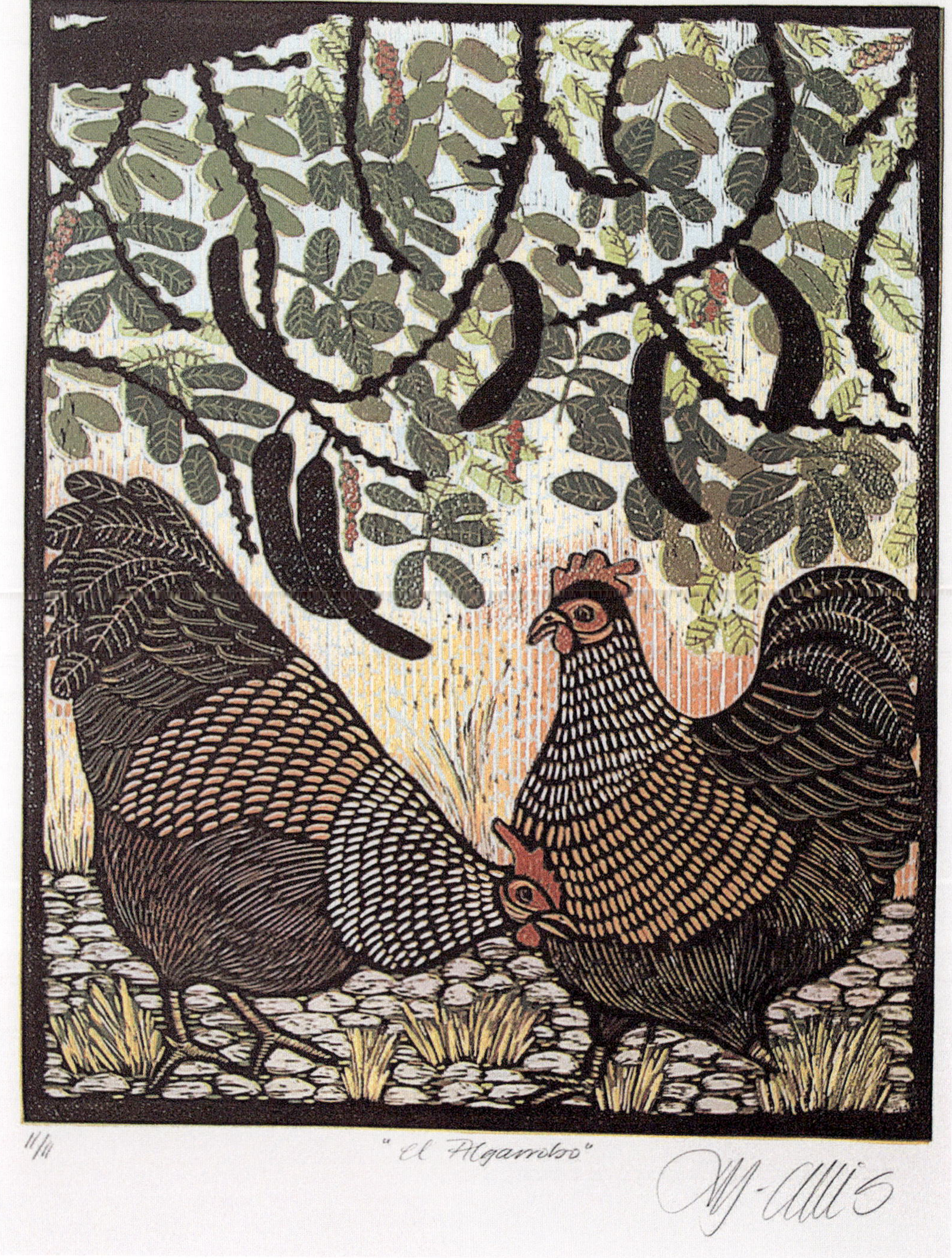

1

1
El Agarrobo
ACHTFARBIGER REDUKTIONS-LINOLSCHNITT

2
On the Beach
SECHS-FARBIGER REDUKTIONS-LINOLSCHNITT

3
Mid Day Sun
GEDRUCKT MIT DREI VER-SCHIEDENEN LINOLPLATTEN UND EINER HOLZPLATTE FÜR DIE HINTERGRUND-FARBE

Mariann Johansen-Ellis
DÄNEMARK

WEBSEITE	**mariannjohansen-ellis.com**
SHOPS	**etsy.com/shop/mariannjohansenellis**
	etsy.com/shop/linocutheaven
	etsy.com/shop/cushioncushion

Mariann Johansen-Ellis' bisheriger Lebensweg bietet genügend Stoff für einen Roman. Sie wurde in Dänemark geboren, wuchs in Schweden auf, heiratete während eines längeren Spanienaufenthalts einen Waliser und brachte sich selbst das Drucken bei, als sie mit ihrem Mann nach Brunei und später nach Singapur zog. Jetzt leben die beiden auf der dänischen Insel Møn, wo die Künstlerin eine Galerie eröffnet hat. Møn, heute ein Künstlerparadies, gehört zu Mariann Johansen-Ellis' Lieblingsorten. Als Kind verbrachte sie dort ganze Sommer bei ihren Großeltern.

„Meine Arbeiten begannen ursprünglich mit Geschichten, die ich meiner kleinen Schwester erzählte", so die Künstlerin. „Mit ihnen kam Humor in meine Grafiken. Meine Schwester ist erheblich jünger als ich, und es machte mir großen Spaß, sie zum Lachen zu bringen. Wir haben beide einen kindlichen Humor, lieben Tiere und haben Freude an kleinen Gegenständen mit vielen Details. In meinen Arbeiten ersetzen Tiere oft die Menschen. Meine Grafiken sind stets figürlich, auch wenn ich mich dafür nur selten mit dem realen Aussehen meiner Figuren vertraut mache, weil ich ihre Seele lieber auf meine eigene Art entdecke. Mich interessiert eher der Charakter, mit dem ich sie ausstatte.

Für meine Drucke fertige ich selten Skizzen an. Meist zeichne ich direkt auf das Linoleum und nehme dort auch sämtliche Korrekturen vor. Ich bin fest davon überzeugt, dass auf diese Weise frischere, lebendigere Arbeiten entstehen, und ich hasse es, abzupausen! Diese Vorgehensweise bringt es natürlich mit sich, dass ich viele Linoldruckplatten anfertige, die nicht funktionieren, aber das ist mir egal. Jeder Künstler muss selbst herausfinden, wie er am besten arbeiten kann. Für mich bestand die Lösung darin, mir Industrielinoleum – den guten, alten Linoleumboden – als Arbeitsmaterial zu erschließen. Bodenlinoleum ist viel preisgünstiger als Linolplatten aus dem Künstlerbedarf, sodass meine ‚Materialverschwendung' kein Problem darstellt.

Für mich ist das Schneiden des Linoleums der unverfälschteste Teil des Prozesses. Man formt ein Bild – dessen sollte man sich immer bewusst sein. Der Schnitt ist das Bild und benötigt in jedem Moment die ungeteilte Aufmerksamkeit des Künstlers. Ich habe im Laufe der Jahre schon viele Kursteilnehmer unterrichtet und ihnen wieder und wieder eingeschärft: ‚Sie müssen das Bild fühlen. Wenn ein Ast rund ist, dann müssen Sie ihn auch rund schneiden.' Hat man das erst einmal verstanden, gestaltet man tatsächlich bessere Linoldrucke. Aber glauben Sie jetzt bloß nicht, dass ich selbst das immer beherzigen würde … Ich benutze ja nicht ohne Grund Industrielinoleum!

Reduktionsdrucke sind inzwischen eine Art Spezialität von mir. Sie haben ihre eigene Persönlichkeit und sind sehr anspruchsvoll. Manche verhalten sich wie gute Freunde, andere sind schlicht unkooperativ. Ich habe festgestellt, dass ich viel besser arbeiten kann, wenn ich mein Denken abschalte. Es gibt für mich nichts Schöneres, als den ersten vollständigen Reduktionsabzug von der Druckplatte abzuziehen. Dieser Moment ist immer wahnsinnig aufregend für mich. Und dass ich von meiner Arbeit als Grafikerin leben kann, betrachte ich als das Sahnehäubchen auf meinem Kuchen."

2

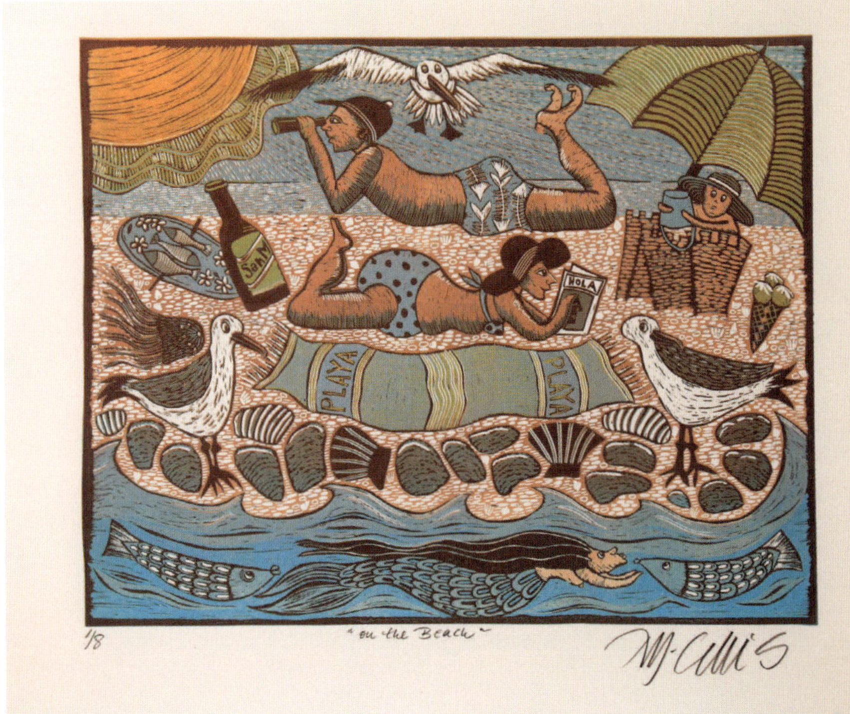

3

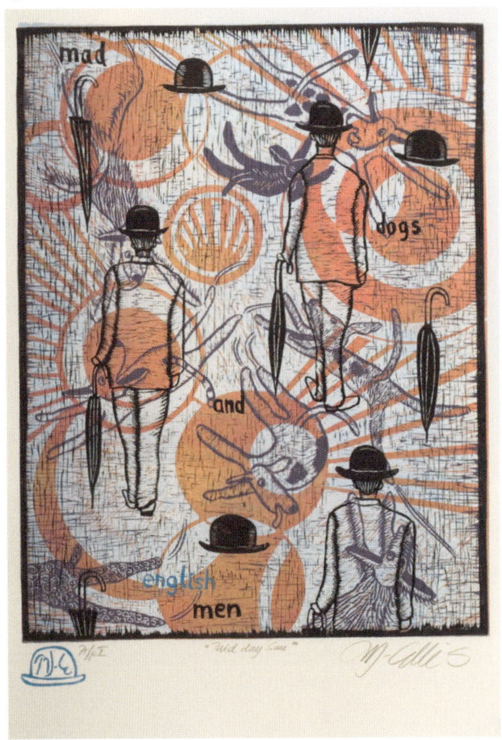

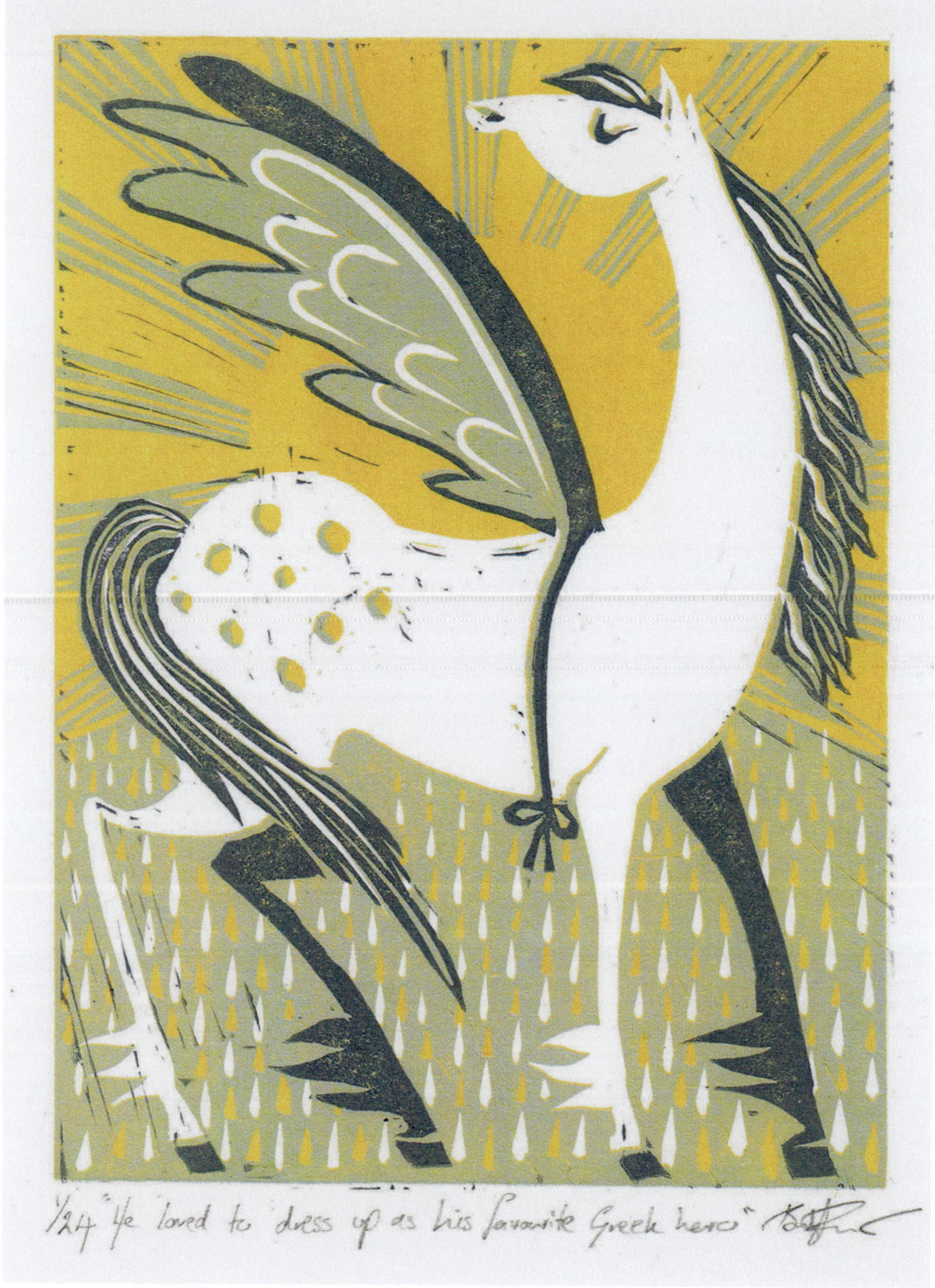

1

Bridget Farmer

AUSTRALIEN

1
Greek Hero
LINOLSCHNITT

2
Forest Fox
LINOLSCHNITT

3
New Holland Honeyeater
LINOLSCHNITT

WEBSEITE	**bridgetfarmerprintmaker.com**
SHOP	**etsy.com/shop/bridgetfarmerartist**

Bridget Farmer wurde im nordirischen Belfast geboren und lebt heute in Victoria, Australien. Hier erzählt sie, wie sie zum Hochdruck kam, woher sie die Inspiration für ihre Arbeiten bezieht und welche künstlerischen Projekte sie derzeit mit ihrer wachsenden Familie in Einklang zu bringen versucht.

„Während meines Studiums an der Kunsthochschule hatte ich zwar schon viel Erfahrung mit Monoprints gesammelt, doch erst als ich 2006 nach Australien kam und dort an einem Wochenendkurs in Druckgrafik teilnahm, begann ich mich wirklich dafür zu interessieren. Ich habe dann einen Masterabschluss in Bildender Kunst am Royal Melbourne Institute of Technology gemacht und im Jahr darauf ein Stipendium für den Australian Print Workshop bekommen, ein renommiertes Ausbildungsinstitut für Druckgrafik in Melbourne. Früher lag mein Schwerpunkt auf Tiefdruckverfahren, aber in den letzten beiden Jahren habe ich mich verstärkt dem Hochdruck zugewandt – zum Teil, weil ich ein Kind bekam. Der Linolschnitt ist eine direktere Arbeitsweise, und man kann die Arbeit auch leichter unterbrechen.

Auf vielen Grafiken, die während meiner Schwangerschaft entstanden, finden sich in runden Formen zusammengerollte Tiere, was ich allerdings erst bemerkt habe, als mich jemand darauf aufmerksam gemacht hat. Ich glaube, Inspiration kommt häufig tief aus einem selbst, oft ohne dass man sich dessen bewusst ist. Die Tiere in meinen Bildern, zum Beispiel Füchse, Hasen und Krähen, sind alle in Großbritannien heimisch. Vielleicht habe ich ja an meine eigene Kindheit gedacht und daran, wie anders sich die Kindheit meines Sohnes in Australien gestalten wird.

Auch bei meinem aktuellen Projekt – einem Kinderbuch über australische Vögel – habe ich meinen Sohn im Hinterkopf. Als ich nach Australien kam, fühlte ich mich beim Anblick all dieser unbekannten Vögel wie ein Kind, und hier auf dem Land gibt es rings um uns noch viel mehr Vogelarten.

Ich glaube, der Hochdruck wurde mir nicht in die Wiege gelegt, denn ich tendiere eigentlich zu monochromen, linearen Grafiken. Bei jedem neuen Linolschnitt drücke ich mich davor, anzufangen, weil ich Angst vor der leeren Fläche und dem ersten Schnitt habe. Und bei mehrschichtigen Arbeiten komme ich oft völlig durcheinander. Aber es ist eine gute Übung für mein Gehirn, und mit jeder neuen Arbeit fühle ich mich ein wenig sicherer.

Für das Vogelbuch werde ich etwa ein Jahr brauchen. Vielleicht wird das sogar ein Fortsetzungsprojekt. Es macht mir Freude, mit der Vorstellung von einem Buch im Kopf eine Serie von Grafiken zu erschaffen. Mir ist klar, dass vermutlich alle frischgebackenen Eltern sich plötzlich für fähig halten, ein Kinderbuch zu verfassen, aber das liegt wohl daran, dass Kinder einfach eine tolle Inspirationsquelle sind."

2

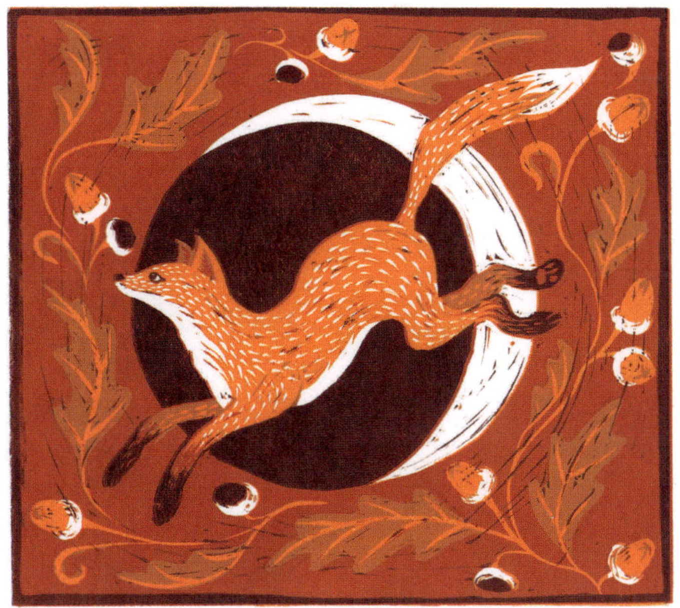

3

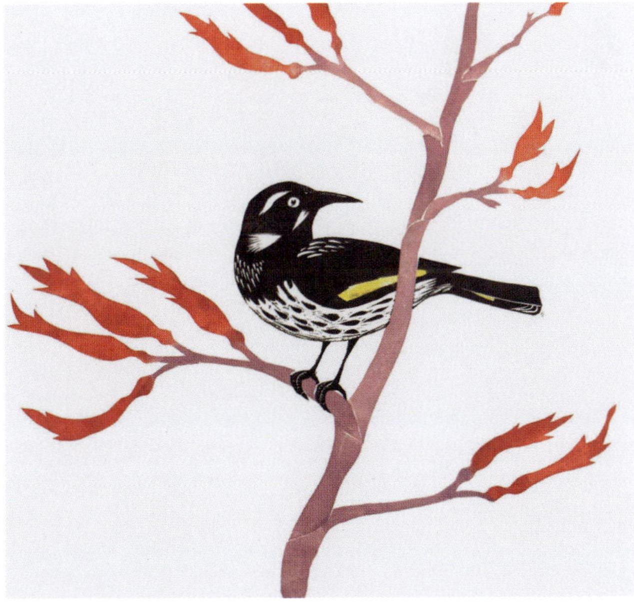

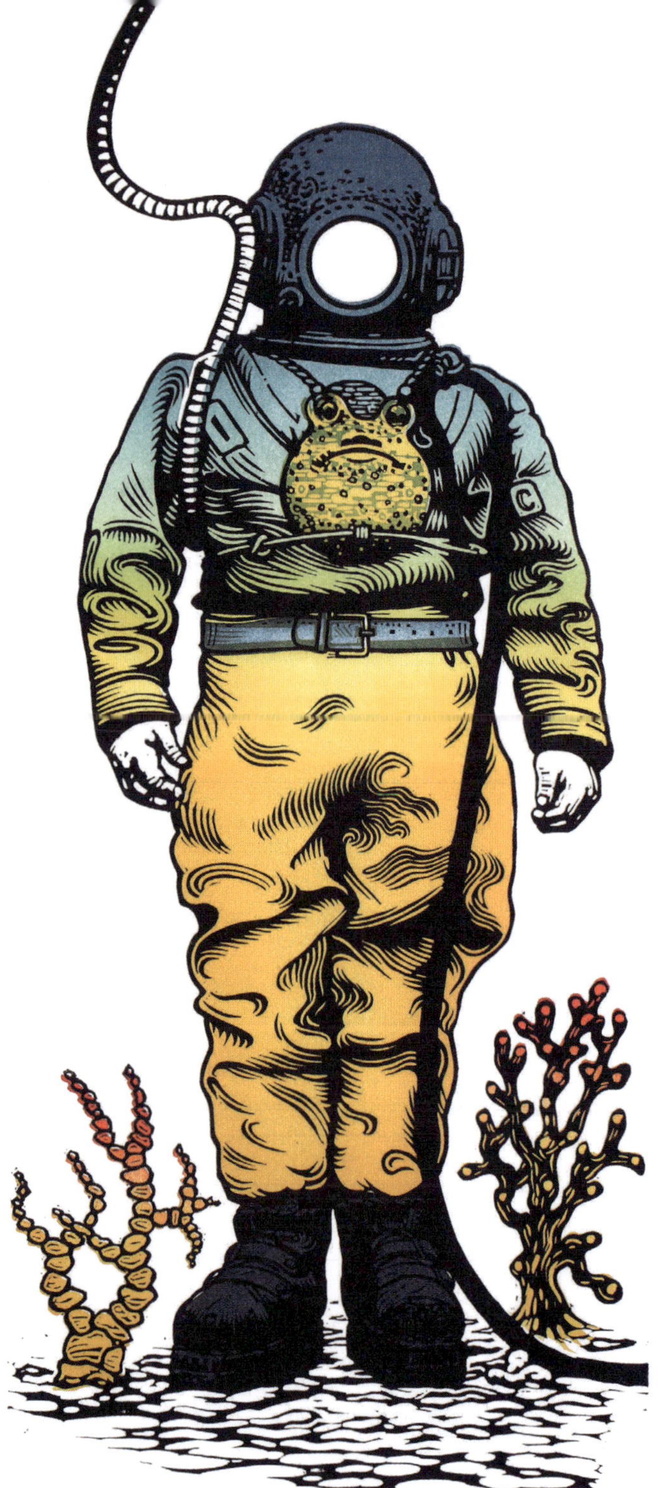

1

1
Deep Sea Diver
LINOLSCHNITT

2
Yoyo
LINOLSCHNITT
UND SIEB-
DRUCK

3
Cactus Cowboy
LINOLSCHNITT

Nick Morley
GROSSBRITANNIEN

WEBSEITEN	**linocutboy.com**
	helloprintstudio.com
BLOG	**linocutboy.com/blog**
SHOP	**linocutboy.com/shop**

Nick Morley ist ein aufregender Grafiker, der mit Linolschnitten und anderen druckgrafischen Techniken Buchumschläge gestaltet. Er führt ein sehr betriebsames Atelier im englischen Margate, in dem er auch Kurse gibt.

„Nach meinem Abschluss in Bildender Kunst an der Sheffield Hallam University in England bin ich für ein Semester ans Emily Carr Institute of Art and Design in Vancouver, Kanada, gegangen, wo ich jede Menge Radierungen schuf. Zum Linolschnitt kam ich erst ein paar Jahre später, während meiner Zeit als ‚Artist in Residence' bei der Londoner Firma Intaglio Printmaker. Ich war auf der Suche nach einer Technik mit einer besonders grafischen Wirkung und dachte, ich könnte es ja mal mit Linolschnitt versuchen. Ich habe mir die Technik, unterstützt von Kollegen, selbst beigebracht und entdeckt, dass sie unglaublich vielseitig ist. Jetzt bin ich schon seit mehr als zehn Jahren dabei, meine Kenntnisse zu vertiefen, indem ich mich mit anderen Grafikern austausche und im Atelier experimentiere.

Ich lasse mich von interessantem Bildmaterial inspirieren, etwa von alten Fotos, Drucken und Illustrationen, und von allem, was witzig oder merkwürdig ist, mich zum Lachen bringt oder mir leichte Übelkeit verursacht. Ich arbeite gern in Serie und habe schon Serien über die Weltmeisterschaft der Bartträger, über Ringer und ausgestorbene Tierarten geschaffen. Gegenwärtig arbeite ich an einer Cowboy-Serie. Dazu gehört auch ein Linolschnitt mit zwei Skeletten mexikanischer Cowboys, der von dem mexikanischen Kupferstecher José Guadalupe Posada und dem traditionellen mexikanischen ‚Tag der Toten' inspiriert ist.

Beim Schneiden des Druckstocks stellt mich jeder Schnitt vor eine große Entscheidung, und ich denke über das Gewicht und den Verlauf jeder einzelnen Linie nach. Diese langsame Arbeitsweise versuche ich durch größere Spontaneität bei der Vorbereitung auszugleichen. Der endgültige Druck muss Lebendigkeit und Energie ausstrahlen, was man durch fließende Linien und kraftvolle Schnitte erreicht.

Ich halte den Hochdruck – vor allem den Linolschnitt – für das demokratischste künstlerische Medium. Er ist leicht zu erlernen, erfordert keine umfangreiche Ausstattung, ermöglicht aber zugleich ein hohes künstlerisches Niveau, wenn man ihn beherrscht. Das Abziehen des ersten Drucks ist für mich jedes Mal nervenaufreibend. Manchmal hasst man das Ergebnis, manchmal liebt man es. Gewöhnlich fallen mir als Erstes meine Fehler ins Auge. Allerdings entsteht durch das Drucken auch immer eine neue Qualität – eine Einheit der Bildelemente. Außerdem haben Drucke durch ihre Haptik, ihr Aussehen und den Geruch der Farbe etwas sehr Sinnliches.

2013 habe ich in Margate mein Atelier, das Hello Print Studio, eingerichtet. Ich biete Workshops an, vermiete Arbeitsplätze an Künstler und stelle den anderen Mitgliedern der Resort Studios, zu denen mein Atelier gehört, die technische Ausstattung zur Mitbenutzung zur Verfügung. Zurzeit bin ich auf der Suche nach Hochdrucklettern, ein neues Interesse von mir. Außerdem habe ich gerade ein Handbuch über Linolschnitt fertiggestellt, das in Kürze erscheinen wird, worauf ich mich sehr freue. Nicht zuletzt freue ich mich jedoch darauf, demnächst Vater zu werden und meinem Sohn beizubringen, wie man Linolschnitte macht!"

2

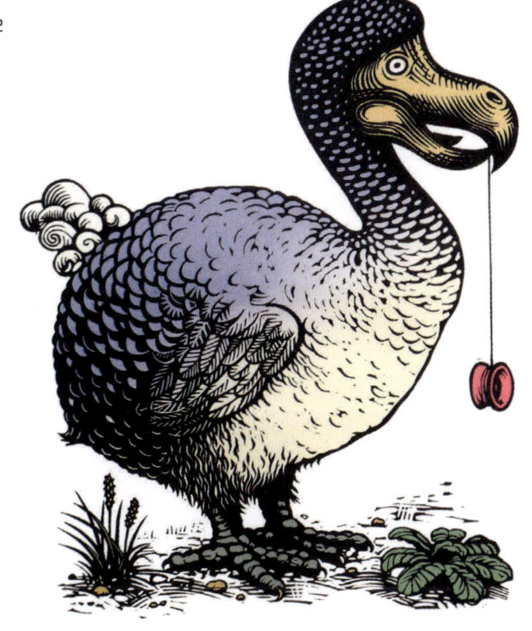

3

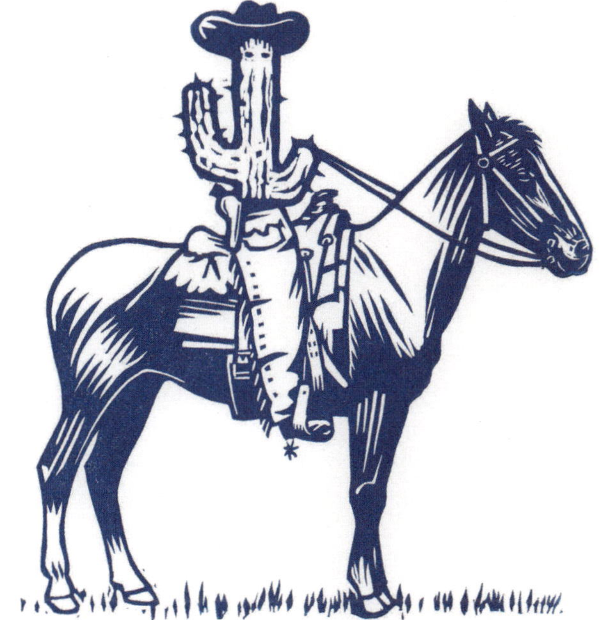

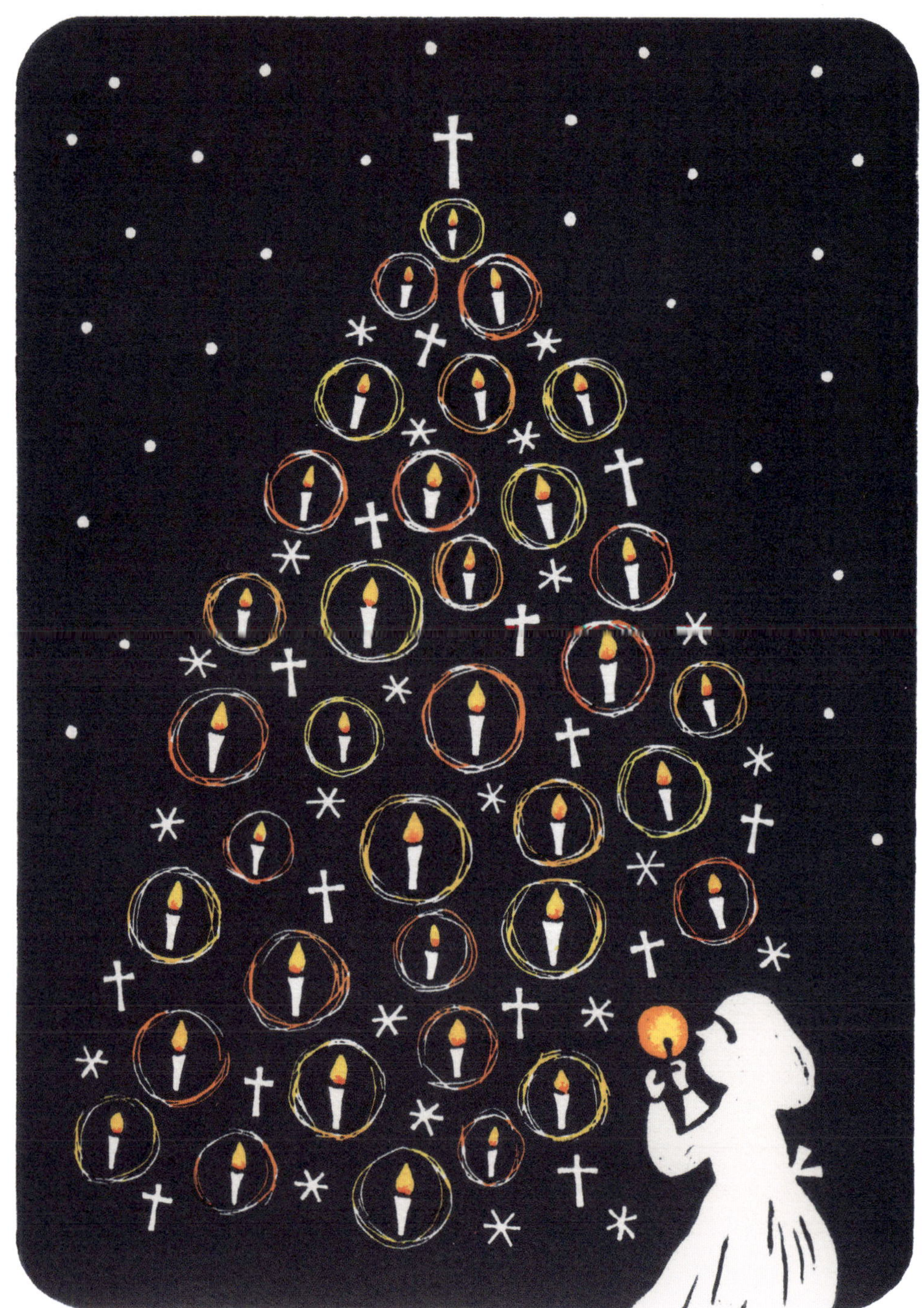

1

1
The Little Match Girl
LINOLSCHNITT

2
Little Red Riding Hood
LINOLSCHNITT

3
The Elves and the Shoemaker
LINOLSCHNITT

Hitomi Murakami

JAPAN

WEBSEITE	**pikotan.com**
INSTAGRAM	**@murakami_hitomi**

Hitomi Murakamis Druckgrafiken haben etwas außerordentlich Erfrischendes: Sie räumen mit allem Überflüssigen auf und wirken mit ihrer reduzierten Ästhetik, die den Stil von Murakamis Heimat Japan perfekt verkörpert, wie eine frische Brise. Die Künstlerin, die das Drucken in einem Atelier in Florenz erlernte, lebt und arbeitet heute in Tokio.

Hitomi Murakami hat sich darauf spezialisiert, mit ihren Illustrationen Geschichten zu erzählen. Sie hat bereits mehrere mit ihren Linolschnitten illustrierte Kinderbücher herausgebracht, darunter auch *Grimms Märchen*. Durch die meisterhafte Verwendung von Positiv- und Negativflächen zur Erzeugung von Kontrasten und eine sehr begrenzte Farbpalette gelingen ihr Illustrationen, die den Betrachter in die Geschichte hineinziehen. Dabei reduziert sie ihre Kompositionen stets auf die wesentlichen Elemente.

Wie ein Blick auf weitere ihrer Arbeiten zeigt, sind Umwelt und Natur zentrale Themen für Hitomi Murakami. So befasst sich eine vor Kurzem veröffentlichte von ihr illustrierte Kindergeschichte aus der Sicht einer Haselmaus mit erneuerbaren Energien.

Hitomi Murakami erteilt auch Unterricht in Hochdrucktechniken. Dabei kombiniert sie Moosgummi, Gummistempel und andere kinderfreundliche Materialien und steckt Kinder wie Erwachsene mit ihrer Begeisterung für Druckgrafik an.

2

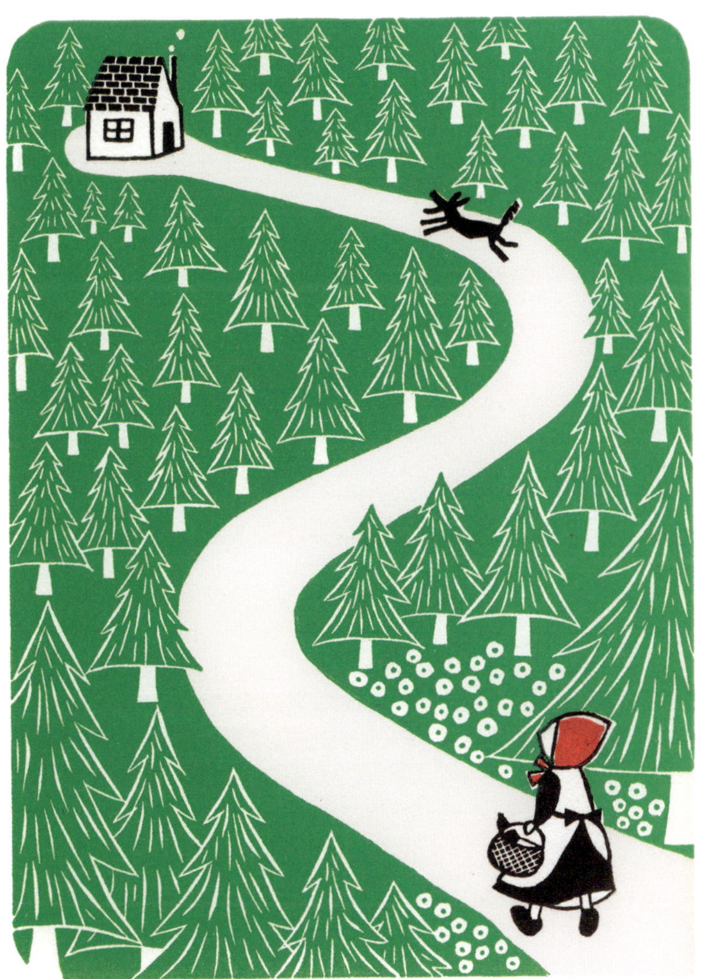

3

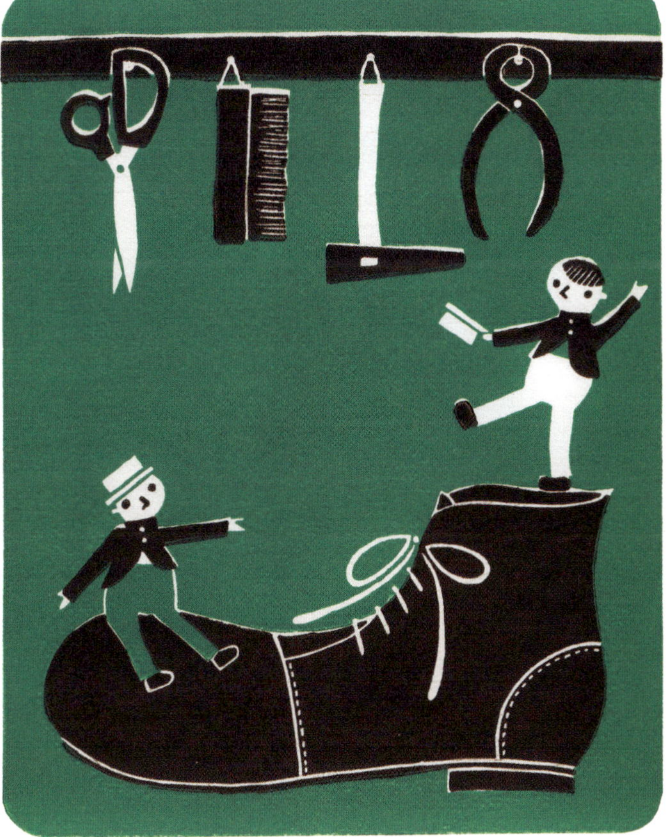

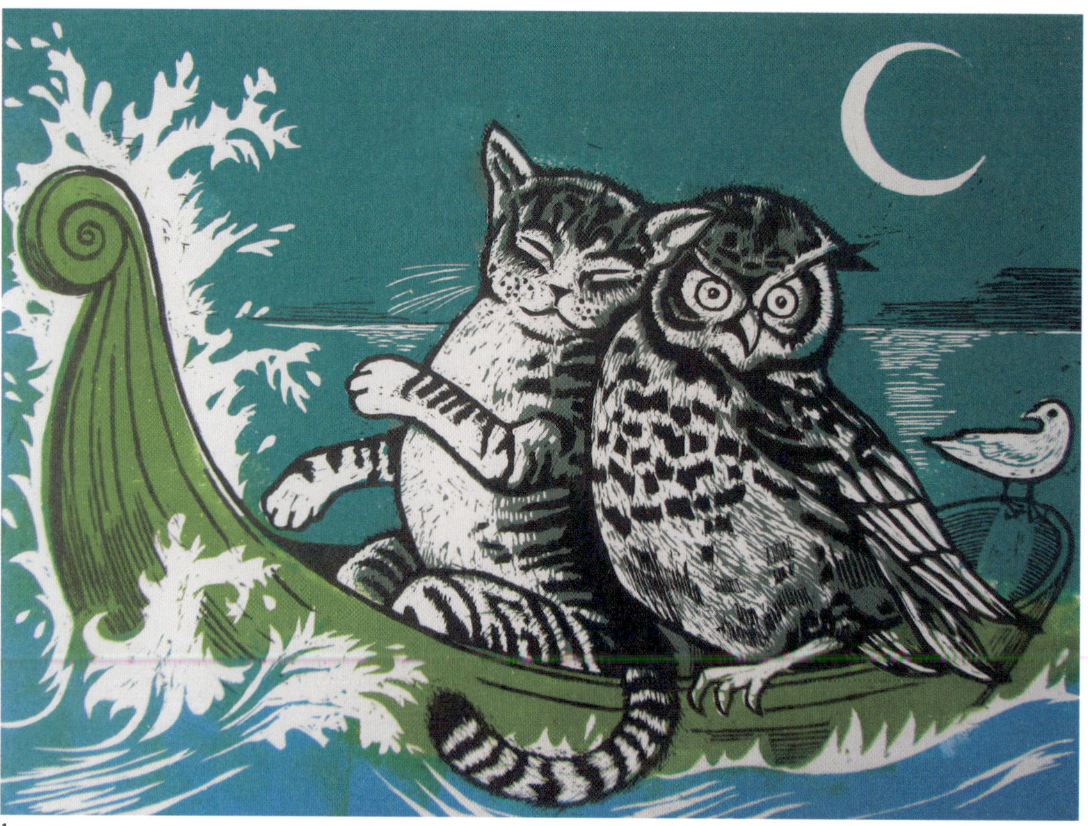

1

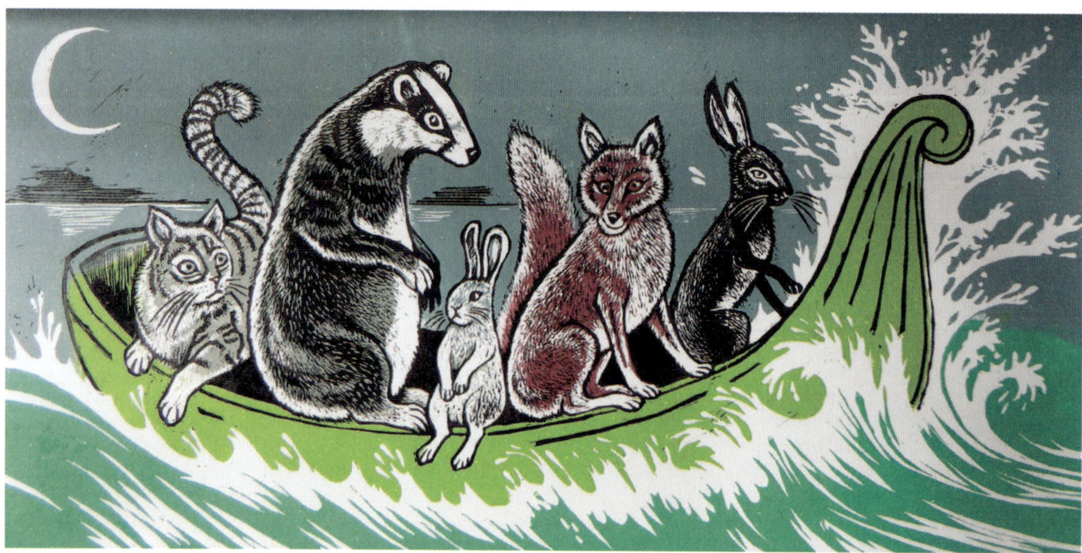

2

1
A Year and a Day
LINOLSCHNITT

2
An Unlikely Journey
LINOLSCHNITT

3
The Strawberry Thief
LINOLSCHNITT

4
The Witch Hare
LINOLSCHNITT

Teresa Winchester

GROSSBRITANNIEN

WEBSEITE	teresawinchester.co.uk
SHOP	teresawinchester.co.uk/cards.html

Teresa Winchesters Linolschnitte stehen ganz in einer englischen Tradition volkstümlicher Tiergeschichten und nostalgischer Landschaften, die sie auf meisterhafte Weise ins Bild setzt.

„Ich bin in Eastbourne in der Grafschaft Sussex geboren und lebe jetzt nach kurzen Flirts mit London und Surrey wieder in Sussex, wo ich mich wirklich zu Hause fühle. Ich habe am Goldsmiths, das zur Universität London gehört, Druckgrafik studiert und war zunächst begeistert von der Lithografie, doch seit einigen Jahren entspricht die markantere Optik von Linolschnitten mir und meiner Arbeit mehr.

Zu Hause war ich die Älteste und hatte viel Zeit für mich. Ich verbrachte viele Stunden damit, zu lesen und anschließend Bilder zu den Geschichten zu zeichnen, die ich gelesen hatte. Neben diesem Kosmos wundersamer Geschichten inspirieren mich auch die Wälder, Wiesen und Hügel um mich herum, die von Strukturen, Farben und Mustern nur so strotzen. Ich liebe es, Pflanzen und Tiere zu betrachten, und werde nicht müde, Menschen zu zeichnen. Von meinen Reisen in schöne, weit entfernte Länder und Regionen wie Indien und Afrika komme ich mit Skizzenbüchern voller Gesichter und einem Kopf voller Ideen zurück.

Deshalb sind meine Grafiken auch voll mit Geschichten. Einige kommen Ihnen vielleicht bekannt vor, etwa ‚The Red Shoes‘ (Die roten Schuhe) oder ‚The Gingerbread House‘ (Das Pfefferkuchenhaus), doch in den meisten meiner Bilder steckt eine Geschichte, die der Betrachter selbst entdecken soll. Mir fliegen ständig Ideen zu, sehr oft kurz vor dem Einschlafen, was vielleicht erklärt, weshalb meine Arbeiten so oft mit Traumbildern verglichen werden.

Ich benutze japanische Schnitzmesser und beziehe auch meine Platten aus Japan: eine Vinylvariante des guten alten Linoleums und erheblich leichter zu schneiden. Im Allgemeinen arbeite ich mit zwei Druckplatten. Mit der ersten drucke ich die Farben. Davon verwende ich stets mehrere. Manchmal mische ich die Farben mit einer großen Farbwalze, manchmal walze ich jede Farbe mit einer eigenen Walze auf – das fühlt sich fast so an, als würde ich mit den Walzen malen. Die zweite Druckplatte verbindet alle Elemente des Motivs. Damit drucke ich den überwiegenden Teil meines Entwurfs, und zwar in einer dunkleren Farbe. Statt Schwarz nehme ich lieber eine Mischung aus Ultramarin und Violett, die auf mich lebhafter wirkt.

Der magische Moment kommt dann, wenn ich den ersten vollständigen Druck von der Druckplatte abziehe. Oft überrascht mich das Ergebnis, und diesen Hauch von Ungewissheit liebe ich einfach. Drucken ist eine faszinierende Herausforderung. Der Prozess erinnert mich eine Schachpartie, bei der man die Ergebnisse seines Tuns vorhersehen muss. Meine Druckmethode mit mehreren Platten erfordert größte Genauigkeit. Dennoch fallen die Abzüge zwangsläufig unterschiedlich aus: Die Platzierung der Bildelemente ist nicht identisch, und die Farben weichen voneinander ab. Deshalb ist auch jeder Abzug ein Original, selbst wenn er Teil einer Auflage ist.“

3

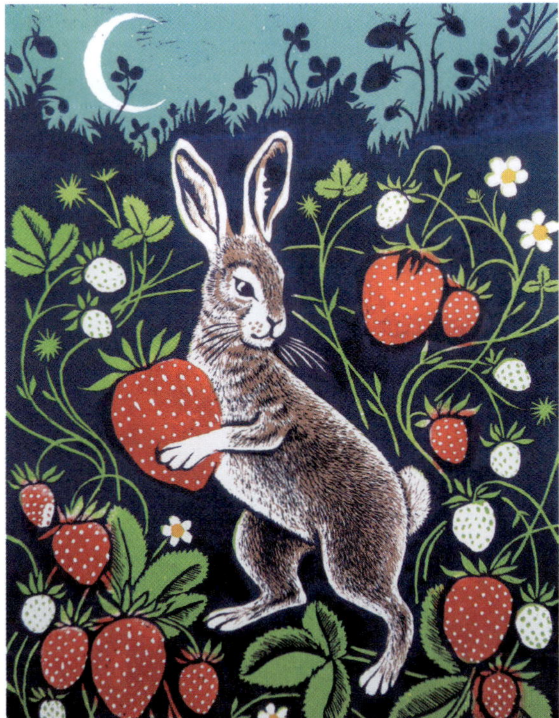

4

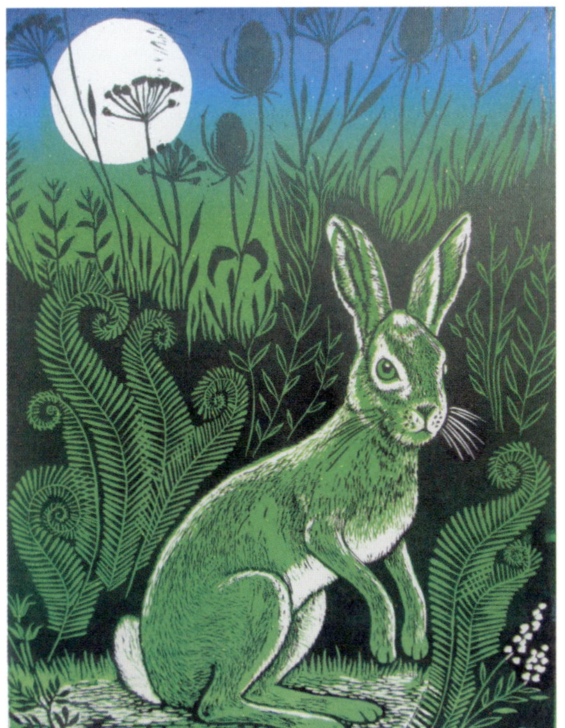

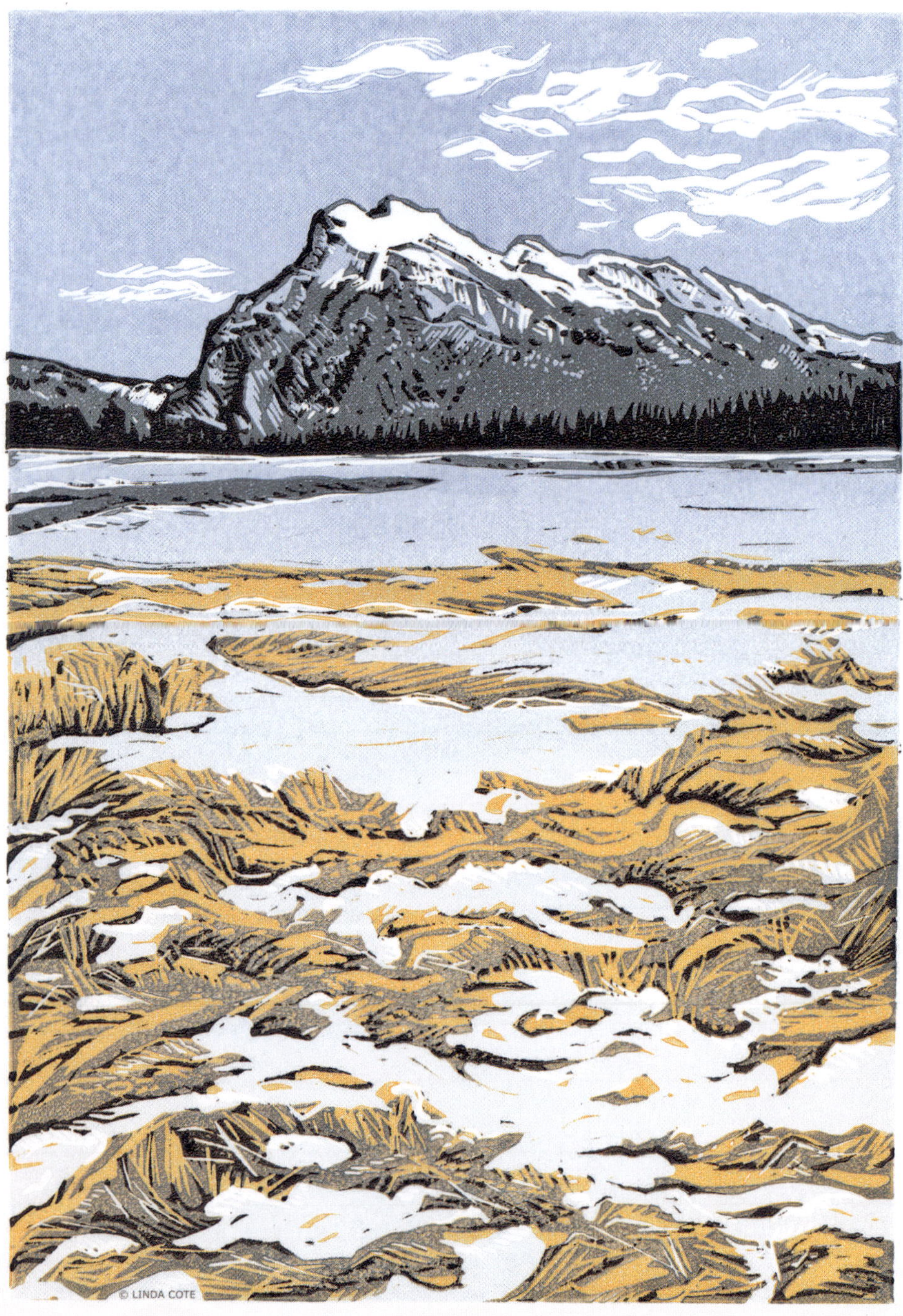

1

1
Mount Rundle Spring
VIERFARBIGER REDUKTIONS-LINOLSCHNITT

2
Magpie Morning
EINFARBIGER REDUKTIONS-LINOLSCHNITT

3
Blue Jay's Perch
DREIFARBIGER REDUKTIONS-LINOLSCHNITT

Linda Cote

KANADA

WEBSEITE	**lindacote.ca**
BLOG	**lindacote.ca/#!blog/c1cfw**
SHOP	**lindacote.ca/#!store/c21kz**

Linda Cote lebt und arbeitet in Canmore, einer Kleinstadt in der kanadischen Provinz Alberta, wo die Prärielandschaft der Vorgebirge in die Rocky Mountains übergeht.

„Mein künstlerischer Weg war lang und verschlungen. Ich habe in vielen Bereichen Erfahrungen gesammelt – Zeichnen, Malen, Aquarellieren, Collage und Holzschnitzen –, doch in dem Moment, als ich mit dem Schnittwerkzeug in der Hand meine erste Hochdruckgrafik in Angriff nahm, wusste ich, dass ich am Ziel war.

Als Grafikerin bin ich vorwiegend Autodidaktin, obwohl ich viele wunderbare Mentoren hatte und an zahlreichen Workshops teilgenommen habe. Schon immer habe ich Bücher mit traditionellen Holz- und Linolschnittillustrationen oder Radierungen geliebt und empfinde die Werke von Künstlern wie Sir John Tenniel, Betsy Bowen, George Walker und Albrecht Dürer als ungemein inspirierend.

In meinen Arbeiten erzeuge ich Strukturen und Tiefe mit sparsamen Linien und wenigen Farben und reduziere so mein Motiv auf das Wesentliche. Obwohl ich mich mit vielen verschiedenen Themen auseinandersetze, befasse ich mich am liebsten mit Vögeln und der herrlichen Vorgebirgslandschaft rings um Canmore. Ich drucke all meine Grafiken von Hand und ohne Presse und stelle nur kleine Auflagen her, deren Abzüge ich gern als ‚Mehrfach-Originale' bezeichne. Meine Auflagen sind typischerweise auf höchstens dreißig Abzüge limitiert, alle von Hand nummeriert und signiert.

Die Druckgrafik ermöglicht eine Fülle kreativer Herangehensweisen, und die Vorstellung, noch Jahre mit ihrer Erforschung verbringen zu können, finde ich aufregend. Eine der größten Herausforderungen für uns Grafiker liegt darin, dass nicht jeder versteht, weshalb ein Original-Handabzug teurer ist als ein maschinell erzeugter Kunstdruck. Es ist mir ein großes Anliegen, meinen Kunden und Followern in meinem Blog, auf YouTube und durch Veranstaltungen in meinem Atelier Einblick in den Entstehungsprozess meiner Grafiken zu geben. Ich bin der festen Überzeugung, dass man die einzigartigen Qualitäten der Druckgrafik besser zu würdigen weiß, wenn man gesehen hat, wie viel Handarbeit darin steckt.

Es macht mir Spaß, mich an komplexere Entwürfe und mehrschichtige Reduktionslinolschnitte zu wagen. Ich habe schon einige Mehrfarbendrucke geschaffen und liebe es, die Farben eine nach der anderen aufzubauen. Außerdem hatte ich das Glück, vor Kurzem eine antike Buchdruckpresse der Marke Chandler mit einem Satz hölzerner und metallener Lettern aufzutreiben. Ich habe schon jede Menge Ideen, wie ich Letterpress- und Linoldruck kombinieren kann, und werde mich demnächst intensiv damit befassen. Wohin mich mein Weg als Grafikerin auch führen mag: An Inspiration wird es mir bestimmt nicht mangeln!"

2

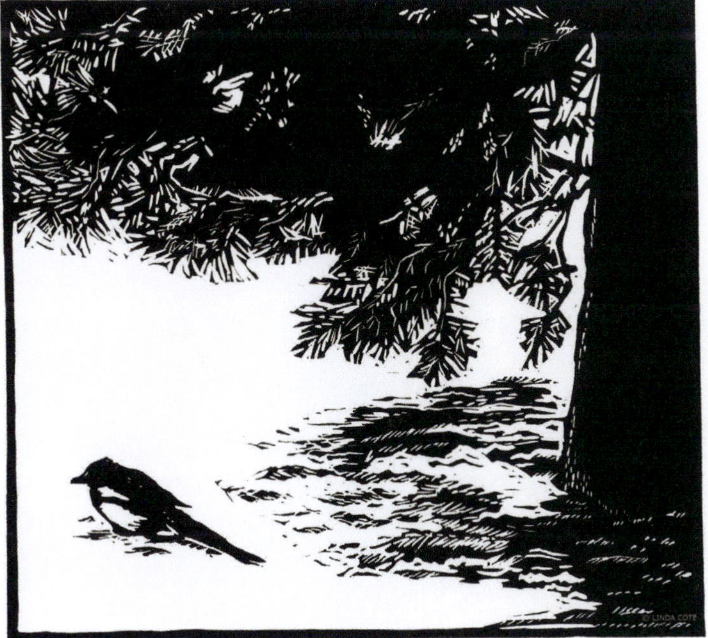

3

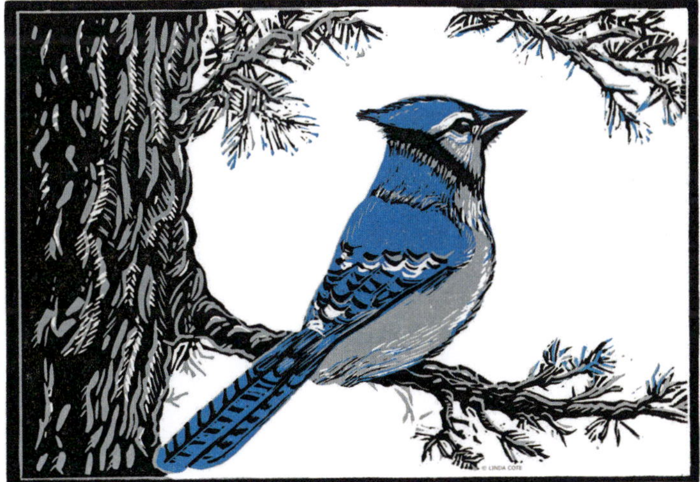

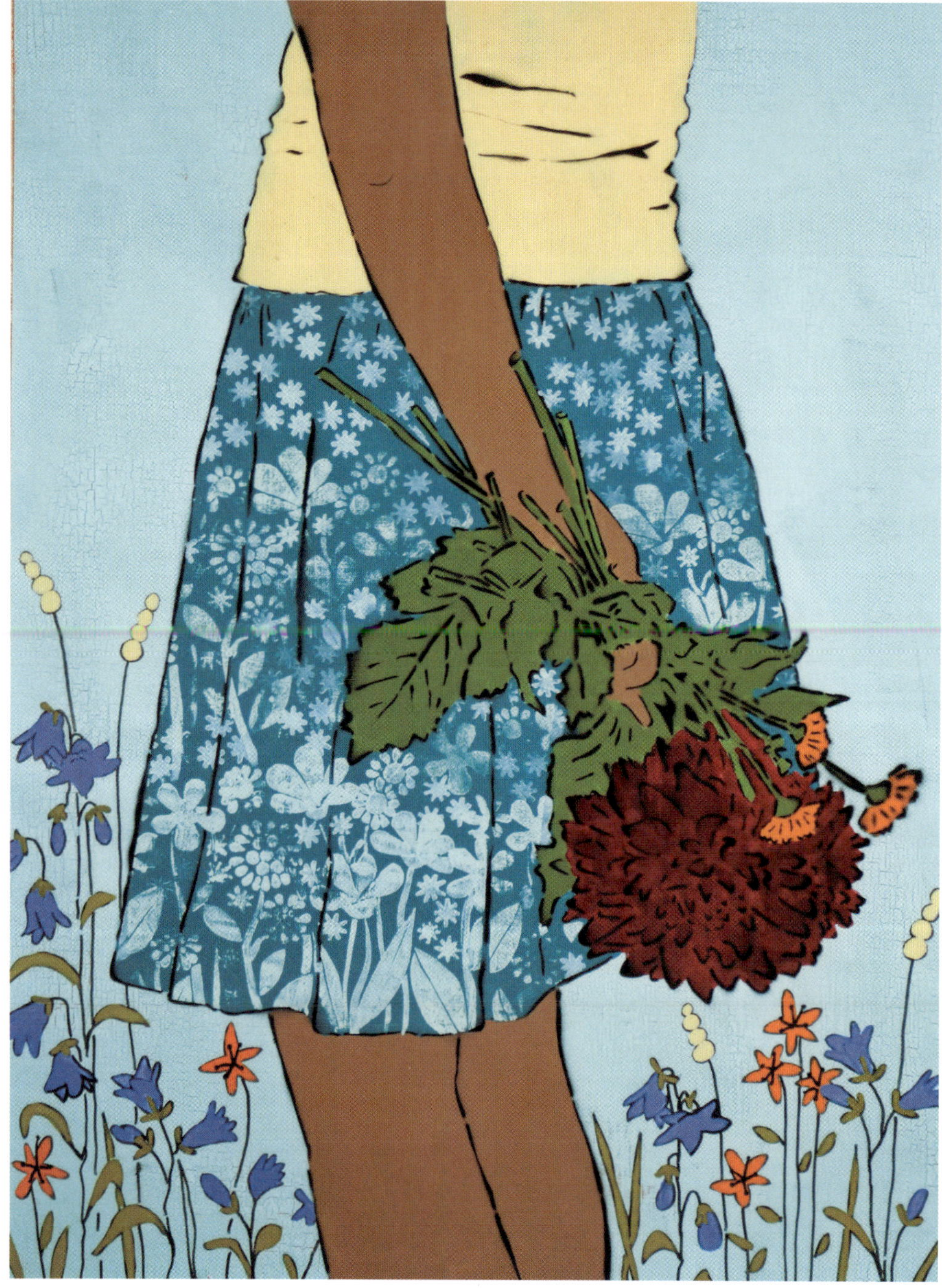

1

1
Garden Gifts
MIXED MEDIA

2
Bet Your Life
MIXED MEDIA

3
If the Wind Is Right
MIXED MEDIA

Amy Rice
USA

WEBSEITE	amyrice.com
BLOG	egg-basket-full-of-hollyhock-dolls. blogspot.com
SHOP	etsy.com/shop/amyriceart

Die fröhlichen, leuchtend bunten, nostalgischen Bilder von Amy Rice heißen den Betrachter mit offenen Armen in ihrer Welt willkommen. Die Werke der Künstlerin, die in Minneapolis im US-Bundesstaat Minnesota zu Hause ist, sind geprägt vom Mittleren Westen. Amy Rice bedient sich einer Fülle von Mixed-Media-Techniken und arbeitet mit Gocco-, Linol- und Schablonendruck, Sprühfarben, Acrylfarben, alten Briefen, Landkarten und anderen Fundstücken, Gouache und Druckfarben.

„Ich habe schon immer künstlerisch gearbeitet und gerne neue Techniken erlernt. Mit dem Linolschnitt begann ich vor fünfzehn Jahren, um meine Hände zu beschäftigen, nachdem ich das Rauchen aufgegeben hatte. Es hat tatsächlich funktioniert!

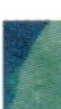

Meine Arbeiten spiegeln meist meinen Alltag und Ereignisse, die mich stark beschäftigen. Zum Beispiel habe ich letztes Jahr ein Grundstück auf dem Land gekauft. Meine neuesten Arbeiten dokumentieren die Pflanzenarten, die darauf wachsen, nebst Biberkunst (auf meinem Grundstück lebt eine Biberfamilie), außerdem bedrucke ich Textilien.

Lange Zeit habe ich überhaupt keine Druckstöcke mehr geschnitten, um meine Hände und Handgelenke zu schonen, aber seit einigen Jahren gibt es eine ganze Reihe neuer Produkte, die viel weniger Kraftaufwand erfordern, und ich bin froh, dass ich jetzt wieder schneiden kann.

Für mich besteht die Herausforderung darin, viel Zeit in das Schneiden der Druckstöcke investieren zu müssen, ohne zu wissen, ob das Ergebnis mir später gefällt und ob ich die Druckstöcke mehr als einmal verwenden werde. Die Belohnung besteht für mich darin, viele Abzüge zu haben, mit denen ich experimentieren kann.

Mit all den Stoffen und Textilimitationen, die ich drucke (etwa einen ‚Flechtteppich' oder einen ‚Patchwork-Quilt') möchte ich Polstermöbel beziehen und Kissenbezüge und Geschirrtücher anfertigen. Und irgendwann staffiere ich eine hübsche Hütte im Wald mit all meinen Designs aus."

2

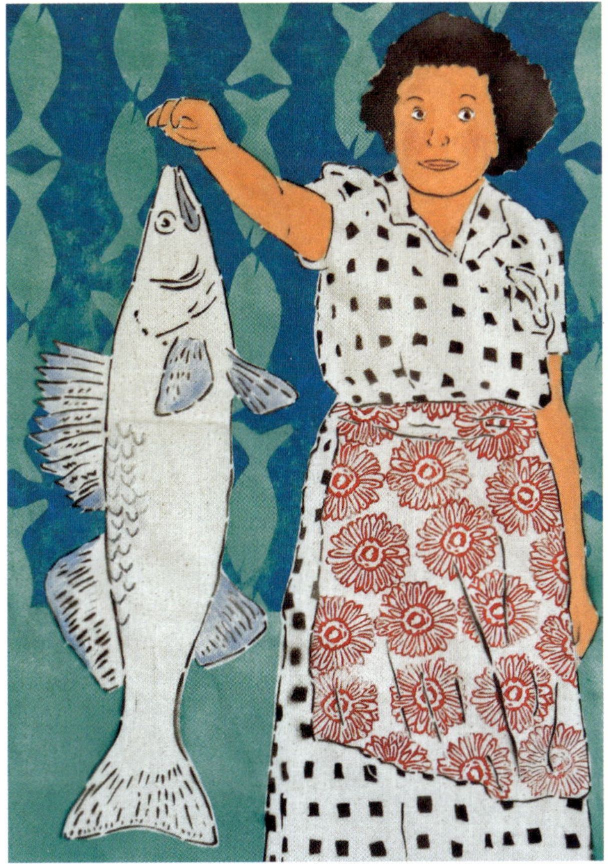

3

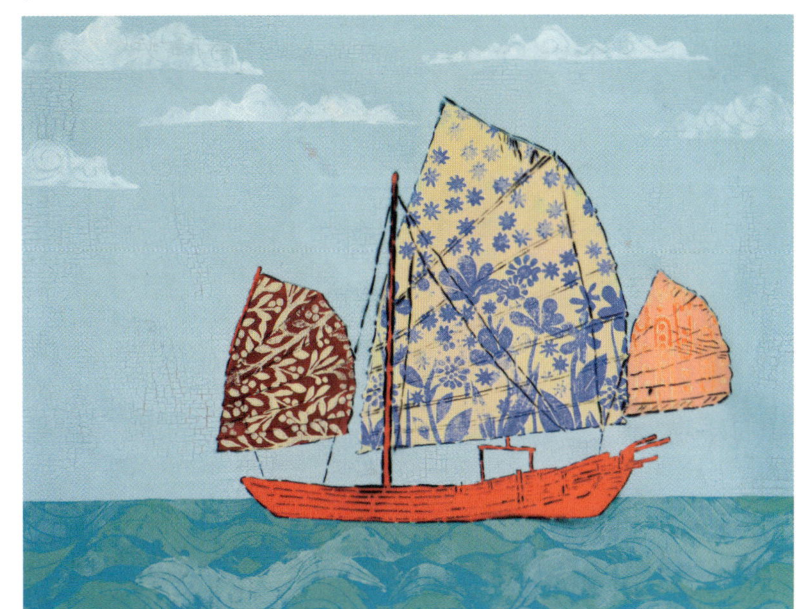

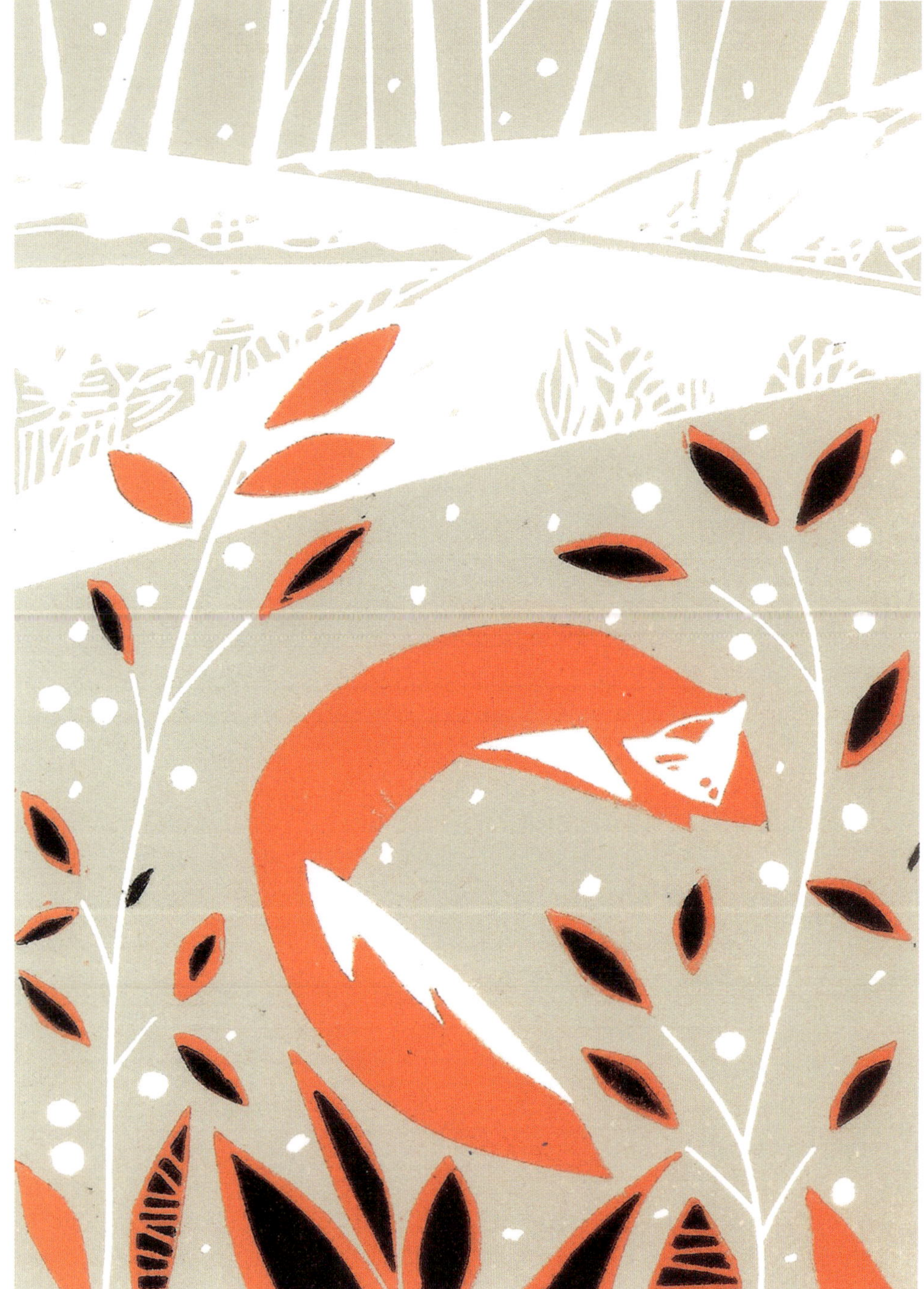

1

1
Snow Fox
LINOLSCHNITT

2
River Hare
LINOLSCHNITT

3
York Walls
LINOLSCHNITT

Giuliana Lazzerini

GROSSBRITANNIEN

WEBSEITE	**giulianalazzerini.com**
BLOG	**http://giulianalazzerini.com/blog**
SHOP	**etsy.com/shop/thebluebirdgallery**

Giuliana Lazzerinis künstlerischer Weg ist faszinierend. Auf frühe künstlerische Anregungen im Atelier ihres Vaters in der Toskana folgten eine Ausbildung und ein Masterabschluss am Istituto D'Arte Stagio Stagi in Pietrasanta und ein Abschluss in Malerei an der Accademia di Belle Arti in Carrara. Der Einfluss der Landschaften ihrer italienischen Heimat prägte Lazzerinis Arbeiten auch nach ihrem Umzug nach Yorkshire 1987, doch zugleich begann die wachsende Vertrautheit mit der wilden Schönheit der nordenglischen Landschaft zunehmend ihre Spuren zu hinterlassen.

„Ich beziehe meine Inspiration aus der Natur, die mich hier in Yorkshire umgibt, und ihrer Tierwelt. Ich mag einfache, auf das Wesentliche reduzierte Bilder, die sich gut in Linol schneiden lassen. Meine Linol- und Holzdruckstöcke schneide ich von Hand und ziehe sie einzeln auf einer Handdruckpresse ab oder reibe sie von Hand ab. Diesen Prozess wiederhole ich für jede der benötigten Farben, was ziemlich lange dauern kann, weil manche Drucke drei oder vier Platten erfordern. Manche meiner Linolschnitte drucke ich in limitierten Auflagen mit meist geringer Stückzahl – sie sind also kein Massenprodukt."

Lazzerini genießt den Moment, in dem sie den ersten Druck abzieht und das Ergebnis begutachtet. „Normalerweise drucke ich, bevor ich mit dem Druck der Auflage beginne, zunächst einige Artist's Proofs, um verschiedene Optionen auszuprobieren. Manchmal versehe ich einige meiner Drucke auch mit dem Kürzel ‚E.V.' (‚varied edition' oder Variantendruck), wenn die Auflage verschiedene Farbvarianten beinhaltet.

Zurzeit arbeite ich an einer Vielzahl unterschiedlichster Projekte. Besonders spannend finde ich es, Linoldruck und Collage zu verbinden und damit jedem Druck eine ganz individuelle Note zu verleihen. Außerdem experimentiere ich mit der Lichtdurchlässigkeit von Mosaiken, denn die Art, wie Farben einander beeinflussen, fasziniert mich stets aufs Neue."

2

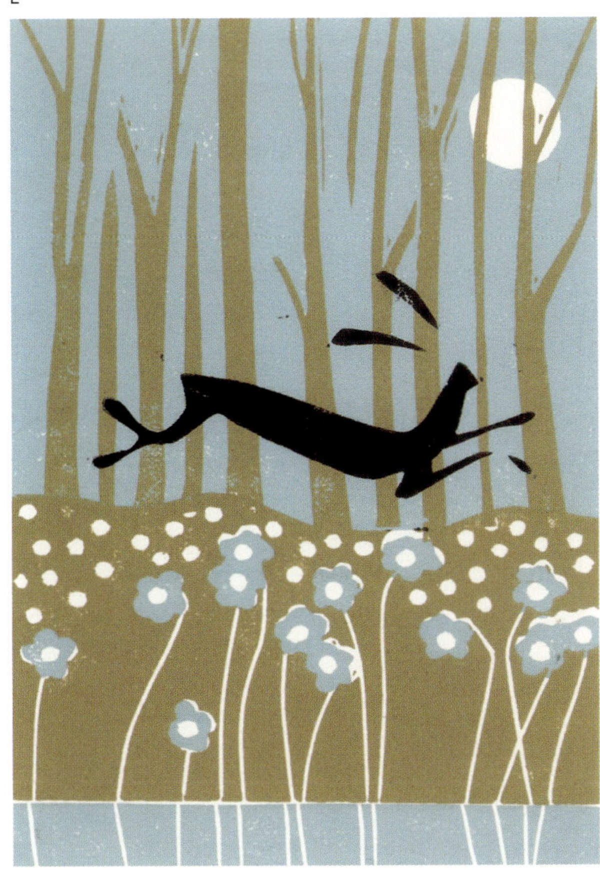

3

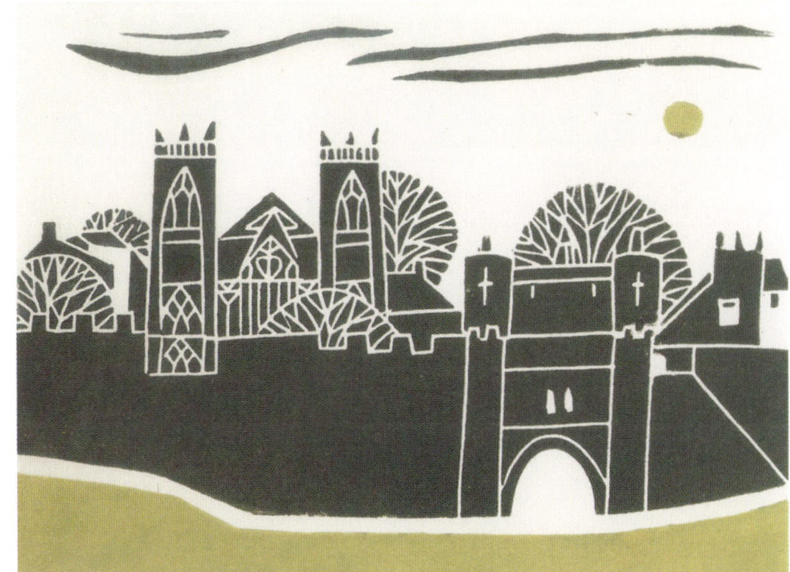

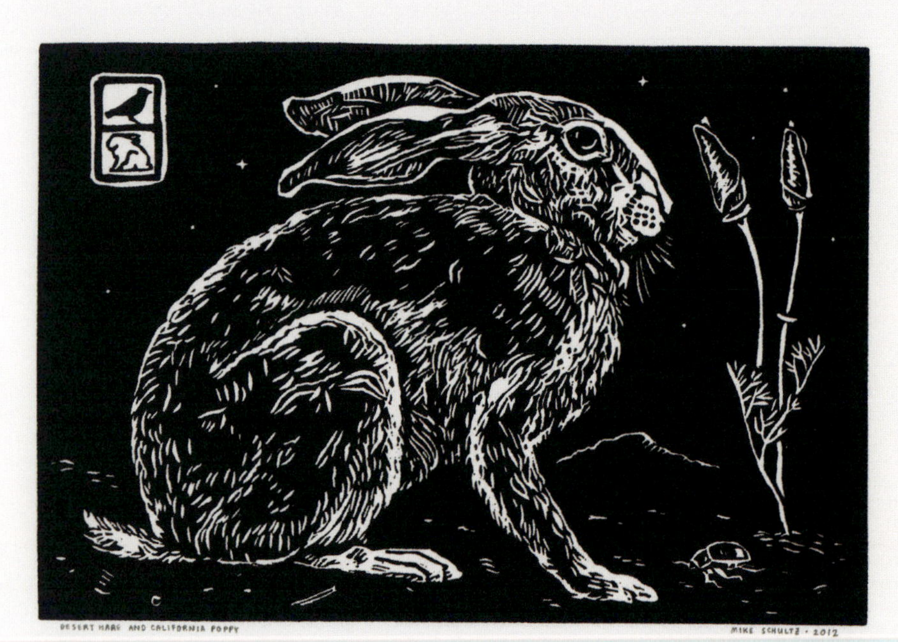

1

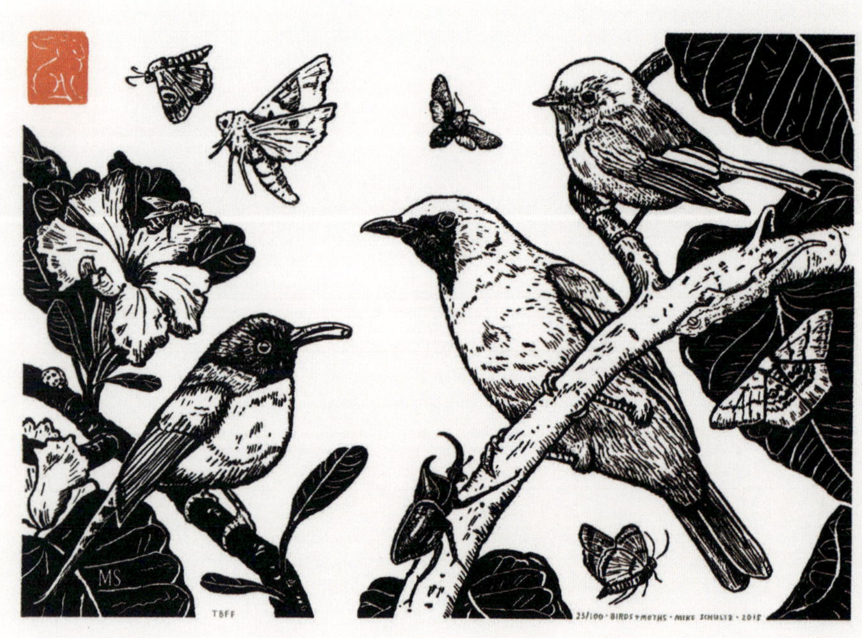

2

Mike Schultz

USA

1
Desert Hare with Poppy and Mt. Shasta
LINOLSCHNITT
SERIE:
CALIFORNIA FLORA FAUNA

2
Birds and Moths (Featuring the Green Tailed Sunbird, the Blue Winged Leafbird, and the Sapphire Flycatcher with a Gecko, Rhinoceros Beetle, Asiatic Honeybees, and Various Moths)
LETTERPRESS
SERIE:
THAILAND BURMA FLORA FAUNA

3
Great Eastern Egret over Inle Lake
LETTERPRESS
SERIE:
THAILAND BURMA FLORA FAUNA

WEBSEITE	**mikeschultzstudio.com**
INSTAGRAM	**@mike_schultz_studio**
SHOP	**mikeschultz.etsy.com**

Der Grafiker Mike Schultz stammt aus Ithaca im US-Bundesstaat New York und lebt und arbeitet zurzeit in Portland, Oregon.

„1996 erlernte ich am Kansas City Art Institute die Grundlagen der Druckgrafik, doch erst 2007, als ich pleite war und in Brooklyn lebte, begann ich mich intensiv damit zu befassen. Meine liebe Großmutter hatte mir einen Scheck über hundert Dollar in ihre Weihnachtskarte gelegt. Also nahm ich an Heiligabend den Zug nach Manhattan und kaufte mir Papier, ein Linolschnittbesteck, eine Linolplatte, eine Farbwalze, eine Dose Druckfarbe auf Ölbasis und eine Dose Spiritus. Ich verbrachte die ganze Nacht und den ganzen ersten Weihnachtstag damit, meine erste Linolschnittauflage zu drucken, und seitdem bin ich süchtig!

In meinen Werken verarbeite ich vorwiegend meine Eindrücke von meinem Aufenthalt im Grenzgebiet zwischen Thailand und Myanmar, wo ich von 2010 bis 2011 an der Gründung eines Ateliers beteiligt war und jungen myanmarischen Exilanten verschiedene handwerkliche Fertigkeiten beibrachte. Da ich sehr gerne Pflanzen, Tiere sowie Geschichten zeichne, in denen es um die Natur geht, erwies sich die Druckgrafik für mich als großartige Möglichkeit, auf unaufdringliche Weise von Myanmar und anderen Themen zu erzählen, die mir am Herzen liegen. So kann ich beispielsweise so fantastische Geschöpfe wie den Schabrackentapir, den Sonnenbären oder die Goldkatze darstellen und würdigen, ohne explizit auf ihren Status als bedrohte Tierarten und auf politische Zusammenhänge einzugehen.

Mein aktuelles Projekt ‚Thailand Burma Flora Fauna' ist eine umfangreiche Zusammenstellung von Zeichnungen, Linolschnitten, Monotypien und Letterpress-Drucken. Dieses Projekt ermöglichte mir, ins Grenzgebiet von Thailand und Myanmar zurückzukehren, um Kinder im Zeichnen zu unterrichten und für Kunstlehrer, die mit jungen Erwachsenen zu tun haben, anspruchsvollere Workshops zu bestimmten Techniken durchzuführen.

Es gibt so vieles, was mich am Hochdruck begeistert! Formal betrachtet, kommt er mir wie eine Erweiterung des Zeichnens vor, und was mich am meisten interessiert, sind die Gestaltungsmöglichkeiten, die eine schlichte Schwarz-Weiß-Darstellung bietet. Welcher Raum lässt sich zum Beispiel einfach dadurch erzeugen, dass man die erhabenen und die vertieften Stellen der eingefärbten Druckplatte nutzt? Eine simple Linie kann, abhängig von ihrem Gewicht und ihrer Dynamik, genügen, um einen Gegenstand abzubilden, oder auch eine große Tiefenwirkung erzeugen, selbst im kleinen Maßstab. Das fasziniert mich immer wieder. Der Hochdruck spricht meine akribische Seite an, und ich genieße die meditativen, prozessorientierten Arbeitsschritte dabei. Es gefällt mir, dass die relative Kontrolle, die beim Zeichnen oder bei der Ölmalerei noch gegeben ist, beim Drucken weiter abnimmt. Beim Drucken entstehen häufig unvorhersehbare Variationen – unerwartete Strukturen, visueller Lärm und etwas wie Charakter, was den Abzügen etwas Menschliches verleiht und sie interessanter macht."

3

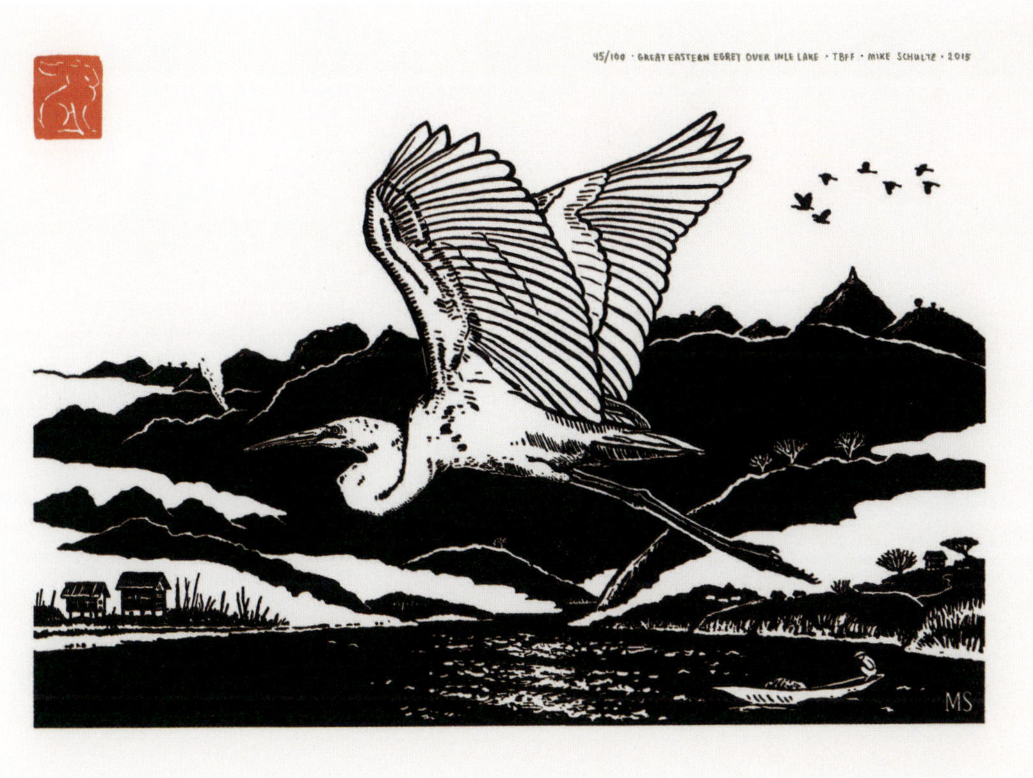

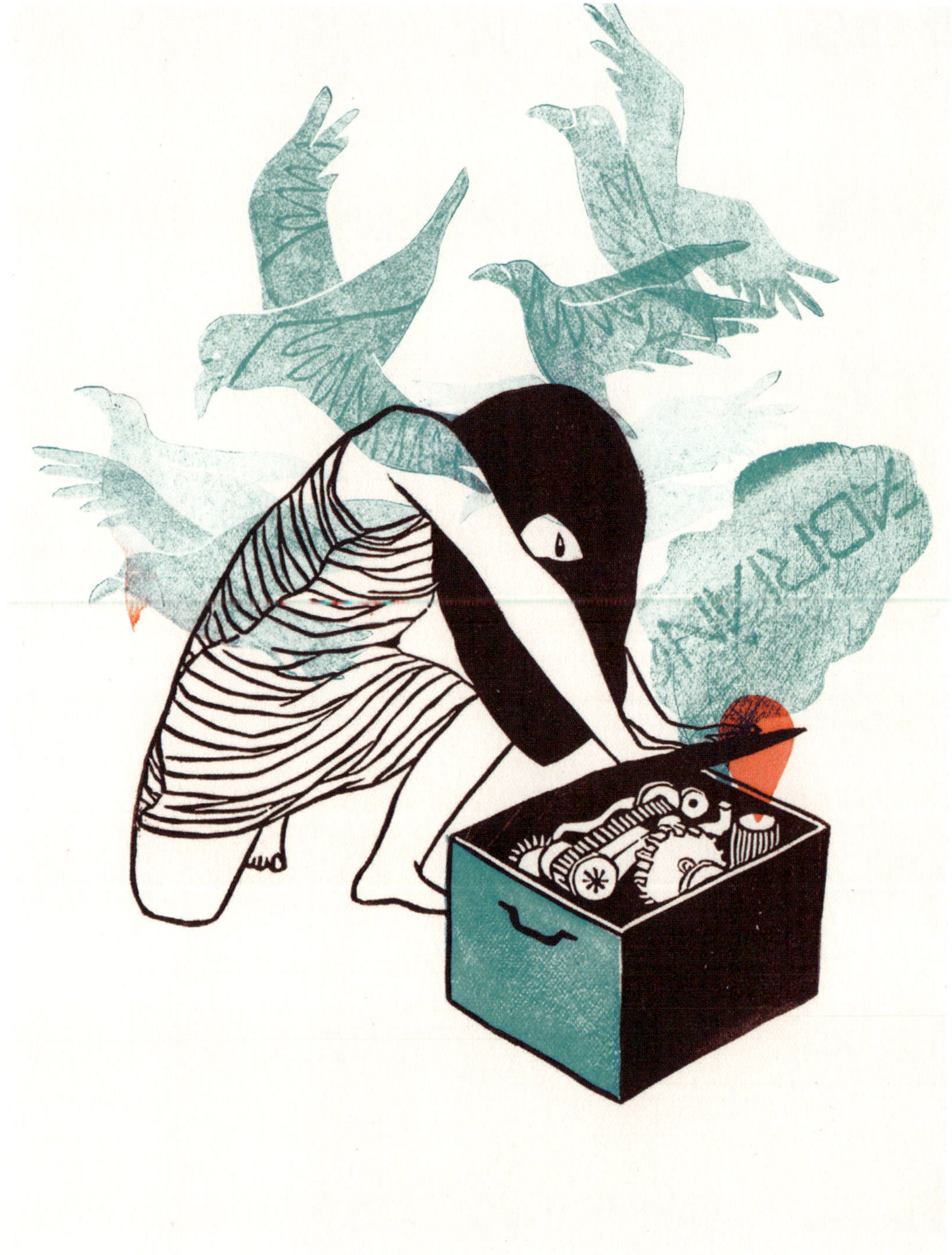

1

1
Les Oiseaux
LINOLSCHNITT

2
Trois Ours Blancs
LINOLSCHNITT

3
Chasseur-Loup
LINOLSCHNITT

Evelyne Mary
FRANKREICH

WEBSEITE	**evelynemary.fr**
BLOG	**evelynemary.blogspot.fr**
SHOP	**etsy.com/shop/evelynemary**

Evelyne Mary stelle, so die Journalistin Dominique Thibaud, die Elemente ihrer Formensprache zu „wunderschönen minimalistischen Kompositionen zusammen: Das Weiß des Papiers pulsiert neben intensiven Farben, Figuren spielen mit dem Hintergrund, die Fülle mit der Leere, die Flächen mit den Linien."

Die Künstlerin selbst sagt: „Ich habe die Druckgrafik schon an der Hochschule [der Pariser École Estienne, einer staatlichen Schule für Angewandte Kunst] für mich entdeckt, damals aber nicht viel in dieser Disziplin gearbeitet. Ein Jahr später erstand ich auf einem Flohmarkt eine kleine Buchbinderpresse und begann zu Hause gemeinsam mit meinem Lebensgefährten Stiche anzufertigen. Dann fingen wir damit an, altes Druckwerkzeug und -zubehör wiederherzurichten, und entwickelten einen Workshop zu Letterpress- und Stichtechniken. So kam es, dass ich seit nunmehr zehn Jahren als Grafikerin arbeite und viel Gelegenheit hatte, zu experimentieren und meine eigenen Techniken und Arbeitsweisen zu entwickeln.

Heute arbeite ich mit einer Vielzahl von Druckformen wie Linol- und Kupferplatten, mit denen ich drucke und überdrucke. Sie stellen eine Art ‚grafisches Vokabular' dar, dessen ich mich bediene, um eine Bedeutung oder eine grafische Komposition zu kreieren. Diese Druckmethode ermöglicht die Einbeziehung von Missgeschicken, Zufällen und empfindlichen Materialien. Man könnte auch sagen, ich bin auf der Suche nach glücklichen plastischen oder semiotischen Zufällen.

Aktuell arbeite ich an zahlreichen Linolschnitten für Karten und Drucke, die ich über einige Pariser Galerien verkaufe, sowie an Illustrationen für Poster. Außerdem sitze ich gerade an einem Kinderbuchprojekt, das ausschließlich aus Linolschnitten besteht."

2

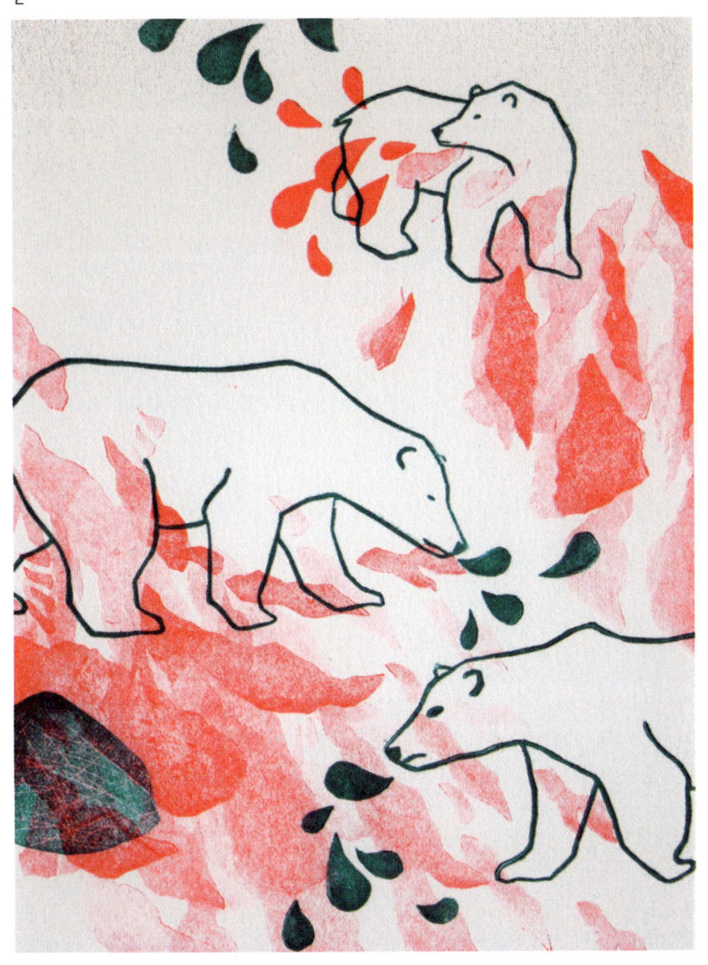

3

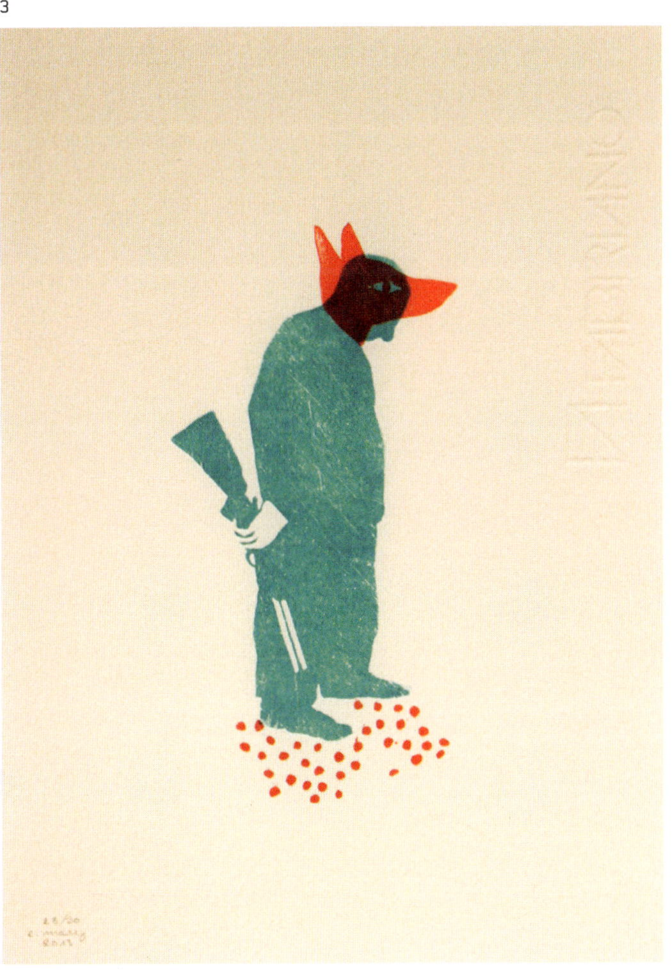

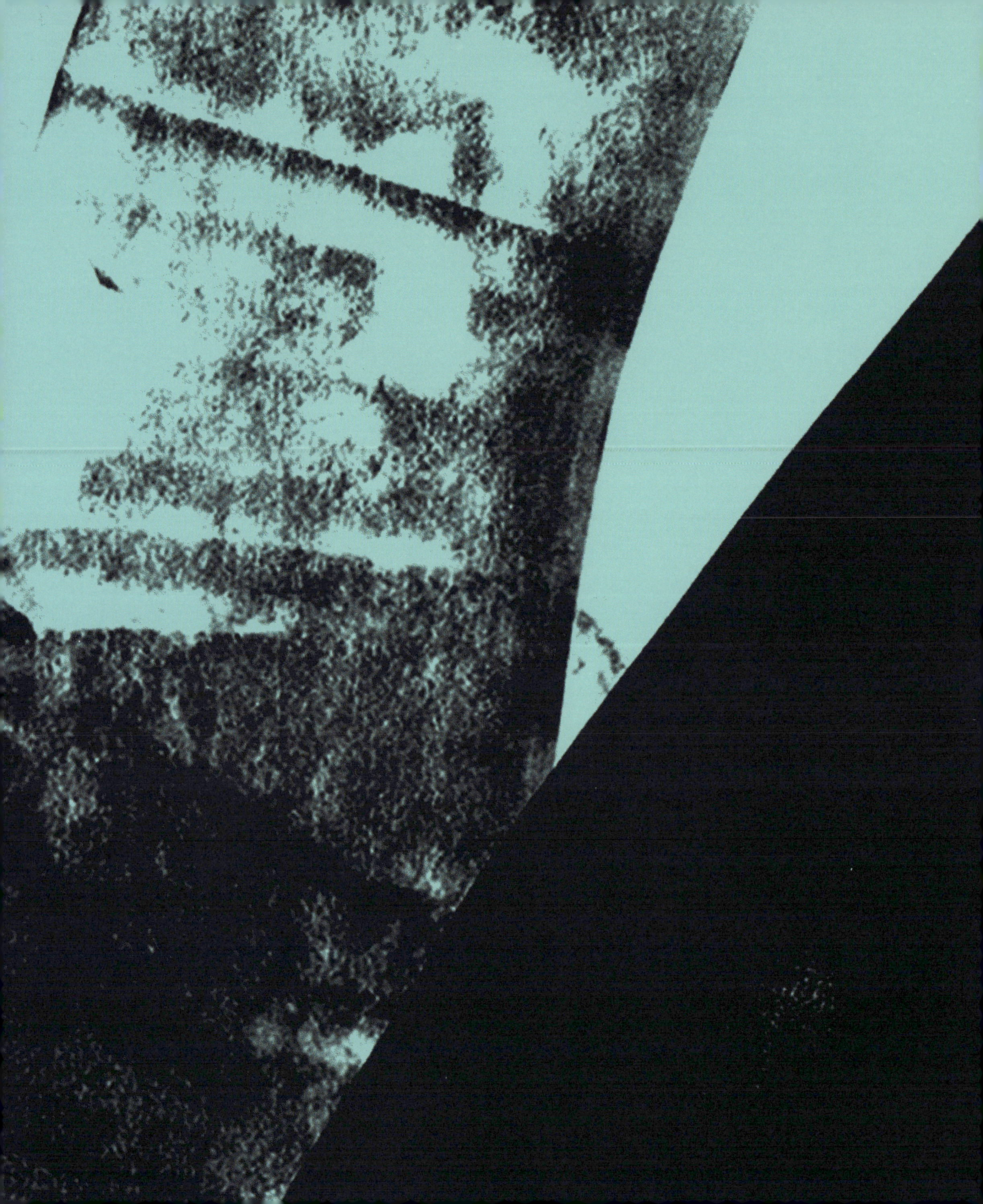

Abreiben / Das Reiben der Rückseite des Druckpapiers, um die Farbe vom Druckstock auf das Papier zu übertragen. Zum Abreiben können verschiedene Werkzeuge verwendet werden.

Artist's Proof (A/P) / Die ersten (Probe-)Abzüge, die ein Künstler für den Eigenbedarf anfertigt (auch Künstlerexemplare genannt), ehe er die Auflage druckt.

Auflage / Anzahl identischer Abzüge. Die fertigen Abzüge werden vom Künstler durchnummeriert und so als Originale gekennzeichnet. Bei unlimitierten Auflagen können beliebig viele Abzüge angefertigt werden, bei limitierten ist die Anzahl begrenzt.

Ausrichten / Das passgenaue Positionieren von Druckstöcken, um eine exakte Platzierung der druckenden Elemente zu gewährleisten.

Baren / Klassisches japanisches Druckwerkzeug zum Abreiben der Papierrückseite beim Handdruck, bestehend aus einer Scheibe, einer Innenlage und einem Bambusblatt als Abdeckung.

Chine collé / Druck mit Elementen aus einem dünnen, gemusterten, an Seidenpapier erinnernden Papier, das während des Druckprozesses auf den Druck geklebt wird. Ursprünglich stammt das Papier aus China, heute wird es auch in Indien und Japan produziert.

Druckform / Mit dem abzudruckenden Bild versehener Druckstock.

Druckplatte / Wird auch als „Druckstock" bezeichnet. Die Druckform, die der Künstler mit der vertieften Darstellung versieht. In diesem Buch kommen Druckplatten aus Linoleum und festem Gummi zum Einsatz.

Druckstock / Druckform, die der Künstler durch Schneiden oder eine andere Technik mit dem Bild versieht. Wird häufig auch „Druckplatte" genannt. In diesem Buch wird mit Linol- und festen Gummiplatten gearbeitet, die sowohl als „Druckplatten" als auch als „Druckstöcke" bezeichnet werden. Stempel gelten ebenfalls als Druckstöcke.

Farbwalze / Feste Gummiwalze, mit der die Farbe auf der Palette ausgewalzt und auf die Oberfläche des Druckstocks aufgetragen wird.

Hochdruck / Sammelbegriff für Druckverfahren wie Holz- und Linolschnitt, Holzstich oder Stempeldruck, bei denen die Druckform mit einer vertieften Darstellung versehen wird. Nur die erhabenen Stellen werden eingefärbt und drucken. Die Drucke zeichnen sich durch starke Kontraste aus.

Japanisches Druck- oder Washi-Papier / In Japan zum Drucken verwendetes, handgeschöpftes oder maschinell produziertes Papier. Washi-Papier wird meist aus langen Pflanzenfasern (zum Beispiel vom Maulbeerbaum) gefertigt.

Kontrastplatte / Dunkel (meist schwarz) druckende Platte beim Mehrfarbendruck, die in der Regel feinere Details aufweist als die für denselben Druck verwendeten farbigen Druckstöcke.

Linolschnitt / Hochdruckverfahren, bei dem ein in ein Stück Linoleum geschnittenes Bild abgedruckt wird. Der damit erzeugte Druck wird ebenfalls als Linolschnitt bezeichnet. Linoleum wurde zu Beginn des 20. Jahrhunderts als Künstlermaterial populär, als Künstler wie Matisse und Picasso dem Linolschnitt durch ihre Experimente zu Ansehen und Akzeptanz verhalfen.

Linolschnittmesser / Bei bestimmten Hochdrucktechniken zum Ausheben von Linien und Abtragen von Material aus dem Druckstock verwendete Messer, typischerweise mit v-förmiger (Geißfuß) oder u-förmiger (Hohleisen) Klinge.

Malmittel / Zusätze, die die offene Zeit von (Druck-)Farben verlängern oder deren Transparenz erhöhen. Es gibt viele Arten von Malmitteln, die jeweils eine bestimmte Eigenschaft der Druckfarbe beeinflussen.

Monoprint / Druck, von dem aufgrund einer einzigartigen Einfärbung oder Platzierung oder anderer nicht reproduzierbarer Verfahren nur ein einziges Exemplar angefertigt wird. Häufig werden von ein und demselben Druckstock mehrere Monoprints gedruckt, es ist jedoch nicht möglich, eine Auflage (mehrere identische Abzüge) von Monoprints anzufertigen.

Offene Zeit / Die Zeit, die die Farbe zum Trocknen benötigt. Wasserlösliche Druckfarben trocknen schnell, haben also eine kurze offene Zeit. Farben auf Soja- oder Ölbasis brauchen mehrere Tage zum Trocknen. Mit Trocknungsverzögerern kann die offene Zeit verlängert werden.

Passer(vorrichtung) / Ausrichtungshilfe, die auf die Abmessungen jedes Druckstocks und Druckpapiers eingestellt werden kann.

Proof / Probeabzug oder Probedruck. Wird vor dem Drucken der Auflage angefertigt, um die Bild- und Farbgebung zu überprüfen.

Reduktionsdruck / Auch „Druck mit verlorener Platte" genannt. Mit einem einzigen Druckstock gedruckter mehrschichtiger Druck, bei dem jeweils vor dem Drucken der nächsten Farbe weiteres Material vom Druckstock abgetragen wird.

Überdrucken / Ein Bild direkt über ein anderes drucken.

Zweitabzug / Der zweite Abzug, der entsteht, wenn der eingefärbte Druckstock ohne erneuten Farbauftrag zweimal hintereinander abgedruckt wird.

Sandy Allison/Robert Craig: ***Block printing: Techniques for linoleum and wood.*** Stackpole Books, 2011.

Julie Fei-Fan Balzer: ***Carve, stamp, play: Designing and creating custom stamps.*** Interweave, 2013.

Traci Bautista: ***Printmaking unleashed: More than 50 techniques for expressive mark making.*** North Light Books, 2014.

Traci Bunkers: ***Stempel, Walzen & Schablonen: 52 Ideen für selbstgemachte Druckwerkzeuge***. Haupt Verlag, 2011.

Lena Corwin: ***Dekorative Muster mit Stempel, Schablone und im Siebdruck; auf Stoffen, Papier, Wänden und Möbeln.*** Edition Fischer, 2012.

Jenny Doh: ***Stamp it!: DIY printing with handmade stamps.*** Lark Crafts, 2013.

Rebecca Drury/Yvonne Drury: ***Muster drucken: Ideen und Projekte vom Stempel- zum Siebdruck.*** Haupt Verlag, 2010.

Beth Grabowski/Bill Fick: ***Drucktechniken: Das Handbuch zu allen Materialien und Methoden.*** DuMont, 2010.

Anne Hayward: ***Wood engraving and linocutting.*** Crowwood Press, 2011.

Emily Louise Howard: ***Linolschnitt – Techniken und Projekte.*** Haupt Verlag, 2021.

Ann d'Arcy Hughes/Hebe Vernon-Morris: ***The printmaking bible: The complete guide to materials and techniques.*** Chronicle Books, 2008.

Sabine Ickler/Katrin Klink: ***Gelliprint: Unikate drucken auf Papier, Stoff und Holz.*** Haupt Verlag, 2022.

Vanessa Mooncie: ***Von Hand gedruckt: Hoch- und Siebdruck, Cyanotypie und Monotypie, Bildtransfer und Schablonieren.*** Haupt Verlag, 2017.

John Ross/Clare Romano/Tim Ross: ***The complete printmaker: Techniques, traditions, innovations.*** The Free Press, 1990.

Christine Schmidt: ***Print workshop: Hand-printing techniques and truly original projects.*** Potter Craft, 2010.

Christine Schmidt: ***Yellow owl's little prints: Stamp, stencil, and print projects to make for kids.*** Potter Craft, 2013.

Jane Stobart: ***Einfach drucken: Techniken für Anfänger***. Haupt Verlag, 2003.

Jessica Swift: ***Handgedruckte Muster: auf Stoff, Papier und Wänden***. Haupt Verlag, 2016.

April Vollmer: ***Japanese woodblock print workshop: A modern guide to the ancient art of Mokuhanga.*** Watson-Guptill, 2015.

George Walker/Barry Moser: ***The woodcut artist's handbook: Techniques and tools for relief printmaking. 2. Auflage,*** Firefly Books, 2010.

Susan Yeates: ***Learning linocut: A comprehensive guide to the art of relief printing through linocut.*** New Generation Publishing, 2011.

Geninne Zlatkis: ***StempelGlück: Kunstvolle Stempel selbst gemacht zum Gestalten von Karten und Stoffen.*** Frech-Verlag, 2014.

Die wichtigsten Druckmaterialien und -werkzeuge sind im stationären Fachhandel für Künstlerbedarf erhältlich, wenn auch häufig nur in begrenzter Auswahl. Dagegen ist das Angebot im Onlinehandel oft groß und verwirrend, wenn man nicht genau weiß, wonach man sucht. Mit Unterstützung dieses Buches und etwas Internetrecherche sollte es Ihnen jedoch gelingen, alles Nötige zu finden, um mit dem Drucken beginnen zu können. Für den Anfang genügt eine bescheidene Ausstattung: ein bis zwei verschiedene Arten von Druckplatten, ein preiswerter Satz Linolschnittmesser und wasserlösliche Druckfarben in einigen wenigen Farbtönen. Außerdem benötigen Sie dünnes japanisches Druckpapier – am besten besorgen Sie sich fürs Erste eine Packung Papier aus Maulbeer- oder anderen Fasern.

Deutschland

Boesner Versandservice GmbH
Gleiwitzer Str. 2
58454 Witten
www.boesner.com
Großes Sortiment an Künstlermaterialien, mehrere Ladenstandorte und Onlineshop. Führt fast alle Materialien und Werkzeuge für die im Buch vorgestellten Techniken.

Johannes GERSTAECKER
Verlag GmbH
Wecostr. 4
53783 Eitorf
www.gerstaecker.de
Großes Sortiment an Künstlermaterialien und Druckzubehör. Betreibt zahlreiche Künstlerfachmärkte und einen Onlineshop.

o-tegami.com
Lange Str. 16
96215 Lichtenfels
www.o-tegami.com
Onlineshop mit großer Auswahl an Chiyogami-Papier.

Speedball Art Supplies
Die Firma Speedball stellt viele Produkte für Druckeinsteiger her, zum Beispiel feste Gummiplatten, Linolschnittbestecke und Farbwalzen. In Deutschland erhältlich über:
Panenka Design Produkte
Hauptstr. 7a
85649 Otterloh
www.patchworkshop.de

Kunstpark GmbH
Lindenallee 23
44625 Herne
www.kunstpark-shop.de
Riesige Auswahl an Motivstempeln.

Österreich

Boesner GmbH & Co KG
Unter der Kirche 4
1110 Wien
www.boesner.at
Großes Sortiment an Künstlermaterialien, Ladenstandorte in Wien und Graz sowie Onlineshop. Führt fast alle Materialien und Werkzeuge für die im Buch vorgestellten Techniken.

Gerstäcker Österreich GmbH
Margaretenstraße 113
1050 Wien
www.gerstaecker.at
Großes Sortiment an Künstlermaterialien und Druckzubehör. Betreibt mehrere Künstlerfachmärkte in Österreich und einen Onlineshop.

Schweiz

Boesner GmbH
Suhrenmattstrasse 31
5035 Unterentfelden
www.boesner.ch
Großes Sortiment an Künstlermaterialien, vier Ladenstandorte sowie Onlineshop. Führt fast alle Materialien und Werkzeuge für die im Buch vorgestellten Techniken.

Gerstaecker Schweiz AG
www.gerstaecker.ch
Online-Versandhandel mit großem Sortiment an Künstlermaterialien und Druckzubehör.

Zumstein
Rennweg 19
8001 Zürich
www.zumstein.ch
Papiere, Büro- und Künstlerbedarf. Ladenstandorte in Zürich, Bern, Luzern und Basel und Onlineshop.

Lachenmeier Farben
Thomas Lachenmeier & Co
Clarastrasse 46–48
4058 Basel
www.lachenmeierfarbenshop.ch
Farben für alle künstlerischen Techniken. Ladenstandorte in Basel, Bern und Zürich sowie Onlineshop.

Dank

Ich bedanke mich von Herzen bei allen, die mich während der Arbeit an diesem Buch unterstützt und ermutigt haben. Bei Judith, meiner wunderbaren Lektorin, die mich mit ausgezeichneten Ratschlägen und Hinweisen versorgt und das Schreiben zu einem Vergnügen gemacht hat, und bei meinem US-amerikanischen Verlag Rockport Publishers, der dieses Buch ermöglicht hat.

Ferner danke ich meinen Kunst- und Musiklehrern, die mich über all die Jahre mit Begeisterung unterstützt und es mir so ermöglicht haben, mich zu der bildenden Künstlerin und Musikerin zu entwickeln, die ich heute bin. Mein Dank gilt insbesondere dem Fachbereich Kunst am Teachers College der New Yorker Columbia University und den dortigen Dozentinnen und Dozenten, die mir für meine künstlerische Arbeit ihre Ateliers und Druckpressen zur Verfügung stellten.

Ich danke meiner Mutter, meinem Vater und meiner Schwester für ihre stete Liebe und Unterstützung, ebenso wie meinen Großeltern, die mich in meinen künstlerischen Ambitionen ermutigten und stolz meine Werke präsentierten.

Vor allem jedoch danke ich Paul, meinem besten Freund und Partner im Leben, in der Kunst und in der Musik – dafür, dass er mir stets ermutigend zur Seite stand und geduldig half: bei den Fotos, beim Text und, was am wichtigsten ist, beim Drucken.